Psychologie

der Selbstdarstellung

Psychologie der Selbstdarstellung

von

Hans Dieter Mummendey

Bielefeld

Verlag für Psychologie · Dr. C. J. Hogrefe
Göttingen · Toronto · Zürich

Hans Dieter Mummendey wurde 1940 in Schwiebus geboren und wuchs in Wuppertal auf. Er studierte in Köln und Bonn Psychologie und war Wissenschaftlicher Assistent an den Universitäten Bonn und Mainz (Promotion zum Dr. phil. 1965, Habilitation für Psychologie 1970). Von 1971 bis 1974 war er Wissenschaftlicher Rat und Professor am Psychologischen Institut der Universität Düsseldorf. Seit 1974 ist er Professor für Sozialpsychologie an der Fakultät für Soziologie der Universität Bielefeld.

Er hat Beiträge zur psychologischen Methodenlehre, zur Differentiellen Psychologie und zur experimentellen Sozialpsychologie geleistet, zuletzt vor allem zur Einstellung-Verhalten-Beziehung und zur Selbstkonzeptänderung, und ist Herausgeber der ‚Bielefelder Arbeiten zur Sozialpsychologie'.

Neuere Buchveröffentlichungen: „Die Fragebogen-Methode", Göttingen: Hogrefe, 1987; „Verhalten und Einstellung". Berlin: Springer, 1988; „Die Selbstdarstellung des Sportlers" (mit R. Mielke), Schorndorf: Hofmann, 1989.

Druck und Bindung: Hubert & Co., Göttingen.
Printed in Germany.
Gedruckt auf säurefreiem Papier.
ISBN 3-8017-0369-X

Vorwort

Da auch Vorworte der Selbstdarstellung dienen können, gebietet es die (Selbstpräsentation von) Bescheidenheit, darauf hinzuweisen, daß der Verfasser von der Hilfe einiger "signifikanter Anderer" profitiert hat. Manfred *Smuda* sei für Literaturhinweise, Almut *Eucken*, Andrea *Evers* und Barbara *Hölscher* für technische Hilfe gedankt. Die im neunten Kapitel berichtete Untersuchung stammt aus einer Serie von Experimenten, die ich zusammen mit Rosemarie *Mielke* ausgeführt habe und die das Bundesinstitut für Sportwissenschaft in Köln gefördert hat. Die im zehnten Kapitel berichteten Experimente wurden von der Deutschen Forschungsgemeinschaft unterstützt; an ihnen wirkten Rosemarie *Mielke*, Gabriele *Sturm*, Reinhold *Kilian* und Andrea *Evers* mit. Die im elften Kapitel berichtete Untersuchung wurde zusammen mit Rosemarie *Mielke* und unter Mitwirkung von Ulrich *Simon*, Andrea *Evers* und Reinhold *Kilian* vorgenommen. Mich ganz allgemein mit Selbstdarstellung, und nicht nur mit Reaktionstendenzen bei psychologischen Messungen zu beschäftigen, verdanke ich aber vor allem Jim *Tedeschi*. Mit ihm wollte ich 1981 eigentlich nur Gedanken über Bogus – Pipeline – Apparaturen austauschen, aber sein ständiges Fragen nach theoretischen Zusammenhängen hat auch mich angesteckt und Sympathie für die Impression – Management – Theorie geweckt. Jim *Tedeschi*'s Arbeiten sind um so vieles besser als meine eigenen, daß mir hier nur die Selbstdarstellungstechnik des "basking in reflected glory" bleibt.

Bielefeld, im Sommer 1989

H.D.M.

Inhaltsverzeichnis

Kapitel 1

Zur Einleitung: Selbstdarstellung in Alltag und Wissenschaft

Jeder Mensch sieht sich gelegentlich, manchmal unerwartet und oft ungewollt, in der Situation, sich gegenüber anderen Personen, gegenüber einer wie auch immer gearteten Öffentlichkeit, darstellen zu müssen. Wenn man z.B. einer Einladung gefolgt ist, kann es passieren, daß der Gastgeber die Gäste "ganz spontan" bittet, sich doch einmal den anderen gegenüber vorzustellen, da man sich ja teilweise noch nicht kenne. Und schon befindet man sich in einer ausgesprochenen Selbstdarstellungssituation, ob es einem nun paßt oder nicht. Selbst wenn einem das Ganze so unangenehm sein sollte, daß man es vorziehen würde, unter einem Vorwand den Raum zu verlassen, könnte man nicht sicher sein, daß dies nicht durchschaut und als Schüchternheit, Feigheit oder Überheblichkeit gedeutet würde. Man wäre also nicht sicher, ob nicht auch das Verlassen des Raumes als Selbstpräsentation interpretiert werden könnte – es hat den Anschein, als könne man dem Phänomen der Selbstdarstellung nicht entfliehen.

Natürlich hat man nun mehrere Möglichkeiten: Womit beginnt man, was teilt man den anderen als erstes über sich selbst mit? Nimmt man das Berufliche, so werden sie denken, man lebe hauptsächlich für seinen Beruf. Beginnt man mit etwas offensichtlich Unwichtigem, z.B. "Also ich bin eigentlich ein Mensch, der gerne frische Blumen im Zimmer hat", so könnte man den Eindruck erwecken, man sei vielleicht ein wenig merkwürdig oder man wolle von den wirklich wichtigen Merkmalen der eigenen Person ablenken. Erzählt man vom letzten Urlaub, so könnte man vielleicht als zu stark genuß- oder konsumorientiert eingeschätzt werden, und nennt man dabei Urlaubsziele und Verkehrsmittel, Automarken und Kosten, so provoziert man vielleicht entweder anerkennende oder aber vernichtende Urteile über den eigenen Geschmack, die eigene Kultiviertheit oder die finanziellen Verhältnisse. Vielleicht bemüht man sich einfach, nicht als erster von sich erzählen zu müssen, und man wartet erst einmal ab, was die anderen über sich sagen. Aber damit ist das Problem nur verschoben: Macht man es nun ganz anders als die anderen, dann präsentiert man sich vielleicht als Nonkonformist; hält man aber z.B. die gleiche Reihenfolge wie die meisten anderen Gäste ein (also z.B. zuerst Beruf, dann vielleicht das "Verheiratet, zwei Kinder" und dann "Hobbies"), dann ist man unter Umständen als Konformist abgestempelt.

Eine solche "zwanglose" Form, sich anderen gegenüber vorzustellen, hat noch längst nicht den verbindlichen Charakter wie z.B. die erforderliche Selbstdarstellung anläßlich einer Bewerbung. Hier ist beiden Interaktionspartnern, nämlich dem Bewerber und demjenigen, der über die Bewerbung entscheidet, von vornherein klar, daß sowohl die schriftliche als auch die mündliche Selbstpräsentation einem klar definierten Ziel, nämlich die angestrebte Position zu bekommen, dienen. Es geht für den Bewerber darum, sich optimal darzustellen, und so wird ihm sein Gegenüber vielleicht ein gewisses Maß an positiver Selbstdarstellung bei gleichzeitigem Verschweigen ungünstiger Qualifikationsmerkmale und negativ wirkender Eigenschaften konzedieren. Übertreibt der Bewerber dies jedoch, so könnte er vielleicht als unglaubwürdig und unseriös wirken. Aber derjenige, der den Bewerber beurteilt, kann nicht sicher sein, was "Substanz", und was Selbstpräsentation ist. Die "Kosten" einer womöglich falschen bzw. für einen der beiden Interaktionspartner ungünstigen Entscheidung sind sicherlich höher als diejenigen bei dem gegenseitigen Sich-Bekanntmachen in einem geselligen Kreise. So werden sich beide Parteien vielleicht Strategien oder Taktiken zu eigen machen. Der Bewerber wird vielleicht bei mehreren Bewerbungen nach einem System vorgehen, das er je nach dem Ausmaß des Mißerfolges oder des Erfolges variiert, und derjenige, der Posten zu vergeben hat, entwickelt vielleicht eine Reihe von Kriterien, die er für objektiv hält oder die ihm die jeweilige Entscheidung erleichtern sollen. Er kann sich auch wegen der offensichtlichen sozialpsychologischen Kompliziertheit der Bewerbungssituation dazu entschließen, Dritte zu Rate zu ziehen oder Erkundigungen über das Verhalten der Bewerber in Situationen einzuholen, die keine Bewerbungssituationen sind.

Eine *wissenschaftliche*, d.h., möglichst systematische und möglichst objektive Beschäftigung mit Selbstdarstellung wird sich nicht damit zufrieden geben, Situationen zu studieren, in denen, wie in den genannten Beispielen, Selbstpräsentation ganz ausdrücklich im Spiel ist. Sie wird bei dem Versuch der Abgrenzung des Phänomens Selbstdarstellung sehr schnell darauf kommen, daß Selbstdarstellung eigentlich etwas ständig Ablaufendes ist, zumindest aber, daß fast jedes menschliche Verhalten immer auch unter dem Gesichtspunkt der Selbstdarstellung aufgefaßt und interpretiert werden kann. Besonders wichtig ist bei dieser Feststellung sicherlich das "*auch*", denn lediglich feuilletonistischen Charakter hätte es offensichtlich, zu behaupten, *alles* sei Selbstdarstellung, Selbstdarstellung regiere die Welt, usw. Monothematische und monokausale Erklärungen sind zumeist ebenso populär wie wissenschaftlich unhaltbar. Aber wenn man akzeptiert, daß das Sich-selbst-Darstellen bei jeder Art von sozialer Interaktion – dem eigentlichen Gegenstand von Sozialpsychologie – mitbeteiligt ist, so kommt dies schon der Konstatierung eines Maximums an Reichweite des Selbstdarstellungsphänomens gleich. Es entspricht der

Feststellung, *daß Selbstdarstellungsprozesse bei jedem zwischenmenschlichen Verhalten und den dabei beteiligten Kognitionen zu berücksichtigen sind.*

Mit der Wissenschaft verhält es sich allerdings zum Teil ebenso wie mit dem Essen und Trinken, und auch wie mit der Kunst und der Religion: Vieles ist sehr unterschiedlich, manches ist Geschmacksache, aber es gibt auch stets Hauptströmungen und Moden, denen man sich nicht gut entziehen kann. Einerseits befriedigt es sehr, im Trend zu liegen und "in" zu sein, andererseits gibt das Modediktat des wissenschaftlichen "mainstreams" Anlaß, diejenigen zu bemitleiden, die ihm allzu bereitwillig folgen. Wenn man Studenten zu unterrichten hat, weiß man oft nicht, was dringlicher ist: Kenntnisse zu vermitteln, die den maßgeblichen theoretischen, methodischen und sachlichen Modeströmungen folgen, oder Kritik daran zu wecken, wach zu halten und zu Abweichungen zu ermuntern. In jedem Falle aber tut es gut, darüber zu reflektieren, welches wohl die Bedingungsgrößen dafür sind, daß so viele Wissenschaftler auf einen Zug aufspringen, in dem die meisten schon sitzen. Die Rede soll hier sein von der wissenschaftlichen Beschäftigung mit dem "*Selbst*" und dem "Selbstkonzept". Es gibt in der Psychologie gegenwärtig immer noch etwas wie einen Boom von Untersuchungen zum "Selbst", und alle möglichen traditionellen Fragestellungen der psychologischen Wissenschaft tauchen in umetikettierter Form in einer "psychology of the self" wieder auf. Eine "Psychologie der Selbstdarstellung" zu verfassen, profitiert sicherlich von der Popularität des "Selbst"-Begriffs, den man seit langem im Verdacht haben kann, das Verlangen vieler nach der Wiederauferstehung psychologischer Substanz-Begriffe wie "Seele" oder "Wille" zu stillen.

Die vorliegende Schrift soll dem gegenwärtigen "mainstream" in der Psychologie nicht unbedingt folgen, weder dem allgemeinen, der durch kognitivistische und motivationistische Richtungen gekennzeichnet ist, noch dem erwähnten speziellen Trend, das "Selbst" oder selbstbezogene psychologische Prozesse als etwas Eigenständiges und Besonderes aufzufassen. Wir werden uns nicht davon abhalten lassen, einfache (z.B. lernpsychologische) Interpretationen des Selbstdarstellungsverhaltens anzubieten, wenn es auch kompliziertere und anspruchsvollere Interpretationen gibt. Wenn es nicht bereits die so gut eingeführten Begriffe "Selbst", "Selbstkonzept", "Selbstdarstellung" usw. gäbe, die alle implizit die Existenz einer Art von Substanz besonderer Art zu suggerieren scheinen, dann würden wir am liebsten auf alle "Selbst"-Begriffe verzichten und uns auf den Begriff der *"Einstellung"*, besser noch auf diejenigen des *Urteils*, der *Beurteilung* und der *Bewertung* zurückziehen. Selbstdarstellung wäre dann z.B. sowohl die Präsentation von Beurteilungen und Bewertungen bezüglich der eigenen Person als auch – im Sinne der Impression-Management-Theorie – die Kontrolle von Urteilen und

Bewertungen anderer Individuen über die eigene Person. Wir sind uns also der Gefahr der Verwendung von Begriffen mit "Bedeutungsüberschuß" bewußt, würden ihr am liebsten ganz entgehen, können dies aber nicht gut tun und profitieren schließlich wahrscheinlich auch noch von ihr.

Der Aufbau des Buches mag zunächst als ein wenig traditionell erscheinen. Wir beginnen weit vor unserer Zeit, in der Antike und außerhalb der Psychologie, nämlich bei der Literatur und weiteren Schönen Künsten. Erst allmählich, über soziologische Interpretationen und über die Tradition der Selbstkonzeptforschung, nähern wir uns den empirischen Untersuchungen zum Impression-Management, die im Zentrum der Aufmerksamkeit stehen. Selbstdarstellung ist offensichtlich ein Thema, das keineswegs nur psychologisch im engeren Sinne interessant und erforschenswert ist. Dennoch werden wir dem Leser sowohl im Stile von Sammelreferaten als auch in Berichten über eigene Untersuchungsreihen vor allem Ergebnisse experimenteller Sozialpsychologie präsentieren. (Apropos "Leser": An abermaligen Versuchen, die deutsche Sprache zu reformieren, am puritanischen Bemühen um männliche/weibliche Schreibweisen, möchten wir uns nicht beteiligen. Schreiben wir also eine "männliche" Form wie z.B. "Leser", so sind damit *alle* Menschen, die lesen, gemeint.)

Das Thema "Selbstdarstellung" bringt es mit sich, daß man sehr leicht ins unterhaltsame Präsentieren von Alltagsbeispielen gerät. Ist es nicht beispielsweise interessant, daß in der Bundesrepublik Deutschland mehr und mehr Autofahrer, die andere Verkehrsteilnehmer schwungvoll überholen, dabei zum Hörer des Autotelefons greifen? Ist es nicht bemerkenswert, daß Hersteller von Autotelefonen mehr und mehr Attrappen solcher Geräte produzieren und bereits viele Menschen ihr Geld damit verdienen, Autotelefon-Antennen in Kombination mit -Attrappen in Fahrzeuge einzubauen? Und wie verhält es sich mit dem Impression-Management von Wissenschaftlern, die z.B. bei einer Konferenz vor Laien oder Fachkollegen über ihre Ergebnisse referieren (vgl. *Weiner*, 1984)? Welche Selbstdarstellungsfunktion haben die Graffiti an den Toilettenwänden (vgl. *Abel* & *Buckley*, 1977)? Der Verfasser muß gestehen, daß er sich bemüht hat, das Erzählen attraktiver Beispiele expliziter und impliziter, geglückter und mißratener Selbstdarstellungen im Alltagsleben möglichst zu unterdrücken. Er vertraut auf die Vorstellungskraft, die Imagination des Lesers.

Der Aufbau des Buches, um es nochmals kurz zusammenzufassen, besteht darin, daß vom zweiten bis zum fünften Kapitel das Umfeld für eine Psychologie der Selbstdarstellung bereitet wird, und vom sechsten bis zum achten Kapitel vorwiegend aus fremden, vom neunten bis zum elften Kapitel aus eigenen empirischen Untersuchungen zum Selbstdarstellungsverhalten berichtet wird.

Kapitel 2

Selbstdarstellung in Literatur und Kunst

Was jemand (vielleicht) "ist", was er sein möchte, wie er von anderen Menschen gesehen, aufgefaßt, beurteilt werden möchte, kurz: wie sich ein Mensch anderen gegenüber *darstellt*, das läßt sich auf vielerlei Art und Weise ausdrücken. Ein optimistischer Forscher würde vielleicht sogar formulieren: Es läßt sich auf *jede* Art und Weise ausdrücken, so daß man grundsätzlich aus jeder beliebigen Verhaltensäußerung, sei sie beabsichtigt oder unbeabsichtigt, an jemanden gerichtet oder unadressiert, verbal oder nonverbal, zu erkennen suchen kann, als was sich die betreffende Person darstellt. Ob eine solche "optimistische" Einschätzung nun stets zutrifft oder nicht – es lassen sich sicherlich mannigfache Arten menschlicher Äußerung beschreiben und klassifizieren, in denen die Tendenz zur *Selbstdarstellung* entweder besonders deutlich ausgeprägt ist, oder die von vornherein und erklärtermaßen (auch) der Selbstdarstellung dessen, der sie hervorbringt, dienen.

Werke aller Art, und *Kunstwerke* insbesondere sind solche gewissermaßen "geronnenen", verfestigten Äußerungen menschlicher Selbstdarstellung. Sie sind vielleicht nicht in jedem Falle geschaffen worden, um ausschließlich ihren Hersteller, Schöpfer, Autor zu beschreiben und zu charakterisieren. Sie stehen aber in dem Ruf, manches, vieles oder alles über denjenigen, der sie erschafft, auszusagen. Diese Funktion ist gewöhnlich dem Künstler oder Handwerker recht deutlich bewußt, so daß man voraussetzen darf, daß das Wissen um die darstellerische Funktion eines Werkes die Art und Weise seiner Herstellung selbst beeinflussen wird.

Das Gesagte gilt schon für das gleichermaßen routinemäßig verfertigte Produkt eines Handwerkers: Der Tischler, der meine Türen und Fenster anfertigt, weiß, daß ich die mehr oder weniger sorgfältige, aufwendige oder flüchtige Handwerksarbeit, dokumentiert in ihrem Ergebnis, mit seiner Person in Zusammenhang bringen werde. Dem Charakter des Gegenstandes, nämlich der Arbeit eines Möbeltischlers, entsprechend wird er natürlich einen nur geringen Spielraum zur Selbstdarstellung haben, vergleicht man ihn und sein Werk mit demjenigen eines Kunsttischlers oder Kunstschmiedes. Die Möglichkeit zur Darstellung der eigenen Person wird wiederum dann wesentlich größer sein, wenn das Werk nicht einem unmittelbaren und womöglich standardisierten Zweck bzw. Gebrauchswert verpflichtet ist. Ein Bildhauer, Maler, Schriftsteller oder sonstiger Künstler im engeren Sinne wird sein Werk in noch viel stärkerem Maße mit seiner Person, ihren inneren Regungen, Aussagen, die sie machen möchte, verknüpft sehen. Ebenso sind die Erwartungen beschaffen, die die soziale Umgebung des Künstlers an diesen heranträgt. Dabei ist die Frage, ob und in welchem Maße sich in dem vom Kunstschaffenden Dargestellten etwas Überindividuelles, womöglich Kollektives, Gesellschaftliches oder ganz allgemein "der Zeitgeist" ausdrückt, von untergeordneter Bedeutung, wenn wir einmal dabei bleiben, ganz aus der Perspektive des Künstlers, des Individuums heraus das Kunstwerk zu betrachten. Im Zweifelsfalle dürfen wir immer noch formulieren, der individuelle Künstler habe den Zeitgeist oder die in einer bestimmten gesellschaftlichen Gruppe obwaltenden Normen "internalisiert", also sozusagen nach "innen" verlegt, zu seiner eigenen Sache gemacht, und so stelle er zugleich Epochales und Individuelles dar.

Um wieviel ausdrücklicher mag dann eine künstlerische Produktion Selbstdarstellung enthalten und als Ergebnis einer Darstellung der Person des Künstlers explizit aufgefaßt werden, wenn sie zu einer Kunstform gezählt wird, die erklärtermaßen der *Selbstpräsentation* dient. In einer Reihe von literarischen und weiteren künstlerischen Gattungen scheint uns dies der Fall zu sein. Beginnen möchten wir mit einer Art von Literatur, in der sich die Selbstdarstellung des jeweiligen Autors wohl am intensivsten ausdrücken kann, der Literaturgattung der Selbstbiographie oder Autobiographie.

Autobiographie

Verfaßt jemand seine eigene Biographie, d.h., stellt er sein eigenes Leben retrospektiv schriftlich dar, so spricht man von Selbstbiographie oder Autobiographie. Die Autobiographie, so könnte man sagen, ist eine, wenn nicht *die* literarische Form der Selbstdarstellung. Konsequenterweise gilt die Autobiographie als literarische Gattung, als literarisches Genre. Sie hat diese Funktion keineswegs erst in jüngster oder neuerer Zeit, sondern die literarische Selbstdarstellung zählt zu den ältesten Arten von Literatur überhaupt. Z.B. hat Georg *Misch*, der sein ganzes Leben der Erforschung von Autobiographien widmete (*Misch*, 1949, 1969), autobiographische Schriften vom Altertum über das Mittelalter bis in die Neuzeit in einem achtbändigen Werk referiert. Seit je haben prominente Personen nicht nur sich selbst bemüht, über ihr Leben und zugleich über ihre Ideen und Ziele, über Gründe für ihr Verhalten usw. in schriftlichen Selbstzeugnissen zu berichten.

Insofern die soziale Umgebung es nicht nur als normal und angemessen ansieht, wenn eine bedeutende Person ihre Memoiren oder autobiographischen Schriften verfaßt, sondern dies geradezu als Qualifikationsmerkmal einer prominenten Person auffaßt und von ihr fordert, haftet dem Verfassen einer Selbstbiographie sogar etwas Normatives an. *Misch*, der im Jahre 1904 eine von der Preußischen Akademie der Wissenschaften prämierte Arbeit über die Geschichte der Autobiographie verfaßt hatte, widmete sich zunächst der Sammlung und Kommentierung autobiographischer Schriften aus allen möglichen Kulturen: autobiographischer Grabschriften der Ägypter, Tatenberichte der Herrscher im babylonisch-assyrischen Reich, Autobiographien bei den Griechen der nachhomerischen und attischen Epoche sowie der hellenistischen und hellenistisch-römischen Kulturwelt. Sein mehr als 3000 Seiten umfassendes Werk war sodann dem Mittelalter, der Renaissance und der neueren Zeit bis hin zum 19.Jahrhundert gewidmet. Am Ende seines Forscherlebens hatte Georg *Misch* die Gegenwart bei weitem noch nicht erreicht - eine kleine Fußnote markiert in seinem letzten Band die Stelle, an der ihm der Tod im Jahre 1965 die Feder aus der Hand nahm.

Wenn die Öffentlichkeit seit je ein Interesse daran gehabt hat, die Menschen, die ihrer Zeit als Politiker oder Philosophen, Religionsführer oder Wissenschaftler, Schriftsteller und Künstler ihren Stempel aufgedrückt haben, aus ihren Selbstzeugnissen näher kennenzulernen, so hat sie doch zugleich jedem Autobiographen die Gelegenheit gegeben, über das Private und Persönliche hinaus etwas über die jeweilige Epoche und die besondere Gesellschaft mitzuteilen, wenn nicht sogar beide mitzuprägen. In jeder Autobiographie, so wird in der Literatur allgemein anerkannt, mischt sich das Subjektive mit dem Objektiven, das Persönliche mit dem Gesellschaftlichen und Historischen, das Private mit dem Öffentlichen.

Anders als Psychologen bemühen sich Literaturwissenschaftler und Historiker häufig darum, aus den Merkmalen der von ihnen analysierten Autobiographien nicht so sehr auf persönliche, individuelle, sondern auf gesellschaftliche, epochale Merkmale zu schließen. Man benutzt die Autobiographie als Mittel zur Erschließung möglicherweise zugrundeliegender Geisteshaltungen und Ideologien, wie sie vielleicht für die betreffende Epoche oder Kultur charakteristisch sein könnten. Auf der anderen Seite ist gerade die literarische Gattung der Autobiographie als Darstellungsform des *Individuellen* oder - in seiner programmatischen oder systematischen Form - des Individualismus anerkannt. Spätestens seit dem 18.Jahrhundert, so weisen die einschlägigen literaturwissenschaftlichen Arbeiten aus, steht die Entwicklung des *Individuums*, der *Person*, des "*Ich*", des *Selbst* in Auseinandersetzung mit der sozialen Umwelt im Mittelpunkt der großen autobiographischen Schriften und ihrer Deutung durch Zeitgenossen und Literaturhistoriker. Nach *Mahrholz* (1919) bedeutet eine Geschichte der

Selbstbiographie zu schreiben "nichts anderes, als dem Entwicklungsgange des Individualismus Zug um Zug nachzugehen" (S.10). Nach *Misch* (1969) dient die Selbstbiographie seit der Renaissance "jetzt allenthalben in den verschiedensten Ständen zum Ausdrucksmittel für die freie Selbständigkeit des einzelnen Menschen... Es wimmelt von Leben und Gestalt" (S.1). Der amerikanische Historiker Karl Joachim *Weintraub* analysiert in seinem Werk "The value of the individual" (1978) Autobiographien prominenter Personen unter dem Gesichtspunkt der einmaligen, "unbeschreiblichen", man könnte auch sagen "idiosynkratischen" Persönlichkeit oder Individualität: *individuum ineffabile est.*

Der Betonung des Individuellen, sowohl in der Form von Individualität (als Einzigartigkeit der Persönlichkeit) als auch in der Form von Individualismus (als Programm, als Konzept, als Auseinandersetzung mit dem Gesellschaftlichen und Kollektiven) steht die Deutung und Analyse der Autobiographie als Ausdruck einer Kultur und einer *Gesellschaft* gegenüber. Typisch für eine forciert soziologische Betrachtungsweise (der Autor bezeichnet sie gemäß einem Sprachgebrauch der "Frankfurter Schule" als "sozialpsychologisch") ist folgende Äußerung von *Neumann* (1970):

> "Jede Autobiographie beschreibt die spezifische Art, in der ihr Autor am Gesellschaftsganzen teilhatte und teilhat. Als ein Stück Literatur fällt sie unter die Zuständigkeit der Literaturwissenschaft, wo es jedoch darum geht, ...sie als literarische Widerspiegelung des 'Lebens', also psychologischer und soziologischer Strukturen, begreifbar zu machen, da wird diese Arbeit sich vor allem der Sozialpsychologie als Hilfswissenschaft bedienen. Sie strebt an, 'das Ideelle...als das im Menschenkopf umgesetzte und übersetzte Materielle' (Karl *Marx*, Das Kapital, Berlin 1966, Bd.1, S.27) verstehbar zu machen".

Ein Autor wie *Neumann* hält nicht viel von der "literarischen Darstellung der Hochschätzung des Individuums" (S.166), wie wir sie etwa bei *Weintraub* finden. Seine an *Adorno*, *Horkheimer* und *Marcuse* orientierte Betrachtung der Dialektik von Individuum und Gesellschaft läßt ihn annehmen, daß

> "'die Subjekte der Triebökonomie...psychologisch expropriiert und diese rationeller von der Gesellschaft selbst betrieben (werden). Was der Einzelne jeweils tun soll, braucht er sich nicht erst mehr in einer schmerzhaften inneren Dialektik von Gewissen, Selbsterhaltung und Trieben abzuringen' (Max *Horkheimer*, Theodor W. *Adorno*, Dialektik der Aufklärung, Amsterdam 1955, S.238/239). Die Bewußtseinsindustrie übernimmt diese Aufgabe für ihn" (*Neumann*, 1970, S.187f).

Ob nun als Ausdruck des Individuellen oder des Gesellschaftlichen – die literarische Gattung Autobiographie bietet offenbar sowohl dem psychologisch als auch dem soziologisch Orientierten etwas. Historiker, Philosophen, Literaturwissenschaftler, seien sie nun eher "idealistisch" oder "materialistisch" orientiert – sie alle können angesichts des Reichtums an schriftlich vorliegendem autobiographischen Material "satt werden".

Als früheste "große" Autobiographie werden trotz der von *Misch* herausgearbeiteten, noch älteren Schriften die "Confessiones" des *Augustinus* angesehen, eine Art Lebensbeichte, die in den Jahren 397 und 398 entstanden ist:

> "The high profile of Augustinus' Confessions...stands out with such a prominence in proportion to everything preceding it that it is difficult to resist the assertion it is here that the true autobiographic tradition of the Western world took off" (*Weintraub*, 1978, S.17).

Als weiteres Hauptwerk des Mittelalters wird die Leidensgeschichte des französischen Philosophen und Theologen *Abaelard* angesehen, die von 1133 bis 1136 entstand. Ferner fehlt in keiner historischen Darstellung der Hinweis auf die "poetischen Briefe" und die "Briefe an die Nachwelt" des Francesco *Petrarca* aus dem 14.Jahrhundert. Aus neuerer Zeit wird von deutschen und französischen Literaturwissenschaftlern *Goethes* Werk "Aus meinem Leben. Dichtung und Wahrheit" (entstanden ab 1811) ein besonderer Rang zuerkannt, insbesondere weil *Goethe* erkennen läßt, wie sich Erfundenes und Gereimtes ("Dichtung") mit Dokumentarisch-Biographischem ("Wahrheit") auf schöne Weise miteinander verbinden läßt. In jüngster Zeit unterläßt es kaum jemand, auf die autobiographischen Schriften von Simone *de Beauvoir* und Jean-Paul *Sartre* ("Les mots") aus den 60er Jahren hinzuweisen. Durch die Arbeiten von Ph. *Lejeune* (1971, 1975, 1980) werden wir nicht nur darauf aufmerksam gemacht, daß insbesondere Frankreich über eine große literarisch-autobiographische Tradition verfügt – man denke hier z.B. an *Rousseau*, *Stendhal*, *Gide*, *Sartre* –, sondern auch auf Probleme der eigentlichen Definition von Autobiographie in Abgrenzung zu anderen literarischen, künstlerischen und wissenschaftlichen Produktionen.

Obgleich es für den Laien auf den ersten Blick kein besonderes Problem darzustellen scheint, "Autobiographie" zu definieren, verwenden viele Literaturwissenschaftler doch große Mühe darauf, diese Gattung von anderen Arten von Literatur abzugrenzen. Schon Georg *Misch* (1949) erkannte:

> "Die Selbstbiographie ist keine Literaturgattung wie die anderen. Ihre Grenzen sind fließender und lassen sich nicht von außen festhalten und nach der Form bestimmen wie bei Lyrik, Epos oder Drama... Sie gehört ihrem Wesen nach zu den Neubildungen höherer Kulturstufen und ruht doch auf dem natürlichsten Grunde, auf dem Bedürfnis nach Aussprache und dem entgegenkommenden Interesse der anderen Menschen, womit das Bedürfnis nach Selbstbehauptung der Menschen zusammengeht; sie ist selber eine Lebensäußerung, die an keine bestimmte Form gebunden ist... Und keine Form ist ihr fremd. Gebet, Selbstgespräch und Tatenbericht, fingierte Gerichtsrede oder rhetorische Deklamation, wissenschaftlich oder künstlerisch beschreibende Charakteristik, Lyrik und Beichte, Brief und literarisches Portrait, Familienchronik und höfische Memoiren, Geschichtserzählung rein stofflich, pragmatisch, entwicklungsgeschichtlich oder romanhaft, Roman und Biographie in ihren verschiedenen Arten, Epos und selbst Drama – in all diesen Formen hat die Autobiographie sich bewegt, und wenn sie so recht sie selbst ist und ein originaler Mensch sich in ihr darstellt, schafft sie die gegebenen Gattungen um oder bringt von sich aus eine unvergleichliche Form hervor... In der Tat zeigt das autobiographische Schrifttum, als Ganzes betrachtet, einen proteischen Charakter. Diese Literaturgattung entzieht sich einer Definition noch hartnäckiger als die gebräuchlichsten Formen der Dichtung. Sie läßt sich kaum näher bestimmen als durch Erläuterung dessen, was der Ausdruck besagt: die Beschreibung (graphia) des Lebens (bios) eines Einzelnen durch diesen selbst (auto)" (S.6f.).

Folgt man diesem Autor, so vermag eine autobiographische Selbstdarstellung in so gut wie jede literarische Form zu schlüpfen. Dominant ist danach das womöglich geradezu unbändige Bedürfnis des Menschen, sich selbst darzustellen, von sich selbst zu erzählen, und dieses starke Verlangen nach Äußerung schafft sich je nach den vorliegenden Gegebenheiten die eine oder andere Form.

Andere Autoren haben die Autobiographie etwas enger und strenger definiert, z.B. indem sie als solche nur die *explizite*, die ausdrückliche und beabsichtigte Selbstbeschreibung ansehen oder indem sie nur Prosawerke zulassen. In seinem Buch "L'autobiographie en France" definiert Ph. *Lejeune* (1971) die auch von ihm als "genre ambigu" erkannte Autobiographie in Abhebung vom Roman, von Gedichten und anderen Formen der littérature intime wie folgt:

> "Nous appelons autobiographie le récit rétrospectif en prose que quelqu'un fait de sa propre existence, quand il met l'accent principal sur sa vie individuelle, en particulier sur l'histoire de sa personnalité" (S.14).

Es müssen also in einem Prosatext Autor und Protagonist ein und dieselbe Person sein, wie z.B. auch *Kronsbein* (1984) am Beispiel von Roland *Barthes*, (1975) "Roland Barthes par Roland Barthes" darstellt.

> "Eine Autobiographie ist...als ein Text zu bezeichnen, der sich als Gegenstand der Darstellung und als daraus zu folgender Beobachtung der Deutung durch die gewählten autobiographisierenden narrativen Mittel eines oder mehrerer, nicht notwendigerweise zusammenhängender Lebensabschnitte darstellt. Es ist dies die Darstellung eines Autors, der sich im Text oder durch den Titel oder durch die Aufmachung des Buches eindeutig sowohl als der Verfasser dieses Textes als auch als der mit diesem identische Erzähler des im Text als Identitätsträger angebotenen erzählten Person zu erkennen gibt" (*Kronsbein*, 1984, S.184).

Die Doppelrolle von Subjekt und Objekt der Literaturgattung Autobiographie hat manch sensiblen Autor fasziniert, z.B. Ph. *Lejeune* in seinen Werken "Le pacte autobiographique" (1975) und "Je est un autre" (1980). "Je est un autre" ist eine Formulierung von Rimbaud, an die Lejeune die Frage anschließt:

> "Quel Je? Et un autre que *qui*?" (1980, S.7)

Aber das Autobiographisieren ist nicht auf die Ich-Form angewiesen, es kann z.B. auch in der dritten Person stattfinden, gemäß der Bemerkung von Paul *Valéry*:

> "Le moi se dit *moi* ou *toi* ou *il*. Il y a les 3 personnes en moi. La Trinité. Celle qui tutoie le moi; celle qui le traite de *Lui*."

Dennoch, das Gesagte gilt ebenso für z.B. Tagebuch und Memoiren, und diese Literaturformen werden gewöhnlich (und auch von *Lejeune*) von der Selbstbiographie abgegrenzt. Nach *Kronsbein* (1984) schildern *Memoiren* vor allem Ereignisse, Gegebenheiten und andere Personen, während sich die Autobiographie auf die "Darstellung des eigenen Selbst, des Wesenskerns der Person" (S.14) konzentriert. Dieser Gedanke, daß in der Autobiographie direkte Aussagen zur Person, zur Persönlichkeit des

Autors vorherrschen, daß also so etwas wie eine *Selbstdarstellung als Persönlichkeit* geleistet wird, fand sich bereits in Formulierungen von Georg *Misch*, und es klingt auch im *Literatur-Brockhaus* (1988) an, wenn Autobiographie definiert wird als

> "literarische Darstellung des eigenen Lebens oder einzelner Lebensphasen, denen im Bewußtsein des Autors konstitutive Bedeutung *im eigenen Personalisationsprozeß* zukommen" (S.153, Hervorhebung von mir, H.D.M.).

Mit der Konzeption der Selbstbiographie als eines Informanten über die Persönlichkeit des Selbstbiographen stellt sich spätestens jetzt die Frage nach Dichtung und Wahrheit, nach Schein und Sein, nach womöglich fiktiv dargestelltem und wahrhaftig berichtetem autobiographischen Gehalt. Selbst die besten Autobiographien, so schreibt *Pascal* (1965), zeigen im Hinblick auf die Wahrheit Mängel, stellen Tatsachen falsch dar.

> "Die Autobiographie beanspruchte schon früh einen nur relativen empirischen Wahrheitswert",

schreibt der *Literatur-Brockhaus* (S.154). *Goethe*'s Feststellung, ja sein Programm,

> "Die höchste Aufgabe einer jeden Kunst ist, durch den Schein die Täuschung einer höheren Wirklichkeit zu geben" (zit.n. *Kronsbein*, 1984, S.87),

kann den Autobiographen dazu führen,

> "nicht mehr zwischen den Bereichen der erlebten Wirklichkeit und den Gesetzen ihrer Darstellbarkeit in Texten unterscheiden zu können" (a.a.O., S.88).

Und mit einem Blick auf die Probleme, die der Autobiograph Klaus *Mann* mit Wahrheit und Dichtung hat, erkennt *Kronsbein*:

> "Die Aufrichtigkeit, die meint, wahr, d.h. ehrlich sein zu wollen, der Anspruch, sein Leben unmittelbar mitteilen zu können, reibt sich an Gesetzen der Mittelbarkeit des Erzählens. Zu diesem grundsätzlichen Dilemma kommt die ebenso grundsätzliche Indifferenz der Sprache gegen die Wahrheit dessen, was sie transportiert" (a.a.O., S.88)

Nach *Kronsbein* ist allenfalls eine autobiographische Aussage vom Typ

"Ich war nicht ganz acht Jahre alt, als der Krieg begann, und gerade zwölf, als er endete" (aus Klaus *Mann*'s "In meinem Elternhaus")

beweisbar; fraglich ob beweisbar aber ist z.B. die Aussage:

"Ich fühlte mich so glücklich, so durchdrungen von Dank und Freude" (aus Hans Christian *Andersen*'s "Märchen meines Lebens").

Solche Aussagen beziehen sich auf Zeitangaben (die nachprüfbar wären) und auf Erlebnisweisen (für die es keine andere Bestätigung als den Autor selbst gäbe). Faßt man nun sogar Autobiographie in dem engen Sinne, daß sie Aussagen über den Charakter oder die Persönlichkeit des Berichterstatters zum Gegenstand hat, so bewegt man sich auf dem gleichen schwammigen Untergrund wie der Psychologe, der zu Aussagen über die Persönlichkeit eines Individuums allein über Selbstberichtsdaten gelangen will oder muß.

Nicht immer wird man dem Autor einer Autobiographie ebenso wie dem Klienten eines psychologischen Diagnostikers unterstellen, er verfälsche absichtlich oder bewußt. Eine gut nachvollziehbare Charakterisierung des alltäglichen Zusammenspiels von "Lüge" und "Wahrheit" finden wir in dem von *Kronsbein* (1984) zitierten Hinweis von Hans *Glagau* in seiner 1903 erschienenen Schrift "Die moderne Selbstbiographie als historische Quelle":

"Daß der romanhafte Faktor sich stets da einschleichen wird, wo das Gedächtnis den Selbstbiographen im Stich läßt, diese Tatsache steht für uns so fest, daß sie keiner breiteren Erörterung bedarf."

"Dichtung" kann also, wenn sie schon im vorgegebenen Rahmen zu nichts Besserem nutze ist, die Funktion erfüllen, Lücken, vor allem Gedächtnislücken auf seiten des Berichterstatters, auszufüllen.

Ansonsten mag für die Autobiographie – und deshalb haben wir uns ihr vielleicht etwas ausführlicher gewidmet – das Gleiche gelten wie für die psychologische Selbstkonzeptforschung und die Psychologie des Selbstdarstellungsverhaltens ganz besonders: Es muß nicht Aufgabe des Wissenschaftlers sein, das Zutreffen des von einer Person bezüglich ihrer Persönlichkeit Behaupteten zu ergründen, sondern es kann seine Aufgabe gerade darin bestehen, in zutreffender Weise *zu erforschen, wie eine Person sich als Persönlichkeit darstellt, wie sie von anderen als Persönlichkeit gesehen werden möchte.* Denn

> "selbst wenn das, was (Autobiographien) uns mitteilen, nicht buchstäblich, selbst wenn es nur zum Teil wahr ist, so ist es doch immer wahrer Ausdruck ihrer (d.h. der Autoren) Persönlichkeit" (*Pascal*, 1965, S. 11).

Handel (1987) analysierte autobiographische Schriften von Personen des mittleren und höheren Erwachsenenalters daraufhin, welche "persönlichen Theorien" man sich bezüglich der eigenen Lebensentwicklung bildet. Autobiographisches Schrifttum bietet nach Auffassung des Autors eine reichhaltigere Informationsquelle für solche retrospektiven Selbstdarstellungen als dies in "nomothetischen" Studien, also in Untersuchungen mit psychologischen Meßinstrumenten der Fall sein kann. Eine solche Studie legten z.B. *Mummendey, Albers* & *Sturm*, 1985, vor: Anhand von Rating-Skalen schätzten Lehrer ihre eigene Selbstkonzeptentwicklung ein; für bestimmte Dimensionen des Selbstkonzepts zeigte sich, daß diese Personen bei sich selbst eine fortschreitende Verringerung von Selbstbild-Idealbild-Diskrepanzen wahrnehmen.

In den von *Handel* (1987) herangezogenen Autobiographien scheint noch deutlicher als in solchen stärker messenden Untersuchungen zum Ausdruck zu kommen, daß die sich rückblickend selbst darstellenden Personen starke psychische *Veränderungen* attestieren:

> "These features are clearly evident in the fusion of self-appraisals of change and sameness reported by autobiographers as they compare their present self with retrospective selves mostly drawn from their distant past. The autobiographers' self-presentations suggest that adults seem to be distinctly impressed by the powerful impact of chance encounters and events on their subsequent development. Furthermore, the progress they have made toward actualizing the 'true' self stands out as a major criterion in the autobiographers' overall evaluation of the course of development of the self" (*Handel*, 1987, S.83).

Autoren wie Arthur *Koestler* und L. *Woolf* dienen als Belege dafür, wie man sich insbesondere von der Kindheit, aber auch von weiteren Entwicklungsstadien zu distanzieren bemüht. In allen solchen autobiographischen Selbstdarstellungen, so der Autor, bemühten sich die Schreibenden, rückblickend die Momente der Veränderung und der Identität (change versus sameness) als einander keineswegs ausschließend erscheinen zu lassen.

Allen psychologischen Autoren, die sich am Gegenstand der Autobiographie versuchen, scheint gemeinsam zu sein, daß sie der Annahme folgen, die Erinnerung an die eigene Vergangenheit werde massiv durch die jeweils gegenwärtige Art und Weise, sich selbst und andere Personen zu sehen, geprägt. So wie *Cohler* (1982) das Bemühen um die Darstellung von Konsistenz und Kontinuität betont, spricht *Steele* (1988) von "Selbst-Affirmation" dem Bemühen um "Selbst-Integrität"; oder mit den Worten von *Gergen* & *Gergen* (1988):

> "Rather than seeing one's life as simply 'one damned thing after another', the individual attempts to understand life events as systematically related. They are rendered intelligible by locating them in a sequence or 'unfolding process'... One's present identity is thus not a sudden and mysterious event, but a sensible result of a life story" (*Gergen* & *Gergen*, 1988, S.19).

Rosenberg (1988) hat versucht, Thomas *Wolfe*'s "Schau heimwärts, Engel", also eine ohne formale Beschränkung geschriebene Biographie, mittels eines Verfahrens der multidimensionalen Skalierung empirisch zu analysieren. Ähnlich wie in einem von *Mummendey* & *Mielke* (1989) angewendeten inhaltsanalytischen Verfahren wurden dazu Begriffe und Sätze, die sich auf die eigene Person und auf Interaktionspartner beziehen, in Eigenschaftsbegriffe transformiert, so daß sich eine Person x Eigenschaften-Matrix und eine nach Personen gegliederte Eigenschaftskonfiguration darstellen läßt. Die Veränderung solcher Eigenschaftsstrukturen in der Retrospektive des Autors läßt sich dann darstellen, oder es läßt sich die Veränderung einzelner autobiographisch berichteter Merkmale auszählen. Der Autor erfaßt z.B. den Verlauf der Zuschreibung von Eigenschaften, die einer Person nur ein einziges Mal zuerkannt werden (unique traits, singleton):

> "The results are clear. The proportion of singletons is highest in very early childhood and in adolescence. Although these findings are based on Wolfe's retrospective self-descriptions, they are in line with ideas about actual developmental patterns. That is, the elaborate conceptual system of traits that comes to dominate one's perception of self (and others) begins to emerge during very early childhood. The jump in proportion of unique traits during adolescence (12-15) is readily interpretable as a period in which one's conception of self, although rather well developed, typically undergoes reexamination and possible change" (*Rosenberg*,1988, S.88).

Mittels der von diesem Autor angewendeten Methode läßt sich z.B. auch vergleichend feststellen, daß verschiedene Arten von Interaktionspartnern (beispielsweise Familienangehörige gegenüber Bekannten) in unterschiedlicher Weise "einzigartig" beschrieben werden.

Autobiographien, so läßt sich an den geschilderten Fällen zeigen, stellen somit Sonderfälle von *persönlichen Dokumenten* dar, die mit Methoden der *Inhaltsanalyse* (content analysis) systematisch, objektiv und quantitativ (*Berelson*, 1960) behandelt werden können. Von literaturwissenschaftlichen Analysen unterscheidet sich die psychologische Vorgehensweise in den beiden letzten von *Berelson* genannten Merkmalen: in dem, was in der Psychologie unter "Objektivität" verstanden wird, und in dem Bemühen um eine Quantifizierung und Messung sprachlicher Produktionen. Gemeinsam dürfte dem Literaturwissenschaflter ebenso wie dem Psychologen sein, Selbstbild und Selbstdarstellung eines Individuums zu studieren, das teils einzigartiges, teils charakteristisches Exemplar einer Epoche, einer Lebensaltersstufe oder einer sozialen Gruppe ist.

Autobiographie als psychologisches Problem

Die menschliche Selbstdarstellung in autobiographischer Form ist, wie wir gesehen haben, eine vielfach genutzte und bereits vielfach erforschte Literaturgattung. Als solche unterliegt sie literarischen und literaturwissenschaftlichen Betrachtungs- und Beurteilungskriterien, die sich oftmals von denen empirisch arbeitender Psychologen unterscheiden. Auch *Psychologen* haben sich – ebenso wie wir dies in bezug auf die Literaturgattung "Tagebuch" feststellen werden, für das Verfassen von Autobiographien und die autobiographische Sichtweise interessiert. Es hat sogar den Anschein, als habe das Interesse psychologischer Forscher an der Autobiographie in letzter Zeit zugenommen, vermutlich wegen eines möglicherweise modischen, gesteigerten Interesses an Selbstkonzeptualisierungen, insbesondere freien, offenen Selbstbeschreibungen als – wiederentdeckte – psychologische Erkenntnisquelle.

Bei der Autobiographie ebenso wie beim Tagebuchschreiben interessiert und fasziniert psychologische Autoren offensichtlich vor allem die Auseinandersetzung eines Individuums mit seiner eigenen *Vergangenheit*, wie sie sich in der Erinnerung oder Retrospektive darstellt. Da es eines höheren Lebensalters bedarf, um eine einigermaßen vollständige Autobiographie zu verfassen, haben sich vor allem *Entwicklungspsychologen* mit den Autobiographien *älterer* Personen befaßt (vgl. z.B. *Butler*, 1964; *Cohler*, 1982; *Tarman*, 1988). Einerseits geht es den meisten Entwicklungspsychologen darum, so etwas wie charakteristische Stufen oder Phasen oder zumindest vergleichbare Verlaufsformen der Selbstbilder im Rückblick aufzufinden. Andererseits bringt die systematische retrospektive Betrachtung und der Bericht älterer Personen über ihre Vergangenheit eine Reihe methodischer Probleme mit sich.

Der Rückblick auf das eigene Leben stellt zwar offensichtlich einen natürlichen psychischen Prozeß bei Personen im höheren Lebensalter dar. Zugleich erfüllt eine solche Retrospektive aber die Funktion, dem Individuum selbst und seiner sozialen Umgebung ein kohärentes und konsistentes Ganzes als Lebenslauf zu präsentieren (*Cohler*, 1982). Folgt man dieser Interpretation, so stellt sich die Erinnerung an die eigene Vergangenheit als hochgradig abhängig von individuellen und sozialen Normen dar. Sowohl innere als auch äußere "Zwänge" scheinen dafür zu sorgen, daß man sich als eher positiv und erfolgreich präsentiert. Autobiographische Schriften und Erzählungen haben bei älteren Leuten offensichtlich häufig die Funktion, die eigene Selbstwertschätzung aufrechtzuerhalten und gegen die Gefahr einer Selbstwertverringerung abzupolstern. Eine empirische Studie an amerikanischen Kriegsteilnehmern (*McMahon* & *Rhudick*, 1964) zeigte, daß Rückerinnerungen mit negativem Tenor (z.B. Berichte über Mißerfolge und darüber, Schuld auf sich geladen zu haben) demgegenüber nur selten vorkommen.

Tarman (1988) spricht von einer "motivation to select socially desirable memories" und vertritt die Auffassung, daß dies der sich erinnernden Person zugleich helfe, mit den Problemen der jeweiligen Gegenwart fertig zu werden:

> "Individuals are seen to glorify the past, or to bring back memories of better times gone by when their present self or situation is stressful. Not only are these individuals attempting to make sense of a present reality by recreating a meaningful life story consistent with that reality, but they are also seen as selecting the best memories they have so that they can maintain personal negotiating power within their current reality" (S.186).

Die Autorin bezeichnet aufgrund ihrer Durchsicht psychologischer Literatur die Autobiographie als "negotiation of a lifetime", also als Ergebnis einer Auseinandersetzung im Sinne einer Verhandlung, eines Geschäftes oder eines Kompromisses:

> "Therefore, when one is forced as in old age to recapitulate one's life and essentially justify one's existence, it is the autobiography that becomes an ultimate example of negotiation, the negotiation of a lifetime. The judgement day shall indeed be a great market place" (S.188).

Andere autobiographische Formen

Die intensive Beschäftigung mancher Literaturwissenschaftler mit dem autobiographischen Schrifttum hat dazu geführt, daß vieles zur Autobiographie gezählt wird, das diese Bezeichnung eigentlich nicht verdient. So weist *Kronsbein* (1984) darauf hin, daß beispielsweise auch ein Musikstück autobiographisch sein kann bzw. daß die Autobiographie durchaus auch eine *musikalische* Gattung sein kann:

> "Smetanas Streichquartett e-moll Nr.1 und Webers Septett E-Dur tragen wie Goethes 'Dichtung und Wahrheit' den Untertitel 'Aus meinem Leben'!" (S.11).

Für den musikalisch Sensiblen und entsprechend Gebildeten wird sich sicherlich aus solcherart Musik – vermutlich am besten in Ergänzung und im Zusammenhang mit weiteren biographischen Informationen über den Komponisten – manch Autobiographisches heraushören lassen, ähnlich wie im Falle von "Programmusik".

Eine Autobiographie kann auch in anderen Medien veröffentlicht sein, z.B. im Radio oder im Film. Bekannte Beispiele für "*radiophone*" Autobiographien sind die im Hörfunk gesendeten Interview-Biographien der französischen Literaten Paul *Claudel*, *Colette,* Jean *Cocteau*, André *Gide*, Jean *Giono*, und Henri *de Montherlant* (vgl. hierzu *Lejeune* 1980). Ein Beispiel für einen autobiographischen *Film* ist Jean-Paul *Sartre*'s mehrstündiger Film "Sartre par lui-même", ebenfalls eine Art Interview-Film.

Lejeune (1980) geht in seinem Eifer, Autobiographien zu klassifizieren, so weit, daß er auf eine Form von "*autobiographique de ceux qui n'écrivent pas*" hinweist. Gemeint sind Biographien von Armen, Unterdrückten, Unentwickelten, die selbst nicht schreiben (können) und denen deswegen ein Ethnologe, Soziologe oder politisch engagierter Schriftsteller die Arbeit des Schreibens abnimmt. Es gibt viele solcher Schriften mit einem Titel wie "Das Tagebuch von...", die ein *Ersatzautor* über oder zusammen mit dem (selbst nicht schreibenden) "Autor" verfaßt hat.

In vielen gesellschaftlichen Bereichen arbeiten "*Ghostwriter*", die – wesentlich weniger idealistisch als im vorgenannten Falle – den eigentlichen Autoren das Schreiben abnehmen oder erleichtern. Man kann sich zwar fragen, ob es sich in solchen Fällen nicht doch um "Heterobiographien" handelt. Betrachtet man das Phänomen des Ghostwriters jedoch unter dem Gesichtspunkt der *Selbstdarstellung*, also einer womöglich alles andere als "naiven", sondern bewußten und pointierten (Selbst-) Präsentation einer mehr oder weniger prominenten Person gegenüber der Öffentlichkeit, so läßt sich eine mit oder durch einen Ghostwriter verfaßte Biographie durchaus als Autobiographie auffassen: nämlich als eine solche, in der diejenigen Aspekte der beschriebenen Person, die sich für eine wirksame Präsentation gegenüber einem Publikum besonders eignen sollen, mit "fachkundiger" Hilfe dargestellt werden. *Mummendey* & *Mielke* (1989) haben bei einer Analyse der Selbstdarstellungen von Spitzensportlern in deren Autobiographien solche von Ghostwritern mitverfaßten Werke mit dem Argument der Selbstdarstellung im Sinne eines effektiveren Impression-Management bewußt berücksichtigt. In vielen Fällen sehen die Verleger solcher Autobiographien davon ab, die Rolle der "Schreibhilfe" deutlich herauszustellen, so daß der Ghostwriter nur im Kleingedruckten auftaucht. Vermutlich geschieht auch dies unter Gesichtspunkten einer möglichst ungetrübten Selbstdarstellung: Sofern ein Autor nicht gerade politisch unterdrückt oder schwer krank ist, scheint es einen schlechten Eindruck zu machen, wenn er sich beim Schreiben helfen läßt.

Tagebuch

Eng verwandt der Autobiographie, dazu dem Psychologen seit langem als Datenquelle vertraut, ist das *Tagebuch*. Als literarische Gattung muß das veröffentlichte Tagebuch nicht unbedingt Autobiographie in dem Sinne sein, daß sein Autor Tatsächliches über sich selbst berichten will. Er kann auch die Form des Tagebuches wählen, um einen Gegenstand, z.B. im Rahmen eines Kriminalromans, möglichst "authentisch", spannend und sozusagen "dokumentenecht" zu präsentieren. In vielen Fällen werden jedoch Tagebücher mit dem Ziel der (ggf. späteren) Veröffentlichung geschrieben, oder es werden privat und intim geschriebene Tagebücher posthum veröffentlicht. Dabei stellt sich die Frage nach der Selbstdarstellungsfunktion eines "ganz privat" angefertigten Tagebuches. Diesem Problem sind auch immer wieder Psychologen, vor allem wohl *Entwicklungspsychologen* begegnet, wenn sie Tagebücher als wissenschaftlich bedeutsame Informationsquelle herangezogen haben.

Vor allem die weniger radikal "nomothetisch" orientierten Entwicklungspsychologen erhoffen sich seit je, aus den Tagebüchern von *Jugendlichen* Entwicklungsdaten zu gewinnen. So sammelte und veröffentlichte in den Zwanziger Jahren bereits Charlotte *Bühler* (1925, 1927) Knaben- und Mädchentagebücher, ebenso William *Stern* (1929). Das Tagebuchschreiben gilt bis heute als

> "eine in der Pubertät häufige Erscheinung", dergemäß "der Heranreifende unaufgefordert, rein aus innerem Bedürfnis heraus, meist ohne Wissen der Erwachsenen sein Innenleben niederschreibt". Der Jugendliche beschreibt hier "nicht etwa nur äußere Ereignisse und mit ihnen verbundene Erlebnisse", sondern ebenso "die Ergebnisse seiner Selbstreflexion und Selbstbeurteilung" (*Remplein*, 1958, S.66).

Auch den älteren Psychologen war bei Heranziehung von Tagebüchern als entwicklungspsychologische Datenquelle bewußt, daß solche schriftlichen Selbstberichte nur unter ganz bestimmten Bedingungen ein repräsentatives Bild bestimmter Aspekte des Jugendalters wiederzugeben vermögen, allein schon deswegen, weil nicht alle Jugendlichen im gleichen Maße Tagebuch zu schreiben pflegen. Schüler höherer Bildungsanstalten schreiben gewöhnlich eher als berufstätige Jugendliche, Stadtjugend eher als Landjugend, und Mädchen schreiben häufiger Tagebuch als Jungen. Auch die im Tagebuch behandelten Gegenstände gelten oft als gruppenspezifisch unterschiedlich.

So stellte Martha *Moers* (1964) bei Jungen eine stärkere Auseinandersetzung mit weltanschaulichen Problemen, bei Mädchen eine stärkere Orientierung in Richtung auf die eigene Person fest:

> Der Knabe "dreht sich aber nicht so dauernd um das eigene Ich in der Fragestellung 'Wie bin ich? und auch: Welchen Eindruck mache ich auf andere?' wie das Mädchen" (*Moers*, 1964, S.123).

In diesen Beschreibungen des Tagebuchschreibens scheint bereits deutlich zu werden, daß unterschiedliche Individuen und Gruppen das Tagebuchschreiben vermutlich in unterschiedlich starkem Ausmaße zur Beschäftigung mit der eigenen Person heranziehen. In entsprechender Weise wird man vermuten dürfen, daß das Tagebuchschreiben dann auch in individuell unterschiedlichem Ausmaß zur *Selbstdarstellung* verwendet wird. Denn die von Entwicklungspsychologen oft geäußerte Vermutung, das Niederschreiben im Tagebuch sei etwas vollständig Privates und oft Geheimes, bedeutet keineswegs, daß sich der Schreibende nicht beim Schreiben an eine Person, also einen *Adressaten* oder ein *Publikum* richtet, sei dieses nun explizit und bekannt (z.B. indem der Schreiber erwartet, daß die Eltern das Tagebuch finden und lesen werden), oder sei es unbekannt, allgemein oder idealisiert (z.B. indem man an eine hypothetische Person schreibt, "die einen wirklich versteht"). Oft kommt es auch dazu, daß der tagebuchschreibende Jugendliche das Tagebuch selbst als Adressaten seines Selbstberichtes und seiner Selbstdarstellung nimmt. *Remplein* (1958) referiert folgende Beobachtung von Entwicklungspsychologen:

> "Je verschlossener nach außen, desto gesprächiger wird der Jugendliche seinem verschwiegenen Tagebuch gegenüber, das ihm geradezu zum Freund werden kann und dann auch mit 'Du' ganz persönlich angesprochen wird" (S.461).

Während nun Entwicklungspsychologen mit dem Problem zu kämpfen haben, ob und inwiefern Selbstberichte in Tagebüchern repräsentativ, zuverlässig und aussagekräftig sind, in welchem Maße die Jugendlichen sich selbst oder mögliche Leser ihrer Tagebücher absichtlich oder unabsichtlich täuschen, ergeben sich solche Schwierigkeiten für den am Selbstdarstellungsverhalten Interessierten wohl weniger. Selbstbeschreibungen im Tagebuch können als Selbstzeugnisse betrachtet werden ohne Rücksicht darauf, ob sie vielleicht idealisiert oder "unzutreffend" sind. Das Problem besteht allein darin, anzuerkennen, daß ein solches Schriftstück zugleich eine Selbstdarstellung ist. Hier werden sich die meisten Psychologen vermutlich dem bekannten *Watzlawick*'schen Ausspruch

> "Man kann nicht nicht kommunizieren"

anschließen, und auch das Führen eines intimen Tagebuches als "letztlich" einen Akt der Kommunikation, also der Kundgabe gegenüber einem wie auch immer gearteten Interaktionspartner oder *Publikum*, auffassen.

Es sei noch erwähnt, daß das Tagebuchschreiben auch im Sinne einer empirisch oder experimentell *kontrollierten* Methode zur Erkenntnisgewinnung systematisch angewendet werden kann, beispielsweise ebenfalls in der Entwicklungspsychologie (vgl. *Trautner*, 1978). Hier geht es dann darum, Probanden zu beauftragen, in regelmäßigen Abständen oder in bestimmten Situationen Tagebuch zu führen oder tagebuchartige Eintragungen zu machen. Die *Tagebuchmethode* als systematisch-empirisches Verfahren der Datenerhebung wird, insgesamt gesehen, vermutlich noch eher zu bewußter Selbstdarstellung gegenüber dem Versuchsleiter anregen als das unsystematische und private Führen eines Tagebuches.

Als eindrucksvolle jugendliche Tagebuchschreiberin gilt Anne *Frank*, als prominente ältere Tagebuchschreiber gelten u.a. Graham *Greene*, Dag *Hammarskjöld* und Che *Guevara*. So unterschiedlich diese Personen auch (gewesen) sein mögen – man attestiert ihnen gewöhnlich, daß sie durch das Tagebuchschreiben Kraft und Selbstbehauptungswillen bekommen hätten. Da liegt es für manche Psychotherapeuten nahe, ihren Klienten das regelmäßige Tagebuchschreiben als "Weg zu Selbstfindung" etc., ähnlich wie im Falle des Psychodramas das Theaterspielen, zu verordnen. Das systematische "personal journal writing" (vgl. *Dillon*, 1983) dient zwar erklärtermaßen der "self-expression", doch kann man angesichts der

Tatsache, daß diesem Autor zufolge gelegentlich auch in Schulklassen systematisch dazu ermuntert wird, ohne weiteres von "self-presentation" sprechen. Wenn eine von *Dillon* interviewte Therapeutin, die diese Methode fördert, sagt:

> "Each of us has a tale, a beautiful tale, an exciting tale to tell. We learn more about ourselves by sharing that tale on paper" (a.a.O., S.379),

so wird nochmals deutlich, daß sich in der Abfassung von Tagebüchern gegenüber Eltern, Lehrern oder Therapeuten Ausdruck und Kundgabe, Repräsentation und Präsentation, Erlebtes und Dargestelltes vermischen.

Theater

Für manche *die* Darstellungsform überhaupt, soll die theatralische Art der Selbstdarstellung uns im Verhältnis zu ihrer einschlägigen Bedeutung hier nur kurz beschäftigen. Zudem wird das Theater mit seiner Rolle, die es für die *Goffman*'sche Analyse des Impression-Management im Alltagsleben spielt, weiter unten noch ausführlicher gewürdigt.

Das Theater als eine "Welt" ganz eigener Art, bietet keineswegs nur dem Schauspieler eine Bühne, sich selbst darzustellen und zur Geltung zu bringen. Man denke nur an die vielen Affären und Skandale, die sich um Theater, und zwar nicht nur um so prominente Theater wie das Wiener Burgtheater, immer wieder ranken. Dabei sind es oft die Theaterschriftsteller und die Intendanten, denen das Theater als Bühne zur Selbstdarstellung dient, und die durch Medien hergestellte bzw. publizierte Öffentlichkeit spielt die Rolle des "Theaterpublikums". Im engeren Sinne – und so "eng" wollen wir es hier sehen – bietet das Theater jedoch in erster Linie dem Bühnendarsteller, dem Schauspieler eine Darstellungsmöglichkeit.

Was ein Schauspieler darstellt, seine *Rolle* und die im Rahmen dieser Rolle dargestellte *Person* und ihr *Charakter*, verdient zunächst scheinbar nicht die Bezeichnung "Selbstdarstellung". Man könnte nämlich annehmen, die Darstellung einer bestimmten Figur in einem Schauspiel, Musik- oder Tanztheaterstück sei eben gerade keine Selbstdarstellung, sondern die Darstellung eines *anderen* Charakters oder einer *fremden* Person. Die Kunst des Schauspielers, so könnte man meinen, bestehe gerade darin, sich zu *verstellen*, und zwar in der Weise, daß er eine ganz andere Person, die gerade nicht er selbst sei, überzeugend darstelle. Dies mag durchaus gelegentlich so sein. Sehr oft wird es sich jedoch so verhalten, daß bereits die Wahl einer bestimmten Rolle, die Vergabe einer Rolle an einen Schauspieler und damit an eine ganz bestimmte Person so etwas wie eine besondere Affinität von Person und Rolle voraussetzt oder aber schafft. Die Kunst des Schauspielers wird zumeist nicht darin bestehen, eine für ihn fremdartige Rolle getreu auszufüllen, sondern sie wird oft darin bestehen, daß er die Rolle mit seiner *persönlichen* Art und Weise, die darzustellende Person zu *interpretieren*, erfüllt. In der Darstellung des Schauspielers wird sich stets sowohl die literarische Figur als auch die Person des Darstellers mit ihren unveränderlichen Besonderheiten, aber auch ihren Ideen und persönlichen "Botschaften", wiederfinden.

Für den "Theatermenschen" stellt sich die Frage des Verhältnisses von Rolle und Person des Schauspielers, von Dargestelltem und Darsteller, oft in ganz umgekehrter Richtung als für den Laien. Mit anderen Worten: Ein Theatermann "mit Leib und Seele" kann durchaus zu der Auffassung gelangen, im Theaterspiel gehe es nicht darum, die Realität des Lebens abzubilden oder die Gegebenheit der subjektiven Realität des Bühnenakteurs geschickt zu überspielen oder zu verändern, sondern es gehe vielmehr um eine möglichst gelungene Selbstdarstellung, eine *Selbstenthüllung* des Schauspielers. Max *Reinhardt* hat dies in seiner "Rede über den Schauspieler" im Jahre 1930 so formuliert:

> "Die Schauspielkunst ist aber zugleich die Befreiung von der konventionellen Schauspielerei des Lebens, denn: nicht Verstellung ist die Aufgabe des Schauspielers, sondern Enthüllung" (S.327).

Schon in einem früheren Gespräch ("Der Schauspieler und seine Rolle", 1926) finden sich folgende Formulierungen Max *Reinhardt's*:

> "Wir suchen im Theater, wie in jeder Kunst, zuletzt immer nur die Persönlichkeit, und je stärker und größer diese ist, um so zufriedener sind wir. Wenn der Schauspieler als Persönlichkeit in einer Rolle untergehen sollte, nicht selbst in Erscheinung treten würde, so wären unsere Erwartungen enttäuscht. Die Schauspielkunst ist eine Kunst der Enthüllung, nicht der Verwandlung! Sich mit Maske, Ton, Gang und Gebärde äußerlich verwandeln, also etwas anderes darstellen, als man wirklich ist, scheint mir da unterhalb der Schauspielkunst zu sein. Der Schauspieler macht schon eine Verwandlung durch, in ein fremdes Schicksal, aber nicht in einen anderen Menschen... Das Glück des Schauspielers ist die Ekstase dieser Verwandlung, das Glück des Zuschauers ist die Enthüllung der Persönlichkeit" (S.315).

Möglicherweise liegt in dieser besonderen Art des Zusammenspiels von Rolle (also sozusagen *Fremd*darstellung) und Schauspielerpersönlichkeit (also der Möglichkeit der *Selbst*darstellung) ein Grund für den Anreiz, den weniger bekannte Theaterstücke und weniger prominente Rollen auf große Schauspieler immer wieder ausüben. Max *Reinhardt* hat dies so ausgedrückt:

> "Große Schauspieler haben deshalb solche Stücke immer gesucht, weil ihnen diese mehr Platz zur Entfaltung persönlicher Eigenschaften boten... Schwache Stücke kommen der Neigung der Schauspieler entgegen, über die Rolle hinauszugehen, sie neu, sie für sich, für ihre Art zu gestalten" (a.a.O., S.315f.).

Wenn gute Schauspielkunst tatsächlich so etwas wie Selbstenthüllung ist, so ist doch Theaterspielen keineswegs nur Ausdruck im Sinne von unwillkürlicher und ungesteuerter Äußerung. Die theatralische Selbstdarstellung läßt schon durch die Gegebenheit des Publikums sowohl *Ausdruck* als auch *Darstellung* im Sinne von *Kundgabe* zu. In der theaterwissenschaftlichen Literatur wird das Problem der Darstellung und Selbstdarstellung ganz überwiegend unter dem Stichwort "Publikum" abgehandelt. Viele Veröffentlichungen in der noch relativ jungen Theaterwissenschaft tragen einen Titel wie "Das Theater und sein Publikum" (vgl. z.B. *Brauneck* & *Schneilin*, 1986). Es gibt kein Theater ohne Publikum, ebenso wie es kein Theaterpublikum ohne Bühnendarstellung gibt. Das Bewußtsein, ein Publikum zu haben, sei es Publikum ganz allgemein oder sei es eine spezielle Zuhörerschaft, aus der man bestimmte Personen kennt und sie z.B. schätzt oder verachtet – alles dies, das ungesteuerte Selbstoffenbarung ebenso wie gesteuerte Selbstdarstellung ermöglicht, hat Max *Reinhardt* bereits dem *kindlichen* Theaterspiel attestiert:

> "In den Kindern spiegelt sich das Wesen des Schauspielers am reinsten wieder. Ihre Aufnahmefähigkeit ist beispiellos, und der Drang zu gestalten, der sich in ihren Spielen kundgibt, ist unbezähmbar und wahrhaft schöpferisch. Sie wollen die Welt noch einmal selbst entdecken, selbst erschaffen. Sie sträuben sich instinktiv dagegen, die Welt durch Belehrung in sich aufzunehmen. Sie wollen sich nicht mit den Erfahrungen anderer vollstopfen. Sie verwandeln sich blitzschnell in alles, was sie sehen, und verwandeln alles in das, was sie wünschen. Ihre Einbildungskraft ist zwingend. Das Sofa hier? Eisenbahn: schon knattert, zischt und pfeift die Lokomotive, schon sieht jemand beglückt durch das Coupéfenster die zauberhaftesten Landschaften vorbeifliegen, schon kontrolliert ein strenger Beamte die Fahrkarten, und schon ist man am Ziel... Was ist das? Theater,

idealstes Theater und vorbildliche Schauspielkunst. Und dabei das klare, immer gegenwärtige Bewußtsein, daß alles nur Spiel ist, ein Spiel, das mit heiligem Ernst geführt wird, das Zuschauer fordert, Zuschauer, die stumm ergeben und andächtig mitspielen. Dasselbe ist beim Schauspieler der Fall. Es ist ein Märchen, daß der Schauspieler jeden Zuschauer vergessen könnte..." (1930, S.326).

Aber nicht nur wird das Publikum vom Schauspieler nicht vergessen, sondern der Schauspieler begreift die Zuschauer als Interaktionspartner zumindest in dem Sinne, daß er auf sie wirken, sie beeinflussen, sie an seiner Person interessieren will. Der Schauspieler Gert *Voss* schreibt hierzu,

> "daß Spielen nur schön ist, wenn Menschen zuschauen, je mehr, desto besser. Also ist das Spielen wohl eine große Lust, Menschen zu verführen, zum Lachen, zur Furcht, zur Trauer, zur Wut; kurz, sie in sich selbst verliebt zu machen; und letzten Endes und bestimmt nicht zuletzt, daß sie mich bewundern" (1983, S.14).

Indem der Schauspieler z.B. ein starkes Gefühl ausdrückt bzw. *repräsentiert*, so kann man sagen, stellt er es zugleich seinem Publikum gegenüber dar, d.h. er *präsentiert* es. Er präsentiert es auf die für ihn einzigartige Art, auf *seine* Art. Schauspiel, so kann man also sagen, ist niemals nur Darstellung im Sinne von Wiedergabe, sondern immer auch Selbstdarstellung im Sinne von Kundgabe einer persönlichen Botschaft.

Performance

Eine Zwitterstellung zwischen den bildenden Künsten (wie z.B. Malerei, Plastik, Graphik, Baukunst) und dem Theater nehmen zeitgenössische Kunstgattungen ein, die man als *Aktionskünste* bezeichnen kann. Da in ihnen die Selbstdarstellung des Künstlers offensichtlich eine beherrschende Rolle spielt, sei auf eine in den beiden letzten Jahrzehnten aktuelle Variante, die *Performance*, näher eingegangen.

In vielen Zweigen zeitgenössischer, insbesondere avantgardistischer Kunst ist es nicht mehr möglich oder empfehlenswert, klar umrissene Kunstgattungen voneinander getrennt zu betrachten. Es ist auch nicht ohne weiteres angebracht, zwischen dem Künstler und seinem Gegenstand, dem Kunstwerk, klar zu unterscheiden. Die Performance mag ein Beispiel hierfür sein. Bei ihr handelt es sich um eine Aufführung oder

Kunst-Vorstellung, die die Person des Künstlers zumeist mit einbezieht. Wie in ihren Vorläufern, der *Aktion* und dem *Happening*, werden nicht nur die üblichen Schranken zwischen Kunst und Kunstdarbietung einerseits, und dem Alltagsleben andrerseits überwunden, sondern die Künstler selbst treten (wie bei den klassischen Happenings z.B. Wolf *Vostell* und Joseph *Beuys*) ins Rampenlicht. Indem sie ein Kunstwerk räumlich und zeitlich ausgedehnt "zelebrieren", präsentieren sie sich zugleich selbst als Bestandteil des Kunstwerks. So kann man bei vielen Produktionen des katalanischen Allroundkünstlers Salvadore *Dali* von *Selbstinszenierungen* sprechen. Selbst sein Alter, seine Krankheit und teilweise sein Sterben haben Züge solcher Selbstinszenierungen getragen. *Dali*s Bestattung im Januar 1989 in Figueras, bei der sein Sarg von Beamten in Phantasieuniformen in das Theatro-Museo-Dali getragen wurde, war so gestaltet, daß sie (nach einem Bericht der "Frankfurter Allgemeinen Zeitung" v. 27.1.89) "hätte von dem Maler selbst ausgedacht sein können".

Wie eng die Verbindung von Kunst und Künstler in der Performance gedacht ist und wie konstitutiv die Betrachtung und Darstellung der eigenen Person des Künstlers für diese Kunstform ist, beschreibt G. *Battcock* mit folgenden Worten:

> "Before man was aware of art he was aware of himself. Awareness of the person is, then, the first art. In performance art the figure of the artist is the tool for the art. It *is* the art" (*Battcock* & *Nickas*, 1984, S.ix).

Performance-Künstler beziehen sich gern auf Maurice *Merleau-Ponty*'s Gedanken, daß der Körper die sichtbare Seite unserer Intentionen sei. Intentionalität soll sich also im Körperlichen ausdrücken und über den eigenen Körper mitgeteilt werden. Konsequenterweise verwenden viele Performance-Künstler ihren Körper als Kommunikationsmittel, betreiben *Body Art*, fassen sich als *Living Sculptures* auf. Alles, was sie ausdrükken, gehört zum Kunstwerk oder *ist* das Kunstwerk, und auch die eigene Autobiographie kann im Rahmen der Performance präsentiert werden.

Das Konzept der Performance lebt in offenbar nicht unbeträchtlicher Weise davon, daß eine genaue Abgrenzung (z.B. zum Theater) nicht möglich oder erwünscht, daß eine klare Definition dieser Kunstgattung vermieden wird. Ein für allemal *nicht* definiert, so argumentieren z.B. *Battcock* & *Nickas* (1984), gibt es auch keine Regeln, die man brechen könnte. Die härteste Beschränkung für die Performance besteht – wie bei den übrigen Avantgarde-Künsten der 60er und 70er Jahre – nicht im Materiellen und Räumlichen, sondern in der Zeit:

> "A performance has the obvious condition: when the show's over it's gone" (John *Howell*, zit.n. Battcock & Nickas, a.a.O., S. xix).

Eine Performance ist ebenso wie eine musikalische Darbietung (auch hier ist der ausführende Künstler zugleich Subjekt und Objekt der künstlerischen Präsentation) vorbei, wenn das *Ereignis* vorbei ist. Was übrig bleibt (Fotos, Skripte, Berichte), kann das Ereignis nicht in seiner Gesamtheit erfassen und wiedergeben.

Das Vorgehen der Performance-Künstler, Ideen, Probleme, Intentionen etc. in ausdrucksstarker Weise und durch Präsentationsweisen der eigenen Person mitzuteilen, findet sich bereits in früheren Kunstströmungen, z.B. bei den Futuristen, Konstruktivisten, Dadaisten und Surrealisten. Rosalee *Goldberg* (1979) hebt in ihrer historischen Analyse den Einfluß des Bauhauses, insbesondere eines von Oskar *Schlemmer* im Jahre 1923 übernommenen Bühnenarbeitskreises hervor. Als ein gemeinsamer Grundzug der meisten Performances wird die Absicht der (sich selbst) darstellenden Künstler gesehen,

> "to challenge the viewers' perceptions of art and the limits of those perceptions" (1984, S.25).

Es geht in den meisten Fällen nicht um die Selbstdarstellung des Performance-Künstlers als Persönlichkeit, sondern um seine persönlichen Wahrnehmungs- und Sichtweisen. Wie ihre futuristischen und dadaistischen Vorläufer präsentieren die Performance-Künstler häufig politische Sichtweisen. Als Beispiel sei der Bericht einer Lokalzeitung über eine Performance einer Aktionskünstlerin auszugsweise wiedergegeben:

> "Der ganze Körper ist Medium für eine zielgerichtete Aussage gegen Unterdrückung, vernichtende Gewalt, Brutalität und Zerstörung – doch vermittelt sie genau das mit der Demonstration des Schreckens. Fische werden in rasender Brutalität zerfetzt, archaische Zerstörungskraft wird frei, wenn die Künstlerin verschmiert und hemmungslos den Grad der menschenmöglichen Erbarmungslosigkeit vor Augen führt. Sie wälzt sich in der Asche, der ganze geschwärzte Körper bringt ausdrucksstark die Asche von den Händen an die Wand".

Performances enthalten Selbstdarstellungen oft nicht so sehr der eigenen Person in ihrer Individualität, sondern als Prototyp einer sozialen Gruppe, so z.B. wenn Performance-Künstlerinnen typische Sichtweisen des weiblichen Geschlechts zu verdeutlichen versuchen. Als Beispiele seien hier die Collagen von *Colette* und die "zelebrierte Entfaltung weiblicher Körperlichkeit" in den Präsentationen von Carolee *Schneemann* erwähnt (vgl. *Almhofer*, 1986). Aber wie gesagt,

> "anything can happen, any number of materials can be used" (*Goldberg*, 1984, S.34),

denn fest steht nur, daß Performance "performance by artists" ist.

Selbstporträt

Von den bildenden Künsten, mittels derer man sich selbst darstellen und einem mehr oder weniger kunstverständigen Publikum präsentieren kann, sei abschließend wenigstens noch die *Malerei* angesprochen.

Wie im Falle eines jeden Kunstwerks sagt ein gemaltes Bild vermutlich sowohl etwas über den dargestellten Gegenstand, die präferierte Technik usw. als auch über die Person des Künstlers aus. Der Kunstschaffende kann sich somit auf vielfältige Weise in seinem Produkt selbst darstellen. Ganz deutlich dürfte der Schwerpunkt auf der Selbstdarstellung des Künstlers liegen, wenn er ein Selbstporträt malt. Daher wollen wir uns hier auf *Selbstporträts* beschränken.

Selbstporträts enthalten, da sie gewöhnlich nicht mit fotographisch-dokumentarischen Wiedergaben ihres Gegenstandes konkurrieren sollen, Aussagen oder Interpretationen des Künstlers in bezug auf die eigene Person. Bei ihrer Herstellung, so heben *Crozier* & *Greenhalgh* (1988) hervor, wird der Künstler gewöhnlich längere Zeit mit der Betrachtung seines Bildes im Spiegel verbringen, und er kann dabei seine Aufmerksamkeit durchaus in unterschiedlich akzentuierter Weise auf Unterschiedliches richten, wie es von der später zu besprechenden Self-Awareness-Theorie (vgl. *Carver* & *Scheier*, 1981) postuliert wird: Entweder ist er stärker "privat" mit sich selbst beschäftigt und aktualisiert dabei alle möglichen inneren Gedanken und Gefühle, oder er betrachtet sich stärker als soziales Objekt, d.h., er sieht sich eher mit den Augen der "Öffentlichkeit", versetzt sich also in die Lage eines äußeren Betrachters. In jedem Falle wird man annehmen dürfen, daß solche Selbstdarstellungstendenzen gegenüber einem Publikum in mehr oder weniger starkem Maße bei der Herstellung eines Selbstporträts eine Rolle spielen, und das fertige Kunstwerk wird dementsprechend einen starken Anteil an derartiger Selbstpräsentation enthalten. Die künstlerische Aussage über das eigene Gesicht enthält somit immer auch einiges, das der Betrachter des Kunstwerks über die Person und Persönlichkeit des Künstlers denken soll.

Selbstporträts können wie jede andere Kunstgattung unter mancherlei psychologischen, soziologischen und historischen Gesichtspunkten gedeutet werden. Am Ende einer solchen Analyse stellen *Crozier* & *Greenhalgh* (1988) fest, daß ihnen nur eine sehr komplexe Betrachtung gerecht werden kann:

> "The psychological meaning of a self-portrait is a complex one. It needs to be explained in terms of theories which do justice to the social dimension. One might even say that the self-portrait literally can lose its meaning if the significance of such factors as patronage, style, status of the profession, religion or wider social and economic trends are ignored. While heavy brushwork or tearful eyes might be thought to lend a portrait a feeling of intensity, these elements could simply be the artist's response to Tizian or van Dyck, or a reflection of either the artist's training or contemporary fashion" (S.30).

Ausgehend von der Annahme, daß Selbstporträts jedoch immer, in jeder Epoche, starke Selbstdarstellungskomponenten enthalten, sammelten die Autoren Selbstporträts aus den Epochen "Barock" (*El Greco*, *Rembrandt*, *Velazquez*, *Rubens*, *Murillo*; 1580-1680) und "Frühe Moderne" (*Kokoschka*, *Ensor*, *Matisse*, *Kollwitz*, *Nolde*; 1870-1914) und stellten jedem *Selbstportät* ein von demselben Maler angefertigtes *Porträt* an die Seite. In einer Studie an 18 studentischen Versuchspersonen, die angeben sollten, ob ein dargebotenes Bild entweder ein Selbstporträt oder ein Porträt darstelle, fanden die Autoren bei den Barockbildern 53% und bei den modernen Bildern 58% korrekte Antworten. In beiden Fällen ist dies nicht wesentlich von einer Zufallszuordnung verschieden, allerdings wurden die modernen Bilder wesentlich häufiger für Selbstporträts gehalten, die Barockbilder häufiger für Porträts.

In einer weiteren Studie mit den gleichen, nunmehr paarweise (Selbstporträt und Porträt als Paar) dargebotenen Bildmaterial an 15 studentischen Versuchspersonen ergab sich, daß Kunststudenten häufiger richtige Antworten gaben als Nicht-Kunststudenten und daß beide Beurteilergruppen bei der Zuordnung der modernen Bilder weniger Fehler machten. Auch die verwendeten Argumente dafür, daß ein bestimmtes Bild ein Selbstporträt sei, unterschieden sich teilweise zwischen den beiden Beurteilergruppen. So verwendeten Kunststudenten zur Erklärung ihres Urteils häufiger psychologische Begriffe, und sie argumentierten häufiger, die dargestellte Person sehe wie ein Künstler aus. Unter den "psychologischen Begriffen" gab es eine Menge, die sich direkt auf Selbstdarstellungsverhalten bezogen, z.B.

> "Artists tend to paint themselves as they think artists look".

Ungefähr die Hälfte aller Äußerungen zur Erklärung des Charakters der Bilder als Porträts oder Selbstporträts bezog sich auf den Eindruck, den machen zu wollen man dem Künstler unterstellt, sowie auf den Ausdruck psychischer Regungen. Die Studien von *Crozier* & *Greenhalgh* (1988) belegen damit insgesamt gesehen, daß Selbstporträts sowohl mit kunsthistorischen Kategorien als auch mittels Selbstdarstellungskonzepten beschreibbar und analysierbar sind. Dies bezieht sich zunächst nur auf die Perspektive des Kunstbetrachters, also des Rezipienten oder Adressaten des Kunstwerks. Studien der berichteten Art müßten ergänzt werden durch Informationen, die uns die Maler von Selbstporträts selbst geben. Leider gibt es aber zu wenige kunstpsychologische Untersuchungen solcher Art.

Kapitel 3

Selbstdarstellung als Analogie zum Bühnenschauspiel

Erving Goffman's Analyse der Selbstpräsentation im Alltagsleben

Der amerikanische Soziologe Erving *Goffman* hat in seiner Schrift "The presentation of self in everyday life " (1959) die Selbstdarstellung im Alltagsleben in Analogie zum Bühnenschauspiel beschrieben. Dieser Vergleich scheint zunächst ebenso plausibel wie gewagt: Einerseits mag es zutreffen, daß alle Menschen irgendwie mehr oder weniger "Theater spielen" – andererseits: Sind z.B. Arbeitsplätze, an denen die meisten Menschen wohl immer noch die meiste Zeit des Tages verbringen, ohne weiteres einer Bühne vergleichbar? Auf der Bühne bemüht man sich, anderen etwas vorzumachen, sie etwas glauben zu machen – im Arbeitsleben ist man oft nur mit sich selbst und seiner Arbeit beschäftigt. Auf der Bühne agiert man mit anderen Akteuren, und das Publikum, dem diese Interaktion präsentiert wird, stellt die dritte Instanz dar – im sog. "wirklichen Leben" sind zumeist die Interaktionspartner mit dem Publikum identisch. *Goffman* selbst übersieht diese Unterschiede keineswegs, und er widmet ihnen ausdrücklich manche Überlegung. Folgen wir aber zunächst seinen Ausführungen von Anfang an.

Die "Definition der Situation"

Goffman's Analyse der Selbstdarstellung im täglichen Leben beginnt mit der Formulierung:

> "When an individual enters the presence of others..."

Ausgangssituation ist also das Auftreten, das Erscheinen, das Eindringen einer bis dahin unbekannten, neuen Person in den Aufmerksamkeitsbereich anderer Personen. Wer es "mit einem neuen Individuum zu tun bekommt", versucht gewöhnlich, Informationen über diese Person zu bekommen, oder bemüht sich, Informationen, die man vielleicht schon über die einem bis dahin persönlich nicht bekannte Person besitzt, ins Spiel zu bringen. Gemeinhin wird man sich fragen, welchen sozio-ökonomischen Status (Beruf, Bildungsgrad, Einkommen, Lebensstandard etc.)

dieser Mensch besitzt. Handelt es sich um eine soziale Interaktion im Rahmen einer Arbeitsgruppe, so wird man sich besonders für seine beruflichen Fähigkeiten interessieren, handelt es sich um eine Sportgruppe, so wird die sportliche Leistungsfähigkeit im Mittelpunkt der Aufmerksamkeit stehen. In jedem Falle wird man sich dafür interessieren, wie umgänglich, vertrauenswürdig usw. die betreffende Person ist, d.h., man wird sich auch nach sog. "sekundären" Qualifikationen fragen. Solche Informationen, so argumentiert *Goffman*, sind dabei behilflich, *die Situation zu definieren*. Sie bringen Sicherheit für soziale Erwartungen, d.h., man weiß nun besser, was man in Zukunft von dieser Person zu erwarten hat, und man weiß jetzt, wie man sich in Zukunft ihr gegenüber am besten verhält, was man von ihr verlangen kann, und was nicht.

Um solche Informationen, die für den Betrachter die soziale Situation definieren helfen, zu erhalten, bieten sich mehrere unterschiedliche *Informationsquellen* an. *Auftreten* und *äußere Erscheinung* spielen im Falle eines zuvor noch nicht bekannten Gegenübers eine wichtige Rolle. Man kann das Verhalten und das Äußere einer Person gewöhnlich gut und schnell mit dem bereits bekannter Personen vergleichen und einschätzen. Man kann also mehr oder weniger stereotype Urteile, die mit bestimmten Verhaltens- und äußeren Erscheinungsweisen verknüpft sind, auf die neu in den Blick gekommene Person anwenden. Wichtig ist auch, was eine Person über sich selbst sagt. Mittels *sprachlicher Äußerungen* kann man gezielt kundtun, wer man ist und wie man sich beurteilt. Solche Äußerungen über sich selbst können sicherlich bestimmte visuell gewonnene Eindrücke kompensieren oder aber unterstützen. Kennt man eine neu auftretende Person schon von früher her, so kann man sich als ihr Gegenüber auch auf Annahmen verlassen, die man bezüglich der relativen Persistenz oder Konstanz von Persönlichkeitseigenschaften macht, oder man verallgemeinert bestimmte Erfahrungen, die man mit der betreffenden Person in einer bestimmten Situation gemacht hat, auf weitere und vor allem auf die gegenwärtige Situation.

Vieles von dem, was eine Person ausdrückt, was sie über sich direkt oder indirekt behauptet etc., wird für ihr Gegenüber nicht nachprüfbar sein. In vieler Hinsicht muß man eine Person "so nehmen, wie sie sich gibt". Das bedeutet, daß ein Mensch, der in den Blickkreis anderer Personen tritt, einen relativ großen Spielraum besitzt, diese zu beeindrucken bzw. hinsichtlich ihrer Urteile über ihn zu beeinflussen. *Goffman* unterscheidet dabei zwei Arten des Ausdrucks: den Ausdruck, den jemand gibt (gives), und den Ausdruck, den jemand abgibt (gives off). Im ersten Falle ist Kommunikation im herkömmlichen Sinne gemeint, d.h., das Individuum vermittelt direkt Informationen über sich. Der zweite Fall betrifft Verhaltensweisen, die von den Beobachtern z.B. als symptomatisch für die betreffende Person interpretiert werden. In jedem Falle besitzt das Verhalten des Individuums "vielversprechenden" Charakter. Die Person hat eine

Chance, in der Interaktion mit ihrem Gegenüber Gegenleistungen zu bekommen, deren Berechtigung sich oft erst später erweisen kann.

Versetzt man sich in die Lage des Individuums, so wird diesem in der Regel daran gelegen sein, daß die anderen einen guten oder *positiven Eindruck* von ihm bekommen. Vieleicht möchte es auch, daß die anderen denken, es hätte von ihnen eine gute oder hohe Meinung. Natürlich kann man sich auch Personen und Situationen vorstellen, bei denen es darauf ankommt, einen eher ungünstigen Eindruck zu erzielen bzw. den anderen deutlich zu machen, daß man sie ablehnt oder sie verletzen will. In jedem Falle wird es im Interesse des Individuums liegen, das Verhalten und die Ansichten der anderen in einem gewissen Maße zu *kontrollieren*. Insbesondere muß ihm daran gelegen sein, Kontrolle über die Reaktionen auszuüben, die seine Interaktionspartner auf sein eigenes Verhalten folgen lassen.

Nach *Goffman* erreicht man diese Kontrolle am besten, indem man die Situationsdefinition der anderen Person beeinflußt. Es geht also für das Individum darum, sich selbst so auszudrücken oder darzustellen, daß die anderen den Eindruck erhalten, der dazu führt, daß sie freiwillig und "von sich aus" in Übereinstimmung mit dem "Plan" des Individuums handeln. *Goffman* zitiert in diesem Zusammenhang die Beobachtung eines amerikanischen Soziologen in einem Studentenheim: Studentinnen können durch die Häufigkeit, mit der sie ans Telefon gerufen werden, ausdrücken (im Sinne von "give off"), daß sie viele Kontakte haben oder beliebt sind. Ich habe oft beobachtet, daß sich manche Kollegen in Sitzungen von einer Sekretärin wichtig erscheinende Schriftstücke zur Unterschrift bringen lassen. Es liegt dann an den anderen, ihre Schlußfolgerungen hieraus zu ziehen. Andere Kollegen bringen bestimmte Bücher mehr oder weniger unauffällig in eine Sitzung mit oder lassen ein Stück einer Zeitschrift oder eines Museumsprospektes hervorblicken. In jedem Falle liegt es an den Betrachtern, ihre Schlußfolgerungen hinsichtlich der Beschäftigung, womöglich auch der Persönlichkeit des sich darstellenden Individuums zu ziehen. Nicht immer ist deutlich zu erkennen, ob – um es einmal mit *Klages* (1950) zu formulieren, einem menschlichen Verhalten eher *Ausdruck* oder *Darstellung* zugrunde liegt.

Ein Individuum hat es nach *Goffman* in der Hand, dann, wenn es in der Gegenwart anderer auftritt, die *Definition der Situation*, in die die anderen kommen, mitzubestimmen. Es muß dies jedoch nicht unbedingt *absichtlich* und gezielt tun. Zuweilen wird es bewußt darauf hin arbeiten, einen ganz bestimmten Eindruck, und nur diesen, zu erzielen. Zuweilen wird das Individuum dies jedoch tun, ohne daß es ihm ausdrücklich bewußt ist. Die Erzeugung eines bestimmten Eindruckes geschieht oft in Übereinstimmung mit einer ganz bestimmten Position, die jemand in einer sozialen

Gruppe einnimmt, d.h., sie entspricht einer ganz bestimmten sozialen Rolle. Sowohl vollständig bewußt als auch vollständig unbewußt kann man in Übereinstimmung mit einer solchen Rolle den Eindruck, den man auf andere macht, beeinflussen. Es ist sicherlich ein Vorteil der *Goffman*'schen Analyse des Selbstdarstellungsverhaltens, daß er die Frage "*Bewußte oder nicht bewußte Selbstdarstellung?*" nicht zu einem unverhältnismäßig schwierigen Problem ausbaut, sondern stattdessen eine pragmatische Haltung einnimmt: Insofern die anderen stets so handeln, als ob das Individuum einen bestimmten Eindruck übermittelt habe, läßt sich in jedem Falle konstatieren, das Individuum habe "effektiv" eine Situation definiert - sei dies nun tatsächlich absichtlich oder ohne besondere Absicht erfolgt.

Die anderen, die Beobachter, haben nach *Goffman* die Tendenz, an dem ihnen gegenüber präsentierten Verhalten des Individuums zweierlei zu unterscheiden: einen leichter beeinflußbaren und daher unter Umständen willentlich verfälschbaren, und einen seitens des Individuums schwerer beeinflußbaren und daher nicht so leicht verfälschbaren Anteil. Relativ leicht beeinflußbar wird das Sprechverhalten, das *verbale Verhalten* sein - ihm wird man am ehesten Selbstdarstellungsmerkmale unterstellen. Weniger gut beeinflußbar wird dagegen das *Ausdrucksverhalten*, also beispielsweise das Zusammenspiel von Mimik und Gestik sein. Der Interaktionspartner kann also versuchen, mögliche Asymmetrien zwischen verbalem und nichtverbalem Ausdrucksverhalten aufzudecken und daraus seine Schlüsse auf die "Wahrhaftigkeit" des Gesagten ziehen. Wer z.B. eine Speise wortreich lobt, aber nur äußerst wenig davon probiert (im übrigen vielleicht einer einfacheren, nicht erwähnenswerten Speise zuspricht), schafft es vielleicht nicht, den Eindruck zu erwecken, er sei von der gepriesenen Speise begeistert - oder er erweckt in wirksamer Weise bei seinen Interaktionspartnern den Eindruck, ein höflicher Mensch zu sein. Der Akteur kann natürlich vorhersehen, daß der Beobachter bestimmte nichtverbale Äußerungen als besonders valide Hinweise auf das "wirkliche" Denken und Fühlen des Akteurs interpretieren wird. Daher kann er sein besonderes Augenmerk darauf richten, dem Beobachter bestimmte nichtverbale Hinweisreize (dies ist allerdings nicht unbedingt *Goffman*'s Terminologie) gewissermaßen anzubieten.

Im vorgegebenen Zusammenhang diskutiert *Goffman* besonders das Problem des *Beobachters, der selbst beobachtet wird.* Interaktionspartner bzw. Beobachter eines Individuums können gewöhnlich Informationen über diese Person, die sie aus weniger gut kontrollierbaren und daher als besonders gültig angesehenen Äußerungen ableiten, auf relativ "einfache" Art und Weise erhalten, wenn sie das Individuum dann beobachten, wenn es selbst jemand anderen beobachtet. Habe ich soeben noch gehört, was das Individuum über einen gemeinsamen Bekannten denkt, und unterhalte ich mich kurz darauf mit diesem Bekannten in der Gegenwart der erwähnten Person, so kann ich diese mehr oder weniger heimlich beobachten, wenn sie den gemeinsamen Bekannten, der sich mit mir unterhält, anblickt ohne das sie von diesem gesehen wird. Ich kann nun aus meiner Beobachtung des Beobachters zu schließen versuchen, ob dieser anscheinend tatsächlich, wie er zuvor behauptet hat, den gemeinsamen Bekannten respektiert und schätzt oder ob er vielleicht aus seiner entspannten und scheinbar nicht beobachteten Position heraus Hinweise auf Gleichgültigkeit oder Abneigung meinem Gesprächspartner gegenüber erkennen läßt. *Goffman* erwähnt hier Menschen, die, um sich bei Beobachtungen durch Dritte keine Blöße zu geben, von vornherein und für alle Fälle ein Lächeln aufsetzen.

Wenn also ein Individuum in den Aufmerksamkeitsbereich anderer Personen tritt, beginnt im Grunde ein möglicherweise unendlicher Prozeß von verdeckter Selbstdarstellung, Aufdeckung von Selbstdarstellung, falscher Enthüllung und Wiederaufdeckung. *Goffman* nimmt an, daß die Kunst, Anstrengungen des Individuums in Richtung auf kalkulierte Nichtabsichtlichkeit zu entlarven, vergleichsweise besser entwickelt sein dürfte als die Fähigkeit des Menschen, sein eigenes Verhalten zu manipulieren. Ganz gleich, wieviele Schritte in dem erwähnten Prozeß oder Interaktionsspiel bereits absolviert sind, wird also der Beobachter in der Regel gegenüber dem Akteur im Vorteil sein – eine *Asymmetrie im Kommunikationsprozeß*, wie sie nach *Goffman*'s Auffassung auch den Beginn einer solchen sozialen Interaktion kennzeichnet und wie sie letztlich beibehalten wird.

Räumt man ein, daß das Individuum in dem Augenblick, wo es vor den Augen anderer erscheint, eine *Situationsdefinition* projiziert, so muß man auch zugestehen, daß die anderen, die Beobachter, durch die Art ihrer Reaktion auf das Individuum ebenfalls eine Situationsdefinition projizieren. Normalerweise sind diese Definitionen der Situation einander hinreichend angenähert und aufeinander abgestimmt. Gewöhnlich wird es also gar nicht zu Widersprüchlichkeiten in der Situationsdefinition kommen. Die Übereinstimmung, der Einklang der Situationsdefinitionen kommt großenteils durch eine Art Arbeitsteilung zustande: Jedes Individuum verheimlicht Tendenzen und spricht Themen an, die ihm selbst wichtig, für die anderen aber in gewissem Maße unwichtig sind, und das entsprechende Verhalten der anderen wird in gleicher Weise toleriert. *Goffman* nennt dies einen interaktiven "modus vivendi". Übereinstimmung wird es in der Regel auch darin geben, daß man einen offenen Konflikt von Situationsdefinitionen vermeidet. Dieser Grad von Übereinstimmung wird als "working consensus" bezeichnet. Er kann in unterschiedlichen Situationen ganz unterschiedlich aussehen. So können zwei Freunde beim gemeinsamen Essen demonstrativ gegenseitigen Respekt und gegenseitige Wertschätzung zeigen. Ein solcher "working consensus" sieht wesentlich anders aus als der zwischen dem Angehörigen eines Dienstleistungsberufes und seinem Kunden: Hier wird ersterer, z.B. ein Mechaniker oder sonstiger Spezialist, nur mäßiges Interesse an den Problemen des Kunden zeigen, während der Kunde die fachliche Kompetenz des Spezialisten oder Handwerkers gebührend anerkennen wird.

Läßt man die Überlegungen *Goffman*'s zur Selbstdarstellung in Alltagssituationen noch einmal Revue passieren, so wird deutlich, welche enorme Wichtigkeit den allerersten Informationen, den *Initial-Aspekten der Interaktion* eingeräumt wird. Die allerersten Informationen, die ein Individuum in der sozialen Interaktion bietet, sind der Grundstock sowohl für seine weiteren Schritte, die die Situation definieren, als auch für die entsprechenden Reaktionen seiner sozialen Gegenüber. Trotz der Möglichkeit späterer Fortschritte und Modifikationen bezüglich des eigenen sozialen Verhaltens und seiner Darstellung stellt das Initialverhalten sozialpsychologisch ein *Commitment*, also eine gewisse verpflichtende Festlegung dar. Die enorme Bedeutung des ersten Eindruckes ist der Alltagspsychologie wohlbekannt. *Goffman* zitiert hier Beispiele aus Beobachtungen an Personen, die häufig in neue Interaktionen verwickelt werden, z.B. Kellner und Gäste in Restaurants oder Lehrer und Schüler bei Schulbeginn. In allen diesen Fällen hat es z.B. derjenige, der gewissermaßen das Sagen hat, also der Kellner bzw. der Lehrer, durch sein erstes Auftreten in der Hand, wie sehr er seinem Interaktionspartner klar macht, wer der "Herr im Hause" ist. Alle nachfolgenden Interaktionen werden sich in starkem Maße am ersten Eindruck orientieren. *Goffman* sieht hier gewisse moralische Prinzipien in einer Gesellschaft am Werke: Jeder, der sich als Person in einer bestimmten Art darstellt, hat gewissermaßen das moralische Recht und den Anspruch, als eine Person dieser Art behandelt zu werden. Durch sein Verhalten informiert er die anderen nicht nur, sondern er setzt sie sozusagen moralisch unter Druck, ihn so oder so zu behandeln.

Unterschiedliche Arten von "Show"

Grundsätzlich lassen sich nach *Goffman* zwei Arten der Selbstdarstellung unterscheiden: eine eher aufrichtige, bei der der sich Darstellende von dem, was er darstellt, kurz: von seiner "Show", überzeugt ist, und eine zynische, bei der der Darsteller von seiner Show selbst nicht überzeugt ist. Bei diesen beiden Beschreibungen handelt es sich um Beschreibungen von Extremen, d.h., in der Praxis lassen sich natürlich Mischungen beider beobachten. Es lassen sich aber auch Entwicklungen beobachten, etwa derart, daß jemand, der eine "Show abzieht", von der er selbst nicht überzeugt ist, im Laufe der Zeit mehr und mehr hinter dem steht, was er macht. Beispiele hierfür wären Wirtsleute, die ein Restaurant bewußt und ohne reale Grundlage im Stile eines Feinschmeckerrestaurants führen und im Laufe der Zeit selbst davon überzeugt sind, ein feines Haus zu führen. Oder Rekruten, die anfangs militärischen Eifer nur zeigen, um Strafen zu vermeiden, später jedoch durchaus überzeugt und engagiert handeln. Gordon W. *Allport* hat in ähnlichem Zusammenhang von einer "sekundären Autonomie der Motive" gesprochen: Etwas ursprünglich Abhängiges verselbständigt sich. Im Rahmen von Untersuchungen der Einstellungs-Verhaltens-Beziehung mit umgekehrter Determinationsrichtung, nämlich im Sinne von "eigenes Verhalten verändert eigene Einstellung" haben wir kürzlich gezeigt, daß auf zwangsläufig erfolgende Umorientierungen im alltäglichen Verhalten (z. B. durch den Wehrdienst bei Männern, durch die Geburt eines Kindes bei Frauen) Veränderungen von Einstellungen und Selbstkonzepten folgen (*Mummendey*, 1988). Es muß also ein Verhalten, mit dem man sich einer neuen Situation anpaßt, keineswegs nur dargestellt im Sinne einer "Show" sein, sondern es kann im Laufe der Zeit durch entsprechende Einstellungsänderungen unterstützt werden. Auch die umgekehrte Richtung einer Entwicklung ist denkbar: Vom Überzeugtsein zur bloß zynisch dargebotenen Show. So läßt sich bei Medizinern oder Angehörigen helfender Berufe oft beobachten, daß sie ihren Idealismus mehr und mehr verlieren und zugunsten einer völlig pragmatischen Haltung den Patienten gegenüber aufgeben; sie zeigen dies jedoch nicht offen, sondern geben sich nach außen hin weiterhin prosozial und helfend.

Für bestimmte Personen oder Fälle von Selbstdarstellung bedarf es einer geeigneten *Umgebung*, damit es überhaupt zu einer angemessenen Selbstdarstellung kommen kann. So bedürfen manche Menschen erst einer Vereins- oder Club-Atmosphäre, um sich darzustellen, und manche Ärzte können sich erst in einer Krankenhausumgebung angemessen präsentieren. Ebenso wie an der Umgebung muß an der Person selbst einiges "stimmen". Einige der zur Selbstdarstellung verwendeten Merkmale einer Person sind dabei schwer veränderbar (z.B. Geschlecht, Rasse, Alter), einige dagegen sind besser manipulierbar (z.B. Statussymbole, Körperhaltung, Gesichtsausdruck, Sprache). Probleme können immer dann auftreten, wenn Umgebung, äußere Erscheinung und Verhalten in einer gegebenen Situation nicht konsistent oder stimmig sind.

Ein Problem stellt also das Verhältnis von Selbstdarstellung und Verhalten, von Ausdruck und Handeln dar. Manche Menschen müssen sich selbst und das, was sie tun, besonders in Szene setzen, weil Beobachter es sonst gar nicht angemessen bemerken würden. Unter der Dramaturgie, dem In-Szene-Setzen des eigenen Verhaltens bzw. der eigenen Person leidet gewöhnlich in gewissem Maße das Verhalten selbst. So kann ein Schüler z.B. so damit beschäftigt sein, durch Gesichtsausdruck, Körperhaltung usw. darzutun, daß er besonders aufmerksam und aufnahmebereit ist, daß es ihm darüber schwierig wird, wirklich zuzuhören und aufmerksam zu sein. Dabei kann es durchaus sein, daß nicht aus jeder Verhaltensweise eine "Show" gemacht wird, sondern nur aus bestimmten, auf die es dem Individuum besonders ankommt. Die übrigen ausgeführten Verhaltensweisen können ohne weiteres routinemäßig und ohne besonderes Bemühen um Darstellung nach außen ablaufen. Beschrieben werden aber auch Personen, die sich bemühen, gerade alle möglichen kleinen, gewöhnlich als unwichtig oder nebensächlich angesehenen Alltagsverhaltensweisen im Sinne einer "Show" auszuführen. Als Beispiel nennt *Goffman* gewisse "Adlige", die versuchen, kleinste Handlungen mit dem Charakter von Würde, Macht oder Rang auszustatten.

Im allgemeinen, so argumentiert *Goffman*, wird man sich ein wenig *besser* darstellen als man ist oder zu sein glaubt. In demjenigen, das man darstellt, drücken sich seiner Auffassung nach fundamentale Werte einer Gesellschaft aus, und die Darstellung bzw. der individuelle Ausdruck eines Individuums anderen Gesellschaftsmitgliedern gegenüber wird eine stets in gewissem Maße idealisierte Selbstdarstellung im Sinne der allgemein anerkannten Werte enthalten. Es ist und gilt also sozusagen als normal, wenn man in seinen Verhaltensweisen stets etwas ausdrückt, was eigentlich einer etwas höheren sozialen Schicht zugeschrieben wird. Selbstverständlich kommt es auch zu *negativen* Idealisierungen. So wurde z.B. bei College-Studentinnen beobachtet, daß sie ihren Bildungsgrad herunterspielen, offenbar weil ein zu hoher Bildungsgrad potentielle männliche Bewerber eher abschrecken als ermuntern könnte. Hier würde dann auf eine gesellschaftliche Norm rekurriert, dergemäß Frauen im Gegensatz zu Männern eher schön und attraktiv als intelligent und gebildet zu sein hätten. Ebenso verständlich und in Begriffen sozialer Normen interpretierbar ist es, wenn Geschäftsleute ihr Vermögen als geringer darstellen als es in Wirklichkeit ist bzw. als es der Steuerbehörde lieb ist.

Eine ganze Reihe ähnlicher Diskrepanzen zwischen *Darstellung* und zugrundeliegender *Realität* ergibt sich geradezu zwangsläufig aus weiteren Umständen. So liegt beispielsweise jedem Arbeitsergebnis, jedem vorzuzeigenden Produkt ein womöglich längerer Produktionsprozeß zugrunde, der nicht immer so positiv, konfliktfrei und glatt zu bewerten ist wie das resultierende, vorzeigbare Ergebnis. Man wird daher in der Regel immer nur das *Endprodukt* nach außen präsentieren, nicht aber Aspekte der unter Umständen problematischen "Drecksarbeit", die diesem Arbeitsergebnis zugrundeliegt. Wenn z.B. eine Mutter in einem Supermarkt ein freundlich lachendes, frisch gebadetes Kleinkind mehr oder weniger stolz herumfährt, so verschweigt diese Präsentation gewöhnlich die tägliche mühevolle, nervenaufreibende und vielfach lästige Beschäftigung mit dem Kind in den Phasen des Tages, in denen es müde, hungrig, schmutzig, lästig und antisozial erscheint. Ein Wissenschaftler wird vielleicht einen Vortragstext elegant und überlegen erscheinend lesen – nicht dargestellt werden dabei die zugrundeliegenden Formulierungsschwierigkeiten, Korrekturen, Schwierigkeiten mit dem Vermeiden von Plagiaten, Zweifel an der Richtigkeit der eigenen Thesen usw. *Goffman* bringt ähnliche Beispiele aus Bereichen, die ihn als Soziologen besonders interessiert haben, z.B. aus der Beobachtung von Angehörigen bestimmter ethnischer Gruppen oder von Mitgliedern hierarchisch strukturierter Organisationen wie z.B. Ärzte, Krankenschwestern und Patienten in Krankenhäusern. Alle diese Beschreibungen vermitteln den Eindruck, daß gegenüber der Realität idealisierte Darstellungen in allen möglichen Bereichen des sozialen Verhaltens als ebenso üblich wie geradezu zwangsläufig und normal anzusehen sind.

Selbstdarstellung in "Teams" und "Regionen"

Im alltäglichen Leben wird man gewöhnlich dazu neigen, das Verhalten eines Individuums in erster Linie diesem Individuum selbst zuzuschreiben. Die Präsentation einer Person gegenüber ihrer sozialen Umgebung wird also, um in *Goffman*'s Terminologie zu bleiben, in der Regel auf die Definition der Situation durch eben diese Person zurückgeführt werden. Dabei wird häufig übersehen, daß manches von der Art und Weise, wie jemand sich darstellt, weniger mit seiner Person als vielmehr mit der jeweiligen Aufgabe, also mit Sachzwängen zu tun hat. Ebenfalls wird leicht übersehen, daß die alltägliche Außendarstellung eines Menschen oft auf die Definition einer Situation zurückgeht, die dieser Mensch mit einem oder mehreren anderen Menschen teilt. Zusammen bilden diese Personen so etwas wie ein Darstellungs-"*Team*", das gemeinsam – ausgesprochen oder unausgesprochen, verabredet oder ganz selbstverständlich – eine "Show" darbietet. Der Autor beschreibt z.B. zwei Krankenhausärzte, die einen Hilfsarzt das Krankenblatt eines Patienten vorlesen lassen und dabei relativ desinteressiert tun, um dann doch anschließend eine präzise und richtige Diagnose zu stellen. Beide Ärzte haben, ohne daß der Hilfsarzt das vermuten würde, zuvor bereits das Krankenblatt studiert, und dies auch nur teilweise, aber so, daß sie sich gegenseitig ergänzen und so dem Hilfsarzt gegenüber vollständige Kompetenz suggerieren können. Solche teamartigen Selbstdarstellungen kennt man auch von eingespielten Ehepaaren in allen möglichen Hinsichten. *Goffman* bringt hier immer wieder das Beispiel, daß Frauen aus der Mittelschicht westlicher Gesellschaften sich bei der sozialen Interaktion mit neuen Bekannten stets als etwas submissiver, Männer sich als etwas dominanter darstellen, als dies gewöhnlich gegenüber guten, alten Bekannten der Fall ist. Auch im Geschäftsleben ist es üblich, daß solche "Teams" so eingespielt sind, daß sie sich im vertrauten Kollegenkreis duzen, während sie sich Kunden gegenüber als "Herr X" bzw. "Frau Y" bezeichnen. Die Idee der individuellen Selbstpräsentation, die auf der gemeinsamen Darstellung solcher "Teams" beruht, soll auch dem "Bridge" zugrunde liegen, ein Kartenspiel, dessen der Verfasser jedoch leider völlig unkundig ist.

Der Begriff des "*Teams*" muß aber keineswegs auf eine bestimmte Personengruppe oder Dyade begrenzt werden. Auch wenn man eine Situation in Übereinstimmung mit bestimmten sozialen Normen und Standards definiert und gemäß dieser Situationsdefinition als Akteur agiert, könnte man von einer *impliziten* "Team" – Aufführung reden. Dies mag z.B. für bestimmte *moralische* Standards gelten. Man wird solchen Standards zumeist auch dann entsprechen und sie nicht zu verletzen trachten, wenn niemand anwesend ist, der die Konformität ihnen gegenüber explizit überprüfen könnte. Man wird in der Regel in einem Krankenhaus mit einem arm und ohne Hinterbliebene gestorbenen Patienten ebenso würdevoll umgehen wie mit einem solchen, dessen Angehörige präsent sind. Überhaupt entspricht es ja allgemeiner sozialpsychologischer Auffassung, daß soziale Kontrolle und soziale Macht durch bestimmte Personen auch dadurch ausgeübt wird, daß eine Person sich bei der Ausführung ihres Verhaltens solche Personen oder Gruppen *vorstellt*, sich an sie *erinnert* oder ihr Auftreten *antizipiert*.

Mitglieder von Personengruppen bzw. "Teams", die gemeinsam Impression – Management betreiben oder aber zu einer effizienten Selbstdarstellung auf eine gemeinsame Situationsdefinition mit der anderen Person oder Personengruppe zurückgreifen, stehen somit notwendigerweise in einer wichtigen Beziehung zueinander. Jedes Mitglied eines solchen "Teams" hat es nämlich in der Hand, die Selbstdarstellung des anderen zu stören. Wenn die Mitglieder eines "Teams" gemeinsam und nach außen eine bestimmte Art von Eindruck hervorrufen, so wird es ihnen aufgrund der besonderen Art von Vertrautheit, die sie dazu haben müssen, kaum möglich sein, diesen Eindruck auch untereinander, also jeweils gegenüber einem eigenen Teammitglied zu erwecken. Damit entsteht so etwas wie eine "Komplizenschaft" zwischen ihnen. Gegenseitige Abhängigkeit und gegenseitige Vertrautheit, wie sie eine solche Komplizenschaft kennzeichnen, sind nach *Goffman* dennoch von etwas anderer Qualität als jene Merkmale, die man gemeinhin zur Definition einer Gruppe oder Clique heranzieht. Denn die Komplizenschaft in einem "Team" bezieht sich immer auf eine ganz bestimnmte Situationsdefinition, und sie kann jederzeit aufgegeben werden, wenn einer der Beteiligten sich nicht an die Spielregeln hält und gewissermaßen bei der Show nicht mehr mitmacht:

> "A team, then, may be defined as a set of individuals whose intimate cooperation is required if a given projected definition of the situation is to be maintained. A team is a grouping, but

it is a grouping not in the relation to a social structure or social organization but rather in relation to interaction or series of interactions in which the relevant definition of the situation is maintained" (*Goffman*, 1959, S. 108).

Ebenso wie man *Personen*gruppen unterscheiden kann, die im Sinne von "Teams" in einer gegebenen Situation stillschweigend zusammenarbeiten, wenn es um ihre Darstellung nach außen geht, ebenso lassen sich *räumliche* Bereiche unterscheiden, innerhalb deren sich die Darstellung oder "Show" abspielt. *Goffman* bezeichnet solche Bereiche als "*Regionen*". Darstellungen von Personen sind stets an bestimmte Regionen gebunden, und dementsprechend kann man auch sagen, daß es so etwas wie ein *regionales Verhalten* gibt. Regionen, die zu einem bestimmten Verhalten gehören (oder umgekehrt: Verhaltensweisen, die zu bestimmten räumlichen oder raum-zeitlichen Regionen gehören), lassen sich recht treffend mit dem Begriff "*behavior setting*" im Sinne von *Barker* (vgl. z.B. *Barker & Schoggen*, 1973) beschreiben. Man versteht darunter Sequenzen von Interaktionen, die in einer gemeinsamem Umgebung ablaufen. Wie solche "behavior settings" sind "Regionen" Teilbereiche der komplexen Umwelt, die durch bestimmte Verhaltens- oder Interaktionsweisen und die daran geknüpften Kognitionen definiert sind. Ihre Abgrenzungen voneinander können mehr oder weniger deutlich sein, und sie können mehr oder weniger objektiv festliegen oder aber subjektiv erlebt werden. Die Unterscheidung solcher "Regionen" impliziert geradezu die Möglichkeit, eine weitere Aufteilung einer "Region" hinsichtlich ihrer nach außen gerichteten *Vorderseite* ("front region") und ihrer weniger im Licht der Öffentlichkeit befindlichen *Hinterseite* ("back region") vorzunehmen. Auch diese Unterscheidung geschieht in Analogie zum Theater, zur Bühne ("front stage" versus "back stage"). Für die auf ein Publikum gerichtete Selbstdarstellung eines Protagonisten eignet sich nur erstere Teilregion – der rückwärtige Bühnenraum ist für die Zuschauer und Zuhörer in der Regel unzugänglich.

Für den Beobachter oder Forscher, der sich für das Impression-Management-Verhalten eines Akteurs interessiert, ist sicherlich der Moment von besonderem Interesse, wenn der Akteur den hinteren Bühnenraum verläßt und in das Licht der Öffentlichkeit tritt. *Goffman* illustriert diesen Fall an einer von George *Orwell* in einer Reisebeschreibung wiedergegebenen Schilderung des Verhaltens eines Kellners: In dem Augenblick, da der Kellner durch die Tür in den Speisesaal tritt, ändert sich sein gesamtes Verhalten radikal: Vorher noch abgehetzt, irritiert und angestrengt, strafft sich sein Körper, die Bewegungen werden harmonisch, und er gleitet – die Ruhe selbst – majestätisch über das Parkett. Unter anderen Bedingungen und in einem anderen Etablissement als von *Orwell* aufgesucht, könnte sich die Szene auch in ganz entgegengesetzter Weise abspielen: Der Kellner verfällt genau in dem Moment, da er seinen Auftritt hat, in Hektik und demonstriert Stress auf der ganzen Linie (vielleicht lassen manche Gäste ja ein größeres Trinkgeld springen, wenn der Kellner keinen Hehl daraus macht, wie sehr er sich abrackert).

Die "phänomenologische" Beschreibung der Selbstdarstellung im alltäglichen Leben, die mit Überzeugungskraft vorgetragene Schilderung von Fallbeispielen und Beobachtungen des gewöhnlichen Impression-Management-Verhaltens in Analogie zur Selbstdarstellung von Bühnenschauspielern, wie sie *Goffman* uns vorführt, soll hier nicht weiter nachvollzogen werden. Aus den Beschreibungen mag deutlich geworden sein, daß die Selbstdarstellung, das Eindruckmachen auf andere Personen als etwas völlig Selbstverständliches, ständig Ablaufendes und von dem alltäglichen Interaktionsverhalten gewissermaßen nicht zu Trennendes aufgefaßt wird. Das Beispiel bzw. die Analogie "Bühne", die den deutschen Übersetzer des *Goffman*'schen Buches "The presentation of self in everyday life" seinerzeit zu dem deutschen Verlagstitel "Wir alle spielen Theater" führte, darf dabei nicht ohne weiteres so verstanden werden, als wolle das Individuum in jeder Situation anderen Personen bewußt etwas "vormachen". Impression-Management umfaßt eben sowohl "Darstellung" als auch "Ausdruck".

Selbstdarstellungspraktiken

Abgeschlossen werden soll die Besprechung der *Goffman*'schen Analyse der Selbstpräsentation im Alltagsleben mit einer Aufzählung von *Eigenschaften, deren es für eine wirksame Selbstdarstellung offensichtlich bedarf.* Der Autor schließt die Beschreibung solcher Eigenschaften in die Darstellung von Techniken, man könnte auch sagen Taktiken oder Strategien der Selbstdarstellung ein. Für alle diese Impression-Management-Praktiken gilt, daß sie nur wirksam sind, wenn unbeabsichtigte Darstellungen, wie sie z.B. beim Eindringen eines Beobachters oder Angehörigen des Publikums in den "rückwärtigen Bühnenraum" offenkundig werden, vermieden werden können. Eine allgemein wichtige Fähigkeit des Selbstdarstellers besteht also darin, Pannen oder "faux pas" zu vermeiden und die richtige "Show" zum richtigen Zeitpunkt und am rechten Ort an das richtige Publikum gelangen zu lassen. Im einzelnen unterscheidet er folgende Verhaltensweisen:

- defensive Praktiken: Dabei handelt es sich um Verhaltensweisen, die geeignet sind, die eigene Darstellung abzusichern und den Schein zu wahren.

- protektive Praktiken: Hier handelt es sich um entsprechende Verhaltensweisen, die das Publikum und sonstige außenstehende Personen zeigen, um die Darstellung des Protagonisten zu sichern und zu schützen.

- Rücksicht gegenüber Rücksicht (tact regarding tact): Dies betrifft Verhaltensweisen des sich Darstellenden, die es dem Publikum und Außenstehenden ermöglichen, protektive Praktiken zu zeigen.

Die erste von *Goffman* beschriebene *defensive* Praktik ist diejenige der *dramaturgischen Loyalität*. Alle Mitglieder eines "Teams" müssen sich an die einmal eingeschlagene Linie halten – es darf keine Kurskorrektur geben. Als hilfreich bei der Verfolgung dieses Ziels gegen mögliche Störungen von innerhalb oder außerhalb des "Teams" wird eine erhöhte Gruppenkohärenz ebenso wie eine gelegentliche Auswechslung des Publikums angesehen. (Die "dramaturgische Loyalität" von Kellnern ist sicherlich größer, wenn es sich um eine gut eingespielte Gruppe und öfter wechselnde Gäste handelt.) Als weiteres, für Impression-Management defensiver Art wichtiges Merkmal wird so etwas wie *dramaturgische Disziplin* beschrieben: sich an seinen Part halten, keinen "faux pas" begehen, aufpassen, diskret sein usw. Es gehört auch dazu, eigene, abweichende Regungen zu unterdrücken, seine Gefühle zu kontrollieren, mit einem Wort: Selbstkontrolle zu zeigen. Als *dramaturgische Umsicht* wird die Praktik bezeichnet, durch genaue Beobachtung der sozialen Umgebung herauszufinden, wann und wo es angemessen ist, eine "Show" zu zeigen, und wann man sich sozusagen privat entspannt geben kann. Zur dramaturgischen Umsicht gehört es auch, die richtigen Mitglieder des "Teams" zusammenzustellen (nämlich solche, die loyal und diszipliniert in dem oben beschriebenen Sinne sind), und gleiches gilt für die Wahl des richtigen Publikums. *Goffman* bringt hier das Beispiel von Lehrern, die, um sich am besten in Szene setzen zu können, sich um Unterricht in ganz bestimmten Klassen bemühen, z.B. in solchen, bei denen sie sich wegen ihrer sozialen Schichtzusammensetzung am besten zur Geltung bringen können. Zur "Umsicht" gehört es auch, eine der Art des Publikums und dem Gegenstand angemessene Länge und Form der persönlichen Darstellung zu wählen – man denke nur daran, daß in bestimmten geschäftlichen Bereichen kurze, knappe Interaktionen gefragt sind, während in bestimmten akademischen Subkulturen oder auch gewissen sozial-pädagogischen Kontexten eher vergleichsweise endlos lange, "intensiv" wirkende Diskussionen angesagt sind.

Den meisten der hier besprochenen defensiven Impression-Management-Praktiken entspricht auf Seiten des Publikums und außenstehender Personen ein Gegenstück, das sich so charakterisieren läßt: Durch bestimmte Verhaltensweisen ermöglicht das Publikum es den Akteuren, in "*protektiver*" Weise, ihre "Show abzuziehen". Ein typisches Beispiel für solche Art von Protektion besteht darin, daß Außenstehende, die in den privaten Bereich von Akteuren eindringen, die sich also sozusagen unangemeldet in den "rückwärtigen Bühnenraum" begeben, sich zuvor mehr oder weniger höflich bemerkbar machen, indem sie anklopfen, klingeln oder sonstwie vorher auf sich aufmerksam machen. Werden Außenstehende unwillkürlich Zeugen einer ganz privaten sozialen Interaktion, so werden sie sich in den meisten Fällen bemühen, möglichst unbeteiligt und uninteressiert zu wirken. Alles dies ermöglicht es den Akteuren, sich so wie vorgesehen zu präsentieren. Natürlich unterscheiden sich hier wie auch sonst verschiedene Kulturen in starkem Maße darin, wie unbeteiligt man sich in solchen Fällen gibt und ab wann man womöglich die Schwelle des zur Schau getragenen Desinteresses überschreitet. Ein erhöhtes Maß an Takt und Rücksichtnahme zeigt das Publikum gewöhnlich immer dann, wenn es den Darsteller sozusagen als Anfänger betrachtet, als jemanden, der die Taktiken der Selbstpräsentation noch nicht so richtig beherrscht. Man wird in diesem Falle gewöhnlich darauf verzichten, dem Protagonisten irgendwelche Schwierigkeiten zu bereiten, die im Falle eines "alten Hasen" womöglich unumgänglich wären.

Goffman schließt seine Besprechung von Impression-Management-Taktiken ab, indem er darauf hinweist, daß das Zusammenspiel von Aktion und Takt, welches die Aktion protektiv ermöglicht, noch etwas komplizierter ist. Es ist nicht nur so, daß das Publikum die Aktionen des Selbstdarstellers taktvoll begleitet. Das taktvolle Verhalten des Publikums muß durch ein entsprechend taktvolles Verhalten des Akteurs toleriert werden. Dieses Phänomen des "*Taktes in bezug auf Takt*" erfordert vom Akteur, daß er sensibel genug ist, mehr oder weniger versteckte Hinweise dahingehend zu verstehen, ob es nun angemessen oder unangemessen ist, die "Show abzuziehen". Und wenn er sich tatsächlich falsch verhält, muß er es in einer Weise tun, die es ihm erlaubt, sich in angemessener Weise zu entschuldigen bzw. Entschuldigungsgründe zu finden. Auf diese Weise wird nochmals offenkundig, wie sehr beide Seiten des Interaktionsgeschehens aufeinander bezogen sind und voneinander abhängen: die sich selbst darstellende Person und ihre soziale Umgebung, Schauspieler und Publikum auf der Bühne des Alltagslebens, hier also im wirklichen Sinne auf den "Brettern, die die Welt bedeuten".

Kapitel 4

Öffentlichkeit als soziologisches und psychologisches Problem

Aus unseren bisherigen Überlegungen zum Selbstdarstellungsverhalten mag deutlich geworden sein, daß eine Psychologie der Selbstdarstellung es mit den beiden Polen *Individuum* und *Öffentlichkeit* zu tun hat. Solange ein Individuum schweigt, sich nicht in der Öffentlichkeit bewegt oder zeigt, solange es keinen Kontakt mit anderen Personen aufnimmt, bleibt es "*privat*" und "*für sich*". Dabei ist es eine Frage der definitorischen Toleranz oder aber Spitzfindigkeit, ob man einräumt, daß bestimmte Personen des engsten Umgangs und des höchsten Grades an Vertrautheit in diesem Zusammenhang noch zum "privaten" und "intimen", und nicht zum öffentlichen Bereich gezählt werden dürfen. In dem Moment jedenfalls, in dem das Individuum sich anderen, insbesondere *fremden* Personen gegenüber äußert, wo es sich ihnen gegenüber verhält, Kontakt zu ihnen aufnimmt, "stellt es Öffentlichkeit her", präsentiert es sich *öffentlich*. In diesem Moment ist – ontologisch formuliert – der Übergang vom "Für-sich-Sein" zum "Für-andere-Sein" vollzogen.

Jean-Paul *Sartre* (1952) exemplifiziert dies am Beispiel des Schamgefühls. Demnach ist

> "das Schamgefühl ein Sichschämen *vor jemandem* ... Also sind Andere die unentbehrlichen Mittler zwischen mir und mir selbst: ich schäme mich über mich, soweit ich Anderen *sichtbar werde* ... Das Schamgefühl ist seiner Natur nach *Anerkenntnis*. Ich erkenne an, daß ich *bin*, wie Andere mich sehen ... Das Für-sich verweist auf das Für-Andere" (S.149ff.).

Dadurch, daß andere da sind, und das Individuum nun nicht mehr nur für sich selbst, sondern auch für die anderen da ist, rückt das Selbstdarstellungsverhalten, die Präsentation einer Person gegenüber Interaktionspartnern, die als Publikum oder eben als Öffentlichkeit aufgefaßt werden können, in den Blickpunkt.

Öffentlichkeit ist dabei keineswegs nur ein Thema der *Sozialpsychologie* oder auch der Mikrosoziologie in dem Sinne, daß sie aus den Interaktionspartnern besteht und durch die Gegebenheit eines oder mehrerer Interaktionspartner, zu und gegenüber denen sich das Individuum verhält, bestimmbar ist. Öffentlichkeit kann in stärker makrosoziologischer Betrachtungsweise als etwas Umfassenderes aufgefaßt werden. Wenn ich mich "öffentlich" äußere, so betrifft dies zumeist nicht nur meine unmittelbaren Interaktions- und Kommunikationspartner, also etwa nur diejenigen, die mir das Mikrofon hinhalten, wenn sie mich interviewen. Ich präsentiere mich oder das, was ich zu sagen habe, vielmehr einer prinzipiell wesentlich größeren Öffentlichkeit, sei diese nun durch die tatsächliche Verbreitung und Wirkung meiner Botschaften definiert oder nur in meiner Vorstellung gegeben. Öffentlichkeit kann in *soziologischer* Betrachtungsweise als Kultur, als Lebensgefühl, als politische Instanz etc. aufgefaßt werden, sie kann also in Begriffen definiert werden, die über das Psychologen Gewohnte und Vertraute (und oft allein deswegen nur als berechtigt Erscheinende) weit hinausreichen.

Wir wollen uns dies an einigen historischen Befunden, soziologischen Betrachtungen und Thesen von Richard *Sennett*'s Werk "The Fall of the Public Man" (1974) verdeutlichen, das wir hier nach der deutschen Übersetzung mit dem Titel "Verfall und Ende des öffentlichen Lebens. Die Tyrannei der Intimität" (1986) zitieren. Die dort diskutierte Konzeption von Öffentlichkeit, das dort kritisch besprochene Verhältnis der Konzepte "*öffentlich* versus *privat*" möchten wir dann den entsprechenden psychologischen, sozialpsychologischen und auch mikrosoziologischen Begriffen von Öffentlichkeit bzw. von "öffentlich versus privat" gegenüberstellen. Die Entdeckung der "Public-private"-Variablen ist beispielsweise für die experimentelle Sozialpsychologie noch ein Ereignis der jüngeren Geschichte, und sie hat sich in einer Epoche vollzogen, für die *Sennett* gerade den Niedergang und die Abkehr vom Öffentlichen postuliert hat. Mit anderen Worten, während dieser Autor das "Absterben von Öffentlichkeit", den Rückgang der Bedeutung alles Öffentlichen, den Rückzug des modernen Menschen ins Private und Intime konstatiert und betrauert, entdecken Sozialpsychologen und weitere Interaktionsforscher die Selbstdarstellung, die Präsentation gegenüber einem Publikum und machen sie zu einem ihrer beliebtesten öffentlichen, will sagen "ver-öffentlichten" Gegenstände.

Später werden wir uns fragen, ob dies ein Widerspruch ist; ob die allgemeine gegenseitige Entfremdung wissenschaftlicher Disziplinen wie etwa Soziologie und Psychologie es möglich macht, völlig Gegensätzliches hervorzubringen; ob das ziemlich drastische Auseinanderfallen im Methodologischen und Methodischen, beispielsweise der Gebrauch historischer und hermeneutischer Betrachtung auf der einen, und der experimentalpsychologischer Verfahrensweise auf der anderen Seite nicht nur zu Mißverständnissen begrifflicher Art, sondern auch zu vollständig unterschiedlichen Resultaten führt. Wir wollen uns bemühen zu zeigen, daß es sich im vorliegenden Fall jedoch nur um einen scheinbaren Widerspruch handelt.

Richard Sennett's Niedergang der "Öffentlichkeit" in der Moderne

Sennett's Betrachtung beginnt mit einem historischen Vergleich:

> "Oft hat man die heutige Zeit mit den Jahren des Niedergangs von Rom verglichen: So wie der Sittenverfall die Herrschaft Roms über das Abendland untergraben habe, so habe er nun die Herrschaft des Abendlandes über den ganzen Erdball untergraben. Bei aller Einfältigkeit enthält diese Vorstellung ein Element von Wahrheit. In einer bestimmten Hinsicht läßt sich die Krise der römischen Gesellschaft nach dem Tod des Augustus tatsächlich mit der Welt von heute vergleichen, nämlich in Hinsicht auf das Gleichgewicht zwischen öffentlichem Leben und Privatleben" (1986, S.15).

Öffentlichkeit, öffentliches Leben, öffentliche Sphäre seien seinerzeit mehr und mehr zur lästigen Pflicht und Formalität geworden, und die Bürger übten sich immer stärker darin, der *res publica* zu entfliehen und ihr Privatleben zu entfalten. Nach *Sennett* zeigt sich hier eine auffallende Analogie zu der Art und Weise, wie die Bürger in den westlichen Gesellschaften Umgang mit dem Staat treiben, wie sie Fremden gegenübertreten und überhaupt persönliche Beziehungen außer denjenigen im Familien- und Bekanntenkreis pflegen.

Unterschiede zum alten Rom erblickt der Autor in der Behandlung des Gegenstückes zur Öffentlichkeit der *Privatheit* und Intimität:

> "Der Unterschied zwischen der römischen Vergangenheit und der Gegenwart betrifft ... das, was Privatheit bedeutet. Der Römer war bestrebt, im Privaten und gegen die Öffentlichkeit ein anderes Prinzip zu errichten, das auf der religiösen Transzendierung der Welt fußte. Wir dagegen suchen in der Privatsphäre nicht nach einem anderen Prinzip, sondern nach einem Spiegelbild, nach dem, was an unserer Psyche, an unseren Gefühlen authentisch ist. Wir versuchen, Privatheit, das Alleinsein mit uns selbst, mit der Familie, mit Freunden zum Selbstzweck zu machen ... Kaum jemand würde heutzutage behaupten, sein Seelenleben sei unabhängig von gesellschaftlichen

Bedingungen und Einflüssen aus der Umgebung. Gleichwohl gilt es als so kostbar und zerbrechlich, daß es nur gedeihen kann, wenn es geschützt und isoliert wird" (*Sennett*, 1986, S.16).

Sennett's soziologische Betrachtung von Öffentlichkeit und Privatheit ist für uns von Interesse, weil sie das Verhältnis von Individuum und sozialer Umgebung, von Selbst und Öffentlichkeit betrifft, also das gleiche Verhältnis, das *Goffman* unter dem Gesichtspunkt des Impression-Management analysiert. Die Art und Weise, wie man sich selbst und die Öffentlichkeit wahrnimmt und bewertet, dürfte die Art und Weise, wie man sich selbst gegenüber anderen Personen darstellt, wesentlich mitbestimmen.

Eine Aufwertung der Intimsphäre gegenüber der öffentlichen Sphäre glaubt *Sennett* unter anderem am Beispiel von körperlicher Liebe, von sexuellen Intimbeziehungen verdeutlichen zu können. "Intimitätskult" gibt es ihm zufolge aber auch in der Organisation des öffentlichen Raums in Großstädten, also in Städtebau und Architektur. Demnach haben Straßen und Plätze zunehmend an Bedeutung gegenüber dem Inneren von Gebäuden eingebüßt. Es gibt eine "neue Idee der Sichtbarkeit" beim Bau von Hochhäusern:

> "Die ganz aus Glas bestehenden, nur von dünnen Stahlstreben unterbrochenen Wände gestatten es, Innen und Außen eines Gebäudes fast bis zur Ununterscheidbarkeit zu verwischen ... Da gibt es ein paar Läden und weite Flächen mit leerem Raum. Diesen Raum durchquert man, man benutzt ihn nicht ..." (a.a.O., S.28).

In Großstädten ist der öffentliche Raum also eher etwas, das zum Durchqueren, nicht aber zum Verweilen gedacht ist. In der Öffentlichkeit hält man sich hauptsächlich im eigenen Auto auf. In dem Maße, in dem das Leben in der Öffentlichkeit nicht mehr attraktiv ist, erfolgt eine zunehmende Hinwendung zum Privaten.

Das "Absterben der Öffentlichkeit" stellt nach *Sennett* keine neue, "moderne" Entwicklung dar, sondern vollzieht sich schon seit längerem. In einer Gesellschaft wie der viktorianischen habe man sich sozusagen als Schutz gegen die Repressivität der Gesellschaft und um sich ein gewisses Maß an Unverletzlichkeit zu bewahren, nach außen "abgeschottet". Damals

> "versuchten die Menschen ihren Charakter vor anderen zu verhüllen, indem sie so wenig wie möglich ungewöhnlichen Schmuck, Spitzen oder Putz trugen, um die Aufmerksamkeit nicht auf sich zu ziehen; das war auch ein Grund dafür, daß

> jeweils nur sehr wenige Schnittmuster populär waren, obwohl dieselben Maschinen ohne weiteres eine Vielfalt verschiedener Modeformen hätten hervorbringen können. Zur gleichen Zeit, da die Menschen bestrebt waren, so unauffällig wie möglich aufzutreten, begannen sie zu fordern, daß die Theaterkostüme genaue Hinweise auf die Charaktere, die Vorgeschichte und die gesellschaftliche Stellung der *dramatis personae* liefern sollten ... Auf der Bühne und in den darstellenden Künsten allgemein wollte man - anders als im Leben - eine eindeutig bestimmbare Person sehen ... Die Karriere des Künstlers gründete darauf, daß er sich als starke, erregende, moralisch suspekte Persönlichkeit präsentierte - als Gegenbild des bürgerlichen Alltags, in dem die Menschen durch Unterdrückung der eigenen Gefühle vermeiden wollten, als Person durchschaut zu werden" (a.a.O., S.45).

Die Krise des öffentlichen Lebens im 19.Jahrhundert, so argumentiert *Sennett*, reiche bis in die Gegenwart hinein. Zu der allgemeinen Abneigung gegen die öffentliche Charakterenthüllung (mit Ausnahme derjeniger von Schauspielern oder, so könnte man sagen, anderer "Personen des öffentlichen Lebens"), der Überlagerung der öffentlichen Sphäre durch die private Vorstellungswelt und dem Rückzug auf die Privatsphäre kommt noch ein "obsessives Interesse am eigenen Selbst", also vielleicht auch an der Selbstkonzeptforschung und an der Psychologie der Selbstdarstellung.

Ebenso wie *Goffman* gewinnt demnach auch für *Sennett* die Schauspielerei oder die *Rolle des Schauspielers* eine wichtige Bedeutung für eine Interpretation von Öffentlichkeit und Privatheit. Schauspielerei bedeutet, sich "privat" gegenüber Fremden, gegenüber einer Öffentlichkeit darzustellen:

> "Die Schauspielerei in Gestalt von Umgangsformen, Konventionen und rituellen Gesten ist der Stoff, aus dem öffentliche Beziehungen geformt werden und ihre emotionale Bedeutung gewinnen. In dem Maße, wie das Forum der Öffentlichkeit durch die gesellschaftlichen Verhältnisse beeinträchtigt und zerstört wird, werden die Menschen daran gehindert, ihre schauspielerischen Fähigkeiten zu gebrauchen. Die Angehörigen einer intimen Gesellschaft werden zu Künstlern, die ihrer Kunst beraubt sind. Die Formen, in denen sich Schauspielerei vollzieht, nennen wir 'Rollen'. Ein Weg zur Erforschung der Wandlungen im Verhältnis von Öffentlichkeit und Privatsphäre in der modernen Kultur könnte also darin bestehen, die historischen Veränderungen dieser öffentlichen 'Rollen' zu verfolgen" (a.a.O., S.48).

Im Unterschied zu *Goffman* bemüht sich *Sennett* darum,

> die Erfahrungen, die einander fremde Zuschauer im Theater oder im Konzertsaal machen, mit den Erfahrungen (zu) vergleichen, die diese selben Menschen auf der Straße machen (...) In beiden Bereichen findet Ausdruck in einer weitgehend von Fremden bestimmten Umgebung statt. In einer Gesellschaft mit einem ausgeprägten öffentlichen Leben müßte es also eine Verwandtschaft zwischen Bühne und Straße geben ... Als Ort, an dem sich das Verhältnis von Bühne und Straße beobachten läßt, bietet sich die Großstadt an" (a.a.O., S.58).

Die Annahme, daß Ähnlichkeiten zwischen *Theaterkostüm* und *Straßenkleidung* ebenso überzufällig seien wie Parallelen zwischen dem Verhalten von *Schauspielern* und *Straßenpassanten*, ist schon in der alten Vorstellung vom *theatrum mundi* enthalten. *Sennett* bemüht sich, an einer Reihe von historischen Beispielen zu zeigen, daß schon immer *Schauspieler* und *Fremde* auffallend ähnliche soziale Stellungen innehatten. Das Theaterpublikum auf dem Theater ist für den Schauspieler ebenso eine Ansammlung von Fremden wie es die Leute auf den Straßen der Großstadt für einen Großstadtbewohner sind, und der mit Kleidung "dekorierte" Körper dient dazu, den Fremden bzw. der Öffentlichkeit gegenüber den eigenen Platz in der Gesellschaft deutlich zu machen.

Ebenso wie der Körper gewissermaßen als "Kleiderpuppe" fungiert, die *Kleidung* also der Darstellung der eigenen sozialen Stellung dient, besitzt nach *Sennett* die *Sprache* einen entsprechenden Zeichencharakter. Die Sprechweise eines Menschen verweist ebenso wie seine Kleidung auf seine gesellschaftliche Stellung bzw. auf diejenige, die er sich selbst zugeschrieben wissen möchte. In verschiedenen gesellschaftlichen Bereichen und an verschiedenen Orten spricht man unterschiedlich, und es werden – wie z.B. seit dem 17.Jahrhundert in Europa in den Kaffeehäusern, Cafés und Lokalen – verschiedene Arten des Gesprächs gepflogen und kultiviert. Man spricht anders in Etablissements, in denen nur Getränke serviert werden, man spricht anders dort, wo auch Speisen serviert werden, und man spricht wieder anders "auf der Straße". Alles dies konstituiert "*öffentliches*" Verhalten, von dem sich – wenn wir *Sennett* folgen, in verschiedenen Epochen unterschiedlich – *privates* Verhalten abheben läßt. Privat kleidete man sich früher wie heute anders als öffentlich, und im privaten Kreise wird gewöhnlich auch anders gesprochen.

Öffentlichkeit hat nach *Sennett* viel mit *Beschränkung* zu tun. Während sich z.B. die privat, im Haushalt getragene Kleidung an den Erfordernissen und den Bedürfnissen des Körpers orientiert, nimmt die Kleidung für den öffentlichen Raum keine Rücksicht auf Bequemlichkeit. Auch die Sprache, die man im öffentlichen Raum spricht, unterliegt im Verhältnis zur Sprache in der Intimsphäre einer Reihe von Einschränkungen. Insgesamt kann man vielleicht sagen, daß dem Verhalten in der privaten Sphäre eher etwas Natürliches, dem Verhalten in der öffentlichen Sphäre oft etwas Gekünsteltes anhaftet. Seit dem 19.Jahrhundert, so der Soziologe *Sennett*, hat sich parallel zur Industrialisierung ein Wandel im Wesen von Öffentlichkeit vollzogen: Persönlichkeit und Individualität werden als Werte mehr und mehr hochgeschätzt, und in der Revolution von 1848 triumphieren die Ideen von Persönlichkeit und Liberalität über die herkömmliche "Öffentlichkeitskultur". Das "Ende der öffentlichen Kultur" und die sich anschließende "Tyrannei der Intimität" beschreibt *Sennett* unter anderem mit folgenden Formulierungen:

> "Heute dominiert die Anschauung, Nähe sei ein moralischer Wert an sich. Es dominiert das Bestreben, die Individualität im Erlebnis menschlicher Wärme und in der Nähe zu anderen zu entfalten. Es dominiert ein Mythos, demzufolge sich sämtliche Mißstände der Gesellschaft auf deren Anonymität, Entfremdung, Kälte zurückführen lassen. Aus diesen drei Momenten erwächst eine Ideologie der Intimität: Soziale Beziehungen jeder Art sind umso realer, glaubhafter und authentischer, je näher sie den inneren, psychischen Bedürfnissen der einzelnen kommen. Diese Ideologie der Intimität verwandelt alle politischen Kategorien in psychologische ... (S.329). Wir leugnen auch, daß der Kommunikation zwischen den Menschen irgendwelche Schranken gesetzt werden sollten ... Nichts ist uns teurer als die Mittel zur Erleichterung der Kommunikation. Aber dann sind wir plötzlich überrascht, daß die 'Medien' bei den Zuschauern eine immense Passivität erzeugen. Wir sind überrascht, daß Persönlichkeit immer mehr zu einer Sache des äußeren Anscheins wird, zumal im politischen Leben ... (S.322). Auf welche Weise schädigt die vollständige Psychologisierung der sozialen Realität die Gesellschaft? Antwort: Sie beraubt es eines bestimmten kreativen Vermögens ..., nämlich des Vermögens zu spielen. Die intime Gesellschaft macht aus dem Individuum einen *Schauspieler, der seiner Kunst beraubt ist* ... Eine Maske zu tragen gehört zum Wesen der Zivilisiertheit. Masken ermöglichen unverfälschte Geselligkeit, losgelöst von den ungleichen Lebensbedingungen derer, die sie tragen. Zivilisiertheit zielt darauf, die anderen mit der Last des eigenen Selbst zu verschonen ..."(S.335).

Dem von ihm beklagten "Rückzug" des heutigen Menschen ins Private und Intime setzt *Sennett* letztlich als positives Konzept von Öffentlichkeit die Stadt, das Städtische, das Urbane entgegen:

"Die Stadt ist das Instrument nichtpersonalen Lebens, die Gußform, in der Menschen, Interessen, Geschmacksrichtungen in ihrer ganzen Komplexität und Vielfalt zusammenfließen und gesellschaftlich erfahrbar werden (S.427) ... In dem Maße wie die Menschen lernen können, ihre Interessen in der Gesellschaft entschlossen und offensiv zu verfolgen, lernen sie auch, öffentlich zu handeln" (S.428).

Der Aufstieg der Öffentlichkeits-Dimension in der Psychologie

Die sozialpsychologische Literatur ist hinsichtlich dessen, was man dort unter Öffentlichkeit versteht, sichtlich anspruchsloser als die soziologische. Von Öffentlichkeit, so scheint es, ist schon dann die Rede, wenn der Bereich des Individuellen und Persönlichen verlassen wird, wenn mehr als ein einziges Individuum betrachtet wird, wenn also auch von sozialer *Interaktion* gesprochen werden könnte.

Lange Zeit existierte der Begriff der Öffentlichkeit in der Psychologie – und vor allem in der Sozialpsychologie – im Sinne von "öffentlicher Meinung" ("public opinion"). Das Wörterbuch psychologischer Fachtermini von *English* & *English* (1958) gibt noch keinen Hinweis auf die erst später vieluntersuchte "Public-private"-Variable. Unter *öffentlicher Meinung* verstand man seit etwa den 30er Jahren relativ homogene Meinungen und Einstellungen größerer Gruppen der Bevölkerung (vgl. *McDavid* & *Harari*, 1968). Das als geeignet angesehene Mittel, die öffentliche Meinung zu beeinflussen, d.h., öffentliche Meinungs- und Einstellungsänderung zu erzielen, wurde traditionellerweise als *Propaganda* bezeichnet. Dementsprechend wurde die Wirkung von Propaganda – z.B. politischer Propaganda in Wahlfeldzügen, Kriegspropaganda im Zweiten Weltkrieg – auf Meinungs- und Einstellungsänderung ausgiebig empirisch untersucht.

Als erster Schritt wirkungsvoller Propaganda wird stets angesehen, die Aufmerksamkeit des Publikums bzw. der Öffentlichkeit zu erregen. Propaganda benötigt also in der Regel einen "Aufmacher", der das Interesse der Öffentlichkeit weckt. Je mehr "Kanäle" dabei genutzt bzw. angesprochen werden können, als desto wirksamer scheint die Öffentlichkeit angesprochen werden zu können. Die audiovisuellen Medien haben hier also offenbar einen Vorsprung gegenüber den ausschließlich auf das Hören (Radio) oder Sehen (Zeitung und andere Print-Medien) beschränkten. Allgemein können Appelle und Beeinflussungsversuche der öffentlichen Meinung eher rational oder eher irrational bzw. emotional erfolgen. Merkmale einer Botschaft (z.B. furchterregend oder neutral), des Kommunikators, der Rezipienten usw. wurden seit dem Zweiten Weltkrieg systematisch besonders von der *Hovland*-Gruppe an der Yale-Universität untersucht (vgl. hierzu einige Kurzzusammenfassungen bei *Irle*, 1975, S.281ff.).

Die klassische Vorgehensweise von *Propaganda* verweist auf einen weiteren Begriff von *Öffentlichkeit*, den auch schon *English* & *English* (1958) nennen: *Public Relations*. Dieser schwer übersetzbare Begriff umfaßt Selbstdarstellung und Beeinflussung bzw. Propaganda gegenüber der Öffentlichkeit, wie man sie mit kommerziellen und politischen Werbemaßnahmen verknüpft. Auch in der Werbung geht es zunächst darum, Aufmerksamkeit für das anzupreisende Produkt zu erregen, um sodann Begehrlichkeit zu wecken und zum Kauf anzuregen. Gemäß der "Aida"-Formel praktisch arbeitender Werbepsychologen soll zunächst "*a*ttention" erregt, dann "*i*nterest" angesprochen, "*d*esire" geweckt und schließlich "*a*ction" erzielt werden. Public-Relations-Bemühungen müssen dabei nicht unbedingt bis zur Änderung des offenen *Verhaltens* von Individuen oder Gruppen gehen, sondern es genügt oft, wenn das Produkt, um das es geht, in der Öffentlichkeit positiv beurteilt wird. Es geht also auch in erster Linie um eine Beeinflussung öffentlicher Meinung. Psychologisch gesehen geht es um die Veränderung von *Einstellungen* bestimmter oder aber möglichst vieler Personen, die insgesamt gesehen Öffentlichkeit konstituieren.

Das Publikum, die *audiences*, die Menschenmassen oder Mengen von Individuen und Gruppen, die als *Öffentlichkeit* meinungs- und einstellungsändernden Appellen ausgesetzt sind, lassen sich vermutlich nur deswegen mit einem so allgemeinen Begriff wie Öffentlichkeit zusammenfassen, weil ihnen eine klare soziale Struktur fehlt, weil ihr Organisiertheitsgrad gering ist und weil sie grundsätzlich anonym sind. Dieser Begriff von Öffentlichkeit als einer anonymen Masse oder Menge von Fremden unterscheidet sich offensichtlich nicht wesentlich von dem Öffentlichkeitsbegriff der Rechtssprechung und der Umgangssprache: Öffentlichkeit umfaßt so gut wie alle erreichbaren Personen.

Gegen den Begriff einer prinzipiell *unbegrenzten* Öffentlichkeit, wie er noch mit den psychologischen Vokabeln "public opinion" und "public relations" angesprochen wird, läßt sich ein enger gefaßter sozialpsychologischer Öffentlichkeitsbegriff setzen, der sich stärker am Phänomenologischen und Interaktionistischen orientiert: "Öffentlich" ist etwas dann, wenn es in Gegenwart mindestens einer weiteren (ggfs. "fremden") Person geschieht.

Öffentlichkeit im sozialpsychologischen Experiment

Ähnlich wie es bei einer radikal-phänomenologischen Betrachtung den *Solipsismus* gibt, also eine vollständig individuelle Existenz-, Wahrnehmungs- und Erlebnisweise, die bei näherer Betrachtung in Richtung auf ihre Erweiterung oder Negation überschritten werden kann, so daß auch *mindestens eine andere Person* Gegenstand der philosophischen Überlegung werden kann oder muß, ähnlich "beginnt" für viele sozialpsychologische Autoren Sozialpsychologie mit dem "Auftauchen" mindestens einer anderen Person, d.h., mit der Gegebenheit *sozialer Interaktion* zwischen mindestens zwei Individuen. Diese sozialpsychologische Minimalsicht ist sicherlich stark vom Methodischem, und zwar vom psychologischen *Experiment* beeinflußt. Hier ist es wiederum offensichtlich die "*minimal social situation*", die ihren Einfluß geltend gemacht hat: Mindestens zwei voneinander durch Trennwände oder ähnliche Vorrichtungen getrennte Personen tauschen Informationen auf sparsamste und für den Experimentator optimal kontrollierbare Art und Weise aus. Nichtverbale Informationen können durch das Drücken von Hebeln oder Knöpfen und das Aufleuchten von Lämpchen, verbale Informationen allenfalls durch direkt oder indirekt übermittelte Zettel übermittelt werden.

Charakteristisch sind hier die in der Tradition von *Thibaut* & *Kelley* (1959) durchgeführten austauschtheoretischen Experimente, zugleich Vorläufer der meisten heute veröffentlichten entscheidungstheoretisch beeinflußten Studien. Mit der bereits in einer experimentellen "minimal sozialen" Situation gegebenen Möglichkeit des wechselseitigen Reagierens auf den Anderen im Sinne von *wechselseitiger Kontingenz* (*Jones* & *Gerard*, 1967) haben wir einen "Fall echter Interaktion" (*Graumann*, 1972, S.1149) vor uns.

Sozialpsychologie als Wissenschaft, die sich mit sozialer Interaktion beschäftigt, "beginnt" also mit einer - wenn auch noch so "minimalen" - Situation, die von manchen Autoren bereits als "*public situation*", als *öffentlich* bezeichnet wird. Eine experimentelle Situation, in der außer der Versuchsperson noch eine weitere Person anwesend ist (z.B. auch nur der Versuchsleiter), kann als "public situation" bezeichnet werden (vgl. z.B. *Second* & *Backman*, 1974, S.75). Dies leuchtet natürlich kaum ein, wenn man einen umgangssprachlichen, rechtlichen oder soziologischen Öffentlichkeitsbegriff verwendet, es erscheint aber als folgerichtig, wenn man in interaktionistischer Manier von einem streng gefaßten Begriff des Individuums und der Privatheit ausgeht, dessen Gegenbegriff derjenige der Öffentlichkeit ist. Ebenso wie Öffentlichkeit ist auch Privatheit in psychologischer Sicht "nur als interaktionistisches Konzept zu begründen" (*Kruse*, 1980, S.192).

Eine der für die Sozialpsychologie brauchbarsten Definitionen von "privat" und "öffentlich" gibt *Tedeschi* (1986). Als *privat* werden psychologische Vorgänge dann bezeichnet, wenn sie von einer anderen Person nicht beobachtbar sind, als *öffentlich*, wenn sie jemand beobachten kann:

> "The definition of 'private' prevalent among social psychologists refers to mental events in one person that are inherently unobservable by another person ... A definition of 'public' somewhat closer to the usage by social psychologists is that public behavior is open to the observations of anyone" (*Tedeschi*, 1986, S.2).

Was öffentlich und was privat ist, bemißt sich also schlicht danach, was an die Öffentlichkeit gelangt. In der von *Tedeschi* verwendeten Formulierung werden zwar nichtbeobachtbare Vorgänge, also "private", mit inneren Prozessen oder Kognitionen (mental events) gleichgesetzt. Dies erscheint als ein wenig zu eng gesehen, denn auch *Verhaltensweisen* können und sollen oftmals unbeobachtbar und damit privat sein. Insofern ist die gängige psychologische Formulierung "offen beobachtbares Verhalten" immer nur so zu verstehen, daß das Verhalten *prinzipiell* öffentlich beobachtbar ist, daß es also mit Beobachtungsmethoden im weitesten Sinne erfaßt werden *kann*. Und bekanntlich können sich ja innere oder mentale Vorgänge durchaus "äußern", und zwar sowohl in verbaler als auch in nichtverbaler Weise. *Tedeschi* (1986) spricht denn auch an anderer Stelle allgemein von privaten vs. öffentlichen "psychological events" – dies könnte ein passender allgemeiner Ausdruck für den psychologischen Gegenstand sein, der sowohl auf Kognitionen als auch auf Verhaltensweisen anwendbar ist. Psychologische Ereignisse oder Vorgänge können demnach entweder unbeobachtet (privat) oder beobachtet (öffentlich) sein.

Privates und öffentliches Erleben und Verhalten lassen sich, wenn man mehrere psychologische Gesichtspunkte nebeneinander berücksichtigt, facettenartig auch wie folgt abgrenzen:

Unter dem Gesichtspunkt "*Erleben versus Verhalten*" läßt sich feststellen, alles subjektive Erleben sei privat, alles beobachtbare Verhalten sei öffentlich. Unter dem Aspekt des Ziels, der Adresse, des *Rezipienten* einer Verhaltensweise kann man sagen, daß etwas, das man für sich tut, privat sei, und daß etwas, das man für andere tut, öffentlich sei. Fragt man danach, wer eigentlich die Informationen *kontrolliert*, die über die eigene Person verfügbar sind, so läßt sich feststellen, daß psychologische Vorgänge privat oder öffentlich sind je nachdem, wer über diese Informationen Kontrolle ausübt: die sich verhaltende Person oder jemand anders. Betrachtet man schließlich unter finalen Gesichtspunkten, in wessen *Inte-*

resse, zu wessen Nutzen etc. ein Verhalten ausgeführt wird, so kann man als privat ein Verhalten bezeichnen, das man im eigenen Interesse oder im Interesse einer sehr begrenzten Zahl von Personen ausführt; Verhaltensweisen im Interesse der Gemeinschaft wären dann als öffentlich zu bezeichnen (*Tedeschi*, 1986).

Für psychologische Forschungzwecke ist man gezwungen, Öffentlichkeit und ihr Gegenstück als experimentelle Bedingungen, unter denen sich soziales Verhalten zeigen soll, *herzustellen*. Wie so oft beim Umsetzen eines theoretischen Konstruktes in experimentelle Operationen bleiben bei der gängigen experimentellen Manipulation der Public – private – Variablen sicherlich einige Nuancen des Konstruktes auf der Strecke. Dies hängt einmal mit dem Gebot der Forschungsökonomie und Sparsamkeit, dem jedes psychologische Experiment unterworfen ist, zusammen. Man kann immer nur eine sehr begrenzte und handliche Art von Öffentlichkeit herstellen oder für die Zwecke der experimentellen Untersuchung "anberaumen". Zum anderen muß die vom Versuchsleiter zu variierende unabhängige Variable "Öffentlichkeit" tatsächlich variierbar oder kontrollierbar sein, und dies sind Öffentlichkeiten vom Zuschnitt etwa der "öffentlichen Meinung" gewöhnlich nicht, zumindest nicht im experimentellem Rahmen. Öffentlichkeit muß im Experiment also – als Gegenstück zu Nichtöffentlichkeit oder Privatheit – nur im Kleinen hergestellt oder aber nur vorgegaukelt oder in Aussicht gestellt werden.

Damit Versuchspersonen im psychologischen Experiment zu Selbstdarstellungsverhalten angeregt werden, müssen sie also annehmen, daß eine wie auch immer geartete Öffentlichkeit ihr Verhalten beobachtet. Eine *Öffentlichkeits – Bedingung* läßt sich experimentell gewöhnlich dadurch herstellen, daß ein Publikum bei den Reaktionen der Versuchspersonen entweder unmittelbar anwesend ist oder aber erwartet werden muß. Beispielsweise kann man den Versuchspersonen sagen, ihre Daten würden anderen Personen zugänglich gemacht, oder eine von ihnen angefertigte Ton – und Bildaufnahme würde anderen Personen anschließend vorgespielt. In manchen Experimenten geben die Versuchspersonen ihre im Gruppenversuch erfragten Reaktionen einfach laut ab, so daß die anderen Probanden sie mithören können. Man kann auch in Aussicht stellen, im Anschluß an eine Befragung o.ä. mit der Versuchsperson im größeren Kreise über ihre Antworten zu diskutieren. Um *Privatheit* zu operationalisieren, genügt oft der besondere Hinweis in der Instruktion zum Experiment, man werde die Antworten der Versuchsperson strikt anonym behandeln, oder der Versuchsleiter sei zur Verschwiegenheit verpflichtet (vgl. hierzu *Tedeschi*, 1986).

Wirkungen von solchen Privat – öffentlich – Manipulationen haben sich in vielen sozialpsychologischen Experimenten gezeigt. So zeigte *Zajonc* (1980) die Wirksamkeit der bloßen Anwesenheit eines Publikums auf das

Leistungsverhalten. *Frey* (1978) belegte den Einfluß der Öffentlichkeit vs. Privatheit der Antwort auf die Reaktionen von Versuchspersonen gegenüber persönlichem Erfolg oder Mißerfolg (vgl. auch *Schlenker*, 1975). Je nachdem, ob privat oder öffentlich, zeigten Versuchspersonen bei *Reis* & *Gruzen* (1976) ein unterschiedlich egoistisches oder aber gruppendienliches Verhalten, wenn es um die Aufteilung von Geld zwischen mehreren Personen ging. *Tetlock* (1981) fand, daß Berichte von Versuchspersonen über persönliche Lebenssituationen und diejenigen anderer Personen unterschiedlich ausfielen, je nachdem, ob sie öffentlich oder privat abgegeben wurden. Unter der Öffentlichkeitsbedingung fiel die Schilderung der eigenen Person positiver aus. Haben Personen einen Mißerfolg zu verzeichnen, und ist bei der anschließend vorzunehmenden Wahl von Medikamenten ein Versuchsleiter anwesend, so wählen nach *Kolditz* & *Arkin* (1982) diese Personen eher leistungsmindernde Substanzen. Sie tun dies offenbar, um dem anwesenden Versuchsleiter gegenüber eine Konsistenz in ihrem Verhalten, nämlich eine Konsistenz zwischen Leistung und Medikamenteneinnahme anzudeuten. Bei diesen Beispielen handelt es sich nur um einen kleinen Teil von psychologischen Untersuchungen, bei denen die Privat-öffentlich-Variable manipuliert wurde, um ihren Einfluß auf menschliches Selbstdarstellungsverhalten zu zeigen. *Tetlock* & *Manstead* (1985) sehen experimentelle Manipulationen der Public-private-Variable regelrecht als typisch für das Bemühen an, bei Versuchspersonen unterschiedliche Grade an Impression-Management zu erzeugen.

Allerdings, die Tatsache, daß Versuchspersonen in sozialpsychologischen Experimenten so gut wie immer bereitwillig "mitspielen", ja die Teilnahme an einem Experiment eigentlich immer so etwas wie den Abschluß eines impliziten "Kontraktes" zur bereitwilligen Mitarbeit voraussetzt, bedeutet noch nicht, daß Versuchspersonen stets alles ihnen Gesagte bereitwillig glauben, selbst dann nicht, wenn ihr gezeigtes Verhalten dem zu entsprechen scheint. Es könnte also sein, daß Versuchspersonen von vornherein stets annehmen, "öffentliche" Reaktionen oder Antworten zu geben:

> "Laboratory subjects are generally distrustful of assurances of 'privacy'. They typically need extensive assurances of confidentiality in order to accept an experimental situation as private – which, after all, is quite justified because it is rarely private in fact ... In addition, the experimenter constitutes a real and important 'public' to the subject. If the subject believes that the experimenter is aware of some fact, then that fact cannot be termed private or confidential. Thus, for a 'private' condition to be effective, the experimenter must assure the subject that the

circumstances are and will remain known only to him or her and not to anyone else, including the experimenter" (*Baumeister*, 1982, S.4f.).

Über eine Reihe von ausgeklügelten Verfahrensweisen, wie man der Versuchsperson trotz möglicher impliziter Bedenken und Verdachtsmomente die tatsächliche Anonymität und mithin Privatheit garantiert, berichtet zusammenfassend *Tedeschi* (1986).

Die "Meinung der Öffentlichkeit"

Die Öffentlichkeit oder das Publikum, demgegenüber eine im psychologischen Experiment untersuchte Person reagiert oder ihre Antworten abgibt, stellt eine Instanz dar, deren "Meinung" man oft zu kennen glaubt. Zumindest dürfte eine unter einer "Öffentlich"-Bedingung untersuchte Versuchsperson gewöhnlich "wissen", was im allgemeinen gegenüber einem Publikum zu tun ist, wie man sich allgemein angemessen darstellen soll, oder wie man diese "öffentliche Meinung" wohl am besten beeinflußt. Es mag jedoch auch Gelegenheiten geben, bei denen man sich der Meinung des Publikums nicht sicher ist, oder anders ausgedrückt, es mag Situationen geben, in denen das Verhalten der sich selbst darstellenden Person im wesentlichen davon beeinflußt werden kann, welche Meinungen, Einstellungen und Werthaltungen des Publikums signalisiert werden. Der Versuchsleiter hat also im Experiment die Möglichkeit, die Öffentlichkeitsvariable hinsichtlich der zu erwartenden Auffassungen und Bewertungen dieser Öffentlichkeit zu manipulieren. So kann es für das Selbstdarstellungsverhalten eines Individuums sicherlich wichtig sein zu erfahren, ob die Öffentlichkeit, die seine Verhaltensweisen beobachtet, annimmt, es führe dieses Verhalten freiwillig aus oder sei zu seinem Verhalten gezwungen worden (vgl. *Riess* & *Schlenker*, 1977). In Versuchen zum Gewinnaufteilungsverhalten hat sich ferner gezeigt, daß die Strategien, die die Versuchspersonen hier verfolgen, davon abhängen, welche Einstellungen man dem Publikum, das sein Verhalten beobachtet, unterstellt. Die Probanden verhalten sich vor einem angeblich wettbewerbs- und konkurrenzorientierten Publikum anders als vor einer auf Ausgleich und Harmonie ausgerichteten Öffentlichkeit (vgl. *Reis*, 1981). Die Ergebnisse vieler Experimente, denen gemäß man sich bei öffentlicher Reaktionsweise eher konform, bei privater eher nonkonform verhält (vgl. z.B. *Brandt* & *Köhler*, 1972), kann man vielleicht so interpretieren, daß Versuchspersonen annehmen, die Öffentlichkeit werde im allgemeinen konformes Verhalten honorieren, nonkonformes Verhalten jedoch ablehnen.

Wenn man einmal annimmt, daß Individuen nicht immer ganz klare Vorstellungen darüber haben, wie sie in einer bestimmten Situation urteilen oder sich verhalten sollen, so liegt es nahe, anzunehmen, daß sie allen möglichen Hinweisen auf angemessenes Verhalten, die ihnen die Situation bietet, folgen werden. Eine ganz gewichtige Art von Hinweisen dieser Art stellen dann solche dar, die sich darauf beziehen, wie das anwesende oder vorgestellte Publikum zu den Urteilen oder Verhaltensweisen, um die es geht, eingestellt ist. Auch auf die wahrgenommenen Meinungen, Einstellungen oder Werthaltungen der jeweiligen "Öffentlichkeit" läßt sich demnach der Satz anwenden, den *Tetlock* & *Manstead* (1985, S.65) im Anschluß an *Nisbett* & *Ross* (1980) wie folgt formulieren:

> "Often unsure of their own beliefs and values, people may simply adopt the most cognitively available response in the immediate situation."

Zur experimentellen Manipulation von Einstellungen des Publikums oder von Öffentlichkeitsmeinungen genügt oft ein kleiner Hinweisreiz, eine minimale Veränderung z.B. des Namens eines Adressaten oder Rezipienten. Ich werde mich sicherlich anders darstellen, je nachdem, ob ich erwarte, "Sozial" - oder "National"demokraten vor mir zu haben, und in bestimmter Hinsicht macht es für die meisten Leute sicherlich einen Unterschied, ob sie vor einem männlichen oder weiblichen Publikum sprechen oder für eine gebildete oder weniger gebildete Öffentlichkeit schreiben sollen. Bei unseren weiter unten berichteten experimentellen Untersuchungen wird uns dies noch beschäftigen.

Unterschiedliche Öffentlichkeitsorientierungen

Spricht man gegenwärtig, also zu einer Zeit, die innerhalb der Sozialpsychologie immer noch (oder schon wieder) durch eine Hinwendung zum Kognitiven gekennzeichnet ist (vgl. hierzu am brillantesten *Graumann*, 1988), von der *Public-private-* oder der *Privat-öffentlich-*Variablen, so wird man zumeist der Ansicht begegnen, man spreche von der sog. Selbstaufmerksamkeits-Variablen, also von der "privaten oder öffentlichen Selbstaufmerksamkeit" (private vs. public self-awareness). Dabei handelt es sich um ein teilweise umstrittenes Konstrukt (vgl. *Carver* & *Scheier*, 1987; *Wicklund* & *Gollwitzer*, 1987), das *Fenigstein*, *Scheier* & *Buss* (1975) in die "Theorie der objektiven Selbstaufmerksamkeit" von *Duval* & *Wicklund* (1972) eingeführt haben. Wegen seines gegenwärtig immer noch erhöhten Maßes an Aktualität soll diese Art der Privat-Öffentlichkeits-Differenzierung in einem eigenen Abschnitt (vgl. Kap.6) besprochen werden.

Die Privat – Öffentlichkeits – Unterscheidung der Selbstaufmerksamkeitstheoretiker weist uns aber darauf hin, daß Privatheit und Öffentlichkeit nicht nur durch *faktische* Gegebenheiten (Anwesenheit oder Abwesenheit eines Publikums), sondern auch durch *kognitive* Prozesse, also z.B. die Richtung der Aufmerksamkeit einer Person hergestellt werden können. *Schlenker* (1986) unterscheidet mindestens drei Typen von Publikum, auf die hin eine Orientierung erfolgen kann: die eigene Person, Interaktionspartner und bedeutsame Bezugspersonen. Die eigene Person als Publikum zu bezeichnen ist natürlich "akademisch", denn hier handelt es sich um den "privaten", und eben nicht um den "öffentlichen" Pol des Aufmerksamkeitskontinuums. Dieser wird durch andere Personen, mit denen man interagiert, repräsentiert. Eine vermittelnde Rolle zwischen diesen beiden Polen oder Arten von Orientierung nehmen nach *Schlenker* solche Personen ein, die im Leben einer Person eine besonders wichtige Rolle spielen oder gespielt haben:

> "Their opinions and standards are sufficiently respected that they are evoked as exemplars and evaluators across a wide variety of situations, and not solely when actors interact or expect to interact with them. Examples can include parents, best friends, spouse, children, admired mentors, and reference groups. Also in this category are others who one may never have met or who may not even exist, yet who are held up as models and perhaps judges for one's conduct. These can range from the child's concern about how Santa Claus might judge his actions to the adult's commitment to Jesus. These are often our heroes and heroines, who provide us with a sense of direction and dedication" (*Schlenker*, 1986, S.28).

Der Autor faßt also offensichtlich die von George Herbert *Mead* (1934) so bezeichneten *"bedeutsamen Anderen"* (significant others) als eine mittlere Art von Öffentlichkeit auf – ein oft nicht anwesendes, aber gleichwohl "im Hinterkopf" vorhandenes Publikum, das einen gewöhnlich mächtigen normativen Einfluß auf das Verhalten, und eben auch auf die Selbstdarstellung einer Person auszuüben vermag. Alle Arten von Vorbildern und Modellen können diese Art von Publikum bilden. Wichtige Bezugspersonen müssen dabei nicht immer Prominente sein wie z.B. John Wayne, der für viele amerikanische Soldaten im Zweiten Weltkrieg "im Geiste mitmarschierte", sondern sie finden sich, wie man aus entwicklungspsychologischen Studien weiß, häufig im engsten Familien – und Bekanntenkreis. Nach *Greenwald* & *Breckler* (1985) spielt ein solches Bezugsgruppen – Publikum eine wichtige Rolle bei der Bildung von Einstellungen und zentralen Werten einer Person.

Eine andere Unterscheidung von Öffentlichkeitsorientierung treffen *Baumeister* & *Tice* (1986b). Die Autoren bedauern ausdrücklich, daß man bislang die menschliche Tendenz zur Selbstdarstellung fast ausschließlich mit der Selbstpräsentation gegenüber einer Öffentlichkeit gleichgesetzt habe. Sie treffen daher eine Unterscheidung, die in ihrer Differenzierung das Schwergewicht auf das "private Selbst", also auf die eigene Person als Orientierungsrichtung legt. Dem "public self" steht das aus drei Facetten bestehende "private self" gegenüber: "self-concept", "actual self" und "ideal self". Man kann hierin eine gewisse Abkehr von der Betonung der Öffentlichkeit sehen - oder man relativiert das Konzept der Öffentlichkeit bzw. des Publikums, wie es auch schon bei *Schlenker* (1986) geschieht, indem man unterschiedliche (und auch ganz private) "Öffentlichkeiten" beschreibt.

Die Eindimensionalität der Privat-Öffentlichkeits-Konzeption in der Sozialpsychologie wird von *Arkin* & *Baumgardner* (1986) auf die soziale Umgebung (das "setting" bzw. "environment") bezogen, in der das Individuum durch sein Verhalten *Kontrolle* auszuüben trachtet:

> "A single motivational principle seems to link the wide array of self-presentational, and related non-self-presentational, actions: the *seeking and maintaining of personal control, or effectance* ..." (*Arkin* & *Baumgardner*, 1986,S.77)

Solche Kontrolle kann eher *sozialer* oder *personaler* Art sein. Aus der Kombination der Dimension "soziale vs. personale Kontrolle" und "privates vs. öffentliches Setting" ergeben sich dann verschiedene Arten menschlichen Selbstdarstellungsverhaltens.

Die Reihe psychologischer Bemühungen, Privatheit und Öffentlichkeit als Umgebungsbedingungen oder als kognitve Orientierungen und als wesentliche Bedingungen für die Selbstpräsentation aufzufassen und in sozialpsychologischen Experimenten nachzuweisen, ließe sich zweifellos fortsetzen. In späteren Kapiteln werden wir den einen oder anderen Ansatz wieder aufgreifen. Im Augenblick genügt uns das bisher Berichtete, um die Besonderheiten des Umgangs mit der Öffentlichkeitsvariablen in der gegenwärtigen Psychologie und Sozialpsychologie zu kennzeichnen, und zwar im Vergleich mit einigen zuvor behandelten soziologischen Konzeptionen von Öffentlichkeit.

Soziologisch – psychologische Perspektivendivergenzen

Soziologen und Psychologen, so ist deutlich geworden, meinen gewöhnlich etwas anderes, wenn sie von Öffentlichkeit sprechen. Da Öffentlichkeit dasjenige ist, demgegenüber man sich darstellt, da Öffentlichkeit das Konzept oder Konstrukt ist, das benötigt wird, um Selbstpräsentation zu beschreiben und zu erklären, liegt die Vermutung nahe, Soziologie und Psychologie meinten etwas Divergentes, wenn sie von Selbstdarstellung sprechen. Ist dem tatsächlich so?

Eine soziologisch – psychologische Perspektivendivergenz besteht offensichtlich darin, daß für die meisten Soziologen nicht die Individuen, sondern komplexere Instanzen die Einheit ihrer Analysen darstellen. Dies ist nicht ausschließlich so, und es schließt auch nicht aus, daß von Soziologen Einzelpersonen systematisch, auch in ihrem Verhalten betrachtet werden. Es schließt aber in jedem Falle ein, daß die Beziehung zwischen dem Verhalten des Individuums und gesellschaftlichen Gebilden thematisiert und interpretiert wird. Konsequenterweise kann es nur selten soziologische Experimente geben, etwa derart, daß der Forscher die "öffentliche Meinung" (als unabhängige Variable) manipuliert oder, als Auswirkung einer vorgenommenen systematischen Variation, die Veränderung der "öffentlichen Meinung" (als abhängige Variable) studiert. Daß es nur selten direkte experimentelle Überprüfungen entsprechender Hypothesen geben kann, wird den Soziologen in der Regel jedoch nicht daran hindern, entsprechende Zusammenhänge und Wirkungsbeziehungen *interpretativ* zu behandeln. Er wird sich dabei häufig auf sozialpsychologische Experimente und Befragungen stützen, in denen eben nicht mit etwas so Komplexem und Kompliziertem wie der "öffentlichen Meinung", sondern nur mit einem wesentlich kleineren und beschränkteren Publikum gearbeitet wird. Bei Fragestellungen, für die empirische und experimentelle Studien als prinzipiell unpassend oder im Einzelfall unzureichend angesehen werden, wird der Soziologe selten zögern, sich weitgehend auf die interpretative Ebene zu begeben, eine Ebene, auf der die Erkenntnisse aus Experimenten, Erhebungen, Befragungen, Fallstudien und subjektiv gelungenen Einsichten je nach ihrem "Stellenwert" für eine Aussage herangezogen werden können.

Die "Öffentlichkeit", um die es z.B. Richard *Sennett* in seiner Behandlung des Themas der "Tyrannei der Intimität" geht, kann angesichts ihres Komplexitätsgrades und ihres Charakters als historischer Gegenstand schwerlich psychologisch und sozialpsychologisch erforscht werden. Hier geht es zwar unter anderem um Selbstdarstellungsverhalten, und somit handelt es sich auch um eine Psychologie der Selbstpräsentation. Das

Verhalten von Menschen in der Öffentlichkeit ist aber nur insoweit Gegenstand der soziologischen Analyse, als es den abstrakten Begriff "Öffentlichkeit" zu definieren, in seiner Veränderung oder seinem epochalen Wandel zu interpretieren und mit weiteren globalen Konzepten zu verknüpfen gilt. Ob beispielsweise die Idee der Öffentlichkeit, der Liberalität, der Urbanität etc. im Aufstieg oder im Niedergang begriffen ist, kann mit psychologisch-theoretischen und -methodischen Kategorien nicht in der Weise begriffen und behandelt werden, wie es gemeint ist. Psychologische Begriffe und Kategorien werden von Soziologen im vorliegenden Falle sicherlich vor allem deswegen verwendet, weil man sich ohne sie nur schwer ausdrücken kann, und weil man es gewohnt ist, gesellschaftliche Gebilde und historische Beziehungen in quasi-psychologischer und gleichsam "animistischer" Weise zu betrachten und zu veranschaulichen.

Die "Öffentlichkeit" des experimentellen *Sozialpsychologen* ist dagegen für den Soziologen ebenso wie für die meisten von außen stammenden Beobachter alles andere als eine "Öffentlichkeit". Was für den Psychologen die im Experiment hergestellte Öffentlichkeit ist, ist für den unvoreingenommenen Betrachter oft immer noch "Privatheit". Es mag sein, daß viele Soziologen und Psychologen sich innerlich auf das gleiche Privat-öffentlich-Kontinuum beziehen, wenn es um unser Thema geht, aber es wird dann sicherlich so sein, daß sie ganz unterschiedliche Abschnitte dieses Kontinuums interessant finden.

In diesem Zusammenhang ist es sicherlich verwirrend zu fragen, wie man Erving *Goffman*'s "Presentation of self in everyday life" einordnen soll. Zwar experimentiert dieser Autor nicht mit Versuchspersonen, aber er beschreibt ihr Verhalten auf weite Strecken so, wie es Psychologen tun; gesellschaftstheoretische Analysen nehmen in dem hier allein herangezogenen Werk *Goffman*'s einen eher bescheidenen Rang ein. Wenn man anerkennt, daß nicht das Methodologische im engeren Sinne (also z.B. Experimentieren oder Alltagsbeschreibung oder theoretische Argumentation) die wissenschaftlichen Disziplinen trennt, sondern die Einheiten der Analyse oder der Zuschnitt des Gegenstandes der Betrachtung, so möchte man *Goffman* in dem besprochenen Werk eher als Psychologen reklamieren. *Sennett* dagegen bleibt Soziologe, der über Öffentlichkeit als Idee spricht, eine Idee, zu der mehr oder weniger systematische Alltagsbeobachtungen ebenso wie die Befunde empirischer und experimenteller Studien mehr oder weniger passen können. *Sennett*'s Analyse der Öffentlichkeit bietet auch jenes Mehr an gesellschaftswissenschaftlicher Analyse, das in psychologischen Analysen explizit nicht erfaßt werden kann: die Geschichtlichkeit des Gegenstandes.

Die bei Soziologen und Sozialpsychologen konzeptuell unterschiedliche Auffassung von Öffentlichkeit, also jener Instanz, der gegenüber man sich präsentiert, wenn man Selbstdarstellung nach außen betreibt, beschränkt sich also im wesentlichen auf den "Umfang", auf die "Reichweite" von Öffentlichkeit. Sie betrifft nicht das Verhalten des Individuums als Kommunikator, als Sender oder Absender. Der sich selbst Darstellende bleibt ein Individuum, dessen Selbstdarstellungsverhalten wie anderes soziales Verhalten auch zunächst Gegenstand und kleinste Betrachtungseinheit sozialpsychologischer Analyse ist. Insofern sich dieses Verhalten auf andere Individuen richtet, die soziologisch relevante "Aggregate" wie Gruppen, Schichten, Organisationen usw. repräsentieren, vielleicht sogar eine breitere Öffentlichkeit (z.B. eine städtische oder ländliche Öffentlichkeit, die Öffentlichkeit all derer, die lesen können, die Öffentlichkeit des 20.Jahrhunderts usw.), erschließt sich das Selbstdarstellungsverhalten der soziologischen Interpretation.

Die psychologische und die soziologische Perspektive widersprechen sich nicht, sondern sie ergänzen sich. Soziologen und Psychologen können nichts Unterschiedliches meinen, wenn sie von Selbstdarstellung sprechen, sondern sie werden Selbstdarstellung unterschiedlich interpretieren, indem sie individuelles Selbstdarstellungsverhalten auf unterschiedliche theoretische und begriffliche Art und Weise angehen. Wenn wir uns im folgenden auf *psychologische* Theorien und Konzepte beschränken, so sollte man dies allein als Ergebnis disziplinärer Spezialisierung und Eingrenzung auffassen. Gerade die psychologische Perspektive sollte niemals als umfassend angesehen werden. Sie bedarf stets dringend der Ergänzung, zuweilen auch der Überformung durch weiterreichende, wenn man so will, kulturwissenschaftliche Sichtweisen.

Kapitel 5

Selbst, Selbstkonzept und Selbstkonzeptforschung

"Selbst" und "Identität" als psychologische Konstrukte

Eine Psychologie des Selbstdarstellungsverhaltens wird man, wenn man dazu (beispielsweise als Autor eines psychologischen Lehrbuches) gezwungen ist, unter Kategorien wie "Psychologie des Selbst" oder "Selbstkonzeptforschung" einordnen. Für den unvoreingenommenen Betrachter, so scheint es, stellt sich nämlich die Frage nach der menschlichen Selbstpräsentation schlicht und einfach so: "Was wird präsentiert?", und die Antwort lautet: "das Selbst".

In dieser Frage und ihrer zugehörigen Antwort dürfte allerdings deutlich werden, daß derjenige, der sie stellt und beantwortet, alles andere als unvoreingenommen ist. Hier scheint nämlich als implizite Voraannahme zugrundezuliegen, daß es so etwas wie eine Substanz, eine Entität, ein irgendwie konsistentes oder kohärentes Ganzes gebe, nämlich "das Selbst", das sich nach außen, einem Publikum oder einer Öffentlichkeit gegenüber präsentiert. Die Annahme eines irgendwie substantiellen "Selbst" scheint auf den ersten Blick vernünftig zu sein, da man schließlich stets von der Einheit der Person oder des Individuums ausgeht. Zu jedem Individuum, das von anderen Individuen klar abgrenzbar ist, das einen Namen hat, der es eindeutig identifizierbar macht, müßte man sich folglich auch eine Art psychische Identität denken, also etwas, das das Erlebnis der Einzigartigkeit, die subjektive Sichtweise, ganz "ich" zu sein, und niemand anders, in einem Begriff zusammenfaßt. Diese Funktion dürfte das Konzept des "Selbst" erfüllen. Warum aber soll sich darin eine Voreingenommenheit ausdrücken?

Vom "Selbst" zu sprechen und in bezug auf Selbstdarstellung anzunehmen, daß sich ein "Selbst" gegenüber einem Publikum präsentiere, erscheint insofern als auf bestimmten, nicht ohne weiteres nachvollziehbaren Voraannahmen gegründet, als hier von einem "Substanzbegriff", ähnlich etwa dem Begriff der "Seele" ausgegangen wird. Modernes persönlichkeitspsychologisches Denken, das (spätestens seit *Thomae*, 1951) eher Verhaltens*prozesse* und Funktionen, und weniger psychische Instanzen und quasi dinghafte Gebilde betont (man spricht in diesem Zusammenhang auch von "homunculi", die gleichsam "innerhalb" der Person ihr Wesen oder Unwesen treiben; vgl. auch *Tedeschi, Lindskold & Rosenfeld*, 1985), wird mit der Rede von einem "Selbst" zweifellos vernachlässigt. Natürlich scheint es berechtigt zu sein, einen psychologischen Begriff zu finden und zu verwenden, der die Geschlossenheit, Konsistenz, Kohärenz, Einmaligkeit usw. des individuellen Verhaltens und Erlebens kennzeichnet, der womöglich auch der Tatsache Rechnung trägt, daß jedes Individuum sich seiner eigenen Identität bewußt ist und in der Lage ist, sich als ein solches gleichsam unverwechselbares und beständiges Gebilde aufzufassen (und nach außen zu präsentieren). Aber dieses berechtigte Anliegen scheint in dem Maße fragwürdig zu werden, wie sich in empirischen Untersuchungen und Experimenten zeigen läßt, daß das Verhalten und Erleben eines Individuums sich von Situation zu Situation stark unterscheiden kann, daß die Konsistenz und Persistenz des "Selbst" gerade in Abhängigkeit von "sozialen Aufforderungscharakteren" stark verringert sein kann, kurz: daß es womöglich viele verschiedene "Selbste" geben kann.

Klären wir aber zunächst einmal, worin sich der Begriff des "Selbst" von demjenigen der Person, der Persönlichkeit oder auch nur des Individuums unterscheidet. Die Bezeichnung "*Individuum*" verwenden wir im allgemeinen als bloße Kennzeichnung der Tatsache, daß sich ein Mensch in bezug auf seinen Körper, sein Verhalten und Erleben von anderen Menschen abgrenzen läßt. Umgangssprachlich wird auch der Begriff "*Person*" in diesem Sinne gebraucht. Ein Individuum oder eine Person, das sind Einzelne, die man von anderen Einzelnen, von Gruppen oder Kollektiven abgrenzt oder aus ihnen heraushebt. Als "*Persönlichkeit*" wird – man erlaube hier der Einfachheit halber einen Rückgriff auf *Guilford*'s (1974) Kürzestdefinition – das Gesamt der individuellen Ausprägungen von Merkmalen oder Eigenschaften (sozusagen von der Schuhgröße bis zum Grad sozialer Angepaßtheit) verstanden. Während nun der Persönlichkeitsbegriff hauptsächlich darauf zielt zu kennzeichnen, wie sich die Merkmale eines Individuums mehr oder weniger objektiv darstellen, bezieht sich der Begriff des "*Selbst*" hauptsächlich auf die *subjektive* Sicht des Individuums. Eine Person "besitzt" nach ihrer eigenen Auffassung alle möglichen Eigenschaften oder Merkmale, mit anderen Worten, sie faßt sich selbst als Persönlichkeit auf. Der Begriff "Merkmal" oder "Eigenschaft" muß hierbei ganz weit ausgedehnt werden, d.h., er muß auch noch das Erleben der Einzigartigkeit, der Kohärenz usw. der Person umfassen.

Aus diesen Überlegungen geht schon hervor, daß das "Selbst" eigentlich nur als Begriff von sich selbst, als Konzept von der eigenen Person, also als "*Selbstkonzept*" existiert. Will man Substanzbegriffe wie etwa den "Seelen"begriff vermeiden und stattdessen lieber auf handlichere Konzepte rekurrieren, mit denen sich auch methodisch arbeiten und empirisch etwas anfangen läßt, so sollte man "das Selbst", dessen literarischer Wert nicht angezweifelt werden soll, für den wissenschaftlichen Gebrauch durch "Selbstkonzept" – oder, wie wir sehen werden, durch "Selbstkonzepte" – ersetzen. Denn es läßt sich mit psychologischen Mitteln nicht beschreiben und analysieren, was jemand selbst "ist", mit anderen Worten, Psychologie ist nicht Ontologie. Dagegen läßt sich empirisch feststellen, für was sich jemand hält, welche Merkmale er sich zuschreibt, wie er sich von anderen Individuen zu unterscheiden glaubt, etc.

Unter dem *Selbstkonzept* kann man demnach die *Gesamtheit der auf die eigene Person bezogenen Beurteilungen* verstehen. Beurteilt werden kann an der eigenen Person im Grunde alles: körperliche und psychische Merkmale aller Art, im einfach beschreibenden, aber auch im bewertenden Sinne, Merkmale aus der Vergangenheit, an die man sich erinnert, oder Merkmale, die man sich gegenwärtig zuschreibt, oder Merkmale, die man sich wünscht, nach denen man strebt, oder von denen man erwartet, sie in der Zukunft zu besitzen. Eine solche Kennzeichnung muß auch das Ausmaß an Stabilität, an Persistenz der eigenen Beurteilungen und Bewertungen einschließen. Stillschweigend geht man, wenn man vom Selbstkonzept spricht, davon aus, daß es sich mehr oder weniger um überdauernde Merkmale, also um Merkmale im Sinne von *Eigenschaften* handelt, die man der eigenen Person zuschreibt.

Wäre es nicht die eigene Person, bezüglich deren man eine Gesamtheit von mehr oder weniger stabilen Einschätzungen und Berwertungen abzugeben hätte, so würde man zweifellos von *Einstellungen* im Sinne des englischen "attitude" sprechen. Denn unter einer Einstellung zu einem bestimmten Gegenstand, sei dieser nun abstrakter oder konkreter Art, versteht man gewöhnlich die Gesamtheit kognitiver und evaluativer Urteile über diesen Gegenstand. Daher liegt es nahe, Selbstkonzepte als Einstellungen, und zwar als Einstellungen mit der Besonderheit, daß das Einstellungsobjekt die eigene Person ist, aufzufassen (*Rosenberg*, 1979; *Mummendey*, 1983; *Greenwald* & *Pratkanis*, 1985). In dieser Definition offenbart sich zugleich das Allgemeine und das Besondere des "Selbstkonzept"-Begriffs: Versteht man unter dem Selbstkonzept einer Person *die Gesamtheit (die Summe, das Ganze, den Inbegriff usw.) der Einstellungen (attitudes) zur eigenen Person*, so erkennt man an, daß Selbstkonzepte nichts psychologisch Abgehobenes oder gar Geheimnisvolles, sondern lediglich ein Spezialfall einer wichtigen und bereits gut erforschten psychischen Funktion (nämlich der Einstellung) sind, und man weist zugleich auf die Besonderheit und theoretische Ausnahmeerscheinung innerhalb der unbegrenzt erscheinenden Reihe von Konzepten mit "Einstellungs"charakter hin, indem man feststellt, daß im Falle des Selbstkonzepts Subjekt und Objekt der Einstellung identisch sind.

Mit der Auffassung vom "Selbst" als einem Konzept von der eigenen Persönlichkeit, und mit der Auffassung von diesem Selbstkonzept als einer Einstellung zu sich selbst sind natürlich noch nicht alle begrifflichen Probleme gelöst. Bekanntlich gibt es auch über das, was eine Einstellung sei, unterschiedliche Auffassungen. Die Diskussionen darüber haben sich allerdings seit längerem beruhigt, und man kann heute sagen, daß sich zumindest ein "kognitiver" Einstellungsbegriff (z.B. gegenüber einem verhaltensorientierten Einstellungskonzept) durchgesetzt hat. Einstellungen sind also etwas, das "im Kopf" stattfindet, das gewußt, gedacht, gefühlt wird. Es sind Gerichtetheiten auf bestimmte Gegenstände, wobei diese Einstellungsobjekte nicht nur mit einer Vielzahl von *Kognitionen* erfaßt (man weiß etwas über das Objekt, man erinnert sich daran, man stellt es sich vor usw.), sondern vor allem auch als mehr oder weniger günstig eingeschätzt, d.h., *bewertet* werden (man ist mehr oder weniger positiv oder negativ gegenüber etwas eingestellt). Einstellungen, so betont man schließlich im Rahmen des sogenannten Dreikomponentenansatzes von "attitude" (demgemäß eine kognitive, evaluative und konative oder *intentionale* Komponente beschrieben werden), enthalten so etwas wie eine Anregung zum Verhalten gegenüber dem Einstellungsobjekt; die Verhaltenskomponente der Einstellung ist selbst noch kein Verhalten, aber es ist interessant, ob und unter welchen Umständen aus der Einstellung ein bestimmtes Verhalten gegenüber dem Einstellungsobjekt folgt.

Ist nun, wenn wir von Selbstkonzept sprechen, die eigene Person Einstellungsgegenstand, so bedeutet dies, daß eine Vielfalt von kognitiven, evaluativen und intentionalen Merkmalen gegeben sind oder aktiviert werden, wenn die eigene Person als Einstellungsobjekt in den Blickpunkt rückt. Ich beschreibe mich selbst mittels Persönlichkeitseigenschaften, und zwar sowohl in bezug auf die Gegenwart als auch hinsichtlich vergangener Merkmale, an die ich mich erinnere, und hinsichtlich zukünftiger Züge, die ich voraussichtlich aufweisen werde oder die ich mir wünsche. Ich bin außerdem in der Lage, jede dieser Eigenschaften ebenso wie meine gesamte Person zu bewerten, d.h., ich verfüge über ein bestimmtes Maß an Selbstwertschätzung oder Selbstachtung. Dieser Aspekt des "*self-esteem*" ist der bis heute vielleicht am häufigsten untersuchte Aspekt des Selbstkonzeptes (vgl. z.B. *Wells* & *Marwell*, 1976). Ein gewisses Maß an Self-Esteem wird unter entwicklungspsychologischen und klinisch-psychologischen Gesichtspunkten als erwünscht und als wichtig für eine "gesunde" Persönlichkeit angesehen. Auch in der Selbstkonzeptforschung scheint also der evaluative, oft auch als affektive oder emotionale Komponente bezeichnete Aspekt der Einstellung eine hervorragende Rolle zu spielen.

Der von vielen Soziologen (z.B. *Goffman*, 1959; *Parsons*, 1968; *Krappmann*, 1975) bevorzugte Begriff der "*Identität*" ist nicht leicht von "Selbst" und "Selbstkonzept" abzugrenzen – und insofern fragt man sich oft, ob er überhaupt zweckmäßig sei. Eine Besonderheit des Begriffs der Identität scheint darin zu bestehen, daß man ihn gern als Gegenbegriff zum Konzept der sozialen *Rolle*, einem Kernbegriff sowohl der Soziologie als auch der Sozialpsychologie verwendet: Individuen füllen gewöhnlich eine Vielzahl oft heterogener Rollen aus (z.B. Eltern– und Kind–Rolle zugleich, berufliche und viele öffentliche und private Rollen wie Steuerzahler, Autofahrer oder Vereinsmitglied), und sie bleiben dabei doch stets die gleiche Person. *Haußer* (1983) zeigte, daß die alltagssprachlichen Konnotationen des Identitätsbegriffes nicht allzu sehr von in der Literatur berichteten Vorstellungen von Identität und Selbstkonzept unterschieden sind. Während nun einige Autoren mit dem Begriff der Identität gerade das rollenunabhängige Einmalige an einer Person kennzeichen wollen, verwenden andere ihn in der *Goffman*'schen Tradition gerade im Sinne von "social identity" oder "situated identity", d.h., im Sinne einer an soziale Interaktionssituationen angepaßten, nach außen dargestellten Individualität (vgl. *Alexander* & *Rudd*, 1981; *Tedeschi*, *Lindskold* & *Rosenfeld*, 1985). Der Identitätsbegriff scheint, von einigen fachspezifischen Traditionen abgesehen, nichts wesentlich anderes auszudrücken als die Begriffe "Selbst" und "Selbstkonzept". Ein Mensch stellt verschiedene soziale und situative Identitäten dar, und er ist doch stets mit sich selbst identisch. Er präsentiert verschiedene "Selbste" und verfügt doch – möglicherweise – über ein relativ stabiles Selbstkonzept.

Strukturen und Funktionen von Selbst und Selbstkonzept

Viele Autoren haben umfangreiche Definitionsversuche von "Selbst" und "Selbstkonzept" unternommen, die unter anderem darauf abzielen, am Selbst eine Vielzahl von Aspekten oder Dimensionen zu unterscheiden. *Markus* & *Wurf* (1987) sehen in dem Bemühen vieler Autoren, ein aus mehreren Facetten bestehendes Selbstkonzept zu postulieren, die Lösung des sicherlich schwierigen Problems, mit einem so statisch klingenden Begriff wie Selbstkonzept eine Vielzahl von Verhaltensphänomenen zu erklären. Also versucht man, verschiedenste Repräsentationen des Selbst, z.B. in Form von "*Images*", "*Schemata*", "*Konzepten*", "*Prototypen*", "*Theorien*" oder "*Aufgaben*", in unterschiedlicher Weise anzuordnen, z.B. in einem mehrdimensionalen Raum oder einer sonstigen systematischen Ordnung. Weitere bekannt gewordene Konzeptionen von Selbst und Selbstkonzept bestehen aus "*Hierarchien*" oder aus "*Netzwerken*". So kann man gegenwärtig in bezug auf Bemühungen um die Erforschung von Systematiken der Selbstpräsentation sagen:

> "What began as an apparently singular, static, lump-like entity has become a multidimensional, multifaceted dynamic structure that is systematically implicated in all aspects of social information processing" (*Markus* & *Wurf*, 1987, S.301).

Eine ähnliche Entwicklung beobachten die Autoren in bezug auf den von den meisten Soziologen präferierten Identitäts-Begriff.

Einige der genannten Ordnungsversuche selbstkonzeptueller Vielfalt seien im folgenden etwas näher betrachtet. Nach *Epstein* (1979) stellt das Selbstkonzept eine Theorie über die eigene Person dar, also eine *Selbsttheorie*, die sich mit einer Umwelttheorie zu einer (umfassenden) Realitätstheorie ergänzt. Diese Selbsttheorie dient der Organisation von Erfahrungen, der Herstellung eines günstigen Verhältnisses von Lust- und Unlusterlebnissen und der Etablierung eines zufriedenstellenden Maßes an Selbstwertschätzung. *Markus* (1977, 1980) spricht von *Selbstschemata*, also von kognitiven Strukturen, die die Informationen, die man über die eigene Person hat, organisieren und integrieren. Solche Schemata werden durch Informationen gebildet, sie steuern sodann aber auch die Aufnahme weiterer Informationen und die Ausführung von Aktivitäten. Selbstschemata sind damit sowohl Pläne über das Selbst als auch Ausführende solcher Pläne. Nach *Kihlstrom* & *Cantor* (1984) läßt sich das Selbstkonzept als mentale Repräsentation der eigenen Person auffassen, als ein "soziales Wissen", das Bestandteil des gesamten *Gedächtnissystems* des Individuums ist. Dieses System speichert strukturierte und organisierte Repräsentationen des Wissens um die eigene Person und bildet damit die kognitive Grundlage für das Wahrnehmen, Erinnern, Denken und Handeln. Graphisch läßt sich im Sinne von *Anderson* & *Bower* (1973) veranschaulichen, wie das Selbst in *kognitive Netzwerke* des Wissens um die physikalische und soziale Umgebung (declarative knowledge) und die für eine Beeinflussung dieses Wissens notwendigen Verfahrensweisen (procedural knowledge) eingebunden ist. *Filipp* (1979) geht davon aus, daß Individuen über "*interne Selbstmodelle*" verfügen, deren Aufbau und Veränderung sich nur unter Rückgriff auf Theorien der menschlichen Informationsverarbeitung darstellen lasse. Das Wissen um die eigene Person unterscheidet sich auch dieser Autorin zufolge nicht grundsätzlich von demjenigen um Gegenstände und Personen der Außenwelt. Interne Selbstmodelle, so *Filipp*, seien allerdings nur im Kontext allgemeinerer psychologischer Handlungstheorien sinnvoll interpretierbar. Die von den meisten Autoren präferierten Handlungstheorien betonen wiederum sehr stark interne psychologische Prozesse bzw. Kognitionen.

Alle diese kognitiven Ansätze oder Interpretationen des Selbstkonzepts, deren Aufzählung und Beschreibung hier nicht erweitert werden soll, haben gemeinsam, daß sie Selbstkonzepte als vielfältig strukturierte kognitive Systeme auffassen, die in erheblichem Maße an der Steuerung des

Verhaltens (stärker kognitivistisch ausgedrückt: des Handelns) beteiligt sind. Damit gleichen sie wiederum den in ähnlicher Weise interpretierbaren und interpretierten *Einstellungen*: Auch Einstellungen lassen sich als kognitive Systeme, Theorien, Schemata etc. auffassen, denen man traditionellerweise eine wirksame Steuerung des menschlichen Verhaltens zutraut.

Ebenso wie Einstellungen und Persönlichkeitsmerkmale allgemein, können Selbstkonzepte als mehr oder weniger *generell*, d.h., unterschiedliche Situationen (Zeitpunkte, Umgebungen, Meßverfahren) oder Gegenstandsbereiche (z.B. die eigene Leistung, soziale Anpassung, die eigenen Interessen betreffend) umfassend und übergreifend aufgefaßt werden. Es macht zwar manchmal Sinn, von "dem" Selbstkonzept einer Person zu sprechen und damit so etwas wie ein ganz umfassendes, globales, "overall" – Selbstkonzept anzusprechen, wie es sich etwa in dem Begriff des Self – Esteem, also dem Konzept einer summarischen individuellen Selbstwertschätzung ausdrückt. Ein solches *generelles* oder globales Selbstkonzept anzunehmen ist zwar von theoretischem Nutzen, doch dürfte es für konkrete Forschungsfragen ebenso wie für Versuche, Selbstkonzepte im Einzelfall praktisch zu diagnostizieren, einen nur begrenzten Wert haben. In vielen Untersuchungen hat sich nämlich empirisch zeigen lassen, daß es situations– oder gegenstands– oder bereichsspezifische Selbstkonzepte gibt (vgl. z.B. *Filipp* & *Brandtstädter*, 1975; *Mummendey*, 1976). Ebenso wie sich ein globales Konzept wie das Persönlichkeitsmerkmal "Intelligenz" aus mehreren bereichsspezifischen Fähigkeiten oder die Einstellung "Ausländerfeindlichkeit" möglicherweise aus verschiedenen partiellen Einstellungen zu Asiaten, Amerikanern, Einwanderern etc. zusammengesetzt vorstellen läßt, wobei die Teilbereiche positiv, aber nicht perfekt miteinander korrelieren, läßt sich "das" Selbstkonzept einer Person aus *bereichsspezifischen Selbstbildern"* (wie z.B. den Beruf, die Familie, das Verhalten in der Freizeit betreffend) kombiniert erklären.

Es sind sicherlich solche an faktoriellen Modellen der Persönlichkeitsforschung orientierten Unterscheidungen von "generellen" und "spezifischeren" Aspekten des Selbstkonzepts, die Annahmen einer *hierarchisch geordneten Selbstkonzeptstruktur* begünstigen. Es muß bei der Konzipierung eines hierarchisch oder sonstwie strukturierten Selbstkonzepts nicht unbedingt angenommen werden, daß eine solche Struktur mit einer entsprechenden kognitiven Struktur identisch ist, etwa in der Art der von *Kihlstrom* & *Cantor* (1984) in Anlehnung an *Anderson* beschriebenen; je nach der angewendeten Untersuchungsmethode bleibt nämlich die Annahme, daß das gesamte System von generellen und spezifischen Selbstkonzepten, so wie es beispielsweise aus einer Faktorenanalyse oder multidimensionalen Skalierung resultiert, mental abgebildet sei, Spekulation. Es ist aber unbestritten, daß solche beispielsweise hierarchischen

Ordnungsversuche die Operationalisierung und empirische Erforschung partieller Selbstkonzepte erleichtern. Zugleich wird abermals die analoge Konzeption von Selbstkonzepten und Persönlichkeitseigenschaften deutlich - man denke nur an die zwar oft ideologisch verfestigten, aber dennoch für die Forschung äußerst fruchtbaren "hierarchischen Persönlichkeitsmodelle" von *Cattell* (1957) und *Eysenck* (1981).

Shavelson, Hubner & Stanton (1976) haben in einem pädagogisch-psychologischen Zusammenhang ein solches hierarchisch aufgebautes Selbstkonzeptmodell vorgelegt, das auf der "untersten" Ebene (bei *Eysenck* wäre dies die Ebene der einfachen Reiz-Reaktions-Verknüpfungen) einzelne *Evaluationen des eigenen Verhaltens in spezifischen Situationen* protokolliert, die sich z.B. bei wiederholter Erfassung als stabil erweisen können. Mehrere solcher Bewertungsreaktionen verbinden sich zu verschiedenen *Unterbereichen des Selbstkonzepts*, z.B. zu den schulischen oder Bildungsbereichen Englisch, Geschichte, Mathematik usw. oder zu den sozialpsychologischen Bereichen "Kameraden" (peers) und "Bedeutsame Andere" oder zu solchen körperbezogenen Bereichen wie "Körperliche Fähigkeiten" und "Äußere Erscheinung". Einige der genannten Unterbereiche des Selbstkonzepts lassen sich sinnvoll auf einer dritten Ebene gruppieren, die z.B. ein "akademisches Selbstkonzept" (gebildet aus den genannten Schulfächern) von einem "sozialen Selbstkonzept" und einem "physischen Selbstkonzept" unterscheidet; die beiden "nichtakademischen" Selbstkonzeptbereiche lassen sich z.B. noch um den Bereich "Emotionales Selbstkonzept" erweitern. Alle zuletzt genannten *spezifischen Selbstkonzepte* bilden dann zusammen (sozusagen auf der second-factor-Ebene) das *"generelle Selbstkonzept"*. Das hierarchische "Facetten"-Modell des Selbstkonzepts von *Shavelson* et al. wurde von *Fleming & Courtney* (1984) bei Anwendung revidierter Meßinstrumente bestätigt. Ein etwas anders elaboriertes Modell hat *L'Ecuyer* (1981) aufgestellt. Wiederum von "unten" aus betrachtet, unterscheidet dieser Autor zunächst "Kategorien" (die zumeist bereits Eigenschaftsniveau besitzen), die sich zu "Substrukturen" verbinden; diese Substrukturen stellen eher formal definierte Selbstkonzeptbereiche (wie z.B. somatisches Selbst, possessives Selbst, Selbst-Image, Selbst-Identität, Self-Esteem, Selbst-Aktivität) dar; je zwei von ihnen verbinden sich zu sog. "Strukturen" (wie z.B. materielles, personales, adaptives, soziales Selbst), die am ehesten den spezifischen (akademischen und nichtakademischen) Selbstkonzepten von *Shavelson* et al. ähneln.

Andere Autoren (z.B. *Fleming & Courtney*, 1984) zeigen wiederum, daß Selbstaspekte oder -bereiche, die gewöhnlich als partielle Selbstkonzepte oder als Varianten eines generellen Selbstkonzepts aufgefaßt werden, wie z.B. der Self-Esteem, selbst mehrdimensional sind. Die Auffassung vom "multifaceted self" wird übrigens nicht nur von der überwiegenden

Zahl von Selbstkonzeptforschern geteilt, sondern sie entspricht auch der Auffassung der Versuchspersonen, die hinsichtlich ihrer Selbstkonzepte untersucht werden. So fanden *Sande*, *Goethals* & *Radloff* (1988), daß Probanden sich selbst ein ausgesprochen differenziertes und vielfältiges ("facettenreiches") Selbstkonzept attestieren, in der Regel wesentlich vielfältiger und differenzierter als die von den gleichen Versuchspersonen anderen Personen zugeschriebenen Selbstkonzepte.

Die Bemühungen vieler Autoren, Selbstkonzepte als komplizierte kognitive Strukturen aufzufassen und auf immer wieder neue, ausgeklügelte Weise in ihrer angenommenen Mehrdimensionalität graphisch-modellhaft zu veranschaulichen, haben das Schwergewicht der Betrachtung von Selbst und Selbstkonzept zweifellos auf den "kognitiven" Aspekt der Einstellung zur eigenen Person verschoben. Man sieht hier deutlich, wie Theorie und Methode einander bedingen, d.h., wie das Stellen bestimmter Forschungsfragen die erhaltenen Antworten determiniert. Wenn man in der Selbstkonzeptforschung Fragen stellt, die bei den untersuchten Personen Gedächtnisinhalte aktivieren, so wird man auf ein System von Erinnerungen stoßen, die es einem ermöglichen, das Selbstkonzept als Informationsverarbeitungs- oder Speicherungssystem darzustellen. Läßt man dagegen vor allem die eigenen schulischen und sonstigen *Leistungen* bewerten, so wird man auf ein strukturiertes Selbst*bewertungs*system stoßen. Ebenso wie man die "kognitive" und die "affektive" Komponente einer Einstellung betont, könnte man am Selbstkonzept auch die "konative" Komponente hervorheben und sich vor allem mit dem Selbstkonzept als einem System von Absichten, Vornahmen oder Aufgaben beschäftigen (vgl. *Greenwald* & *Pratkanis*, 1984). Die Art und Weise, wie ein Autor Selbst und Selbstkonzept definiert, scheint oft weniger etwas über das Selbstkonzept als solches als vielmehr über die theoretische Orientierung des Autors auszusagen. Das Konzept "Selbst" erscheint als ein in der Psychologie so grundlegender und zugleich so auslegungsfähiger Begriff, daß man sich entweder dogmatisch binden oder aber "eklektisch" verhalten muß.

Ein Versuch der letztgenannten Art liegt in der folgenden Zusammenfassung von *Greenwald* & *Pratkanis* (1984, S.166) vor:

> "The self is a central cognitive structure, a self-concept with content that varies from person to person... The self is a focus of affective regard - in other words, an attitude object... The self is complex, consisting of diffuse, public, private, and collective facets, each providing a distinct basis for self-evaluation. The relative strength of these facets, or subselves, vary as a function of person and situation."

Die vermutete Abhängigkeit der Auffassung vom Selbst von der jeweiligen theoretischen und methodischen Orientierung des Forschers und Betrachters mag nochmals deutlich werden, wenn wir uns den Konzepten von der eigenen Person unter historischen und methodologischen Gesichtspunkten zuwenden.

Die Geschichte der Selbstkonzeptforschung

Auf die historisch-psychologische Frage, wie uns das Selbst zum Problem wurde, hat *Baumeister* (1987) eine differenzierte Antwort versucht, die sich metaanalytisch bemüht, eine psychologisch-soziologische Problemgeschichte zu schreiben. Das Konzept der Einheit und Einzigartigkeit des Individuums kristallisierte sich ihm zufolge in der spätmittelalterlichen Epoche vom elften zum 15.Jahrhundert heraus; in der frühen Moderne (bis etwa 1800) wurden zunehmend die Unterscheidung zwischen einem inneren und äußeren Selbst, der Wert der Individualität und die Ideen der menschlichen Entwicklung und Veränderung thematisiert. In der folgenden "puritanischen" Ära verstärkte sich die Beschäftigung mit Selbstbewußtsein und Selbsttäuschung. Im späten 18. und frühen 19.Jahrhundert, der "romantischen" Epoche, ging es den Individuen stärker um Selbstverwirklichung, und ein Konflikt zwischen dem Individuum und der Gesellschaft stand vermehrt im Vordergrund. Die von etwa 1830 bis etwa 1900 angesetzte Viktorianische Epoche wurde im Hinblick auf die genannten psychischen Prozesse als krisenhaft betrachtet. Das frühe 20.Jahrhundert brachte dem Autor zufolge eine stärkere Abhängigkeit des Individuums von der Gesellschaft und damit zusammenhängend Probleme der Abwertung der Individualität und Phänomene der Entfremdung. Seit dem Zweiten Weltkrieg, so *Baumeister* (1987), stehen wieder die Ideale und Möglichkeiten der Selbstdefinition und Selbstverwirklichung im Zentrum der Beschäftigung mit dem Selbst.

Geschichtsschreibung jeder Art vollzieht sich – wahrscheinlich zu unrecht, aber sicherlich mehr oder weniger notgedrungen – im Sinne einer "Prägnanztendenz" derart, daß sie sich an prominenten und prägnant erscheinenden Personen orientiert und solche Personen als Initiatoren, Veranlasser, Verursacher usw. suggeriert. Dies gilt auch für die Geschichte der Selbstkonzeptforschung. So werden als "Väter" der heutigen Selbstkonzeptforschung William *James* (1890), James Mark *Baldwin* (1897), Charles Horton *Cooley* (1902), George Herbert *Mead* (1934) und Gordon W. *Allport* (1943) angesehen, falls man nicht, wie z.B. *Gergen* (1971), auf griechische Quellen zurückgeht.

Aristoteles' fundamentale Unterscheidung zwischen körperlichen und seelischen menschlichen Merkmalen – und somit im Grunde wiederum der Seelenbegriff – kann bei derart weitgefaßter Betrachtung als Ausgangspunkt der Selbstkonzeptforschung betrachtet werden. *Gergen* (1971) zieht von hier aus einen geistesgeschichtlichen Bogen zu *Descartes*' "Cogito ergo sum" und damit der Betonung des "Ich", also der Beschäftigung mit dem über sich selbst reflektierenden Individuum. Getreu der vor allem angelsächsischen Tradition der gegenwärtigen empirischen Selbstkonzeptforschung sind es denn auch Philosophen wie *Berkeley*, *Hobbes*, *Hume*, *James* und John Stuart *Mill*, bei denen man die Beschäftigung mit dem Ich oder dem Selbst weiterverfolgt. Es ließen sich jedoch aus der deutschen Philosophiegeschichte ebenso die Hauptvertreter des Deutschen Idealismus (*Kant*, *Fichte*, *Schelling*, *Hegel*) oder weitere europäische Entwicklungslinien des Nachdenkens über das Ich, das Selbst, das Subjekt, einschließlich der Selbstreflexion dieses Subjekts, nachverfolgen.

William *James* (1842–1910) verfaßte in seinen "Principles of Psychology" ein Kapitel über "The Consciousness of Self", in dem sich die vielzitierte Passage findet:

> "... a man has as many social selves as there are individuals who recognize him and carry an image of him in their head. But as the individuals who carry images fall naturally into classes, we may practically say that he has as many different social selves as there are distinct *groups* of persons about whose opinion he cares" (*James*, 1890, S.294).

Diese gruppenbezogene, im engeren Sinne sozialpsychologische Sicht des Selbst oder Selbstkonzepts verdeckt nach *Scheibe* (1985) die hauptsächlich allgemeinpsychologische Orientierung *James*', der die Beschäftigung mit dem Selbst aus der Beschäftigung mit dem Bewußtsein allgemein, und zwar mit dem "stream of thought", ableitet. Das Selbst ist gewissermaßen eine Alternative zum bloß passiven Fühlen und Denken, es ist der Inbegriff der Aktivität, d.h., der Tatsache, daß das Individuum selbst psychische Prozesse in Gang setzt und kontrolliert. Das Selbst ist somit ein Teil, und zwar ein beachtlicher Teil, des Bewußtseinsstroms. Das "soziale Selbst" bezieht sich dann auf denjenigen (aktiven, die Aktivität des Denkens und Fühlens betreffenden) Teil des Bewußtseinsstroms, der sich mit anderen Personen bzw. Klassen oder Gruppierungen von Personen beschäftigt: Man hat bestimmte selbstbezogene Gedanken, bestimmte Zustände von Selbst-Bewußtsein in bezug auf bestimmte soziale Gruppen.

Das Ich, das sich selbst zum Gegenstand seiner Gedanken macht, hat nach *James* keine eigene ontologische Qualität, sondern besteht eben in dem geschilderten Vorgang, in der Funktion des Denkens:

> "The I... cannot itself be an aggregate. Neither for psychological purposes need it be considered to be an unchanging metaphysical entity... It is a *thought* at each moment different from that of the last moment, but appropriative of the latter, together with all that the latter called its own" (*James*, 1890, S.401).

Damit wird deutlich, in welch "moderner" Weise *James* das "Selbst" als *Selbstkonzept* konzipiert. Die verschiedenen von ihm unterschiedenen "Selbste" (das "material self", das "social self" und das "spiritual self") können als Vorläufer "bereichsspezifischer Selbstkonzepte" aufgefaßt werden; eine am Original orientierte Übersichtstabelle der Gegenstände sowie der kognitiven, affektiven und konativen Funktionen dieser Selbstkonzepte findet sich bei *Greenwald* & *Praktanis* (1984).

Das "soziale Selbst" William *James*' wurde von James Mark *Baldwin* (1861 – 1934) einer näheren Betrachtung unterzogen. *Baldwin* hatte unter anderem bei Wilhelm *Wundt* studiert, war Präsident der American Psychological Association, gab mit James *McKeen Cattell* die "Psychological Reviews" heraus und arbeitete durchaus experimentell; seine Analysen des sozialen Selbst sind jedoch ausschließlich theoretischer Natur. Nach *Scheibe* (1985) liegt *Baldwin*'s Bedeutung vor allem darin, daß er den Prozeß der Selbst- bzw. Selbstkonzept*entwicklung* aus der *sozialen Interaktion* heraus beschreibt:

> "The 'ego' and the 'alter' are thus born together. Both are crude and unreflective, largely organic. And the two get purified and clarified together by this twofold reaction... My sense of myself grows by imitation of you, and my sense of yourself grows in terms of my sense of myself. Both *ego* and *alter* are thus essentially social, each is a *socius* and each is an imitative creation" (*Baldwin*, 1897, S.9).

Mit der Betonung der Imitation, der Nachahmung des Verhaltens des Interaktionspartners, lehnt sich *Baldwin* stark an den französischen Soziologen Jean Gabriel *Tarde* (1843 – 1904) an. *Scheibe* (1985) beschreibt die *Baldwin*'sche Sichtweise der Selbstentwicklung als einen dialektischen Prozeß zwischen dem Individuum (z.B. dem Kind) und dem Sozius (z.B. der Mutter oder dem Lehrer); er sieht hier auch unmittelbare terminologische und ideologische Grundlagen für die spätere Lehre *Kohlberg*s (1963) zur moralischen und ethischen Entwicklung im Kindes- und Jugendalter.

Baldwin's entwicklungspsychologische Ideen übten offensichtlich einen merklichen Einfluß auf Charles Horton *Cooley* (1864–1929) aus, jenen Autor, mit dem die Geschichtsschreibung der neueren Selbstkonzeptforschung oft erst beginnt (vermutlich, weil er gleich zu Beginn der Jahrhundertwende publiziert hat). Auch *Baldwin* war vornehmlich entwicklungspsychologisch orientiert, und auch er konzentrierte sich in seinen Schriften auf das Verhältnis von Individuum und Gesellschaft. Letztere wird durch andere Personen und Gruppen repräsentiert, mit denen das Individuum interagiert. Dabei macht es für *Cooley* keinen prinzipiellen Unterschied, ob ein Anderer real oder in der Vorstellung anwesend ist:

> "...to be imagined is to become real, in a social sense" (*Cooley*, 1902, S.60).

Indem die Wahrnehmungen und Gefühle einer Person über sich selbst, also sozusagen die Einstellungen zur eigenen Person, das Ergebnis der Beziehung zu anderen Personen sind, verknüpft man mit *Cooley*'s Werk gewöhnlich den Gedanken des "looking-glass self", des *Spiegelbild-Selbst* – nach *Scheibe* (1985) ist dies allerdings nur ein Teilaspekt dessen, was den Soziologen *Cooley* interessiert hat. Das Individuum sieht sich selbst durch die Reaktionen anderer Personen auf die eigene Person mehr und mehr so, wie die anderen Personen es sehen. Es betrachtet sich gewissermaßen ebenso als Urteilsgegenstand, wie es den anderen Menschen erscheint, also "mit den Augen" der anderen; mit *Cooley*'s Worten:

> A self-idea... seems to have three principal elements: the imagination of our appearance to the other person; the imagination of his judgment of that appearance; and some sort of self-feeling, such as pride or mortification. The comparison with a looking-glass hardly suggests the second element, the imagined judgment, which is quite essential. The thing that moves us to pride or shame is not the mere mechanical reflection of ourselves, but an imputed sentiment, the imagined effect of this imagination upon another's mind... We always imagine, and in imagining share, the judgments of the other mind" (*Cooley*, 1902, S.184f.).

Cooley wird als Klassiker der Selbstkonzeptforschung gewöhnlich in einem Atemzug mit George Herbert *Mead* (1863–1931) genannt – beide werden der interaktionistischen Richtung der Soziologie zugerechnet, *Mead* häufig auch der "sozialbehavioristischen". *Mead* (1934) arbeitete die Idee des Spiegelbild-Selbst weiter aus. Nach *Gergen* (1971) waren ihm die *Cooley*'schen "imaginations" zu verschwommen. Er konkretisierte die Personen, mit denen das Individuum hauptsächlich interagiert und die für die Etablierung seines Selbstkonzepts von entscheidender Bedeutung sind, als "significant others". Diese "signifikanten Anderen" stellen sich zumeist als Personen der engeren Umgebung des Individuums dar – Vater, Mutter, Geschwister, Lehrer usw. In der Interaktion mit diesen Partnern übernimmt eine Person gleichsam die Blickweise, die Position, die Funktion der bedeutsamen anderen Person ("takes the role of the other"):

> "The individual experiences himself as such, not directly, but only indirectly, from the particular standpoints of other individual members of the same social group, or from the generalized standpoint of the social group as a whole to which he belongs... He becomes an object to himself only by taking the attitudes of other individuals toward himself within a social environment or context of experience and behavior in which both they and he are involved" (*Mead*, 1934, S.140).

Scheibe (1985) weist darauf hin, daß damit die "dialektische" Beziehung zwischen dem Individuum und seiner sozialen Umgebung, wie *Baldwin* sie annahm, in eine asymmetrische Beziehung zugunsten letzterer, repräsentiert durch die bedeutsamen Anderen, umgemünzt wird. Außerdem bleibt *Mead* nicht bei den von *Cooley* betrachteten sozialen Vorstellungen stehen, sondern bemüht sich um das Studium offen beobachtbarer sozialer Verhaltensweisen, und sei es auch nur, indem soziales Verhalten in "symbolischer" Form, nämlich über die Sprache, analysiert wird. Die von *Mead* in Anlehnung an *James* unterstrichene Differenzierung zwischen der Person, die etwas weiß und Urteile abgibt ("the self as knower"), also dem Ich in der Form des "I" einerseits, und andererseits der Person, über die man etwas weiß ("the self as known"), also dem Ich in der Form des "me", möchte er möglichst in bezug auf Handlungen verstanden wissen. In diesem Sinne ist *Mead* vornehmlich verhaltensorientiert. Er bleibt aber sowohl Soziologe als auch kognitiver Sozialpsychologe, wenn er soziale Gruppen, Aggregate, Instanzen usw. als "generalisierte Andere", als Abstraktionen all derjenigen Personen, mit denen ein Individuum interagiert und die zur Entwicklung und Etablierung seines Selbstkonzepts beitragen, beschreibt:

> "The organized community or social group which gives to the individual his unity of self can be called 'the generalized other'. The attitude of the generalized other is the attitude of the whole community..., it is the form of the generalized other that the social process influences the behavior of the individuals involves in it and carrying it on, that is, that the community exercises control over the conduct of its individual members" (*Mead*, 1964, S.218f).

Die eigentlich verhaltensorientierte amerikanische Psychologie der 20er, 30er und 40er Jahre in Gestalt des radikalen und aufgeklärten Behaviorismus hatte wenig Verwendung für ein Bewußtseinskonstrukt wie das "Selbst". So zeigten sich betont nichtbehavioristische Psychologen wie Gordon W. *Allport* (1897–1967) ausgerechnet *psychoanalytischen* Strömungen und Autoren gegenüber dankbar, daß sie das Konzept des Selbst – und zwar vor allem in Gestalt des Ego oder des Ich – über jene nichtkognitivistische Epoche hinweggerettet hätten (vgl. *Greenwald* & *Pratkanis*, 1984). Die Psychoanalyse faßt bekanntlich das menschliche Individuum als mehrschichtiges Wesen auf: Zwischen dem "Es" und dem "Über-Ich" ist das "Ich" als Ausdruck der zwischen normativen und triebhaften Instanzen hin- und hergerissenen Individualität lokalisiert:

"The ego is sandwiched in between" (*Scheibe*, 1985, S.49).

Das mit einer Phalanx von "Abwehrmechanismen" ausgestattete Ich befindet sich gemäß dem psychoanalytischen Menschenbild in ständiger Auseinandersetzung sowohl mit den eigenen triebhaften Impulsen als auch mit den normativen Einengungen seitens der sozialen Umgebung. Faßt man vereinfachend das "Ich" der Psychoanalytiker als "Selbst", dann sind die Lehren *Freud*'s und seiner Schüler zu wesentlichen Teilen auch Psychologien des "Selbst". Insbesondere bei dem als vergleichsweise stärker sozialpsychologisch orientiert geltenden Harry Stack *Sullivan* (1892–1949) und seiner "interpersonalen Psychatrie" finden sich deutliche Anklänge an *James* und *Mead* (vgl. *Sullivan*, 1953). Mit gleichem Recht könnte man übrigens die heute kaum noch zitierten "Schichttheoretiker" der älteren deutschen Psychologie der Persönlichkeit als Vertreter einer Psychologie des "Selbst" heranziehen: Sowohl die von Erich *Rothacker* (1888–1965) beschriebene, zwischen der "emotionalen Tiefenperson" und der "kontrollierenden Ichfunktion" angesiedelte "Personschicht" als auch die in der ständigen Auseinandersetzung und funktionellen Durchdringung zwischen dem endothymen Grund und dem personellen Oberbau zu denkende Person in der Sichtweise von Philipp *Lersch* (1898–1972) stellen solche teils "substantiell" aufgefaßten, im Grunde aber stets funktionell verstandenen Umschreibungen von "Selbst" als "Individualität" oder "Einheit der Person" dar (vgl. *Rothacker*, 1938; *Lersch*, 1938). *Allport* (1943), der eine eklektische Umschreibung von acht verschiedenen Bedeutungen des Ego (oder von acht verschiedenen Funktionen des Selbst) vorgelegt hat (vgl. *Greenwald* & *Pratkanis*, 1984), übernimmt einerseits die (heute wieder moderne) Auffassung *James*' von den vielen möglichen "Selbsten", und er betont andererseits ebenso wie die kontinentalen Persönlichkeitsforscher seiner Zeit die "Einheit der Person"; insbesondere in der später viel untersuchten "Ichbeteiligung", dem "ego-involvement", sieht *Allport* einen Ansatzpunkt, das Konzept des Selbst (wieder) stärker in den Vordergrund psychologischer Forschung zu rücken.

Allport mußte mit seinem Wunsch nach stärkerer Berücksichtigung des Selbst in der amerikanischen Psychologie nicht lange warten. Zwar begann die boomartige (Wieder-)Beschäftigung mit dem Selbst und Selbstkonzepten in den 60er Jahren zunächst auf stärker atheoretischen und vornehmlich an Methoden- und Meßproblemen orientierte Art und Weise, wie es sich z.B. in den Schriften von *Wylie* (1961, 1968, 1974, 1979) ausdrückt. Paradoxerweise macht der Geschichtsschreiber *Scheibe* (1985) den amerikanischen Behaviorismus dafür verantwortlich, daß mit dem "Selbst" ein mentalistisches Konzept wiederauferstanden ist, das alle Züge eines "homunculus" zu tragen scheint (sofern man sich nicht auf die hier vertretene Auffassung vom Selbstkonzept als einer selbstbezogenen Einstellung zurückzieht):

> "The hegemony of behaviorism has evidently come to an end in psychology. Cognition has emerged again as the psychological counterpart of the philosophical problem of epistemology and the preeminent topic for experimental research. Mind is beginning to reappear in our discourse; as it becomes evident that in a functional sense machines can think, so it is no longer considered to be absurd to allow people the same functional capacity. And the self has emerged again. If it emerges in the Wylie volume and in succeeding literature on the 'self-concept' as a reified grotesque, more recent thinking has been less guilty of ontological error. The methodological strictures accompanying behaviorism succeeded in producing just the sort of homunculus they were meant to exorcise - the elusive 'self' of Wylie's books. Now that the arbitrariness of those strictures is more evident, inquiry into the problem of self can enjoy liberation" (*Scheibe*, 1985, S.55).

Hier soll nur ganz kurz erwähnt werden, daß im Laufe der Zeit die Begriffe Selbst, Selbstkonzept und vor allem die entsprechenden *selbstbewertenden* Aspekte wie Selbstwertschätzung oder Selbstachtung (self-esteem) vor allem in der Klinischen Psychologie und den vielen miteinander konkurrierenden *Psychotherapien* erhebliche Bedeutung erlangt haben. Ob man in den verschiedenen therapeutischen Schulen und Richtungen und den resultierenden Techniken sich nun bemüht, Patienten bzw. Klienten auf dasjenige hinzuführen, was sie vielleicht meinen, schon immer (gewesen) zu sein ("Werde Du selbst"), oder ob man als Therapeut seine Modifikationsaufgabe darin sieht, positive selbstbezogene Gefühle und Bewertungen zu suggerieren ("Ich bin o.k., Du bist o.k.!") - stets scheint es um die Persönlichkeit des Individuums in ihrer Selbstakzeptanz zu gehen. Das erwünschte Ergebnis psychotherapeutischer Bemühungen ist im allgemeinen darin zu sehen, daß eine als gesund geltende positive Einstellung zur eigenen Person erzeugt oder wiederhergestellt wird.

Die gegenwärtig die psychologische Grundlagenforschung zu Selbst und Selbstkonzept bestimmenden Strömungen, Theorien und Modelle werden, zumindest insofern sie für eine Psychologie der Selbstdarstellung oder des Impression-Management wichtig sind, im nächsten Kapitel besprochen. Sie sind, sofern sie aktuell sind, noch nicht "historisch", wenn auch kennzeichnend für die Achtziger Jahre. Das sicherlich Bleibende an ihnen ist ihre Vielzahl und die breite Beachtung, die sie finden. Insofern ist es gegenwärtig nicht nur das Individuum, das, um es mit *Baumeister* (1987) auszudrücken, nach Selbstdefinition und Selbstverwirklichung strebt, sondern es ist auch die Psychologie selbst, die ohne den Hinweis auf eine umfangreiche Beschäftigung mit Selbstkonzepten derzeit nicht angemessen definiert wäre.

Methoden der Selbstkonzepterfassung

Die Erfassung oder Messung eines so vielfältig beschriebenen Konstruktes wie des Selbstkonzepts kann man nicht unabhängig von der theoretischen Grundlage dieses Konstrukts sehen. Würde man z.B. unter dem Selbstkonzept ausschließlich Ideen der Selbstverwirklichung eines Individuums zusammenfassen, so wäre sicherlich eine möglichst freie, offene, "qualitative" Messung zur Erfassung eines solchen Selbstkonzeptes angezeigt. Da der Forscher selbst vermutlich nicht annähernd genügend Kategorien zur Verfügung hätte, hinsichtlich deren er die Ideen und Selbstbeschreibungen einer ganz bestimmten Person ordnen und eventuell mit anderen Personen vergleichend darstellen könnte, wäre er zu einem solchen, vollständig "idiographischen" Vorgehen gezwungen. Faßt man dagegen das Selbstkonzept als Gesamtheit selbstbezogener Einstellungen auf, so bedürfte es im wesentlichen der Anwendung "nomothetischer" psychologischer Methoden, mittels deren gewöhnliche Einstellungen gemessen werden. Diese Verfahren müßten allenfalls für den Spezialfall, daß das Einstellungsobjekt die eigene Persönlichkeit ist, angepaßt werden. Im letzteren Falle wäre übrigens die Anwendung gewisser "qualitativer" Erhebungsverfahren dennoch nicht ausgeschlossen.

In der Selbstkonzeptforschung geht man gewöhnlich den zweiten Weg. Man versteht, wie wir bereits gesehen haben, unter Selbstkonzepten Beschreibungen und Bewertungen der eigenen Person mittels Merkmalen in der Art der *Zuschreibung von Persönlichkeitseigenschaften.* Selbstkonzeptualisierungen geschehen also zumeist mittels Eigenschaften oder auf Merkmalskontinua und -dimensionen, auf denen sich auch andere Personen anordnen lassen. Auf diese Weise wird es möglich, in "nomothetischer" Manier sowohl die Selbstkonzeptualisierung mit Fremdkonzeptualisierungen, also mit Beschreibungen anderer Personen, zu vergleichen als auch die eigenen Selbstkonzepte im Vergleich mit den von anderen Personen produzierten Selbstkonzepten zu betrachten. Ich kann mich selbst als mehr oder weniger "empfindsam" beurteilen, kann dieses mir selbst zugeschriebene Maß an "Empfindsamkeit" mit demjenigen vergleichen, das ich jemand anderem zuschreibe, und ich kann wiederum mein eigenes Selbstkonzept der "Empfindsamkeit" mit demjenigen, das die andere Person von sich selbst hat, vergleichen.

Die Tatsache, daß Selbstkonzepterfassung weithin als Selbstkonzeptmessung verstanden wird und in vollständiger Analogie etwa zur Persönlichkeitsmessung und auch zur *Einstellungsmessung* vollzogen wird, kann nicht überraschen, denn sie steht in Übereinstimmung mit der theoretischen Auffassung vom Selbst als einem Konzept von der eigenen Person in der Art einer Einstellung – und Einstellungen als relativ überdauernde Reaktionsweisen werden wie Persönlichkeitseigenschaften gemessen. Es ist daher nur konsequent, daß zur Selbstkonzeptmessung fast alle jene Methoden und Verfahren herangezogen werden, die man traditionellerweise auch zur Einstellungsmessung verwendet. Diese durch die folgende Übersicht noch zu belegende Tatsache stellt zugleich so etwas wie eine operationale Bestätigung unserer Definition von Selbstkonzepten als sozialen Einstellungen, nämlich selbstbezogenen Einstellungen dar.

Selbstkonzepte können prinzipiell sowohl mit eher *strukturierten* als auch mit eher *unstrukturierten* Meßinstrumenten erfaßt werden. Zu den strukturierten Verfahren kann man alle jene zählen, bei denen entweder auf der Reiz- oder auf der Reaktionsseite (oder sowohl beim Reizmaterial als auch bei der Antwortform) klare Vorgaben bestehen. Am eindeutigsten "strukturiert" in diesem Sinne sind herkömmliche Testverfahren – sowohl die Testitems als auch die Modalitäten des Antwortens oder Ankreuzens einer Antwort sind deutlich festgelegt und vorgegeben. Auch die am häufigsten angewendeten Persönlichkeitsfragebogen und Ratingskalen sind hinsichtlich Reizvorlage und Antwortmodus stark *strukturiert*, denn sowohl die vorgegebenen Sätze, Fragen oder graphischen bzw. numerischen Skalen als auch die Anwortkategorien sind nicht frei zu wählen – es ist lediglich offen, welche der angebotenen Antwortmöglichkeiten gewählt werden. Eine weitgehend offene, *unstrukturierte* Selbstkonzepterfassung würde dagegen darin bestehen, daß der untersuchten Person freigestellt wäre, über welche Aspekte der Persönlichkeit sie sich äußern will, und/oder in welcher Form sie dies tun möchte. Auch solche vollständig offenen, ungebundenen Selbstkonzeptualisierungen sind grundsätzlich *quantitativ* auswertbar, so daß man von Selbstkonzeptmessung sprechen kann. Z.B. haben *Mummendey*, *Mielke* & *Sturm* (1987) ein freies Selbstbeschreibungsverfahren in der Art gezielten Tagebuchschreibens angewendet; jedes von den Probanden genannte selbstbezogene Persönlichkeitsmerkmal wurde von Beurteilern bestimmten Selbsteinschätzungskategorien zugeordnet, die ansonsten zur quantitativen Selbstkonzepterfassung verwendet werden (Leistungsfähigkeit, Kontaktfähigkeit, Selbstsicherheit usw.), und auf dieser Grundlage konnten Meßwerte bestimmt werden (vgl. auch *Kapitel 10*). Schließlich sind alle möglichen Mischformen zwischen strukturierten und unstrukturierten Verfahren der Selbstkonzepterfassung denkbar; z.B. können Eigenschaftswörter vorgegeben sein, aber es wird freigestellt, in welcher Weise man sich mit ihnen beschreibt; oder es wird der untersuchten Person überlassen, über welchen Aspekt ihrer Person sie sich äußern will, aber es wird festgelegt, in welcher Form dies geschieht.

Selbstkonzepte können prinzipiell sowohl *reaktiv* als auch *nichtreaktiv* erhoben werden. Die weitgehend übliche "reaktive" Selbstkonzeptmessung verlangt von der Person Antworten auf Fragen oder ähnliches. Sie läßt die untersuchte Person gewahr werden, daß ihre Persönlichkeit oder ihre Selbstkonzepte Untersuchungs- oder Forschungsgegenstand sind. Damit stellt sich die für jede reaktive psychologische Messung problematische Frage der "sozialen Erwünschtheit" (social desirability): In welchem Maße antwortet eine Person, wenn sie weiß, daß man etwas über sie erfahren will, anders (d.h., zumeist in einem von ihr als erwünscht angesehenen Sinne) als wenn sie dies nicht wüßte? Sicherlich, für eine Psychologie der Selbstdarstellung kann es regelrecht nützlich sein, einer Versuchsperson die Möglichkeit zu bewußter Selbstdarstellung zu geben; aber nicht jede Selbstkonzeptforschung ist Selbstdarstellungsforschung. Ein vollständig *nichtreaktives* Verfahren zur Selbstkonzepterfassung bestünde in der Analyse von Reaktionen, die ein Individuum außerhalb einer psychologischen Untersuchungssituation und ohne das Bewußtsein, untersucht zu werden, ausgeführt hat. Z.B. haben *Mummendey* & *Mielke* (1989) Selbstkonzepte bei Buchautoren erhoben, deren Bücher in erster Linie anderen Zwecken dienten als der Selbstkonzepterfassung. Allerdings muß man sich bei Gelegenheit solcher Beispiele fragen, ob es überhaupt vollständig nichreaktive Selbstkonzepterhebungen geben kann – denn auch Schreiben (selbst Tagebuchschreiben) kann man so, "als ob" man befragt worden wäre.

Eine womöglich brauchbarere Unterscheidung als diejenige von reaktiver und nichtreaktiver Messung ist diejenige von *offener* und *getarnter* Selbstkonzepterfassung. Eine "getarnte" Vorgehensweise würde darin bestehen, ein anderes Untersuchungsziel als das tatsächliche vorzugeben. So könnte der Selbstkonzeptforscher Selbstkonzeptdaten im Rahmen einer Untersuchung sammeln, die nach außen der Leistungs- oder Fähigkeitserfassung gilt, oder im Rahmen einer Untersuchung, die angeblich der Beurteilung Dritter gilt, mit denen sich die Versuchsperson vergleichen soll. Sowohl die Gesichtspunkte "reaktiv–nichtreaktiv" als auch die Aspekte "offen–getarnt" erhalten ihre Bedeutung dadurch, daß der

Untersuchende ein möglichst "zutreffendes" und möglichst wenig "nur nach außen dargestelltes" Selbstbild erhalten möchte. Für eine Psychologie der Selbstpräsentation sind diese Unterscheidungen insofern von großer methodischer Bedeutung, als grundsätzlich "ipsativ", also bei jeweils den gleichen Personen vergleichend festgestellt werden könnte, wie sie sich selbst beschreiben, je nachdem, ob sie mit einer psychologischen Beurteilung durch den Versuchsleiter oder eine wie auch immer geartete Öffentlichkeit rechnen oder nicht.

Ebenso wie bei der Einstellungsmessung wird es sich in den meisten Fällen der Selbstkonzepterfassung um ein *offenes*, *ungetarntes* Vorgehen handeln, bei dem *strukturierte* Instrumente angewendet werden und von den untersuchten Personen *Reaktionen* in der Art der Persönlichkeitsmessung oder Testdiagnostik verlangt werden. Zwischen Persönlichkeits-, Einstellungs- und Selbstkonzepterfassung bestehen in der Regel bloß Unterschiede "akademischer" Art. Manche Autoren ziehen zwar eine Trennungslinie zwischen Persönlichkeits- und Einstellungsvariablen, obgleich Einstellungen nach weitgehendem Konsens Persönlichkeitsmerkmale sind. Viele Autoren unterscheiden Selbstkonzepte von Persönlichkeitsmerkmalen und Einstellungen, weil sie explizit nur subjektive Urteile über die eigene Person, und nicht etwa objektive Persönlichkeits- und Gegenstandsbeurteilungen betreffen. So wichtig diese Unterscheidung theoretisch ist, so vernachlässigenswert ist sie, was die *Methoden* der Erfassung von Persönlichkeits-, Einstellungs- und Selbstkonzeptmerkmalen anbetrifft: Es handelt sich – wenn man von Ausnahmen im Bereich der Leistungsmessung und -diagnostik absieht – um *subjektive Urteilsprozeduren*. Diese Subjektivität der Urteilserfassung ist es, die jede Persönlichkeits-, Einstellungs- und Selbstkonzeptmessung für Selbstdarstellungstendenzen seitens der Urteilenden und ihr Urteil äußernden Person "anfällig" macht. Persönlichkeitsmessungen enthalten stets auch *präsentierte* Persönlichkeitsmerkmale, Einstellungsmessungen verweisen auf präsentierte Einstellungen, und Selbstkonzeptmaße reflektieren immer auch präsentierte Selbstbilder.

Beherzigt man die Erkenntnis der methodischen Äquivalenz von Persönlichkeits-, Einstellungs- und Selbstkonzeptmessung, so liegt es am nächsten, Selbstkonzepte mittels *Persönlichkeitsfragebogen* zu erfassen. Die Fragebogen-Methode als klassisches Erhebungsverfahren der Persönlichkeits- und Einstellungsforschung (vgl. *Mummendey*, 1987) verlangt Richtig/Falsch- bzw. Stimmt/Stimmt-nicht-Antworten auf sprachlich formulierte Feststellungen, die herkömmlicherweise wie Items psychologischer Testverfahren behandelt werden; sie bilden die Grundlage für die ein- oder mehrdimensionale Erfassung von selbstzugeschriebenen Eigenschaften. Insofern die meisten Persönlichkeitsfragebogen Items enthalten, die - sei es direkt in der "Ich"-Form, sei es in eher unpersönlicher Form - Selbstbeschreibungen enthalten, kann grundsätzlich jeder Persönlichkeitsfragebogen zugleich zur Selbstkonzeptmessung herangezogen werden, auch wenn seine Autoren mehr an eine "objektive Persönlichkeitserfassung" gedacht haben. Die Persönlichkeitsfragebogen in der Tradition von *Cattell* und *Eysenck* und ihre vielfältigen Derivate lassen sich auf diese Weise unmittelbar zur Selbstkonzepterfassung verwenden. Eigene, mit dem alleinigen Ziel der Selbstkonzeptmessung konstruierte Fragebogen oder Fragebogenbatterien (z.B. die Self-Esteem-Skalen von *Janis* & *Field*, 1959; oder Selbstkonzeptfragebogen von *Fitts*, 1965, *Coopersmith*, 1967, oder *Deusinger*, 1986) gehorchen den gleichen Konstruktionsprinzipien wie die herkömmlichen Persönlichkeitsinventare; sie gehen lediglich zumeist von andersartigen theoretischen Hintergründen aus, und dies wirkt sich natürlich auf die Itemsammlung aus. Getreu dem Bemühen der meisten Fragebogenkonstrukteure, möglichst umfassend zu sein und faktoriell strukturierte Fragebogenbatterien zusammenzustellen, kommt es jedoch häufig dazu, daß erklärtermaßen eigenständige Selbstkonzeptdimensionen bekannten Persönlichkeitsdimensionen auffallend ähneln (wie z.B. die Subskala "Soziale Fertigkeiten" der *Snyder*'schen "Self-Monitoring-Skala" oder die *Deusinger*'sche "Kontakt- und Umgangsfähigkeit" der "Extraversions"-Dimension).

Die Selbstbeschreibung mittels Persönlichkeitseigenschaften und damit die Beschreibung und Unterscheidung von Persönlichkeiten mittels *Eigenschaften* (traits) ist zwar in der Differentiellen Psychologie und Persönlichkeitsforschung im Anschluß an die Arbeiten von Walter *Mischel* (1968) vielfach problematisiert worden. Es war jedoch wiederum *Mischel* (1984), der darauf hingewiesen hat, daß Eigenschaften als sinnvolle Kategorien zur ökonomischen Beschreibung von Personen oder zur Selbstbeschreibung im Alltag fungieren können. Da Persönlichkeits- bzw. Selbstkonzeptfragebogen unökonomische Meßinstrumente in dem Sinne sind, daß sie aufwendige sprachliche Satzkonstruktionen zur Erfassung distinkter Eigenschaftszuschreibungen erfordern, werden in der Selbstkonzeptforschung häufig sparsamere Methoden bevorzugt, bei denen einzelne *Adjektive* als Vorgabe dienen. Dies gilt für die direkten adjektivistischen Selbstbeschreibungsverfahren, die meisten Sortierverfahren und auch für Ratingverfahren und verwandte Methoden wie das Semantische Differential.

Adjektivische Selbstbeschreibungsverfahren gibt es sowohl in "offener" als auch in "geschlossener" Form. Bei der von *Allen* & *Potkay* (1977,1983) entwickelten *Adjective Generation Technique* (AGT) sollen die Probanden eine bestimmte Anzahl von Eigenschaften zur Beschreibung ihrer eigenen Person selbst produzieren; die so erhaltenen Adjektive werden dann von unabhängigen Beurteilern beispielsweise daraufhin eingeschätzt, ein wie "günstiges" Bild von der Person damit gezeichnet werde, so daß sich auf dieser Grundlage eine Art Self-esteem-Maß erstellen läßt. (Man sieht an diesem Beispiel, wie ein nach Auffassung der Autoren "eindeutig idiographisches, personzentriertes" Instrument der Selbstkonzepterfasssung letztlich zu einem "nomothetischen" wird, denn erfahrungsgemäß zeigen sich zwischen den Beurteilern nur geringfügige Unterschiede in der Konzeption dessen, was "günstig" ist). Die "Spontaneous Trait Generation"-Methode von *Deutsch, Kroll, Weible, Letoureneau* & *Goss* (1988) entspricht weitgehend der schon früher entwickelten AGT von *Allen* & *Potkay*. Gebräuchlicher sind sog. *Adjective Check Lists*, bei deren Anwendung bereits eine Fülle von Eigenschaftswörtern vorgegeben ist, unter denen die untersuchte Person Adjektive als mehr oder weniger zutreffend auszuwählen hat. Dabei kann es sich sowohl um eine Ansammlung mehr oder weniger unausgelesener Eigenschaftsbegriffe handeln, wie etwa im Falle der früher viel verwendeten Adjective Check List (ACL) von *Gough* & *Heilbrun* (1965); sie enthält ca. 300 Adjektive (von "absent-minded, active, adaptable..." bis "...witty, worrying, zany"), von denen die meisten wiederum den von *Cattell* verwendeten Adjektivlisten entstammen. Eine Maßzahl z.B. für "self-confidence" wird gewonnen, indem die Anzahl der von einer Person für sich selbst als zutreffend angekreuzten Adjektive, die aufgrund empirischer Untersuchungen zu "self-confidence" im Widerspruch stehen, von der Zahl der "self-confidence" repräsentierenden Eigenschaftswörter subtrahiert wird.

Läßt man eine Fülle vorgegebener Adjektive (natürlich kann es sich dabei auch um Sätze oder andere verbale Konstruktionen, die personbezogene Statements enthalten, handeln) von den Versuchspersonen nach vorgegebenen Richtlinien *sortieren*, z.B. indem sie hinsichtlich der "Nähe" zur eigenen Person in verschiedene Kästchen eingeordnet oder sonstwie kategorisiert werden, so hat man es mit einem – ebenfalls früher sehr beliebten – *Sortierverfahren* (Q-Sort) zu tun. Solche Sortieraufgaben stellen ein Mittelding zwischen adjektivischen Selbstbeschreibungsverfahren und Selbstratingmethoden dar. Ihr Vorteil wird in einer gewissen Anwenderfreundlichkeit (bezogen auf die untersuchten Personen) und in der Möglichkeit gesehen, ähnlich wie bei den klassischen *Thurstone*'schen Methoden der Einstellungsskalierung, durch spezielle Instruktionen (z.B. die Aufforderung, eine Normalverteilung bei der Sortierung aufgehäufter Karten mit Eigenschaftswörtern zu erzielen) zu einer besseren Merkmalsskalierung zu gelangen.

Als in mehrfacher Hinsicht ökonomischstes Verfahren der Selbstbeschreibung mittels Adjektiven darf die *Selbstrating*methode gelten. Selbstratings sind Urteile auf vorgegebenen numerischen oder graphischen, kontinuierlich oder kategorial angeordneten Schätzskalen. Manchmal werden solche Ratings gewissermaßen als "Ein-Item-Skalen" aufgefaßt; in der Regel werden jedoch – ungeachtet bestimmter Bedenken gegen die Summierbarkeit von Schätzurteilen – einzelne Selbstratings als Einzelitems aufgefaßt, die summiert werden und itemanalysierte Skalen bilden. Ein Beispiel für eine sorgfältig konstruierte Batterie aus "Ein-Item-Skalen" ist die Selbstrating-Version des California Psychological Inventory von *Gough* (1964), die *John* & *Keil* (1972) vorgelegt haben. Ein Beispiel für eine Batterie itemanalysierter Skalen, die jeweils auf mehreren Selbstratings beruhen, ist das mehrdimensionale Selbstratingverfahren von *Mummendey*, *Riemann* & *Schiebel* (1983), das wiederum aus diesem Verfahren abgeleitet wurde. Die Versuchspersonen geben hierbei insgesamt 56 Selbstratings auf siebenstufigen, bipolar verankerten Skalen ab. Die einzelnen Ratings lassen sich aufgrund einer multidimensionalen Skalierung in Verbindung mit facettentheoretischen Annahmen sechs Selbstkonzeptbereichen (Leistung, Selbstsicherheit, Flexibilität, Soziale Kontaktfähigkeit, Toleranz, Disziplin) zuordnen, und sie werden gleichzeitig zur Bildung eines Selbstkonzept-Gesamtwertes verwendet, der die allgemeine positive Selbstbewertung, also ein Self-esteem-Maß, repräsentiert. Trotz der oftmals problematisierten Schwierigkeiten, die Reliabilität von Ratings zu schätzen, haben sich Selbstratingverfahren immer wieder als brauchbare Forschungsinstrumente erwiesen. Dies gilt im allgemeinen auch für Spielarten des *Semantischen Differentials* oder Eindrucksdifferentials (vgl. *Schäfer*, 1983), das einen Spezialfall eines Ratingsystems darstellt; ein "Self-Concept Semantic Differential" haben beispielsweise *Pervin* & *Lilly* (1967) vorgelegt.

Mit den hier näher besprochenen Verfahren der Selbstkonzepterfassung sind zumeist nur Methoden im engeren Sinne, also Verfahren der Erhebung von Selbstkonzeptdaten angesprochen. Von größerer Bedeutung als die jeweils angewendete Technik der Datengewinnung, wenn auch keineswegs ohne direkten Bezug zu ihr, ist die allgemeine *Forschungsstrategie*: beispielsweise die Frage, ob distinkte Einstellungen zur eigenen Person oder aber eine multidimensional konzipierte Repräsentation der eigenen Person erfaßt werden sollen, ob es primär um Selbstkognition oder aber um Selbstbewertung geht, ob in erster Linie die Einzigartigkeit der (Selbsteinschätzung einer) Person oder aber ihre Position im Kontext von Beurteilungen bestimmter anderer oder aller möglichen Vergleichspersonen gefragt ist, usw. Im Verfolg solcher Strategien der Selbstkonzepterfassung kommt es sicherlich zu einem "interplay of theory and methods" (*Shavelson* & *Bolus*, 1982). Geht man z.B. von einem faktorenanalytisch zu ordnenden Modell der Persönlichkeit wie des Selbstkonzeptes aus, so impliziert dies vermutlich das Arbeiten mit Items und Skalen, wie sie oben beschrieben wurden. Versucht man z.B. das Selbst als eine Art sozial-interaktives Konzept aufzufassen, das sich in kognitiven Vergleichen mit Personen des näheren sozialen Umfelds repräsentiert, so ist möglicherweise eine "offenere" Datenerhebungsmethode angezeigt, die zugleich bestimmte alternative Auswertungsverfahren nahelegt. So haben kürzlich *Mummendey, Schiebel* & *Sturm* (1988) Einstellungen zu Interaktionspartnern (Eltern, Partner, Freunde, Kollegen, Vorgesetzte) und zur eigenen Person mittels eines auf *Riemann* (1983) zurückgehenden Repertory-Grid-Verfahrens erhoben und die resultierenden Ähnlichkeitsratings zwischen allen Einstellungsobjekten einschließlich dem Selbst mit Hilfe nonmetrischer multidimensionaler Skalierung in einem Raum geringer Dimensionalität abgebildet; in Abhängigkeit von Veränderungen der sozialen Interaktion im Alltagsleben wurden dann Veränderungen der resultierenden Einstellungsstruktur dargestellt (*Riemann, Schiebel* & *Sturm*, 1988).

Nicht nur die zugrundeliegende Theorie, Forschungsstrategie oder gar das implizite Menschenbild (z.B. die Auffassung von der Person als einfacher oder komplizierter, als "meßbar" oder "nicht meßbar") können die Wahl der Methoden der Selbstkonzepterfassung bestimmen, sondern schlicht auch das Lebensalter der Probanden. Ein großer Teil der gegenwärtigen Selbstkonzeptforschung findet in entwicklungspsychologischen Zusammenhängen statt. (Wir werden diesen Gesichtspunkt nicht systematisch behandeln; zur *Entwicklung* von Selbstkonzepten sei hier nur auf *Burns*, 1979, *Filipp*, 1980, *L'Ecuyer*, 1981, sowie auf den Sammelband von *Honess* & *Yardley*, 1987, verwiesen.) Die Selbstkonzepterfassung bei kleinen Kindern muß beispielsweise andere methodische Wege gehen als bei älteren Kindern oder bei Jugendlichen und Erwachsenen; sie ist häufig auf eine schlichte Registrierung und Kategorisierung von spontan erfolgenden, selbstbezogenen Äußerungen angewiesen (vgl. z.B. *Van der Meulen-van Dijk*, 1987). Selbstkonzepterfassung hängt stets mit den sprachlichen Fähigkeiten der untersuchten Personen zusammen (vgl. *Shotter* & *Gregory*, 1976; *Gilbert*, 1976). Vielleicht haben *Gergen* & *Gergen* (1983, 1988) ihre "narratives of the self" und *McGuire* & *McGuire* (1981,1988) ihr "spontaneous self" bzw. "experience of self" nur darstellen und entfalten können, weil sie in Kreisen mit ansprechendem verbalen Niveau geforscht haben. Es wäre aber gegenüber den sich um eine "offenere" Selbstkonzepterfassung mühenden Autoren ungerecht, wollte man nicht darauf hinweisen, daß auch für die "gebundeneren", testähnlichen Formen der Datenerhebung bestimmte sprachliche Voraussetzungen erforderlich sind.

"No measurement instrument is perfect" (*Burns*, 1979, S.77). Dies gilt, wie sich gezeigt haben mag, auch für die Erfassung von Selbstkonzepten. Die Selbstkonzeptmessung teilt mit anderen psychologischen Meßmethoden gewisse Probleme der Meßgenauigkeit und -zuverlässigkeit und der Interpretierbarkeit, also der *Reliabilität* und der *Validität*. Sie teilt mit ihnen in besonderer Weise das Problem der *Reaktionstendenzen*, auf das schon angesichts ihres zumeist "reaktiven" Charakters hingewiesen wurde. Wenn z.B. *Alicke* (1985) zeigen konnte, daß Personen sich umso mehr mit Adjektiven beurteilen, je sozial erwünschter diese sind, so könnte dies darauf hindeuten, daß die bevorzugte adjektivische Selbstkonzepterfassung die Tendenz zur sozial-erwünschten Selbstpräsentation begünstigt. Ein damit zusammenhängendes Problem, die Verwendung von *Diskrepanzmaßen*, also wiederholten Messungen eines Selbstkonzepts mit Real- und Ideal-Instruktion ("wie ich bin" versus "wie ich gern sein möchte"), bringt gewisse regressionsstatistische Schwierigkeiten mit sich (vgl. *Wylie*, 1968; *Cronbach* & *Furby*, 1970; *Wells* & *Marwell*, 1978; *Möbus* & *Nagl*, 1983). Dennoch ist die Erhebung des explizit sozial-erwünschten, des "idealen" Selbstkonzepts für viele Autoren so wichtig, daß sie sich über grundsätzliche Bedenken, die eine Gefahr statistischer Artefaktproduktion signalisieren (*Stelzl*, 1982), hinwegsetzen. Wer aber auf die Verwendung von Diskrepanzmaßen verzichtet und z.B. "reale" und "ideale" Selbstkonzepte an unabhängigen Stichproben erhebt oder unabhängig voneinander auf ihre Struktur hin untersucht, der erhält vielleicht - wie z.B. *Judd* & *Smith* (1974) - wechselseitig diskrepante Strukturen, die einen Vergleich von "realem" und "idealem" Selbstkonzept zusätzlich erschweren.

Wie bereits mehrfach angedeutet, schwindet ein Teil der methodologischen Probleme mit der Selbstkonzeptmessung, wenn nicht ein wie immer geartetes "wahres Selbstkonzept", sondern "nur" das nach außen präsentierte Konzept von sich selbst, also die *Selbstdarstellung* zu erforschen ist. Die Psychologie der Selbstdarstellung ist, was die verwendeten Forschungsstrategien und die angewendeten Methoden zur Erfassung präsentierter Selbstkonzepte anbelangt, im allgemeinen wesentlich weniger "diagnostisch" und wesentlich stärker experimentell orientiert. Das sozialpsychologische *Experiment* ist, wie wir noch sehen werden, die eindeutig bevorzugte Methode, um festzustellen, ob unter bestimmten Bedingungen Selbstdarstellungseffekte eintreten, oder nicht. Bei den in den Kapiteln 8 bis 11 zu besprechenden Experimenten zur Überprüfung von Theorien des Selbstdarstellungsverhaltens wird es, allgemein betrachtet, eher auf die Präzision und Aussagekraft der experimentellen Untersuchungspläne als auf die Raffinesse der abhängigen Variablen, z.B. der Selbstkonzeptmessungen ankommen.

Kapitel 6

Theorien des Selbst und der Selbstdarstellung

Über "Selbst" und "Selbstkonzept" kann man nicht reden oder schreiben, ohne nicht bereits theoretisch voreingenommen zu sein. Man kann mit diesen Begriffen nicht arbeiten, ohne nicht schon zu wissen oder zumindest "im Hinterkopf" zu haben, welche Rolle das Selbst oder Selbstkonzepte für das menschliche Erleben und Verhalten spielen. Mit anderen Worten: Wer solche abstrakten Begriffe wie "Selbst" und "Selbstkonzept" verwendet, arbeitet spätestens in dem Moment, in dem er diese Konzepte gebraucht, mit einer *Selbst-Theorie.*

Theorien des Selbst können mehr oder weniger aufwendig bzw. sparsam, mehr oder weniger anspruchsvoll bzw. genügsam, mehr oder weniger weitreichend bzw. in ihrem Geltungsbereich begrenzt sein. Auch wir selbst haben im vorherigen Kapitel bereits mit einer Selbst-Theorie gearbeitet, die man vielleicht so zusammenfassen kann: Das "Selbst" ist keine "Substanz", sondern existiert als globaler und abstrakter Begriff für eine Reihe von Beurteilungsprozessen. Beurteilt und bewertet wird die eigene Person, und diese Selbstkonzeptualisierung vollzieht sich in analoger Weise, wie sie für die Gegenstände sozialer Einstellungen (attitudes) gilt (und hier nicht weiter ausgeführt werden muß). Indem wir somit das Selbst in Selbstkonzepte auflösen und diese wiederum als Einstellungen auffassen, folgen wir, ob wir dies nun so nennen wollen oder nicht, einer Selbst-Theorie, die man vermutlich als sehr "sparsam" bezeichnen würde (denn es werden keine neuen Begriffe eingeführt oder neue psychologische Funktionen postuliert), ferner als relativ "genügsam" (denn es wird insgesamt mit nur wenigen einfachen Begriffen gearbeitet), und schließlich als materiell sehr "weitreichend" (denn es wird postuliert, daß sämtliche selbstbezogenen Kognitionen, Evaluationen, Verhaltensintentionen etc.) als Selbstkonzepte aufzufassen und als Einstellungen zur eigenen Person zu behandeln sind. Wenn man bedenkt, welch vielfältige, jahrzehntelange Forschungsarbeiten zum Problem der Einstellungsänderung bereits vorliegen, kann man die Ersparnis an Arbeit, die in der Konzeptualisierung des Selbst als Einstellungsobjekt liegt, nur ungefähr ahnen. Andere Autoren mögen über vollständig andere Theorien verfügen – man denke an kognitivistische Ansätze (z.B. die Auffassung vom Selbst als einem System von Gedächtnisinhalten) oder an motivationistische Lehren (in denen z.B. ein "Leistungsmotiv" oder aber eine als "Libido" bezeichnete Triebkraft für die Auffassung vom "Selbst" ausschlaggebend sind).

Je weiter man in der Geschichte der Selbstkonzeptforschung fortschreitet, d.h., je stärker man jüngere und gegenwärtig veröffentlichte Arbeiten über Selbst und Selbstkonzept hinsichtlich der jeweils zugrundeliegenden Selbst-Theorien betrachtet, desto häufiger wird man darin eine Berücksichtigung von Aspekten der *Selbstdarstellung* finden. Man kann auch sagen: Die Theorien zum Selbst und Selbstkonzept sind zunehmend "sozialpsychologischer" geworden. Es wird nicht mehr nur gefragt, "was" möglicherweise das Selbst "ist" und welchen Begriff eine Person von sich selbst hat, sondern es wird in zunehmendem Maße gefragt, was jemand unter welchen Bedingungen als Konzept von sich selbst nach außen, also sozialen Interaktionspartnern oder der Öffentlichkeit gegenüber, präsentiert. Im vorliegenden Zusammenhang interessieren uns vor allem solche die Selbstdarstellung behandelnden Selbst-Theorien. Die folgende Besprechung von Theorien des Selbst wird sich daher auf theoretische Ansätze konzentrieren, die für die Psychologie der Selbstdarstellung von Bedeutung erscheinen oder sich unmittelbar auf das menschliche Selbstdarstellungsverhalten beziehen.

Einige der hier erwähnten theoretischen Ansätze beschäftigen sich in erster Linie mit der *Richtung der Aufmerksamkeit* oder der Wahrnehmung des Individuums. Man kann ja seine Aufmerksamkeit entweder mehr auf die eigene Person oder mehr auf Objekte außerhalb der eigenen Person richten. Beispielsweise kann man zu einem bestimmten Zeitpunkt oder aber gewohnheitsmäßig eher seine eigenen Regungen und Verhaltensweisen beobachten, oder man kann zu einem anderen Zeitpunkt oder aber gewohnheitsmäßig stärker darauf achten, was andere Menschen tun. Die Richtung der Aufmerksamkeit oder der Wahrnehmung kann für die Selbstdarstellung, also für die Art und Weise, wie sich jemand anderen Personen gegenüber präsentiert, von großer Bedeutung sein. In diesem Sinne werden wir Theorien der Selbst-Aufmerksamkeit, der Selbst-Bewußtheit und der Selbst-Überwachung besprechen.

Einige weitere Theorien beschäftigen sich damit, daß Individuen danach streben, Korrekturen an ihrem Selbstbild vorzunehmen oder aber Selbstbildänderungen zu verhindern. Die Autoren solcher Theorien postulieren, daß es psychische Prozesse gebe, die entweder zur Beibehaltung des status quo, also zur Aufrechterhaltung des Selbstkonzepts, oder aber zur Bereicherung oder Ergänzung und damit gewissermaßen zur Selbstwerterhöhung drängen. Summarisch betrachtet würde man solche theoretischen Ansätze, die sich mit der *Regulation des eigenen Selbstbildes* beschäftigen, als "motivational" bezeichnen, im Gegensatz zu den vorher erwähnten Selbst-Theorien, die man als vergleichsweise eher "kognitiv" titulieren könnte. Dies bedeutet aber nicht, daß die Autoren von Selbstaufmerksamkeitstheorien nicht auch Motivationslehren anhängen oder daß die Autoren von motivationalen Selbsttheorien nicht auch Wahrnehmungsprozesse studieren – die meisten dieser Theorien sind sowohl "kognitiv" als auch "motivational".

Als Selbsttheorien können auch solche Theorien aufgefaßt werden, die nicht auf innerpsychische Prozesse, sondern unmittelbar auf die sozialen Beziehungen, die *Interaktionsbeziehungen* der Individuen gerichtet sind, und die dasjenige, was man "selbst" ist, aus der Selbstdefinition als Gruppenmitglied ableiten. Insofern werden hier die Theorien der *sozialen Identität* und der *Selbstkategorisierung* unter dem Gesichtspunkt von Selbsttheorien besprochen. Ihnen zufolge gewinnt man seine Identität, und daß heißt seine soziale Identität, aus dem – möglichst zu eigenen Gunsten ausfallenden – Vergleich mit den Mitgliedern anderer Gruppen. Auch eine Selbsttheorie, die dermaßen vom sozialen Kontext ausgeht wie die Theorie der sozialen Identität, muß für eine Psychologie der Selbstdarstellung von Bedeutung sein.

Handelt es sich bei den genannten theoretischen Ansätzen um Selbst-Theorien, die bestimmte psychische und soziale Prozesse, die die eigene Person und das Selbstbild betreffen, behandeln und insofern für eine Psychologie der Selbstdarstellung von Bedeutung sein können, so handelt es sich bei den anschließend besprochenen Theorien um *Impression-Management-Theorien*, also um *Selbstdarstellungstheorien* im engeren Sinne. Auch diese Theorien sind unmittelbar sozialpsychologischer Natur. Anders als die zu Anfang erwähnten kognitiven und motivationalen Selbst-Theorien beschäftigen sie sich weniger mit allgemeinen psychischen Funktionen der Selbstwahrnehmung oder der Selbstregulation, die für das Selbstdarstellungsverhalten mittelbar von Bedeutung sind, sondern sie haben dieses Selbstdarstellungsverhalten direkt zum Gegenstand.

Theorien der Selbstaufmerksamkeit, Selbstbewußtheit und Selbstüberwachung

Eine Theorie, die eine grundsätzliche Dichotomie der Aufmerksamkeitszentrierung postuliert, haben *Duval* & *Wicklund* (1972) formuliert. Zu einem gegebenen Zeitpunkt können entweder nur die eigene Person oder aber nur Objekte der Umwelt im Zentrum der Aufmerksamkeit der Person stehen. Der erstgenannte Zustand, bei dem die eigene Person selbst das Objekt ihrer Aufmerksamkeit ist, wird als Zustand der "*objektiven Selbstaufmerksamkeit*" (objective self-awareness) bezeichnet, und es ist hauptsächlich dieser Zustand, mit dem sich die sogenannte "Theorie der objektiven Selbstaufmerksamkeit" beschäftigt. Der Begriff der "objektiven Selbstaufmerksamkeit" ist leider unglücklich gewählt; "da weder die

Aufmerksamkeit noch das Selbst ... 'objektiv' sind, handelt es sich quasi um eine 'reitende Artilleriekaserne' – ohne Pferde" (*Graumann*, 1979, S.180).

Im Zustand der Selbstaufmerksamkeit muß nicht unbedingt die gesamte Person des Beobachters im Fokus ihrer Aufmerksamkeit stehen, sondern es können alle möglichen einzelnen Aspekte der Person kognitiv aktualisiert werden, z.B. die eigenen Gefühle oder Einstellungen oder Erwartungen oder Ziele. In den Zustand von Selbstaufmerksamkeit gerät man entweder von selbst, sozusagen im natürlichen Wechsel mit dem alternativen Zustand, in dem man sich primär irgendwelchen externen Objekten zuwendet, oder man kann – z.B. im psychologischen Experiment – durch bestimmte Hilfsmittel in diesen Zustand versetzt werden. *Duval* & *Wicklund* (1972) und nach ihnen weitere Autoren fanden, daß das Vorhandensein eines Spiegels, in den die Versuchsperson blickt, oder eines Tonbandgerätes, das der Versuchsperson die eigene Stimme vorspielt, oder – in audio-visueller Kombination – eines Videogerätes usw. dazu führt, daß eine Person verstärkt "selbstaufmerksam" wird (vgl. auch *Carver* & *Scheier*, 1978).

Gerät eine Person auf irgendeine Weise in den Zustand der Selbstaufmerksamkeit, so rückt der in der jeweiligen Situation hervorspringende, d.h., "salient" werdende Aspekt des Selbst in das Zentrum der Aufmerksamkeit der Person. Die Autoren der Theorie postulieren, daß damit ein Vergleich zwischen den diesen salienten Aspekt des Selbst betreffenden internen Standards (also gewissermaßen dem "idealen Selbst") und dem in der jeweiligen Situation wahrgenommenen tatsächlichen Selbst (also dem "realen Selbst") oder dem wahrgenommenen tatsächlichen Verhalten der Person angeregt wird. Dabei wird dem Individuum gewissermaßen zwangsläufig die in der Regel negative Diskrepanz zwischen idealem und realem Selbst bewußt. Wird die Person also "objektiv selbstaufmerksam", so geraten auch die gewöhnlich als unangenehm erlebten Diskrepanzen zwischen Idealbild und Realbild, zwischen Verhaltensintention und tatsächlichem Verhalten usw. ins Zentrum der Aufmerksamkeit.

Ebenso wie die Theorie der kognitiven Dissonanz von Leon *Festinger* (1957) aus der Diskrepanz von Wahrnehmungsinhalten eine "Motivation", einen Antrieb zum Verhalten ableitet, postuliert nun die Selbstaufmerksamkeits-Theorie,

> "daß diese kognizierten Diskrepanzen eine Motivation erzeugen, das Verhalten den jeweiligen Standards, Intentionen, Aspirationen und Zielen anzupassen, also die Diskrepanzen zwischen Standards, Intentionen, Aspirationen, Zielen und der jeweiligen Realität zu reduzieren" (*Frey*, *Wicklund* & *Scheier*, 1984, S.193).

Ebenso wie der Zustand "kognitiver Dissonanz" wird auch der Zustand "objektiver Selbstaufmerksamkeit" als prinzipiell unangenehm oder aversiv aufgefaßt:

> "Meistens werden die kognizierten Diskrepanzen negativ erlebt, da Standards bzw. Aspirationen im allgemeinen 'höher' sind als das tatsächliche Verhalten" (*Frey*, *Wicklund* & *Scheier*, 1984, S.193).

Der negative Affekt, der durch die Diskrepanz hervorgerufen werde, führe zusätzlich zur Diskrepanzreduktion zur Vermeidung von Stimuli mit objektiver Selbstaufmerksamkeit. Die selbstzentrierte Person werde dann, wenn es ihr nicht möglich sei, die Diskrepanz zu reduzieren oder ihre Aufmerksamkeit auf positive Aspekte des Selbst zu lenken, versuchen, solchen Stimuli, die Selbstzentrierung erzeugen, aus dem Wege zu gehen. Objektive Selbstaufmerksamkeit sei nur dann nicht aversiv, wenn die Person ihre Aufmerksamkeit, z.B. aufgrund eines vorhergehenden Erfolgs, auf positive Aspekte ihres Selbst zu lenken in der Lage sei.

Vermutlich nicht zuletzt wegen seiner leichten Operationalisierbarkeit ist das Konstrukt der "objektiven Selbstaufmerksamkeit" recht häufig experimentell untersucht worden, so daß sowohl Postulate der Theorie als auch eine größere Zahl von Moderatorwirkungen der Selbstaufmerksamkeitsvariablen empirisch überprüft werden konnten. Sehr erleichtert wurde dies durch die Entwicklung eines Selbstaufmerksamkeits-Fragebogens, den *Fenigstein*, *Scheier* & *Buss* (1975) vorlegten (vgl. auch *Filipp*, 1989). Mit Items wie

> "Ich beobachte sorgfältig meine innersten Gefühle"
> "Ich glaube, ich kenne mich selbst sehr genau"
> "Ich mache mir Gedanken darüber, wie ich mich in Gegenwart anderer geben soll"

wird versucht, individuell unterschiedliche Grade an Selbstbewußtheit (self-consciousness) meßbar zu machen. Dabei unterscheiden die Autoren zwischen "*privater*" und "*öffentlicher*" Selbstaufmerksamkeit (private self-consciousness, public self-consciousness). Die von *Fenigstein et al.* (1975) vorgenommenen Faktorenanalysen ihrer Fragebogen-Items legten außer "privater" oder "öffentlicher" Selbstaufmerksamkeit noch einen dritten Faktor "Soziale Ängstlichkeit" nahe, doch ließ sich dieser nicht immer replizieren, und er paßt auch konzeptuell nicht gut zum Konstrukt der "Selbstaufmerksamkeit" (vgl. *Filipp*, 1989). Aber auch die bloße Unterscheidung von Dimensionen dispositioneller "privater" und "öffentlicher" Selbstaufmerksamkeit scheint nur für ganz bestimmte Betrachtungsperspektiven zu gelten (*Holz-Ebeling* & *Metzger*, 1988). Zumindest für die Skala der "private self-consciousness" scheint durch Untersuchungen belegt zu sein, daß Personen, die sich im Fragebogen eine überdurchschnittliche Selbstzentrierung zuschreiben, sich eher wie Versuchspersonen in Gegenwart eines Spiegels als wie Versuchspersonen ohne Konfrontation mit einem Spiegel verhalten (vgl. *Carver* & *Scheier*, 1978).

In einigen Experimenten ließ sich zunächst zeigen, daß Personen in Gegenwart von Spiegeln, Tonbandgeräten, Kameras etc. tatsächlich selbstzentrierter reagieren und auch der eigenen Person bei der Gelegenheit zur Ursachenzuschreibung für irgendwelche im Experiment aktualisierten Ereignisse ein größeres Gewicht einräumen; unter Selbstaufmerksamkeits-Bedingungen kam es also zu stärkeren Selbstattributionen. Es gibt weitere Hinweise darauf, daß gefühlsmäßige Urteile und Bewertungen im Zustande der Selbstaufmerksamkeit stärker ausfallen als ohne diesen Zustand. Bewertungen der eigenen Person fallen, wie es die Theorie vorhersagt, im Anschluß an die Lenkung der Aufmerksamkeit auf positive Aspekte der eigenen Person positiver, im Anschluß an eine Lenkung der Aufmerksamkeit auf negative Aspekte der Person negativer aus. Theoriekonforme Resultate fanden sich auch zur Einstellungs-Verhaltens-Konsistenz (unter Selbstaufmerksamkeits-Bedingungen erhöhte sich die berichtete Einstellungs-Verhaltens-Konsistenz), zu aggressivem Verhalten im psychologischen Labor (je nachdem, ob Aggressivität oder Nichtaggressivität vorherrschender Standard war, verhielt man sich bei Selbstaufmersamkeit entsprechend dem vorherrschenden Standard) sowie zu weiteren experimentell induzierten Standards wie Leistung, Ehrlichkeit, Altruismus und Konformität. Auch in solchen Experimenten fand sich bei Selbstaufmerksamkeit ein stärker in Übereinstimmung mit den jeweils salienten Standards stehendes Verhalten (vgl. zusammenfassend *Scheier* & *Carver*, 1980; *Frey*, *Wicklund* & *Scheier*, 1984).

Die Theorie bietet so, wie sie von ihren Vertretern gehandhabt wird, nur wenig Anknüpfungspunkte für eine Psychologie des *Selbstdarstellungsverhaltens*. Man kann sie dennoch in gewisser Hinsicht als fruchtbar für eine sozialpsychologische Betrachtung von Selbstpräsentation ansehen. Einmal lenkt die Beschäftigung mit der Selbstaufmerksamkeit die Aufmerksamkeit des Betrachters fast zwangsläufig auf jene von der Theorie nicht weiter beachtete alternative Wahrnehmungs- oder Aufmerksamkeitsrichtung, die sich auf *andere* Menschen, die Öffentlichkeit, die Umwelt richtet. Zum anderen könnte die von der Theorie behandelte Zentrierung auf die eigene Person daraufhin überdacht werden, *wie* diese Fokussierung erfolgt. Schließlich liefert die von *Fenigstein et al.* (1975) vorgenommene Erfassung von Selbstaufmerksamkeit oder Selbstbewußtheit mittels Selbstberichtsdaten Hinweise darauf, daß Selbstaufmerksamkeit auch bedeuten kann, daß man sich selbst als soziales Objekt oder als Gegenstand von Öffentlichkeit wahrnimmt.

Betrachten wir dazu die Versuchsperson in der experimentellen Situation. Zur gezielten Erzeugung von Selbstaufmerksamkeit wird ihr die Gelegenheit gegeben, ihr Spiegelbild zu sehen, oder sie hört ihre Stimme vom Tonband, oder es richtet sich eine Kamera auf sie. Hier liegt es nahe, der Vermutung von *Reis* (1981) zuzustimmen, daß sich solche Versuchspersonen *beobachtet* fühlen können. Das Gefühl oder die Vermutung, beobachtet zu werden, sollte aber außer einer möglichen Selbstzentrierung eine Zentrierung auf das Beobachtetsein, auf mögliche Beobachter oder eine wie auch immer vermutete *Öffentlichkeit* mit sich bringen. Man kann dies vielleicht als "öffentliche Selbstaufmerksamkeit" bezeichnen, oder man kann vermuten, daß auch bei "privater Selbstaufmerksamkeit" Selbstdarstellungstendenzen aktiviert werden: den Eindruck zu steuern, den der vermutete externe Beobachter von der eigenen Person erhält. *Bolten, Mummendey* & *Isermann-Gerke* (1983) haben dies experimentell untersucht, indem sie die möglicherweise "private" Standards aktualisierende Spiegel-Bedingung mit einer vermutlich eher "öffentliche" Standards aktualisierenden Kamera- bzw. Video-Bedingung bei Selbstbeurteilungen und Antworten auf Konservatismus-Items miteinander verglichen. Es zeigte sich, daß die Versuchspersonen sich selbst und auch die Konservatismus-Items in der Spiegel-Situation und in der Kamera- bzw. Video-Situation unterschiedlich beurteilten, und zwar umso stärker, je mehr sie sich beobachtet fühlten. In der Videosituation stellte man sich günstiger dar. Aus der Sicht der Selbstaufmerksamkeitstheorie ließe sich dieses experimentelle Ergebnis vielleicht so deuten, daß Spiegel- und Videosituation zunächst in gleicher Weise Selbstaufmerksamkeit hervorrufen, die dann jedoch auf unterschiedliche Aspekte des Selbst (z.B. individuelle Standards, Gruppenstandards) gerichtet wird. Zugleich bietet sich jedoch die vergleichsweise sparsamere Erklärungsmöglichkeit an, daß es sich um unterschiedliche Selbstpräsentationen der Versuchspersonen in Abhängigkeit von der vermuteten Existenz von Beobachtern handelt.

Das individuell unterschiedliche Ausmaß, in dem jemand sein eigenes Verhalten angesichts der ihn womöglich beobachtenden sozialen Umgebung überwacht und kontrolliert, steht auch im Mittelpunkt der Theorie bzw. des Konstruktes des "*Self-Monitoring*" von *Snyder* (1974, 1987). Die allgemeinmenschliche Tendenz, sich selbst zu beobachten und zu überwachen, wird dabei als gegeben angenommen, ohne daß hierzu besondere kognitive oder motivationale Mechanismen postuliert werden. Das Anliegen *Snyder*'s ist es vielmehr, zwei Personengruppen mit unterschiedlichem gewohnheitsmäßigen Ausmaß an Self-Monitoring zu beschreiben und in Experimenten zu überprüfen, welche Auswirkungen solche extrem unterschiedlichen Grade an Selbstüberwachung auf das soziale Verhalten, insbesondere das Selbstpräsentationsverhalten haben.

Ebenso wie der Begriff der "objektiven Selbstaufmerksamkeit" kann auch derjenige des "*Self-Monitoring*" leicht mißverstanden werden: *Self*-Monitoring bezieht sich auf die Überwachung des eigenen Verhaltens *anderen*, also der sozialen *Umgebung* gegenüber. Personen mit *hohem* Grad an Self-Monitoring sind nach *Snyder* (1979) dadurch gekennzeichnet, daß sie ähnlich wie der *Goffman*'sche "Theaterspieler" im Alltagsleben ihre eigene Person je nach den Anforderungen einer Situation möglichst wirksam zur Geltung bringen; sie fragen sich in sozialen Situationen gewissermaßen:

> "Who does this situation want me to be and how can I be that person?"

Personen mit *geringem* Grad an Self-Monitoring lassen dagegen im Alltagsleben die wechselnden Erfordernisse der Situation eher unberücksichtigt und bringen in der Art ihrer Selbstdarstellung ihre inneren Prinzipien und Einstellungen zur Geltung; sie fragen sich in sozialen Situationen stattdessen:

> "Who am I and how can I be me in this situation?"

Personen mit hohem und niedrigem Self-Monitoring unterscheiden sich somit im Ausmaß der Kontrolle ihres Ausdrucksverhaltens, also ihrer Mimik und Gestik und ihrer Sprache. Die einen können diese Funktionen gezielt und unabhängig von Gefühlsschwankungen variieren, die anderen können dies weniger gut. Auch die Aufnahmefähigkeit für soziale Signale und deren Nutzung unterscheidet sich nach *Snyder* bei beiden Personengruppen.

Von der theoretischen Konzeption her sind Personen mit *hohem* Self-Monitoring also dadurch gekennzeichnet, daß sie ihr Ausdrucksverhalten besser kontrollieren und modifizieren können, daß sie sich stärker um die jeweilige Angemessenheit sozialen Verhaltens kümmern, daß sie sozialen Vergleichen mehr Beachtung schenken, in unterschiedlichen Situationen eher Selbstpräsentationsverhalten zeigen und daß ihr Verhalten von Situation zu Situation stärker variiert.

Von *Snyder* (zusammenfassend 1987) und weiteren Autoren wurde in empirischen Untersuchungen eine Reihe von Unterschieden zwischen Personen mit hohem und geringem Self-Monitoring aufgezeigt. Als *Meßmittel* des Self-Monitoring diente dabei ein Fragebogen mit ursprünglich 25 Items, z.B.

> "Ich wäre wahrscheinlich ein ganz guter Schauspieler"
> "Je nach Situation und beteiligten Personen verhalte ich mich oft, als ob ich ein völlig anderer Mensch wäre"

"Mich interessiert nicht, ob andere Leute mein Verhalten billigen"

(zu deutschsprachigen Self-Monitoring-Fragebogen und zur Problematik der Struktur und des Gesamtwertes dieser Skalen vgl. *Nowack* & *Kammer*, 1987; *Mielke* & *Kilian*, 1989).

Der wichtigste Unterschied zwischen Personen mit hohen und niedrigen Ausprägungsgraden an Self-Monitoring scheint allerdings darin zu bestehen, daß sie ihr soziales Umfeld und ihre sozialen Aktivitäten sehr unterschiedlich gestalten. Personen mit *hohem* Self-Monitoring bevorzugen Situationen mit klar definierten Rollenanforderungen, Personen mit *geringem* Self-Monitoring wählen dagegen eher Situationen, in denen sie sich ihrer aktuellen Gefühlslage oder ihrem persönlichen Selbstbild entsprechend verhalten können, auch wenn dies zu sozialen Schwierigkeiten führen könnte. Entsprechendes gilt für die Wahl von Freunden: "Hohe Self-Monitorer" wählen ihre Freunde gewissermaßen eher nach Sachadäquanz oder Aufgabenangemessenheit aus, "Niedrige Self-Monitorer" dagegen eher auf emotionaler Ebene. Personen mit hohem Self-Monitoring haben häufiger wechselnde Sexualpartner als Personen mit geringem Self-Monitoring. Im Berufsleben bevorzugen erstere Tätigkeiten mit klar definierten Rollenanforderungen, während die Gegengruppe Positionen vorziehen, die ihrem Selbstbild eher entsprechen. Unterschiede zwischen beiden Personengruppen wurden auch bezüglich ihres Kaufverhaltens gefunden: Hohe Self-Monitorer sprechen stärker auf das Image, niedrige Self-Monitorer dagegen eher auf den Preis oder die Qualität eines Produkts an. Schließlich zeigen sich auch Unterschiede in bezug auf die Entstehung und Verarbeitung psychischer Störungen: Bei Personen mit hohem Self-Monitoring scheinen psychische Störungen oft auf Probleme mit ihrer Selbstdarstellungsfähigkeit zurückzugehen, während bei Personen mit geringer Tendenz zum Self-Monitoring oft Diskrepanzen zwischen Einstellungen oder inneren Prinzipien und ihrem tatsächlichen Verhalten zum Problem werden. Während die erste Gruppe psychische Konflikte dadurch zu bewältigen sucht, daß sie erfolgsversprechende soziale Interaktionen eingehen, orientiert sich die zweite eher an Gesprächen und Ratschlägen guter Freunde. Eine Übersicht über die mit dem Self-Monitoring-Fragebogen gefundenen Persönlichkeits- und Verhaltensunterschiede zwischen Personen mit hoher und niedriger Tendenz zum Self-Monitoring findet sich bei *Snyder* (1987). Die Erfassung von Unterschieden in der allgemeinen Tendenz zur Selbstüberwachung leidet unter der Tatsache, daß der Meßwert, den die Gesamtskala des Self-Monitoring-Fragebogens liefert, nicht mehr unumstritten ist; die Subskalen, die sich hier bilden lassen (z.B. "Soziale Fertigkeiten", "Inkonsistenz" und "Soziale Vergleiche") zeigen bessere Kennwerte als die

Gesamtskala, und sie messen teilweise etwas anderes als Self-Monitoring im engeren Sinne (*Mielke* & *Kilian*, 1989). Ebenso wie bei der Fragebogen-Erfassung habitueller "Selbstaufmerksamkeit" oder "Selbstbewußtheit" scheint manches in der Theorie eindeutiger zu sein, als sich in empirischen Untersuchungen wiederfinden läßt.

Verglichen mit den theoretischen Ansätzen zur Selbstaufmerksamkeit oder Selbstbewußtheit ist der Self-Monitoring-Ansatz unmittelbarer am *Selbstdarstellungs*verhalten orientiert. In der psychologischen Theorientradition steht er der *Festinger*'schen Theorie des *sozialen Vergleichs* (1954) näher als der *Festinger*'schen Theorie der kognitiven Dissonanz. Vergegenwärtigt man sich die idealtypischen Kennzeichen der Personen mit hohen Ausprägungsgraden an Self-Monitoring, so unterscheiden sich diese Personen von ihrer idealtypischen Gegengruppe bereits unmittelbar durch ihre Orientierung an der Selbstdarstellung bzw. am Impression-Management. Die jeweiligen "salienten" Aspekte in einer Situation, hinsichtlich deren sich Personen mit hohem und geringem Self-Monitoring unterscheiden, sind von vornherein sozialpsychologischer Art. Es ist jedoch ihre weniger am sozialen Interaktionsprozeß selbst, sondern stärker an der individuellen Merkmalsausprägung orientierte Kategorisierung, die den Self-Monitoring-Ansatz als eine vornehmlich differentielle Theorie des Selbst und der Selbstdarstellung kennzeichnet.

Theorien der Selbstwerterhaltung, Selbstergänzung und Selbstregulation

Charakteristisch für Selbst-Theorien oder Selbst-Modelle, die eine ständig wirkende Kraft, Tendenz oder Motivation postulieren, den Wert des eigenen Selbst zu erhöhen oder zumindest aufrechtzuerhalten, ist das *Self-Evaluation Maintenance*-Modell von *Tesser* (1980, 1988). Es macht die einfache und allgemeine Annahme, daß Menschen sich so verhalten, daß sie ihre Selbstbewertung aufrechterhalten oder erhöhen, und daß die Beziehungen zu anderen Personen bedeutsame Auswirkungen auf die Selbstbewertung besitzen.

Nach *Tesser* wird der Selbstbewertungsprozeß und damit der Prozeß der Selbstwerterhaltung und -verbesserung durch ständig ablaufende *Reflektions*- und *Vergleichsprozesse* gewährleistet. Typisch hierfür ist der bereits von *Cialdini* ausführlich beschriebene und experimentell erforschte Vorgang des "basking in reflected glory" (BIRGing), also des Sich-Sonnens in dem Ansehen einer anderen, einem nahestehenden Person (*Cialdini*, *Borden*, *Thorne*, *Walker*, *Freeman* & *Sloan*, 1976; *Cialdini* & *Richardson*, 1980; *Richardson* & *Cialdini*, 1981): Man erwähnt u.U. gern prominente Personen, die aus der gleichen Stadt stammen wie man selbst, zitiert Prominente, die man persönlich kennt oder erwähnt häufig Begebenheiten, bei denen man wichtigen Persönlichkeiten begegnet ist. Wichtig dabei ist die plausibel gemachte Enge der Beziehung oder *Nähe* der Verbindung ebenso wie die *Relevanz* der Dimension, auf der der Vergleich bzw. das BIRGing stattfindet. (Eine "Dame der Gesellschaft" wird sich vielleicht besser mit einem Konzertpianisten als mit einem prominenten Fußballspieler assoziieren, wenn es um ihre Selbstwerterhöhung geht.) Wie die von *Tesser* eingeführten Variablen "Reflektionsprozeß", "Vergleichsprozeß", "Nähe" und "Relevanz der Dimension" bei dem Bemühen einer Person, ihre Selbstdefinition beizubehalten oder zu verbessern, zusammenspielen, wird an folgendem Beispiel erläutert:

> "Suppose Alice and her good friend Barbara try out for the high school symphonic band and only Barbara is selected. Suppose further that doing well in music is an important part of Alice's self-definition. Relevance is high, so the comparison process should be more important than the reflection process: Since Barbara is close and performs better than Alice, there is a potential loss in self-evaluation for Alice. To prevent this loss, Alice can do a variety of things: She can alter the closeness of her relationship with Barbara. She can spend less time around her or focus on ways in which the two of them are different, etc. By reducing the closeness, the impact of Barbara's better performance is reduced. Alice can also change her self-definition. She can spend less time studying of music or decide that butterfly collecting is much more interesting, etc. By reducing the importance of music to her self-definition, the relevance of Barbara's performance is reduced. The reflection process becomes relatively more important with the consequence that Alice may actually gain in self-evaluation through her close friend Barbara's good performance. Finally, Alice can attempt to affect Barbara's performance. By reducing Barbara's performance she also reduces the threat of comparison. She can break Barbara's reed or hide her music for the next tryout or she can come to believe that Barbara's good performance was based on luck, etc. Or she can attempt to alter her own performance by practicing more" (*Tesser*, 1988, S.183).

Wie man sieht, handelt es sich bei diesem "Self-Evaluation Maintenance-Modell" um eine Motivationstheorie, in der ein im Einzelfall womöglich unbändiges Bedürfnis, die eigene Selbstdefinition und Selbstbewertung zu erhalten, eine Rolle spielt – vergleichbar bereits besprochenen kognitiven Konsistenztheorien in der Tradition der Dissonanztheorie *Festinger*'s (1957). Die Bedeutung der in dem angeführten Beispiel genannten Variablen wurde in einer Reihe von empirischen Untersuchungen *Tesser*'s und seiner Mitarbeiter aufgezeigt. So fanden *Tesser* & *Campbell* (1982), daß die Leistungen von Freunden (also nahestehenden Personen) im Vergleich zu den Leistungen von Fremden dann als positiver wahrgenommen wurden, wenn die betreffende Leistungsdimension für die beurteilende Person eher "irrelevant" war, daß sie aber dann als vergleichsweise negativer eingeschätzt wurden, wenn die Leistung für die Person als "relevant" einzustufen war. *Tesser* & *Smith* (1980) hatten zuvor in einem Experiment gezeigt, daß man einem Freund in Schwierigkeiten eher hilft, wenn die Relevanz der Dimension, auf der man den sozialen Vergleich mit ihm anstellt, gering ist. Experimente zeigen aber nicht nur die Abhängigkeit der Wahrnehmung und des Verhaltens von der Nähe zum Interaktionspartner und der Bedeutsamkeit der Vergleichsdimension, sondern sie zeigen auch, wie letztere im Zusammenspiel mit dem Verhalten bzw. der Leistung eines Interaktionspartners die Nähe zu diesem affiziert, und schließlich wird auch die Relevanz-Variable selbst durch die Leistungen und die relevante Nähe des Interaktionspartners modifiziert. So fanden beispielsweise *Tesser* & *Paulhus* (1983), daß Versuchspersonen dann, wenn sie glaubten, eine andere Versuchsperson sei ihr als Persönlichkeit sehr ähnlich, auf eine bessere Leistung dieser anderen Person mit einer größeren Abwertung der Relevanz der betreffenden Persönlichkeitsdimension reagieren als dann, wenn sie glaubten, die andere Person sei ihr sehr unähnlich. Entsprechendes wurde außerhalb des Labors, und zwar bei der Untersuchung innerhalb von Familien, gefunden: Glaubt jemand, von seinen Geschwistern übertroffen zu werden, dann sinkt seine Identifikation mit den Geschwistern umso stärker ab, je näher sie ihm (altersmäßig) stehen (*Tesser*, 1980).

Die Theorie der Selbstwerterhaltung befindet sich offensichtlich in ihrer Betonung der allgemeinmenschlichen Tendenz, sich selbst positiv zu beurteilen und einen möglichst guten "self-esteem" zu erstreben, in Übereinstimmung mit den meisten anderen Selbst-Theorien. Ihr Autor *Tesser* weist dabei ausdrücklich darauf hin, daß es sich bei dem Konzept der Selbstbewertung (self-evaluation) um ein hypothetisches Konstrukt, also um eine nicht unmittelbar beobachtbare Größe handelt (ähnlich wiederum wie im Falle des hypothetischen Konstrukts "kognitive Dissonanz"). Selbstbewertung wird gesehen als

> "a hypothetical construct, a theoretical fiction which is used to organize and make comprehensible the relationships among the variables that have empirical indicants, i.e., relevance, performance, closeness. Similarly, self-evaluation maintenance is viewed as a hypothetical process much like 'dissonance reduction' is viewed as a hypothetical process in dissonance theory.

Neither dissonance reduction nor self-evaluation maintenance is directly measured or observed..." (*Tesser* & *Campell*, 1983, S.8f.)

Anders als manche Autoren hält *Tesser* jedoch nur einen Teil der Selbstbewertungsprozesse für unmittelbar beobachtbar, d.h., er spricht den Selbstberichtsmethoden und -daten, mit denen man üblicherweise Selbstwertschätzungen erfaßt, einen nur begrenzten Wert zu. Stattdessen vertraut er in diesem Falle auf die Messung von Indikatoren für Affekt oder Emotion, d.h., auf die objektive Registrierung von Erregung (arousal) und Affekt. Erste Untersuchungen mit ungerichteten Gefühlsindikatoren bzw. Erregungsmessungen (z.B. Erfassung der Reaktionszeit) und mit Maßen, die eine Bestimmung des Gefühlsinhalts zulassen (z.B. Erfassung des Gesichtsausdrucks) scheinen Ergebnisse zu erbringen, die die Theorie der Selbstwerterhaltung stützen (*Tesser*, 1988).

Für eine Psychologie der *Selbstdarstellung* erscheint das "Self-Evaluation Maintenance-Modell" insofern von Interesse, als es - im Unterschied zu anderen hier besprochenen Ansätzen - weniger Aussagen über Selbstdarstellungsverhalten macht, sondern stattdessen dieses Verhalten ("basking in reflected glory", permanentes Ablaufen von "social comparison"-Prozessen) bereits als gegeben voraussetzt, um ein ausgeglichenes und gesundes Funktionieren des Individuums und seines sozialen Interaktionsverhaltens zu erklären. Betrachtet man die kognitiven und evaluativen Anstrengungen, die eine Person unternimmt, um ihren Selbstwert angesichts jederzeit möglicher Selbstwertbedrohungen aufrechtzuerhalten, berücksichtigt man ferner *Tesser*'s Glauben an das teilweise Nichtbewußtwerden von Selbstwertvariablen, so könnte man fast formulieren, daß es sich hier um eine Theorie der Selbstdarstellung gegenüber der eigenen Person handelt. Das Individuum wertet ihr nahestehenden Personen ab, verändert die Bedeutsamkeitshierarchie von Bewertungsdimensionen oder zeigt massive Verhaltensänderungen, um vor sich selbst, also sozusagen "sich selbst gegenüber" (wieder) positiv dazustehen: Selbstpräsentation gegenüber der eigenen Person.

Das Bild eines Menschen, der nicht nur nach Selbstwerterhaltung, sondern grundsätzllich nach etwas strebt, das er noch nicht hat, das ihm noch fehlt und das er zur Komplettierung seines Selbst unbedingt erreichen möchte, steht auch hinter der von *Gollwitzer* und *Wicklund* so genannten *Theorie der symbolischen Selbstergänzung* (*Gollwitzer*, 1986; *Wicklund* & *Gollwitzer*, 1985). In Anlehnung an die Untersuchungen von Kurt *Lewin* (1926) und seiner Mitarbeiter zum zielgerichteten Handeln und zum Anspruchsniveau gehen die Autoren von etwa den folgenden Überlegungen aus:

In einer Person, die ein Ziel noch nicht erreicht hat, ensteht ein Bedürfnis nach "Selbstergänzung". Relativ einfache Aufgaben, z.B. Problemlöseaufgaben im Rahmen eines Experimentes, können bekanntlich bereits ein Streben nach Zielerreichung mit allerlei Implikationen bewirken: Erfolge oder Mißerfolge verändern das Anspruchsniveau, also das Maß dessen, was man sich zu leisten zutraut, und nach Unterbrechungen des Problemlöseprozesses bleibt ein gewisser Spannungszustand bestehen, so daß das Individuum angetrieben wird, die Aufgabe abzuschließen. Schon bei solch relativ einfachen, noch nicht "existenziell bedeutsamen" oder die Selbstwertschätzung der Person sehr stark tangierenden Tätigkeiten haben *Lewin* und seine Mitarbeiter gewisse Hinweise darauf gefunden, daß es auch Tendenzen zur Selbstwerterhaltung sind, die bei der Erledigung von Aufgaben eine Rolle spielen. Die Autoren der Theorie der symbolischen Selbstergänzung postulieren nun, daß dies bei unmittelbar *selbstbezogenen Zielen* in noch viel stärkerem Maß als bei einfachen Problemlöseaufgaben der Fall ist.

Solche selbstbezogenen Ziele können beispielsweise ganz persönliche Ideale (z.B. ein guter Mensch zu sein, ein schönes Leben zu führen) oder konkrete berufliche Ziele sein (z.B. ein solider Wissenschaftler, ein brillanter Schriftsteller zu werden). Dasjenige, was erstrebt wird, die Attribute also, um die es dabei geht, werden von *Gollwitzer* und *Wicklund* in Anlehnung an den Sprachgebrauch der symbolischen Interaktionisten als *Symbole* bezeichnet. Die Autoren nennen sie so,

> "da durch sie die Vollkommenheit einer Selbstdefinition 'symbolisiert' werden kann. Symbole sind die 'Bausteine' einer Selbstdefinition. Durch ihren Gebrauch und Besitz wird die Selbstdefinition ausgestaltet und aufrechterhalten" (*Wicklund* & *Gollwitzer*, 1985, S.33).

Als solche "Symbole einer Selbstdefinition" können den Autoren zufolge sprachliche Äußerungen, Gesten und Verhaltensweisen eines Individuums, aber auch der Besitz "dinghafter Zielindikatoren" fungieren. Dabei komme es nur darauf an, daß die Person durch den Gebrauch dieser Symbole anderen Menschen nahelege, daß sie im Besitz der angestrebten Selbstdefinition sei.

Im Falle einer Person, die sich z.B. als Wissenschaftler definiert, können solche "Symbole" demnach z.B. die Zahl der Publikationen oder selbst verfaßten Bücher, der Umfang der persönlichen Bibliothek (bei Naturwissenschaftlern die Größe des Labors oder der Wert der Geräte) sein. Als Symbole fungieren aber auch Kongreßbesuche, internationale Kontakte und Zitationen durch andere Autoren. Auch unmittelbare Selbstbeschreibungen (sich als Wissenschaftler zu bezeichnen, sich anderen

Personen gegenüber mit dem akademischen Titel vorzustellen etc.) werden in diesem Sinne als Symbole aufgefaßt.

Fehlen einer Person nun als wichtig erachtete Symbole, die sie zu ihrer Selbstdefinition benötigt, so wird sie nach Auffassung der Selbstergänzungstheoretiker Anstrengungen unternehmen, sich diese Symbole anzueignen, und sie wird sich bemühen, auch andere Personen davon zu überzeugen, daß sie diese Symbole besitzt. Erst dann ist das postulierte Bedürfnis nach Selbstergänzung befriedigt, ist der in Anlehnung an *Lewin* postulierte Spannungszustand abgebaut.

Die einfachste Methode, Selbstergänzung zu erreichen oder anzuzeigen, scheint darin zu bestehen, sich bestimmte Symbole schlicht zuzuschreiben. Experimentell ließ sich z.B. zeigen, daß Versuchspersonen, die man einer "Unvollständigkeits"manipulation unterworfen bzw. verunsichert hatte, sich in der Folge bei ihrer Selbstbeschreibung vermehrt um Ausgleich bemühten. Weiterhin kann man versuchen, den Mangel an Symbolen durch vermehrte Anstrengung, andere Personen zu beeinflussen, auszugleichen. So berichten *Wicklund* & *Gollwitzer* (1982), daß Frauen ohne eigenes Kind in Erziehungsfragen stärker als Frauen, die im Besitz der Symbols "Kind" waren, sich dafür aussprachen, daß andere Eltern ihre Auffassungen übernehmen sollten. Die Autoren nennen als dritte "Technik" symbolischer Selbstergänzung die Ausstattung einer Person mit dinghaften Symbolen, also bei Geschäftsleuten teure Armbanduhr, elegante Schuhe, schicke Aktentasche, keine langen Haare und kein Bart.

Gemäß der "motivationistischen" Ausrichtung der Selbstergänzungstheorie (es wird ein Antrieb postuliert, der nach Erfüllung drängt, und wenn dies nach Methode X nicht gelingt, so bricht er sich nach Methode Y Bahn) werden Personen mit mangelhafter Ausstattung an Symbolen sich verstärkt um alternative Symbole bemühen. Es werden also Geschäftsleute, die nicht so sehr erfolgreich sind, eher dazu neigen, durch Aneignung sichtbarer Statussymbole zur Selbstdefinition "erfolgreicher Geschäftsmann" zu gelangen. Und ein Wissenschaftler, der wenig forscht und wenig publiziert, wird vielleicht vermehrt durch Kongreßaktivitäten, Vorträge, Einladungen an Wissenschaftler und die Veranstaltung von Kolloquien auf sich aufmerksam machen. Dieses kompensatorische Bemühen um Selbstergänzung, so betonen die Autoren der Theorie, habe nichts mit einem Bemühen um Selbstdarstellung gegenüber einem Publikum zu tun, und es gehe dabei nicht darum, Wünschen und Anforderungen seitens der sozialen Interaktionspartner genügen zu wollen. Vielmehr geschehe die Präsentation von Symbolen allein um der Erfüllung der selbstdefinitorischen Bedürfnisse des Individuums willen:

> "Die soziale Orientierung der selbstsymbolisierenden Person ist damit nichts weiter als die Suche nach sozialen Realisierungs-

> möglichkeiten. Derjenige, der die Selbstsymbolisierungen zur Kenntnis nehmen soll, wird nicht in seiner Individualität... erkannt. Er wird nur als deindividualisierter Funktionsträger bezüglich sozialer Realisierungspotenz thematisiert" (*Wicklund* & *Gollwitzer*, 1985, S.43).

Wir werden weiter unten sehen und haben auch schon bei der Besprechung einiger anderer theoretischer Ansätze festgestellt, daß die Wahrnehmung und Berücksichtigung des sozialen Gegenübers in seiner Individualität, in seinen persönlichen "Bedürfnissen und Wünschen", so gut wie nirgends eine besondere Rolle spielt – stets dienen Andere, dient das Publikum als "Instanz", an die sich *Selbstdarstellungs*verhalten richtet. Natürlich werden die bei den sozialen Interaktionspartnern vorherrschenden sozialen Normen stets antizipiert, und es wird auf diese normativen Gegebenheiten reagiert, und dies ist auch bei der von der Theorie der symbolischen Selbstergänzung in den Blick genommenen Person, die sich in kompensatorischer Funktion mit "Symbolen" ausstattet, nicht anders. Denn es wird durch die "Zugehörigkeit zu einer bestimmten Gesellschaft (bzw. zu ihren Subgruppen)... (ge)lernt, welche Form die Ausgestaltung der Selbstdefinition dieser Gesellschaft (z.B. Vater, Geschäftsmann, Künstler, Schüler; aber auch aggressiv sein, intelligent sein) annehmen darf" (*Wicklund* & *Gollwitzer*, 1985, S.33). Als motivationspsychologischer Ansatz betont die hier besprochene Theorie zwar kompensatorische Prozesse "innerhalb" eines Individuums. Sie ist damit vielleicht um einiges "voraussetzungsvoller" als andere hier besprochene theoretische Ansätze. *Gollwitzer*'s Betonung,

> "Striving for specific identities... is not a strategic effort at self-presentation, but is rather a nonstrategic approach to self-construction" (1986, S.143)

bedeutet nur, daß die sich symbolisch ergänzende Person nicht *die Absicht hat*, das Bild, das andere Menschen von ihr haben, gezielt zu beeinflussen:

> "Driven by an implementation motivation, self-symbolizing individuals focus only on demonstrating to others that they are in possession of an intended identity, irrespective of others'... potential responses" (*Gollwitzer*, 1986, S.154).

Die selbstgewählte Konzentration auf die eigentlich ziemlich voraussetzungsvolle Annahme motivationaler Spannungszustände ermöglicht es der Theorie aber nicht, anzunehmen oder auszuschließen, daß der Erwerb und die Demonstration von Symbolen Auswirkungen auf die Partner der sozialen Interaktion und Rückwirkungen auf das Verhalten des Individuums, seine Selbstsymbolisierung und Selbstdefinition hat. Erst dieses

Interaktive – das eigentlich "Sozialpsychologische" daran – herauszuarbeiten würde bedeuten, den motivationstheoretischen Ansatz in Richtung auf eine sozialpsychologische Theorie zu überschreiten.

Ein übergreifendes Modell, das zugleich weniger spezielle Vorannahmen (selbst)wahrnehmungs- oder (selbstergänzungs)motivationaler Art macht, haben *Carver* & *Scheier* vorgelegt (*Carver* & *Scheier*, 1981; *Scheier* & *Carver*, 1988). Die ursprünglich auch von der Selbstaufmerksamkeitstheorie beeinflußten Autoren lehnen sich stark an kybernetische oder kontrolltheoretische Ansätze an und bezeichnen ihre Selbsttheorie als eine *Theorie der Selbstregulation* (vgl. hierzu auch bereits *Butzkamm*, *Halisch* & *Posse*, 1979).

Die Theorie geht von der Existenz von Verhaltenszielen und Standards und der Möglichkeit ihrer Aktivierung in einer gegebenen Situation aus. Damit ein Individuum solche Ziele in ein konkretes Verhalten umsetzen kann, bedarf es eines Mechanismus, der die Diskrepanz zwischen Kognition und Verhalten überbrückt – eines Kontrollmechanismus in der Art eines *Regelkreises*: Das Individuum überprüft seine gerade ablaufenden Aktivitäten, die Zustände, in denen es sich befindet, oder die Eigenschaften, die es besitzt. Die Wahrnehmung dieser Gegebenheiten dient als "Input-Funktion" des kybernetischen Systems. Diese Wahrnehmungen werden nun mit irgendeiner Bezugsgröße verglichen ("Comparator"), z.B. mit im Gedächtnis gespeicherten Sollwerten für solche Aktivitäten, Zustände etc. Fällt der Vergleich zwischen tatsächlich wahrgenommenem Verhalten und der Bezugsgröße diskrepant aus, so wird als "Output-Funktion" das Verhalten der Person ins Spiel gebracht. Ihr Verhalten wird so angepaßt, daß die wahrgenommenen Diskrepanzen zwischen Ist- und Soll-Werten minimiert werden.

Die Autoren legen Wert auf die Feststellung, daß in ihrem Modell nicht die Verhaltensvorhersage im Vordergrund der Betrachtung steht, sondern daß das Verhalten hier nur als Vehikel zur *Herstellung einer Korrespondenz von Ist- und Soll-Werten* bzw. zur *Selbstregulation* dient. Der beschriebene Prozeß der Selbstregulation läuft ständig ab und ist prinzipiell endlos. Jede Veränderung in der Output-Funktion führt wieder zu einer Veränderung in der Input-Funktion, also der Selbstwahrnehmung. *Scheier* & *Carver* (1988) ziehen hier bewußt eine Verbindung zu Albert *Bandura*'s Prinzip des reziproken Determinismus (*Bandura*, 1978) und machen so den Anspruch ihres Selbstregulationsmodells als umfassende Theorie der Beziehung von Kognition und Verhalten deutlich. Dem entspricht auch ihr Hinweis darauf, daß die Standards oder Vergleichsgrößen keineswegs irgendetwas Besonderes oder schwer zu Erreichendes darstellen müssen; es muß nicht immer um das "ideale Selbst" gehen, sondern der Komparator im Selbstregulationsmodell kann durchaus darin bestehen, eine gute Schulnote zu erreichen oder das eigene Zimmer ordentlich aufzuräumen.

Carver & *Scheier* (1981) bringen als Beispiel für einen alltäglichen Vorgang, der sich als zusammengesetzt aus mehreren hierarchisch angeordneten Kontrollvorgängen bzw. Rückkoppelungsschleifen darstellt, das Reparieren einer Autobremse durch einen Amateur: Er kontrolliert nacheinander Bremslicht, Bremsflüssigkeit und Bremspedal, bis entweder der Zustand der Bremse akzeptabel ist oder die Sache einem Fachmann übergeben wird. Durch ein entsprechendes Flußdiagramm oder einen solchen Entscheidungsbaum werden Verhaltens- und Handlungskontrolle auf ganz allgemeinpsychologischem Niveau beschrieben. Ebenso wie bei der Auffassung des Selbstkonzepts als einer Einstellung der besondere Status des "Selbst" verloren geht, läßt sich bei *Carver* & *Scheier*'s Kontroll- oder Selbstregulationstheorie kein solcher Sonderstatus für das Selbst mehr entdecken - ihre Selbsttheorie ist in einer allgemeinen Verhaltenstheorie enthalten.

Das Modell der Selbstregulation von *Carver* & *Scheier* spezifiziert noch eine Reihe von kognitiven, affektiven und Verhaltens*konsequenzen*, die eintreten, wenn es zu keiner Diskrepanzreduktion kommt. Unter anderem werden als kognitive Folge einer entsprechenden Verhaltensunterbrechung die Suche nach neuen Informationen, als affektive Folge klinisch relevante Zustände wie Depression oder Hilflosigkeit und als Verhaltensfolge ein Disengagement im Sinne des *Lewin*'schen "Aus-dem-Felde-Gehen" diskutiert. Die besondere Rolle, die dabei das kognitive Konzept der *Erwartung*, z.B. der individuell variierenden Erwartung, bestimmte Verhaltensergebnisse zu erzielen, spielt, rückt das Modell in die Nähe der *Selbst-Wirksamkeits*-Theorie (*Bandura*, 1977; *Mielke*, 1984). Aber auch attributionstheoretische und Coping-Ansätze erscheinen als mit dem Selbstregulationsmodell verträglich. *Carver* & *Scheier* sind sich sicher, ein wahrlich übergeordnetes Modell gefunden zu haben:

> "... we suggest that the time may be ripe for a broader awareness of the utility of the assumptions of control theory as an underlying meta-theory bearing on the nature of self-regulating systems" (*Carver* & *Scheier*, 1981, S.346).

Für eine Psychologie des Selbstdarstellungsverhaltens erscheint von Bedeutung, daß die Autoren des Selbstregulationsmodells zwischen eher "privaten", persönlichen Wünschen dienenden, und eher "*öffentlichen* Zielen unterscheiden, "in which the desires and perceptions of others play a significant role" (*Scheier* & *Carver*, 1988, S.319). Die Unterscheidung zwischen privaten und öffentlichen Verhaltenszielen, also danach, ob man mit dem Ergebnis einer Selbstregulation primär persönliche oder soziale Bedürfnisse befriedigt, ist den Autoren zufolge nicht auf jeder Ebene der Selbstregulation von Bedeutung. Sie denken hier insbesondere an die zweithöchste Ebene des hierarchisch aufgebauten Selbstregulationsmodells, die sie in Anlehnung an *Powers* (1973) als Ebene der "Prinzip-Kontrolle" bezeichnen. Auf dieser Ebene werden die auf der obersten Ebene des Systems ("Programm-Kontrolle" genannt) regulierten Verhaltensprogramme vorbereitet und spezifiziert:

> "Principles... constitute more general guidelines for action than do programs, in the sense that they specify overriding *qualities* of behavior that might be realized in a great many activities... For example, the principle of graciousness might cause someone to offer a house guest at 7:30 p.m. some sort of alcoholic refreshment. If it is 8:00 in the morning, the identical principle might cause the person to offer the guest a cup of coffee instead" (*Scheier* & *Carver*, 1988, S.315). "It thus seems to be at the level of principle control that the private-public dimension is most important, as the person adopts either a generally personal or a generally social orientation to behaviour. Each of these orientations can satisfy goals at the higher level, and each is ultimately reflected in the control of very concrete action qualities at lower levels" (S.319).

Für die Autoren des Selbstregulationsmodells reduziert sich also die Frage nach der Selbstpräsentation auf die "öffentliche Selbstaufmerksamkeit", auf die Selbstregulation bei grundsätzlich sozialer Orientierung des Individuums. Während die Verfechter der Theorie der "objektiven Selbstaufmerksamkeit" die dementsprechende Unterscheidung eines "private self" und eines "public self" ablehnen (vgl. zu dieser Kontroverse *Wicklund* & *Gollwitzer*, 1987; *Carver* & *Scheier*, 1987; *Fenigstein*, 1987; *Gollwitzer* & *Wicklund*, 1987), berichten die Vertreter der Selbstregulationstheorie eine Reihe von experimentellen Ergebnissen, denen zufolge "*öffentliche*" Orientierung oder Aufmerksamkeit zu Verhaltensweisen führte, die sich an der Erwartung dessen, was sozial angemessen oder erwünscht sei, ausrichteten (vgl. *Carver* & *Scheier*, 1981; *Scheier* & *Carver*, 1988). Auch *Baumeister* & *Tice* (1986) berücksichtigen die Privat-öffentlich-Dimension bei der Skizzierung eines Selbstregulationsmodells. Für diese Autoren kann das Verhalten eines Individuums sowohl durch ein publikumsorientiertes als auch durch ein an langfristigen Zielen des Selbst orientiertes "Motiv", sich selbst darzustellen, geleitet sein. Selbstpräsentationsverhalten kann, muß aber nicht unbedingt an die Stelle einer anderen psychischen Aktivität treten. Dieses "Substitute Process Self-Regulation-Modell" von *Baumeister* & *Tice* (1986) stellt damit so etwas wie eine Spielart der von *Carver* & *Scheier* vorgelegten Theorie dar.

Betrachtet man die bisher besprochenen Selbstwahrnehmungs- und Selbstregulationstheorien vergleichend und im Überblick, so erscheinen sie in einigen Merkmalen in auffälliger Weise als ähnlich und übereinstimmend:

- Jede dieser Selbsttheorien läßt sich in einem einzigen Satz zusammenfassen oder durch ein einziges wesentliches Postulat charakterisieren, d.h., jedem dieser theoretischen Ansätze liegt im wesentlichen eine einzige Idee zugrunde (so daß mancher sich fragen wird, ob denn die Bezeichnung "Theorie" hier nicht ein Übermaß an Komplexität vorspiegelt)

- Allen diesen Selbsttheorien, seien sie nun eher kognitiv-perzeptiv, motivational oder kontroll-, handlungs- oder systemtheoretisch formulierbar, liegt die Idee des *Gleichgewichts* oder der *Homöostase* zugrunde: Kommt es im Organismus zur Feststellung von Ungleichgewicht oder Diskrepanz (stimmt z.B. die Selbstwahrnehmung nicht mit der Wahrnehmung von Sollzuständen des Selbstkonzepts überein), so werden Prozesse in Gang gesetzt, die das Gleichgewicht wiederherstellen

Die meisten Selbsttheorien sind damit – wenn man diesen Vergleich überhaupt so anstellen möchte – eher allgemeinpsychologische als sozialpsychologische Theorien. Das Gleichgewicht, um das es letztlich geht, ist das "innerpsychische" Gleichgewicht, und nicht dasjenige zwischen einer Person und weiteren Individuen oder das Gleichgewicht innerhalb von sozialen Gruppen. Dies betrifft auch das Selbstdarstellungsverhalten, sofern es von den besprochenen theoretischen Ansätzen ausdrücklich behandelt wird: Selbstpräsentation dient der Selbst-Regulation, sie erfüllt Funktionen im "seelischen Haushalt" des Individuums. Im Extremfall dient Selbstdarstellungsverhalten dazu, "Motive" zu befriedigen oder an der Beseitigung von Diskrepanzen zwischen "Motiven" und weiteren Gegebenheiten mitzuwirken. Wir werden sehen, wie es sich damit bei theoretischen Ansätzen verhält, die entweder grundsätzlich vom sozialen Kontext als wesentliche Bedingung für das Selbstbild und die Identität der Person ausgehen oder die Impression-Management und Selbstpräsentation zu ihrem unmittelbaren Gegenstand gemacht haben.

Theorien der sozialen Identität und der Selbstkategorisierung

Verglichen mit den bisher besprochenen theoretischen Ansätzen läßt sich die auf Henri *Tajfel* zurückgehende *Social Identity Theory* als genuin sozialpsychologische Theorie auffassen (*Tajfel*, 1978; *Tajfel* & *Turner*, 1979; *A.Mummendey*, 1985).

Das Besondere – und zugleich das Sozialpsychologische – an dieser Theorie des Selbst und der Identität ist die Herleitung von Selbst bzw. Identität aus der *sozialen Interaktion innerhalb und zwischen Gruppen*. Ausgangspunkt der Theorie sind zwar durchaus individuell-psychische Prozesse wie das Wahrnehmen und Kategorisieren von Personen und Gruppen, doch richten sich diese Prozesse von vornherein auf Interaktionen, also auf *Beziehungen* zwischen Personen und zwischen Gruppen:

> "Selbstverständlich sind es auch, wenn es sich um Verhalten zwischen Gruppen handelt, jeweils die *Individuen*, die Einstellungen äußern oder ein bestimmtes Verhalten zeigen. Diese Individuen verhalten sich aber in diesem Fall nicht als einzelne (einzigartige) Individuen, sondern als Angehörige oder Repräsentanten einer sozialen Gruppe. Bei den spektakulären Auseinandersetzungen etwa zwischen zwei Fanclubs unterschiedlicher Fußballvereine sind es zwar jeweils Individuen, die sich anbrüllen, aufeinander losgehen, sich Verletzungen zufügen oder gar umbringen; diese Individuen tun dies aber in der beschriebenen Situation nicht aus individueller persönlicher Feindschaft, sondern sie behandeln sich wechselseitig als Gruppenmitglieder; genauer, die Beziehungen zwischen ihren Gruppen und nicht ihre individuelle Beziehung (die möglicherweise gar nicht existent ist) beeinflußt ihre soziale Interaktion" (*A.Mummendey*, 1985, p.185f.).

Allgemein formuliert, bestimmt in der Sichtweise *Tajfel*'s der *soziale Kontext*, der im wesentlichen durch eine jeweils gegebene Vielfalt von sozialen Gruppen und ihren Inter-Gruppen-Beziehungen definiert ist, das Verhalten des Individuums. Schon Muzafer *Sherif* (1951) hatte gezeigt, daß selbst eine relativ beliebige, z.B. im Rahmen eines Experiments vorgenommene Einteilung von Personen in Gruppen dazu führt, daß sich antagonistische Einstellungen *zwischen* den Gruppen und erhöhte Solidarität *innerhalb* der Gruppen bilden, daß die eigene Gruppe bevorzugt (ingroup favouritism) und die andere Gruppe benachteiligt und abgelehnt wird (outgroup discrimination). Die Diskriminierung der Outgroup scheint dabei gar nicht von spezifischen Interessen der Ingroup abhängig zu sein. Wie z.B. *Tajfel*, *Billig*, *Bundy* & *Flament* (1971) experimentell zeigen konnten, kommt es zu Ingroup-Outgroup-Kategorisierung und zu Outgroup-Diskriminierung auch unter "minimal-sozialen" Bedingungen im psychologischen Labor, also auch dann, wenn sich die Personen beispielsweise gar nicht kennen, die Anonymität gewährleistet ist, und wenn die Gruppeneinteilung und die Verhaltensweisen keinen wichtigen Zweck erfüllen oder persönlichen Nutzen bringen. Die gefundene Art der sozialen Kategorisierung stimmt mit den von *Tajfel* bereits für allgemeine Wahrnehmungsprozesse beschriebenen Kategorisierungsprinzipien überein (vgl. z.B. *Tajfel* 1957, 1959).

Individuen *identifizieren* sich mit der Gruppe bzw. den Gruppen, als denen zugehörig sie sich wahrnehmen und von außen wahrgenommen werden, indem sie einerseits *wissen*, "wohin sie gehören", und andererseits diese Mitgliedschaft positiv *bewerten*; dazu können auch *emotionale* Vorgänge kommen, so daß die Identifikation mit der Gruppe auch gefühlsmäßig verankert wird. Mit einer Gruppenidentifikation ist jedoch nicht ausgeschlossen, daß Individuen nach wie vor *interpersonales* Verhalten zeigen. Die Theorie der sozialen Identität nimmt an, daß Situationen auf einem Kontinuum zwischen eindeutig interpersonalem und eindeutig *intergruppalem* Verhalten variieren. Für die Idee der "sozialen Identität", also für das Konzept eines aus der Beziehung zwischen Gruppen abgeleiteten Selbst, sind jedoch die intergruppalen Prozesse bzw. Interaktionen ausschlaggebend.

Der Kern der Theorie der sozialen Identität läßt sich durch die Begriffe "soziale Kategorisierung", "soziale Identität", "sozialer Vergleich" und "soziale Distinktheit" wie folgt umschreiben:

> "Über den Prozeß der sozialen Kategorisierung segmentieren Individuen ihre Umwelt hinsichtlich unterschiedlicher Merkmalsdimensionen in unterscheidbare soziale Kategorien oder Gruppen... Aus der Zugehörigkeit zu einer bestimmten sozialen Gruppe und aus der Beschaffenheit der Beziehungen dieser zu anderen sozialen Gruppen wird die *soziale Identität* eines Individuums bestimmt. Informationen über die Charakteristika dieser sozialen Identität gewinnt das Individuum über Ergebnisse von *sozialen Vergleichen* zwischen der eigenen und anderen Gruppen auf unterschiedlichen Vergleichsdimensionen. Jedes Individuum ist bestrebt, eine positive soziale Identität zu besitzen; sie ist aber dann positiv, wenn die sozialen Vergleiche zwischen eigener und anderen Gruppen für die eigene Gruppe positiv ausfallen, wenn damit eine gewisse *positive Eigenart oder Distinktheit* zu anderen Gruppen hergestellt wird" (*A.Mummendey*, 1985, p.195).

Mit diesen Kennzeichnungen wird deutlich, daß in der Theorie der sozialen Identität der soziale Kontext eines Individuums von ausschlaggebender Bedeutung für sein Selbstkonzept ist – was das Individuum "selbst" ist, definiert sich aus sozialen Kategorisierungs- und Vergleichsprozessen. Es erscheint als ein großer Vorteil der Theorie, daß sie auf bewährten sozialpsychologischen Konzepten und Forschungsergebnissen aufbaut und eine Vielzahl sozialpsychologischer Befunde (z.B. zur sozialen Wahrnehmung, zu Vorurteilen und Stereotypen, zu Gruppenprozessen) zu integrieren vermag. Die Theorie der sozialen Identität hat auch nach dem Tode Henri *Tajfel*'s, des großen Förderers einer europäischen Sozialpsychologie, eine wachsende Forschungsaktivität auf sich gezogen. Erforscht wird das Vehalten zwischen Gruppen in Abhängigkeit von Eigenschaften der Beziehung zwischen den Gruppen, z.B. der wahrgenommenen Legitimität und Stabilität von Statusbeziehungen (z.B. *Turner*, 1978), der wahrgenommenen Ähnlichkeit zwischen Gruppen (z.B. *Brown*, 1984), von Erklärungen bzw. Attributionen des Verhaltens von Gruppenmitgliedern (z.B. *Hewstone* & *Antaki*, 1988) oder von den zum intergruppalen Vergleich herangezogenen Dimensionen (z.B. *A.Mummendey* & *Schreiber*, 1984; *A.Mummendey* & *Simon*, 1989).

Turner (1987) hat eine *Theorie der Selbstkategorisierung* formuliert, bei der es ihm hauptsächlich darum geht, die psychischen Prozesse, die zur sozialen Identität führen, zu systematisieren. Die Theorie, die in Form einer Reihe von aufeinander bezogenen Annahmen und Hypothesen vorliegt, befaßt sich explizit mit dem "sozialen Selbstkonzept". Ebenso wie in der Theorie der sozialen Identität wird darunter das Konzept einer Person von sich selbst verstanden, sofern es auf interpersonalen Vergleichen beruht und für soziale Interaktionen bedeutsam ist. *Turner* hält seine Theorie zwar für umfassender als die Theorie der sozialen Identität, doch könnte man auch sagen, sie greife einen bestimmten Aspekt dieser Theorie heraus, um ihn näher zu untersuchen.

Das Selbstkonzept einer Person wird als kognitive Komponente selbstbezogener Prozesse, als "set of cognitive representations of self available to the person" (*Turner*, 1987, p.44) gesehen. Es umfaßt viele verschiedene Komponenten, so daß jedes Individuum mehrfache Konzepte von der eigenen Person besitzt. In bestimmten Situationen werden bestimmte Selbstkonzepte aktiviert und produzieren spezifische Selbstbilder. Die kognitiven Repräsentationen des Selbst nehmen unter anderem die Form von Selbst-Kategorisierungen an, d.h. von kognitiven Gruppierungen der eigenen Person und einer bestimmten Art von Stimuli als gleich, identisch, ähnlich etc. Die Selbst-Kategorisierungen sind Teil eines hierarchischen Systems von Kategorisierung oder Klassifikation; jede Selbst-Kategorie ist in eine andere Kategorie eingeschlossen, solange sie nicht in der Hierarchie ganz oben steht. Als Abstraktionsebenen der Selbst-Kategorisierung unterscheidet *Turner* a) die übergeordnete Ebene des Selbst als Mensch (Selbst-Kategorien bestehen hier aus Merkmalen, die man mit allen anderen Menschen teilt), b) die mittlere Ebene der Ingroup-Outgroup-Kategorisierungen (Selbstkategorien bestehen hier aus Ähnlichkeiten und Unterschieden zu den Mitgliedern von Gruppen), c) die untere Ebene der personalen Selbst-Kategorisierungen (Selbst-Kategorisierung beruht hier auf Differenzierungen zwischen der Person als einzigartiges Individuum und anderen Mitgliedern der Ingroup).

Turner's Theorie der Selbstkategorisierung formuliert eine große Zahl einzelner Hypothesen zu den antezedenten Bedingungen und den Konsequenzen von *Depersonalisation*, also der Selbstkonzeptualisierung über

Gruppen und Gruppenbeziehungen. Ferner beschäftigt sich der Autor mit dem Problem der *Internalisierung* von Ingroup-Outgroup-Kategorisierungen. Als zentral erscheinen hier Experimente von *Turner*, *Hogg*, *Oakes* & *Smith* (1984), die von folgender Annahme ausgingen: So wie man seine eigenen Einstellungen aus seinem eigenen offenen Verhalten ableiten kann (im Sinne der Selbstwahrnehmungstheorie von *Bem*, 1972), so kann man seine Selbst-Definition aus seinem offen zutage tretenden Verhalten als Gruppenmitglied ableiten. *Turner* et al. (1984) sagten z.B. vorher, daß unter Bedingungen hoher persönlicher Verantwortlichkeit die Identifikation mit der Ingroup eher durch mit der Gruppenmitgliedschaft verknüpfte Kosten als durch Gewinne erhöht würde und daß es sich bei niedriger persönlicher Verantwortlichkeit umgekehrt verhalten müßte. Diese Annahmen wurden weitgehend bestätigt; sie stehen in offensichtlicher Übereinstimmung mit früheren Ergebnissen der Einstellungsänderung-Forschung. Auch zur Selbstkategorisierungs-Theorie wurde eine Reihe von Forschungsarbeiten vorgelegt und angeregt, auf die hier nur summarisch hingewiesen werden soll (vgl. *Turner*, pp.68ff.).

Die Theorien der sozialen Identität und der Selbstkategorisierung machen keine ausdrücklichen Aussagen zu *Selbstdarstellungs*phänomenen; anders als bei den übrigen hier besprochenen theoretischen Ansätzen ist von Selbstpräsentation nicht die Rede. Dennoch hätte eine Übernahme der Intergruppen-Perspektive Konsequenzen für eine Psychologie der Selbstdarstellung. Das sich selbstdarstellende Individuum präsentierte seinen Interaktionspartnern ein Bild, das in Übereinstimmung mit spezifischen Gruppenmitgliedschaften stünde und ihm im Vergleich mit Outgroups eine positive soziale Identität garantierte, indem es z.B. bevorzugt bestimmte Vergleichsdimensionen anspräche, auf denen sich In- und Outgroups dieses Individuums in einer für die Person positiven Weise differenzieren ließen. Das sich selbst darstellende Individuum wäre in einer solchen theoretischen Perspektive weniger "frei" in einem individualistischen Sinne - Selbstdarstellung wäre größtenteils bedeutungsgleich mit der Darstellung der eigenen *sozialen* Identität, d.h., mit der Präsentation von Positionen, Kognitionen und Bewertungen im Intergruppen-Kontext. Selbstdarstellung im Sinne der Theorie der sozialen Identität würde bedeuten, daß sich die Selbstdarstellung des Individuums auf die Gruppe ausdehnt - Selbstdarstellung würde gewissermaßen zur Gruppendarstellung. Es gibt empirische Hinweise dafür, daß Individuen eine positive *Darstellung* der *Ingroup* betreiben, z.B. indem sie "Abweichler" bzw. "schwarze Schafe" in der eigenen Gruppe besonders negativ beurteilen (vgl. *Marques*, *Yzerbyt* & *Leyens*, 1988). Die Beziehung zwischen individuellem Selbst und sozialer Identität scheint überhaupt in jüngerer Zeit stärker in den Blickpunkt von Social-identity-Forschern zu rücken: Man beschäftigt sich mehr und mehr mit der Rolle des (individuellen) Self-Esteem für die soziale Identität. Das Streben nach Selbstwerterhöhung, das - in welcher begrifflichen Fassung auch immer - von allen hier besprochenen Theorien als allgemeines Prinzip menschlichen Verhaltens akzeptiert wird, könnte dabei sowohl als antezedente Bedingung wie auch als Konsequenz von Intergruppen-Diskriminierung berücksichtigt werden (vg. *Abrams* & *Hogg*, 1988).

Impression-Management-Theorie

Als Impression-Management-Theorie möchten wir eine Selbsttheorie dann bezeichnen, wenn sie das *Selbstdarstellungsverhalten* unmittelbar und hauptsächlich zum Gegenstand hat.

Fast alle Theorien des Selbst und des Selbstkonzepts sind - wie wir am Beispiel einiger hier besprochener theoretischer Ansätze gesehen haben - für eine Psychologie der Selbstpräsentation interessant und relevant. Dies ist zumeist schon dadurch begründet, daß sie sich mit wahrgenommenen Unzulänglichkeiten in der Selbstwahrnehmung des Individuums, die man nicht nur nach "innen", sondern auch nach außen beheben, ausgleichen oder überspielen möchte, beschäftigen. Aber erst dann, wenn die Selbstdarstellung, das Eindruck-Machen auf andere Personen, die Beeinflussung der Personwahrnehmung von Interaktionspartnern als Hauptzweck selbstbezogener Kognitionen oder bestimmendes Moment sozialer Interaktionen gesehen wird, sprechen wir von *Selbstdarstellungs*- oder *Impression-Management*-Theorie(n).

Dabei ist eine bestimmte Art von Mißverständnis bei Psychologen und Laien nicht immer gut zu vermeiden: jene Sicht menschlichen Verhaltens und Erlebens, die bei fast jeder sich anbietenden Gelegenheit ein "hinter" dem Verhalten stehendes "Motiv" postulieren möchte. (Für manche ist es weniger eine "im Rücken" des Individuums vermutete als vielmehr eine "vor" der Person postierte Ziel-Instanz, die für eine motivationspsychologische Deutung des Verhaltens als wichtig erachtet wird). So trifft man häufig die Auffassung an, die Impression-Management-Theorie sei eine Motivationstheorie (vgl. *Frey* & *Irle*, 1985), da sie von einem Bedürfnis oder Motiv, sich selbst darzustellen oder einen bestimmten Eindruck von sich zu erzeugen, ausgehe. Ob es nun das "Bedürfnis" nach scheinbar einfacher motivationaler Erklärung von Verhaltensphänomenen oder aber der stark "monothematische" Charakter vieler impression-management-theoretischer Interpretationen des Verhaltens sind, die diesen Eindruck nahelegen - wir werden zu zeigen versuchen, daß das menschliche Selbstdarstellungsverhalten auch ohne die Annahme eines fundamentalen Selbstdarstellungsbedürfnisses in Begriffen der Impression-Management-Theorie beschrieben und interpretiert werden kann.

Die Impression-Management-Theorie geht auf die Beobachtungen *Goffman's* (1959) zurück, daß *Individuen in der sozialen Interaktion bei ihren Interaktionspartnern den Eindruck, den sie auf diese machen, kontrollieren*, daß sie also nicht nur passiv sozialem Eindruck ausgesetzt sind, sondern den Einfluß, der auf sie ausgeübt wird, durch die Vermittlung eines bestimmten Eindrucks von sich selbst auf die anderen mit steuern (vgl. Kapitel 3).

Sowohl durch phänomenologisch orientierte soziologische Beobachtungen als auch durch noch zu besprechende sozialpsychologische Experimente läßt sich belegen, daß in sozialen Interaktionen *Erwartungen*, z.B. Vehaltenserwartungen, eine große Rolle spielen. In einer sozialen Interaktion, im einfachsten Falle im wechselseitigen Aufeinander-Reagieren zweier Personen, werden nicht nur Erwartungen bezüglich des Verhaltens des jeweiligen Gegenübers wirksam, sondern die Erwartungen umfassen zugleich die Erwartungen des Interaktionspartners. Ein Individuum wird vor oder bei der Ausführung einer Verhaltensweise die möglichen Reaktionen des Anderen auf diese Verhaltensweise *antizipieren*, und je nachdem, ob die antizipierten Reaktionen für die Person angenehm oder unangenehm, erwünscht oder unerwünscht sind, wird die betreffende Verhaltensweise ausgeführt oder modifiziert oder unterlassen. Dabei spielt das Bild oder der *Eindruck*, den der Interaktionspartner von dem agierenden Individuum hat bzw. den er von diesem Individuum aufgrund seines gezeigten Verhaltens gewinnt, eine gewichtige Rolle. Im Zweifelsfalle ist das Image bzw. der Eindruck wichtiger als die "tatsächliche" Gegebenheit, denn er ist leichter zu kontrollieren (zu steuern, zu verändern) als Merkmale der Person, um die es geht. *Die Person ist also in der sozialen Interaktion damit beschäftigt, den Eindruck, den die andere Person von ihr erhält, zu steuern.*

Daß man den Eindruck, den man auf andere macht, beeinflußt, steuert oder kontrolliert, kann man auf verschiedene Weise bezeichnen. Man hat hierfür Begriffe wie "Image-Kontrolle", "Self-Presentation" und "Impression-Management" verwendet. Gelegentlich sehen Autoren in Nuancen gewisse Unterschiede zwischen diesen Begriffen. "Impression-Management" soll beispielsweise stärker das Erzielen eines Eindrucks, und somit stärker die Seite des Rezipienten betonen, während "Selbstpräsentation" eher die Aktivität des Individuums, von dem der Einfluß ausgeht, hervorhebe (*Schneider*, 1981). Diese Unterscheidung erscheint jedoch, insbesondere aus einer interaktionspsychologischen Perspektive betrachtet, als nicht sehr tragfähig. So läßt sich allenfalls so viel sagen, daß die Autoren, die die Theorie in die Sozialpsychologie eingeführt haben (vor allem James T. *Tedeschi* und seine Mitarbeiter), die Bezeichnung "Impression-Management" bevorzugten, während ihre Nachfolger, vielleicht um eine Abgrenzung gegenüber der soziologischen Herkunft des

Konzepts zu dokumentieren, vielleicht auch um eine stärkere assoziative Verbindung mit der Selbstkonzeptforschung zu suggerieren, zumeist von "Selbstpräsentation" sprechen.

Den Beginn der psychologischen Diskussion um Impression-Management und um die Impression-Management-Theorie im engeren Sinne markiert die Arbeit von *Tedeschi*, *Schlenker* & *Bonoma* (1971). Dabei erscheint es keineswegs als zufällig, daß diese Publikationen sich mit der Theorie der kognitiven Dissonanz von *Festinger* (1957) und dem für sie wesentlichen Experiment von *Festinger* & *Carlsmith* (1959) kritisch auseinandersetzte, denn kognitiv-motivationale Theorien wie die Dissonanztheorie beherrschten damals wie teilweise heute noch das Feld sozialpsychologischer Theorien.

In dem Experiment von *Festinger* & *Carlsmith* (1959) wurden Versuchspersonen dazu gebracht, sich entgegen ihrer Auffassung oder Einstellung zu verhalten (sie sollten anderen Personen eine Aufgabe schmackhaft machen und als attraktiv hinstellen, von deren Langweiligkeit und Ärgerlichkeit sie sich selbst vorher überzeugt hatten). Es ergab sich nun, daß Versuchspersonen, die für dieses einstellungsdiskrepante Verhalten gut bezahlt wurden (mit 20 Dollar) auch weiterhin bei einer relativ negativen Einstellung gegenüber der Aufgabe blieben. Versuchspersonen dagegen, die man für das gleiche einstellungsdiskrepante Verhalten nicht oder nur wenig (mit 1 Dollar) belohnt hatte, änderten anschließend ihre Einstellung in positiver Richtung, so daß das eigene Verhalten nun von der eigenen Einstellung nicht mehr so weit entfernt war. Die Dissonanztheoretiker erklären dieses paradoxe Resultat damit, daß die eigene Einstellung und das eigene Verhalten "kognitive Elemente" darstellten, die bei der gering belohnten Gruppe diskrepant bzw. dissonant seien, so daß diese Gruppe von Versuchspersonen motiviert sei, ihre Einstellung zu ändern. Bei der hochbezahlten Gruppe komme es dagegen zu wenig kognitiver Dissonanz, so daß hier auch keine Veranlassung zur Einstellungsänderung vorliege.

Tedeschi, *Schlenker* & *Bonoma* (1971) kritisieren die Grundannahmen der Dissonanztheoretiker und vertreten die Ansicht, daß Individuen normalerweise durchaus eine Vielzahl von Inkonsistenzen zwischen ihren Einstellungen und ihren Verhaltensweisen zulassen und tolerieren. Die Konsistenz zwischen beidem sei, wie Konsistenzherstellung zwischen Diskrepantem und Dissonantem überhaupt, etwas sozial Erwünschtes:

> "Thus, the subject is sometimes more concerned with *appearing* to be consistently fulfilling others' expectations than he is with *actually* privately structuring his beliefs to *be* consistent" (*Tedeschi et al.*, 1971, p.690).

Folglich sind diesen Autoren zufolge Versuchspersonen im psychologischen Experiment unter anderem damit beschäftigt, den Eindruck, den der Versuchsleiter von ihnen erhält, in diesem Sinne zu beeinflussen. Nicht ein Motiv oder Antrieb, Dissonanz zu reduzieren, sei in Experimenten wie demjenigen von *Festinger* & *Carlsmith* (1959) die hauptsächlich "treibende Kraft", sondern *die allgemeine Tendenz der Personen, einem Beobachter gegenüber konsistent und widerspruchsfrei zu erscheinen.* Der Beobachter solle den Eindruck haben, daß die Person dann, wenn sie etwas freiwillig, ohne äußere Veranlassung oder äußeren Druck tue, mit sich selbst übereinstimme. Wenn dagegen in der betreffenden Situation ein äußerer Zwang oder ein sonstiger von außen erkennbarer Grund für eine Inkonsistenz des Individuums, z.B. seiner Verhaltensweisen und seiner Einstellungen, erkennbar sei, dann entfalle auch die Notwendigkeit, sich konsistent und widerspruchsfrei darzustellen, denn dann könne jeder Beobachter ja von außen leicht feststellen, daß es nicht an der Person selbst gelegen habe, daß es zu Inkonsistenzen gekommen ist.

Konsequenterweise behaupten *Tedeschi* und seine Mitarbeiter, daß es in Experimenten wie demjenigen von *Festinger* & *Carlsmith* (1959) gar nicht zu einer echten Einstellungsänderung komme. Die Versuchspersonen "täuschten" vielmehr Einstellungsänderung "vor", um sich dem Versuchsleiter gegenüber als konsistent darzustellen. Erhält eine Versuchsperson beispielsweise keine oder nur eine geringfügige Entlohnung für ihr einstellungsdiskrepantes Verhalten, so "unterstellt" sie dem äußeren Beobachter, daß dieser ihr Verhalten als freiwillig und ohne äußere Veranlassung zustandegekommen interpretiert; daher sieht sich die Versuchsperson in diesem Falle veranlaßt, Konsistenz zu zeigen, und sie kann eine solche Widerspruchsfreiheit am einfachsten präsentieren, wenn sie ihre (geäußerte) Einstellung ihrem Verhalten anpaßt. Im Falle einer Versuchsperson, die für ihr Verhalten gut bezahlt wird, entfällt die Notwendigkeit einer Einstellungsänderung, denn sie wird dem äußeren Beobachter unterstellen, daß er ihr Verhalten als nicht freiwillig, sondern als Ergebnis von Bezahlung oder "Bestechung" interpretieren wird. Man sieht an diesem Beispiel, wie die Impression-Management-Theorie die "Gründe" oder "Ursachen" für das Äußern einer Einstellung oder einer Einstellungsänderung nicht so sehr in Motivationsprozesse, die "im Individuum" ablaufen, verlegt, sondern stattdessen in Unterstellungen, Erwartungen, Attributionen, die sich zwischen den Interaktionspartnern "äußerer Beobachter" und "beobachtete Person" abspielen.

Tedeschi und seine Mitarbeiter haben ihre These von der nur *präsentierten* Einstellungsänderung in einer Reihe von Experimenten belegt (vgl. zusammenfassend *Tedeschi* & *Rosenfeld*, 1981). Es bedurfte dazu im wesentlichen der Variation der Person des Versuchsleiters in den Forced-compliance-Experimenten der Dissonanztheoretiker. Auf die enorme Bedeutung des Versuchsleiters in solchen Experimenten zur "erzwungenen Einwilligung" wies eine Untersuchung von *Schlenker* (1975) hin: Das Ausmaß der Einstellungsänderung hängt von der Attraktivität des Versuchsleiters ab (vgl. auch *Forsyth, Riess* & *Schlenker*, 1977). *Joseph, Gaes, Tedeschi* & *Cunningham* (1979) zeigten, daß die Einstellungsänderung der Versuchsperson davon abhängt, welche Einstellung der Versuchsleiter als seine eigene zu erkennen gibt. Diese Autoren konnten auch zeigen, daß Versuchspersonen die kritische Einstellung weniger stark ändern, wenn ihnen eine dritte Person signalisiert, daß in ihrem einstellungsdiskrepantem Verhalten (in diesem Falle waren, wie sehr oft in entsprechenden Experimenten, einstellungsdiskrepante Texte zu schreiben) ja nicht unbedingt ihre tatsächliche Einstellung zum Ausdruck kommen müsse. *Schlenker, Forsyth, Leary* & *Miller* (1980) belegten, daß Personen ihre Einstellungen dann stärker modifizierten, wenn sie glaubten, sie würden beobachtet.

Die These der Impression-Management-Theorie, daß es in Situationen, in denen man eine Person zu einstellungskonträrem Verhalten bringt, dann zu keiner Einstellungsänderung kommt, wenn das Verhalten, die Einwilligung zu diesem Verhalten oder die Einstellungsäußerung *nicht beobachtbar* oder die Verantwortung dieser Person *nicht zuschreibbar* sind, läßt sich natürlich am besten durch eine experimentelle Manipulation der Beobachter oder des Publikums überprüfen. Aus der Sicht der Impression-Management-Theorie repräsentiert der Versuchsleiter in einem Experiment in ausgezeichneter Weise das Publikum oder die Öffentlichkeit. Wechselt man daher während eines Forced-compliance-Experiments den Versuchsleiter aus, so daß die Versuchsperson sicher sein kann, daß man ihre Verhaltensweise und ihre Einstellungsänderung nicht miteinander vergleichen kann, so müßte der Theorie zufolge die Einstellungsänderung "überflüssig" werden, da auch die Notwendigkeit der konsistenten Selbstpräsentation entfällt. *Rosenberg* (1965), der bereits argwöhnte, im Experiment von *Festinger* & *Carlsmith* (1959) spielten Aspekte der sozialen Erwünschtheit bzw. der "evaluation apprehension" eine Rolle, ließ die Versuchspersonen durch den Versuchsleiter A begrüssen; der Versuchsleiter A entschuldigte sich dann für 15–20 Minuten und stellte den Versuchspersonen frei, in der Zwischenzeit an einem Versuch bei einem Versuchsleiter B teilzunehmen; bei denjenigen Versuchspersonen, die den Versuchsleiter B in einem ganz anderen gelegenen Labor aufsuchten und dort für ein einstellungsdiskrepantes Verhalten unterschiedlich hoch bezahlt wurden, maß Versuchsleiter A später die entsprechenden Einstellungen und stellte einen einfachen Belohnungseffekt, und nicht etwa den von der Dissonanztheorie postulierten paradoxen Effekt fest: Je höher man belohnt wurde, desto stärker änderte man auch seine Einstellung. In einem Experiment von *Rosenfeld, Melburg, Gaes, Riess* & *Tedeschi* (1980) wurde die zweite Einstellungsmessung, also diejenige, mittels derer eine Einstellungsänderung nach dem einstellungsdiskrepanten Verhalten abzulesen sein müßte, von einem anderen Versuchsleiter vorgenommen als die erste Messung: Wieder ergaben sich keine Einstellungsänderungen wie bei *Festinger* & *Carlsmith* (1959). Blieb der Versuchsleiter in beiden Fällen der gleiche, so kam es zu den bekannten Einstellungsänderungseffekten. *Rosenfeld* & *Tedeschi* (1981) baten die Versuchspersonen in einem entsprechenden Experiment, sich an frühere Einstellungsäußerungen, also an die Werte der ersten Einstellungsmessung, zu erinnern; geschah diese Erinnerung in Anwesenheit desselben Versuchsleiters, der die erste Messung vorgenommen hatte, so nannten die Versuchspersonen die korrekten Werte – bei der Befragung durch einen ganz neuen Versuchsleiter nannten sie jedoch veränderte Werte.

Die aufgezählten Befunde werden weiterhin durch Experimente mit dem sogenannten Bogus-Pipeline-Verfahren gestützt. In einem Bogus-Pipeline-Experiment werden die Versuchspersonen zunächst davon überzeugt, daß ein physiologisches Meßgerät, das ähnlich wie ein Lügendetektor funktionieren soll, durch die Aufdeckung unbemerkter physiologischer Reaktionen die Einstellung zu einem Urteilsobjekt relativ objektiv erfassen könne. *Tedeschi* und seine Mitarbeiter nahmen nun in mehreren Forced-compliance-Experimenten der beschriebenen Art die erste Einstellungsmessung auf die übliche (Papier-Bleistift-) Art, die zweite Messung jedoch in einer Bogus-Pipeline-Situation vor. Die Apparatur wurde den Versuchspersonen dabei teilweise als perfekt arbeitend, teils als mehr oder weniger unzuverlässig dargestellt. Bei diesen Experimenten zeigte sich durchweg, daß es bei den Versuchspersonen umso eher zu Einstellungsänderungen kam, je "unzuverlässiger" die Meßapparatur eingestuft wurde. Mit anderen Worten kam es zu keiner Einstellungsänderung, und die Diskrepanz zwischen Verhalten und Einstellung blieb bestehen, wenn die Versuchsperson annehmen mußte, daß ihre tatsächliche Einstellung exakt gemessen wurde (vgl. *Gaes*, *Kalle* & *Tedeschi*, 1978; *Riess*, *Kalle* & *Tedeschi*, 1981; *Malkis*, *Kalle* & *Tedeschi*, 1982).

Die Impression-Management-Theorie entstand innerhalb der Psychologie hauptsächlich aus der Auseinandersetzung mit dem Forced-compliance-Paradigma der Dissonanztheorie, und sie hat sich zunächst auch mit weiteren Theorien und Erklärungen sozialpsychologischer Vorgänge, z.B. solchen durch Attributionstheorien (vgl. *Jones* & *Nisbett*, 1971) oder durch die Gerechtigkeitstheorie (vgl. *Lerner*, 1970) auseinandergesetzt (vgl. zusammenfassend *Mummendey* & *Bolten*, 1985). So kann gelegentlich der Eindruck entstehen, es liege keine genügend elaborierte eigenständige Theorie, sondern hauptsächlich eine Kritik und Zurückweisung alternativer theoretischer Ansätze vor. Demgegenüber soll im folgenden noch auf einige grundlegende Ansprüche und Merkmale der Impression-Management-Theorie hingewiesen werden.

Die Theorie geht von einem im alltäglichen sozialen Verhalten beobachteten Phänomen aus (vgl. *Goffman*, 1959; *Schlenker*, 1980) und beansprucht dementsprechend eine große *Allgemeingültigkeit*. Die Auseinandersetzung mit dissonanztheoretischen Erklärungen im sozialpsychologischen Labor ist lediglich als "Hebel" aufzufassen, mittels dessen in die beherrschenden kognitiven und Motivationstheorien "eingebrochen" werden soll (vgl. *Tedeschi* & *Rosenfeld*, 1981, p.172f.). Weiterhin bemüht sich die Impression-Management-Theorie durchweg um eine "*sparsamere*" Erklärung sozialen Verhaltens als die meisten theoretischen Strömungen, mit denen sie sich vergleicht, d.h., außer der allgemeinmenschlichen Tendenz der Eindruckskontrolle werden möglichst wenige theoretische Voraussetzungen gemacht. Bei einer näheren Beschäftigung mit den wichtigsten Impression-Management-Theoretikern scheinen diese als besonders voraussetzungslos geltende *lernpsychologische Annahmen* gegenüber voraussetzungsvolleren kognitions- und motivationspsychologischen Annahmen zu bevorzugen. So betont z.B. *Arkin* (1980) die maßgebliche Rolle *sozialer Verstärkungsprozesse* für das Selbstdarstellungsverhalten. Danach wird angenommen, daß Individuen weitgehend damit beschäftigt sind, Zustimmung von anderen Personen zu erhalten und die Ablehnung anderer Personen zu vermeiden - dazu präsentieren sie sich anderen gegenüber auf positive Art und Weise. Nach *Arkin* (1980) bestünde nun die herkömmliche Deutung dieses Verhaltens darin, einfach ein Bedürfnis nach Zustimmung (need for approval) zu postulieren, wie es viele Psychologen und Laien auch tatsächlich tun. Dies hieße aber, die Ursache für das Verhalten hauptsächlich "nach innen", in die Person zu verlegen. *Arkin* postuliert stattdessen, daß das Streben nach sozialer Zustimmung ebenso wie die Beziehung zwischen sozialer Zustimmung und Selbstdarstellung in hohem Maße durch *situative Faktoren* determiniert sei.

Soziale Billigung, Zustimmung oder Beipflichtung werden nach *Arkin* (1980) also weniger als "Motiv", sondern als mit einem *instrumentellen Wert* ausgestattet aufgefaßt:

> "Social approval may be sought as a means to an end, rather than an end in itself" (*Arkin*, 1980, p.162).

Jellison & *Arkin* (1977) stellten z.B. fest, daß man sich in belohnender Weise am ehesten solchen Personen gegenüber verhält, von denen man Zustimmung erfährt, und daß man andrerseits solche Menschen nicht belohnt, von denen man keinen Beifall bekommt:

> "Thus, social approval may be valuable primarily because obtaining other rewards (e.g., affiliation, friendship, sex, money) is predicated upon garnering social approval" (*Arkin*, 1980, p.162).

Aus der Sicht einer solchen *sozialen Verstärkungstheorie* des Selbstdarstellungsverhaltens ist also die Tendenz, sich anderen Menschen gegenüber als mehr oder weniger positiv zu präsentieren, an die Tendenz gekoppelt, fundamentalere bzw. primärere Belohnungen zu erhalten.

Als Beleg für die Bedeutung von unmittelbar in einer sozialen Situation anwesenden *verstärkenden Bedingungen* werden Experimente von *Jones, Gergen, Gumpert* & *Thibaut* (1965) und von *Jellison* & *Gentry* (1978) angeführt, in denen Versuchspersonen in eine Art Bewerbungssituation gebracht wurden; sie hatten dort die Gelegenheit, herauszufinden, welche Art von Personen der Vorgesetzte besonders mochte bzw. welche Art von Problemlösungen er bevorzugte. In dem einen Fall stellten sich die Versuchspersonen so dar, daß sie (nach den Vorinformationen, die sie erhalten hatten) gemocht werden mußten; in dem anderen Fall stellten sie sich nur dann auf die Art der scheinbar vom Vorgesetzten bevorzugten Problemlösung bzw. auf seine Einstellung ein, wenn die Wahrscheinlichkeit, positiv beurteilt zu werden, hoch war. Eine große Vielzahl von Untersuchungen zu den verschiedensten psychischen Funktionen oder Verhaltensweisen (vgl. hierzu auch Kapitel 8) vermag zu zeigen, daß das menschliche Selbstdarstellungsverhalten von Situation zu Situation unterschiedlich sein kann, und daß es unter der Kontrolle jeweils konkreter, in einer Situation gegebener verstärkender Reize steht.

Zu dem Mißverständnis, es handle sich bei der Impression-Management-Theorie um eine Motivationstheorie, mag beigetragen haben, daß *Tedeschi* und seine Schüler seit langem die Rolle von *sozialem Einfluß* und *sozialer Macht* (social power) untersucht und als bestimmend für soziale Interaktionsprozesse angesehen haben (*Tedeschi*, 1972, 1974; *Tedeschi* & *Rosenfeld*, 1976). Nur zu leicht kann eine solche Position mit der populären Auffassung, daß ein "Machttrieb" oder "Machtmotiv" hinter allem menschlichen Verhalten stehe, verwechselt werden. Um soziale Interaktionen als Prozesse aufzufassen, in denen Individuen bestrebt sind, ihr Einflußpotential gegenüber ihren Interaktionspartnern zu maximieren, bedarf es jedoch nicht unbedingt der Annahme intrapsychischer Kräfte.

Tedeschi & *Norman* (1985) haben sich neuerdings bemüht, sozialen Einfluß bzw. soziale Macht stärker in Begriffen von Impression-Management bzw. Selbstdarstellung zu interpretieren und so zu einer "Entmotivationalisierung" des Machtkonzepts beizutragen:

> "A power perspective is essentially a reinforcement view of human behavior. It assumes that people are interdependent for their rewards" (*Tedeschi* & *Norman*, 1985, p.294).

Da man an die belohnenden bzw. verstärkenden Gegebenheiten nur über die soziale Interaktion mit anderen Personen gelangt, und da diese anderen Menschen keineswegs nur darauf warten, einem das, was er möchte, zukommen zu lassen, muß man versuchen, sich "stark zu machen" und in irgendeiner Weise andere Menschen wirksam zu beeinflussen. Dabei geht es darum, andere dazu zu bringen, dasjenige zu tun, was man selbst für richtig hält, um an dasjenige zu kommen, was man braucht. Wer Merkmale oder "Identitäten" aufweist, die bestimmte Formen sozialen Einflusses ermöglichen, der müßte demnach erfolgreicher und mithin "sozial mächtiger " sein als jemand, der diese Charakteristika nicht aufweist.

Solche Merkmale, Attribute oder "Identitäten", die Individuen eher als andere besitzen und demgemäß zur Ausübung von Einfluß und Macht prädestinieren, werden auch als *Machtressourcen* bezeichnet. Als Machtressourcen fungieren unter anderem Status, Expertentum, Attraktivität, die Fähigkeit, andere zu belohnen, Informationsmacht und die Möglichkeit, Zwang auszuüben. Unter sozialer Macht wird also das Ausmaß des Vorhandenseins solcher Ressourcen, das Potential, andere Menschen zu beeinflussen, verstanden. Im konkreten Einzelfall hat jemand umso mehr soziale Macht, je mehr er von diesen Ressourcen besitzt und je geschickter und fähiger er die verschiedenen Machtressourcen in der sozialen Interaktion einzusetzen versteht.

Da man nun als Impression-Management bzw. Selbstpräsentation allgemein den Vorgang versteht, das Bild von der eigenen Person bei einem Publikum zu kontrollieren, lassen sich Selbstdarstellungen als ebensolche Versuche der *Beeinflussung der Interaktionspartner* auffassen. Man kontrolliert indirekt das Verhalten der anderen Personen, indem man sich eine für eine bestimmte Situation als angemessen erscheinende Identität gibt. Als Beispiel für eine der vielen unterscheidbaren Impression-Management-Taktiken und -Strategien, wie sie im folgenden Kapitel noch näher beschrieben werden, führen *Tedeschi* & *Norman* die von E.E. *Jones* (1964) analysierte Taktik des Sich-Einschmeichelns an: Der Schmeichler beeinflußt denjenigen, bei dem er sich beliebt macht - scheinbar ergeben und devot, übt er tatsächlich Kontrolle und damit soziale Macht über den Geschmeichelten aus.

In Begriffen von Selbst und Selbstkonzept formuliert lautet die grundlegende Annahme der Impression-Management-Theorie auch, daß Individuen ein möglichst großes Maß an *Selbstwertschätzung* bevorzugen. Man kann dies abermals motivationspsychologisch als ein Streben nach Self-Esteem, nach der Verringerung der Diskrepanz zwischen Ist- und Sollwerten des Selbstkonzepts formulieren; man kann es aber auch einfacher so auffassen, *das Gegebenheiten, die einer solchen positiven*

Selbstwertbilanz dienlich sind, als verstärkende Bedingungen des menschlichen Verhaltens dienen. Tedeschi & *Norman* (1985) sehen keinerlei Widerspruch zwischen Theorien, die ein Streben nach Selbstwertschätzung postulieren und der Impression – Management – Theorie:

> "A person wants to experience positive self – esteem, not for some mysterious, inner – psychic reasons, but because it is a generalized reinforcer which is associated in an indirect way with the facilitation of social influence and the attainment of rewards" (*Tedeschi* & *Norman*, 1985, p.310).

Steigt das Maß an Selbstwertschätzung, so zeigt dies, daß man sich dem "idealen Selbst" annähert, und dies stellt wiederum eine Machtressource für die Zukunft dar, die in der sozialen Interaktion ausgespielt werden kann. Sinkt der Self – Esteem ab, so bedeutet dies eine Erhöhung der Diskrepanz zwischen realem und idealem Selbstbild, und dies zeigt einen Verlust an sozialer Macht an und damit einen Rückgang der Fähigkeit, andere Personen wirksam zu beeinflussen.

In Begriffen von *Self – Esteem* und *sozialer Macht* ausgedrückt, wird nochmals der *interaktive* Charakter des Impression – Management – Ansatzes deutlich: Jemand stellt sich als eine Person dar, die "Macht" – Mittel wie Expertentum oder Vertrauenswürdigkeit besitzt; wird dieser präsentierte Eindruck seitens der Interaktionspartner bzw. des Publikums akzeptiert, so steigt die Selbstwertschätzung des Individumms, und das erhöhte Selbstwertgefühl führt zu einer Erhöhung der Bemühungen, Einfluß und soziale Macht auszuüben, und somit wahrscheinlich zu einer effektiveren Beeinflussung der Interaktionspartner. Wegen der Eingebundenheit des Self – Esteem in eine solche Kette von Verstärkungsprozessen halten *Tedeschi* & *Norman* (1985) das Ausmaß der Selbstwertschätzung regelrecht für einen Indikator sozialer Macht:

> "Self – esteem can be viewed as a barometer (and generalized reinforcer) of potential power derived from evaluations of self against ideal identities" (*Tedeschi* & *Norman*, 1985, p.317).

Versucht man abschließend die Impression – Management – Theorie global mit anderen Theorien des Selbst und der Selbstdarstellung zu vergleichen, so scheint es, als versuche sie mit einem Minimum an Vorannahmen ein Maximum an sozialen Verhaltensweisen zu erklären. Man kann hierin – je nach Standpunkt – einen Vorteil oder eine Schwäche sehen. Anders als die letztlich auf innerpsychische Balance, Homöostase oder Konsonanz abzielenden Selbstkognitions – und Selbstregulationstheorien werden von der Impression – Management – Theorie die für das Selbstdarstellungsverhalten ausschlaggebenden Umstände stärker in die soziale Situation, in die Interaktion zwischen Individuen verlagert; vorausgesetzt werden anscheinend lediglich die allgemeinen lernpsychologischen Verhaltensregeln. Man kann es als ein Merkmal von "Weichheit" einer Theorie, aber auch von großem Gültigkeitsanspruch ansehen, daß bei Interpretationen im Rahmen der Impression-Management-Theorie "relativ schnell die Frage auftaucht, welches soziale Verhalten eigentlich *nicht* auf Impression-Management zurückzuführen sei" (*Mummendey* & *Bolten*, 1985, S.72). Dies ist allerdings unter anderem eine empirische Frage, d.h., die unterschiedlichen Erscheinungsweisen von Impression-Management sollten einmal systematisch beschrieben und klassifiziert werden. Außerdem bedarf es nach mehr als fünfzehnjährigen Versuchen, sozialpsychologische Erkenntnisse in Begriffe von Impression-Management und Selbstdarstellung zu interpretieren, einer Übersicht über den Erfolg dieser Umstrukturierungsbemühungen. Dies soll in den nächsten Kapiteln geschehen.

Kapitel 7

Impression – Management – Strategien und – Taktiken

Eine Taxonomie des Selbstdarstellungsverhaltens

Seit E.E. *Jones* (1964) seine Studie über die Impression – Management – Taktik des Sich – Einschmeichelns veröffentlichte, sind von verschiedenen Autoren bestimmte häufiger auftretende Arten des Selbstdarstellungsverhaltens näher beschrieben worden. Solche Beschreibungen sind teilweise aus experimentellen sozialpsychologischen Untersuchungen hervorgegangen, in ihrer überwiegenden Zahl sind sie jedoch das Ergebnis von Alltagsbeobachtungen, also von persönlichen Erfahrungen im Umgang mit Interaktionspartnern. Letzteres bedeutet nicht, daß die so gewonnenen Beschreibungen von Arten oder Formen der Selbstdarstellung nicht experimenteller Untersuchung zugänglich seien; es soll nur darauf hingewiesen werden, daß hier doch ein Gutteil "Lebenserfahrung" und Intuition im Spiel ist.

Die bislang elaborierteste Klassifikation von Impression – Management – Formen stammt von *Tedeschi* und seinen Mitarbeitern (*Tedeschi, Lindskold* & *Rosenfeld*, 1985). Es liegt daher nahe, sich im folgenden an dieser Übersicht und den ihr zugrundeliegenden Einteilungsgesichtspunkten zu orientieren. Die Autoren unterscheiden, indem sie sich eines ursprünglich militärischen Sprachgebrauchs bedienen, grundsätzlich zwischen Impression – Management – *Strategien* und Impression – Management – *Taktiken.* Diese Unterscheidung hebt darauf ab, ob mit einem Selbstdarstellungsverhalten eher *langfristige* oder eher *kurzfristige* Ziele erreicht werden sollen. Parallel mit der so eingeführten Betrachtungsdimension "langfristig vs. kurzfristig" verläuft eine Betrachtungsweise, die sich auf die Reichweite des Selbstdarstellungsverhaltens in bezug auf unterschiedliche Situationen bezieht: Strategische Selbstpräsentationen sind *situationsübergreifend* angelegt, während taktische Selbstpräsentationen *situationsspezifisch* wirken (sollen). So kann eine langfristig und situationsübergreifend angelegte Impression – Management – Technik eines Fernsehstars darin bestehen, sich zur Verbesserung des eigenen Aussehens und der eigenen Wirkung bzw. Ausstrahlung einer kosmetischen Gesichtsoperation zu unterziehen – eine kuzfristig und situationsspezifische Manipulation des zu erzeugenden Eindrucks von der eigenen Person könnte sich dagegen darauf beschränken, Make-up und Rouge einzusetzen.

Ein zweiter Klassifikationsgesichtspunkt für Impression-Management-Techniken wird durch die Begriffe "*assertiv*" und "*defensiv*" bezeichnet. Wir übersetzen den Begriff "assertiv" gewöhnlich mit "durchsetzungsbereit"; eine assertive Person ist eher aktiv, selbständig und bestimmt, sie ist nicht schüchtern und versteht es, ihren Interessen Geltung zu verschaffen. Unter einer *assertiven* Impression-Management-Technik versteht man mit *Tedeschi* und seinen Mitarbeitern ein aktiv vorgetragenes Selbstdarstellungsverhalten, das darauf angelegt ist, von anderen Personen Vorteile (Belohnungen, Zuspruch, positive Beurteilungen usw.) zu erreichen; militärisch gesprochen wird hier eher "angegriffen" oder "vorneverteidigt". Im Gegensatz dazu bedeutet eine *defensive* Impression-Management-Technik, daß es dem Individuum in erster Linie darum geht, seine Identität zu bewahren, zu schützen und zu verteidigen, wenn sie von anderen Personen in Frage gestellt, bedroht oder beeinträchtigt erscheint.

Nimmt man an, daß beide Klassifikationsgesichtspunkte theoretisch und praktisch als voneinander unabhängig aufgefaßt werden können, betrachtet man sie also sozusagen als senkrecht zueinander angeordnet, so ergibt sich ein einfaches Vierfelderschema für Impression-Management-Techniken:

	Impression-Management-Strategie	Impression-Management-Taktik
Assertives Impression-Management		
Defensives Impression-Management		

Anhand dieses von *Tedeschi et al.* (1985) vorgeschlagenen Schemas wird eine Taxonomie von Formen des Selbstdarstellungsverhaltens möglich, die umfassender ist als frühere, z.B. von *Snyder* (1977), *Tedeschi* & *Riess* (1981) und *Jones* & *Pittman* (1982) gegebene Übersichten; zugleich umgreift dieser Ordnungsversuch die meisten von den genannten Autoren gebrachten Einteilungsgesichtspunkte, und er ermöglicht auch eine Einordnung und Behandlung verschiedener Stile, Formen oder Taktiken des Impression-Management, wie sie schwerpunktmäßig etwa bei *Cialdini* (vgl. z.B. *Richardson* & *Cialdini*, 1981) und *Arkin* (1981) beschrieben worden sind. Wir werden im folgenden nacheinander die so beschreibbaren Kombinationen assertiver/ defensiver Impression-Management-Strategien/ -Taktiken behandeln, ohne dabei aus dem Auge zu verlieren, daß es sich nicht um eine apodiktisch zu verstehende Typologie der Selbstpräsentation, sondern hauptsächlich um ein praktisch brauchbares und didaktisch nützliches Einteilungsschema handelt.

Assertive Impression-Management-Strategien

Als Strategien der Selbstdarstellung, mittels deren ein Akteur sich bemüht, eine längerfristig gültige, positive Reputation zu erwerben, die auch über unterschiedliche Situationen hinweg wirksam ist, nennen *Tedeschi et al.* (1985) "competence/ expertise", "attractiveness", "status and prestige", "credibility and trustworthiness" und "self-disclosure".

Kompetenz und Expertentum. Sich *Kompetenz* oder *Fachkompetenz* (Expertentum) zuzuschreiben und dies nach außen zu präsentieren, ist eine in allen Bereichen gesellschaftlichen Lebens gut zu beobachtende Technik der Selbstkonstruktion bzw. der positiven Imageproduktion (*Whitehead* & *Smith*, 1986). Man kennt sowohl die gezielte Nutzung von Hinweisen auf Kompetenz und Expertentum in der Werbung ("Die Wissenschaft hat festgestellt, daß ...") und in der Politik ("Die Regierung hat Gutachtergremien eingesetzt, die übereinstimmend empfehlen, daß ...") als auch den strategischen Umgang mit Titeln, besonders mit dem Doktortitel als einem fast universell einsetzbaren "Markenzeichen" für Wissenschaftlichkeit und Kennerschaft.

Über sich selbst Informationen zu verbreiten, die der eigenen Person Fachkompetenz zuschreiben, sei zwar, so meinen *Tedeschi et al.* (1985), kein Zeichen von großer Bescheidenheit, sei aber im Alltag sicherlich besser als eigene Fähigkeiten zu verschweigen. Wenn man z.B. als junger Wissenschaftler in eine neue Position an einer neuen Universität komme, so könne man nicht verlangen, daß alle dort ansässigen Kollegen über die eigenen wissenschaftlichen Arbeiten, Veröffentlichungen und Projekte Bescheid wüßten. Daher sei es besser, von Zeit zu Zeit auf die eigenen Qualitäten hinzuweisen – sonst riskiere man es, als jemand angesehen zu werden, der wenig oder nichts tut, so daß man zusätzlich bei der Verteilung von Mitteln benachteiligt wird. Experimentelle Befunde zeigen jedoch, daß es für eine wirkungsvolle Impression-Management-Strategie im Grunde ausreicht, nur am Anfang in dieser Weise "unbescheiden" zu sein: Haben die Interaktionspartner die Kompetenz des Akteurs einmal akzeptiert, so neigen die Akteure dazu, sich wieder "bescheiden" zu präsentieren. Es wäre allerdings, wie *Baumeister* & *Jones* (1978) gezeigt haben, verfehlt, sich einem Publikum gegenüber dann positive Fähigkeiten bzw. Kompetenz zuzuschreiben, wenn die Rezipienten bereits Kenntnis von Mißerfolgen oder Schwächen eines Akteurs besitzen – in einem solchen Falle besteht die effektivere Strategie darin, die Nachteile oder Schwächen zuzugeben und sich zugleich Kompetenz hinsichtlich anderer Bereiche oder Fähigkeiten öffentlich zuzuschreiben. In verschiedenen Experimenten hat sich gezeigt, daß Individuen sich dementsprechend angepaßt verhalten, d.h., daß sie ihre Impression-Management-Strategie danach wählen, welches Wissen sie über Vorinformationen ihrer Interaktionspartner bezüglich der eigenen Person haben.

Expertentum erscheint als wichtige Machtressource (*Tedeschi* & *Norman*, 1985) vor allem deswegen, weil es eine kaum übersehbare Vielfalt von Bereichen gibt, in denen jemand Experte sein kann. Gerade weil niemand auf allen Gebieten Experte sein kann, wird man sich in der Regel auf echtes oder vorgetäuschtes, in jedem Falle aber präsentiertes Expertentum verlassen, wenn man seine Meinung zu einem Fachgebiet bilden soll, von dem man nichts oder wenig versteht. Eine längerfristig angelegte Selbstdarstellungsstrategie, Experte auf einem unter Umständen abseitigen Spezialgebiet zu sein, kann auch einer Person nützen, die ansonsten vielleicht über nur sehr geringe sozialpsychologische Ressourcen verfügt: Man hält einen Menschen vielleicht allgemein für unattraktiv, im Umgang schwierig, geizig oder unsympathisch, aber: "Er ist doch ein augezeichneter Fachmann".

Attraktivität. In vielen Bereichen psychologischen Denkens und Forschens findet sich immer wieder eine Unterteilung nach Leistung und Fähigkeit einerseits, und sozial-emotionalen Gesichtspunkten andererseits; z.B. kann man Vorgesetzte einerseits nach "Kompetenz", andererseits nach "Beliebtheit" positiv oder negativ beurteilen. Dementsprechend können sich die hier besprochenen assertiven Impression-Management-Strategien nicht nur auf Kompetenz oder Expertentum, sondern auch auf Beliebtheit, Sympathie oder eine positive sozial-emotionale Einschätzung, kurz: auf *Attraktivität* richten. "Jeder Mensch will geliebt werden", hört man oft sagen – zumindest läßt sich häufig beobachten, daß Individuen einiges daran setzen, um ihren Mitmenschen gegenüber als attraktiv zu erscheinen. Dementsprechend gilt Attraktivität seit langem als wichtige soziale Ressource bzw. als Ressource sozialer Macht (vgl. *French* & *Raven*, 1959). Wer eine andere Person beeinflussen will, kann z.B. damit rechnen, daß diese Person gemocht werden will und so wird die zu beeinflussende Person sich wahrscheinlich an die beeinflussende Person anpassen bzw. ihr zustimmen, um noch ein wenig mehr gemocht zu werden. Ein attraktiver Kommunikator übt auf diese Weise gewöhnlich einen größeren Einfluß auf Rezipienten aus als ein weniger attraktiver.

Es lohnt sich also für eine Person langfristig, sich ein attraktives Image zu verschaffen. Persönliche Attraktivität, so scheint es, kann man ähnlich wie eine materielle Ressource, also beispielsweise analog zum Geld, anhäufen und ausgeben. Die Techniken, Attraktivität zu erreichen, können im einzelnen sehr vielfältig sein. Zuviel Kompetenz oder Fähigkeiten zu besitzen oder zu präsentieren, kann z.B. für Attraktivität hinderlich sein. So neigen manche Menschen dazu, sich entweder grundsätzlich oder aber zeitweise etwas "dümmer zu stellen" als sie sind oder zu sein glauben, nur um für ihre Interaktionspartner attraktiver zu sein. *Gove*, *Hughes* & *Geerken* (1980) fanden diese Taktik, die man als im Dienst der Impression-Management-Strategie "Attraktivität" stehend interpretieren kann, sowohl bei Männern als auch bei Frauen, wenn sie sich mit einer Person des anderen Geschlechts verabredeten. Auch *Baumeister*, *Cooper* & *Skib* (1979) fanden, daß man dann freiwillig auf gute Leistungen verzichtet und lieber schlechtere Leistungen zeigt, wenn man darüber informiert ist, daß gute Leistungen einen weniger attraktiv erscheinen lassen.

Betrachtet man das bereits gut erforschte Gebiet der interpersonellen Attraktion innerhalb der Sozialpsychologie (vgl. *Berscheid* & *Walster*, 1969; *Mikula*, 1977), so kommt man zu dem Ergebnis, daß sich Attraktivität am besten über den Belohnungswert, den ein Individuum für seine Mitmenschen besitzt, definieren läßt. Ganz gleich, ob Attraktivität eher eng (z.B. als körperliche Attraktivität), oder ob dieses Konstrukt sehr weit gefaßt wird und geradezu als Oberbegriff für eine Fülle sehr unterschiedlicher, positiv bewerteter Merkmale eines Individuums angesehen wird – wegen seines unbestrittenen Verstärkungswertes in sozialen Interaktionsprozessen und seiner allgemein anerkannten Rolle als Mittel sozialer Macht erscheint es als unmittelbar einleuchtend, daß Attraktivität Gegenstand von Selbstdarstellungsstrategien sein kann. Gelingt es einer Person, in den Augen anderer Personen attraktiv zu sein, so verfügt sie ähnlich wie im Falle des Geldes über eine vielfältig einwechselbare und verwendbare Ressource.

Status und Prestige. Eine aktiv vorgetragene, assertive Selbstdarstellungsstrategie kann sich auch darauf richten, der eigenen Person einen möglichst hohen *Status* bzw. ein möglichst großes Ausmaß an *Prestige* zuzuschreiben. Unter Status und Prestige verstehen *Tedeschi et al.* (1985) vor allem die nach außen durch Kleidung und andere "Statussymbole" (Auto, Kunstgegenstände, Aktenmappe bei Geschäftsleuten, Schmuck etc.) dokumentierten Werte des Besonderen und Elitären. Feldexperimente haben immer wieder gezeigt, daß die Kleidung einer fremden Person bereits ausschlaggebend dafür ist, wieviel Vertrauen man diesem Menschen entgegenbringt und in welchem Maße man sich von ihm beeinflussen läßt. Beispielsweise waren Benutzer einer Telefonzelle, in der eine Münze vergessen worden war, viel eher bereit, diese einer gut gekleidet und seriös auftretenden Person als einer schlecht gekleideten Person, die als Arbeiter kenntlich war, zurückzugeben. In den 60ger Jahren wurden zahlreiche sozialpsychologische Experimente zur sog. Prestige-Suggestion ausgeführt. In Wahrnehmungs- und Urteilsexperimenten konnte teilweise ein erhebliches Maß an sog. Co-judge-Suggestibilität festgestellt werden. Z.B. paßten sich Versuchspersonen in ihren Wahrnehmungsurteilen eher an einen Mitbeurteiler an, wenn dieser als "Dr. X" bezeichnet wurde und einen weißen Kittel trug, als wenn die gleiche Person ohne Titel auftrat und keinen weißen Kittel anhatte (*Schmidt*, 1971; *Schmidt*, *Schmerl* & *Steffens*, 1971). Phänomene wie das der Prestige-Beeinflussung berühren mehrere der hier besprochenen Impression-Management-Strategien gleichzeitig, zumindest aber die Suggestion von Kompetenz und Expertentum sowie Status und Prestige. Merkmale wie ein akademischer Titel bei Wissenschaftlern oder eine goldene Armbanduhr bei bestimmten Geschäftsleuten sind Status-"Symbole" im Sinne des symbolischen Interaktionismus: Über ihre rein praktische Bedeutung hinaus zeigen sie unter Umständen an, wieviel Macht, Einfluß, Reichtum, Bildung usw. ihr Träger wahrscheinlich besitzt. Es mag daher für eine Person, die ihren Eindruck im positiven Sinne verändern oder kontrollieren will, besonders "ökonomisch" sein, dies dadurch zu erreichen oder zu unterstützen, daß sie sich Symbole für Status und Prestige öffentlich zuschreibt.

Glaubwürdigkeit und Vertrauenswürdigkeit. Die Begriffe "Status" und "Prestige" werden nicht immer im gleichen Sinne verwendet oder klar voneinander getrennt. In einem bestimmten Sinne drückt "Prestige" eine nicht unbedingt an eine Rolle, ein Amt, eine Funktion oder Position gebundene Ressource sozialen Einflusses aus, "Status" dagegen verweist auf eine durch eine Position legitimierte Autorität. In Kommunikations- und Beeinflussungsexperimenten, insbesondere im Rahmen von Untersuchungen, wie sie durch die Forschergruppe um Carl *Hovland* an der Yale-Universität in den 50er und 60er Jahren vorgenommen wurden (vgl. hierzu Kapitel 4), waren Prestige- und Statusmerkmale wichtige Hinweise auf die *Glaubwürdigkeit* und *Vertrauenswürdigkeit* einer Quelle oder eines Absenders (credibility, trustworthiness). Ein nach *Hovland*, *Janis* & *Kelley* (1953) glaubwürdiger Kommunikator ist in der Regel wesentlich effizienter bei der Meinungsbeeinflussung und Einstellungsänderung seiner Mitmenschen als eine weniger vertrauenswürdige Quelle, auch wenn er nicht unbedingt Experte im engeren Sinne auf dem Meinungs- oder Einstellungssektor ist, um den es gerade geht. Auch die beiden Begriffe

"Glaubwürdigkeit" (credibility) und "Vertrauenswürdigkeit" (trustworthiness) bedeuten streng genommen nicht das gleiche – ersteres hat sich stärker als das zweite am tatsächlichen Zutreffen des von einer glaubwürdigen Quelle vorhergesagten Ereignisses oder Verhaltens zu erweisen. Im vorgegebenen Zusammenhang genügt jedoch die Feststellung, daß es sich für ein Individuum offensichtlich lohnt, sich längerfristig das Image einer glaubwürdigen und/oder vertrauenswürdigen Person zu verschaffen, weil sie damit in jedem Falle über eine Ressource sozialen Einflusses verfügt, die relativ unspezifisch und "weiträumig" einsetzbar ist.

Offenheit. Eine letzte hier zu behandelnde assertive Strategie des Impression-Management, nämlich diejenige, sich anderen Personen gegenüber zu "öffnen" (*self-disclosure*), kann wiederum im Dienste der Tendenz eines Individuums stehen, allgemein als besonders vertrauenswürdig zu erscheinen. Wer self-disclosure als soziale Strategie betreibt, gibt sich vertrauensselig und "trägt sein Herz auf der Zunge" – allerdings womöglich selektiv:

> "The self-discloser is typically selective, leaking information to others in a manner similar to the way press secretaries work to bolster a politician's public image" (*Tedeschi et al.*, 1985, p.84).

Sich anderen gegenüber offen zu geben und sich ihnen bis in relativ Intimes hinein mitzuteilen, kann für denjenigen, der diese Strategie verfolgt mehrere Vorteile zugleich haben: Er wird dadurch unter Umständen beliebter und vertrauenswürdiger, wird also allgemein sympathischer und somit attraktiver, aber er kann damit auch erreichen, daß sich seine Interaktionspartner sozusagen im Gegenzug wiederum ihm gegenüber öffnen, so daß sich seine Einflußmöglichkeiten weiter vergrößern. Da sich in sozialen Interaktionen immer wieder eine Art "Norm der Reziprozität" feststellen läßt, wird eine systematisch betriebene Öffnung gegenüber dem Anderen – wie man es auch in der Außenpolitik beobachten kann – diesen wahrscheinlich dazu bringen, selbst ein paar Schritte entgegenzukommen und sich ebenfalls ein Stück weiter zu öffnen. Selbstverständlich kommt es hierbei auf das richtige Maß an Öffnung und erwiderter Öffnung an – sowohl zuwenig als auch zuviel self-disclosure kann als unangemessen gelten und zu einem Bumerang-Effekt führen. Verschiedene Experimente haben gezeigt, daß Interaktionspartner sich zumeist an das ihnen jeweils entgegengebrachte Ausmaß an Offenlegung von Informationen und Gefühlen anpassen, sofern die Person, die diesen Prozeß in Gang setzt, es nicht übertreibt.

Die Betrachtung einiger aktiv betriebener, assertiver Selbstdarstellungstechniken strategischer Art mag gezeigt haben, daß sich im alltäglichen Leben eine Vielzahl womöglich recht wirksamer Bemühungen um eine längerfristige Eindruckskontrolle finden läßt. Zugleich mag deutlich geworden sein, daß solche Impression-Management-Strategien keineswegs distinkt, einander ausschließend zu sehen sind. Sie wirken vielmehr zusammen - und oftmals einander einschließend und wechselseitig mitbedingend - daran mit, dem Individuum in sozialen Interaktionen einen akzeptierten und einflußreichen Platz zuzuweisen. Es muß dabei immer wieder daran erinnert werden, daß die Frage, ob es sich dabei jeweils um ein beabsichtigtes, bewußtes und gezieltes strategisches Verhalten handelt oder ob die Eindruckssteuerung eher ungewollt, unbeabsichtigt, sozusagen automatisch und selbstverständlich erfolgt (vgl. hierzu u.a. *Schlenker*, 1980), von zweitrangiger Bedeutung ist - beides ist denkbar, und die jeweils gegebenen Anteile bewußten oder aber automatisierten strategischen Verhaltens müßten im Einzelfall jeweils erforscht werden. Dies gilt in gleicher Weise für die im folgenden zu besprechenden "defensiven" Strategien.

Defensive Impression-Management-Strategien

Wer zu bestimmten Dingen einfach nicht fähig ist, wer offensichtlich krank oder auch nur ängstlich, schüchtern oder deprimiert ist oder sich nicht ganz unter Kontrolle hat, dem wird man die Verantwortlichkeit für sein Handeln absprechen, man wird ihn von bestimmten Verpflichtungen freistellen und ihm ggf. Hilfe zukommen lassen. Wer ein solches Verhalten oder auch nur Teile eines "nicht ganz zurechnungsfähigen" Verhaltenssyndroms gewohnheitsmäßig zeigt, hat auf den zweiten Blick sicherlich eine ganze Reihe von Vorteilen: Er braucht vielleicht weniger zu arbeiten oder wird weniger stark belastet als andere, er kann vielleicht ungestraft Verhaltensweisen ausführen, für die andere zur Rechenschaft gezogen würden, er wird vielleicht besonders gut betreut, bekommt institutionelle Hilfe usw. Daher liegt es für manchen nahe, dieses Bild einer für ihr Verhalten nicht voll verantwortlichen Person strategisch zu vermitteln. Als solche *defensiven strategischen* Selbstdarstellungen behandeln *Tedeschi et al.* (1985) und *Tedeschi* & *Norman* (1985) eine Reihe von gewöhnlich als *pathologisch* oder klinisch-psychologisch relevant zu bezeichnenden Verhaltensweisen: den pathologischen Gebrauch von *Entschuldigungen*, eine Reihe von "*Self-handicapping*"-Strategien (Alkoholismus und Drogenabhängigkeit, Hilflosigkeit und Ängstlichkeit) und die Präsentation von Symptomen von *Geisteskrankheit*.

Entschuldigungen. Der Einsatz von *Entschuldigungen*, normalerweise eine (weiter unten zu besprechende) taktische Variante der defensiven Selbstdarstellung, kann habituell oder chronisch werden, so daß das Entschuldigungsverhalten geradezu pathologische Züge annehmen kann.

Snyder, Stucky & Higgins (1983) haben dieses Syndrom näher beschrieben. Personen, die Entschuldigungen gewohnheitsmäßig und permanent einsetzen, fallen sowohl durch deren Häufigkeit als auch durch die Extremität ihres Gebrauchs auf – Entschuldigungen werden bei jeder sich bietenden Gelegenheit vorgebracht, und sie sind oft unverhältnismäßig bis abstrus. Da die völlige Unverantwortlichkeit für alles und jedes, die man sich gewohnheitsmäßig zuschreibt, geradezu automatisch zur Produktion des Image "krank" führt, besteht ein fließender Übergang zwischen einem pathologischen Gebrauch von Entschuldigungen und solchen Selbstbeeinträchtigungsstrategien, bei denen man sich direkt als krank darstellt.

Self-handicapping. Auch die im normalen Alltagsleben häufig vorkommende Tendenz, in bestimmter Hinsicht nicht hundertprozentig zu funktionieren oder fit zu sein, kann als habituelle, chronische Verhaltensweise strategisch defensiv eingesetzt werden: Man fügt sich selbst einen Schaden zu ("*handicapt*" sich selbst), so daß man für sein folgendes Verhalten nicht vollständig verantwortlich gemacht werden kann (vgl. *Berglas*, 1988). Beispiele hierfür sind Alkoholismus und Drogenkonsum bzw. -sucht. *Jones & Berglas* (1978) haben beispielsweise das Alkoholtrinken als längerfristig angelegte Flucht aus der Verantwortlichkeit und den unangenehmen Seiten des Alltagslebens interpretiert: Fehlverhalten und Mißerfolge lassen sich dann leicht dem Alkohol zuschreiben. Diese ebenso wie weitere Interpretationen von Drogenkonsum als Impression-Management-Strategie bedeuten keineswegs, daß Sucht immer oder ausschließlich als eine soziale Strategie aufgefaßt wird – es wird lediglich darauf hingewiesen, daß dies so sein *kann.* Kaum einer der Autoren, die sich mit der Impression-Management-Theorie oder beispielsweise attributionstheoretischen Erklärungen des Suchtverhaltens befassen, wird die massiven somatischen ebenso wie die grundlegenden lernpsychologischen Vorgänge und Bedingungsfaktoren für Suchtphänomene leugnen. Die Autoren weisen lediglich darauf hin, daß Suchtformen ebenso wie andere Selbstschädigungen auch als Self-handicapping-Strategien dienen können.

Die in unserer Gesellschaft weitgehende Anerkennung von Alkoholismus und anderen Suchtformen als Krankheit fördert zusätzlich die Wirksamkeit von Alkohol- und Drogenabhängigkeit als Impression-Management-Strategie. Wenn ein Süchtiger als Kranker wahrgenommen und akzeptiert wird, wird man ihm wahrscheinlich eine ganze Reihe weiterer Hilfen und Entlastungen in persönlicher, finanzieller, institutioneller Hinsicht gewähren, wie sie Kranken generell zuerkannt werden.

Ähnliches wie für Drogenkonsum und -abhängigkeit läßt sich auch für wesentlich "normaler" angesehene Phänomene wie *Ängstlichkeit* (von fundamentaleren Angstzuständen bis hin zu sozialer Ängstlichkeit,

Schüchternheit oder auch nur "Testangst") beobachten. Angst kann eine neurophysiologische Grundlage haben (vgl. z.B. *Fröhlich*, 1983). Art und Ausmaß von Ängstlichkeit können aber auch gelernt und durch Erfahrung modifikationsfähig sein. So kann das Auftreten von Angst durchaus auch verschiedenen sozialpsychologischen Funktionen dienen. *Smith*, *Snyder* & *Handelsman* (1982) haben z.B. die bei Studenten und Schülern häufig zu beobachtende Testangst – man könnte hierzu auch Prüfungsangst zählen – im Sinne einer defensiven Self-handicapping-Strategie interpretiert. Sich ein "akademisches Holzbein" wie Testangst zuzulegen (wie immer in unserem Zusammenhang, spielt dabei eine nur untergeordnete Rolle, ob dies nun unbeabsichtigt oder mit Absicht herbeigeführt wird) kann den Vorteil haben, daß Prüfungen oder Tests nichts Gültiges über die tatsächlichen Fähigkeiten und Leistungen einer Person aussagen können. Experimente wie dasjenige von *Smith et al.* (1982) haben gezeigt, daß manche Studenten nur solange Testangst empfinden, wie diese tatsächlich eine entlastende Funktion besitzt. Selbstverständlich gibt es darüber hinaus als wesentlich schwerer zu bewertende Angstzustände klinisch-psychologisch und psychiatrisch bedeutsamer Art, denen man zu Recht das Attribut "krank" zuerkennen wird und die man nicht so leicht als defensive Strategien interpretieren kann.

Symptome geistiger Erkrankung. Die Interpretation mancher Verhaltensweisen von Patienten *psychiatrischer* Anstalten im Sinne von Impression-Management-Strategien geht bis auf Goffman (1961) zurück. Soziologen und Psychologen haben immer wieder darauf hingewiesen, daß mit der Einweisung in eine psychiatrische Anstalt ein Kreislauf beginnt: Jemand wird eingewiesen, weil er "krank" ist, aber er wird (erst richtig) "krank" dadurch, daß er eingewiesen wird. Das Etikett "Kranker", "Patient" usw. verschafft einer Person eine entsprechende, schwer wieder zu verändernde Identität, und das Verhalten der sozialen Umgebung (Ärzte, Mitpatienten etc.) ebenso wie schließlich auch das eigene Verhalten des Individuums arbeiten ständig daran mit, die Identität als psychisch Kranker zu bestätigen. In seiner berühmt gewordenen Studie "On being sane in insane places" hat David *Rosenhan* (1973) eindrucksvoll gezeigt, wie eine solche sich selbst erfüllende Prophezeihung bei einer gesunden Person eintritt, die zu Studienzwecken als psychisch Kranker in eine entsprechende Institution eingewiesen wird. *Braginsky* (zusammenfassend 1981) hat am Beispiel von Schizophrenie-Patienten aufgewiesen, daß Individuen Impression-Management in positivem (gesundem) oder negativem (krankem) Sinne zeigen, je nachdem, ob sie meinen, ein besonders günstiges oder ungünstiges Krankheitsbild werde zu einem Vorteil oder Nachteil (Verlegung in eine andere Abteilung, oder nicht) für sie führen. Klinische Psychologen und Psychotherapeuten interpretieren häufig, ohne dies jedoch in Begriffen von Impression-Management-Strategien zu tun, psychotische und neurotische Verhaltensweisen als funktional in dem

Sinne, daß die Person durch den Einsatz bestimmter Symptome (z.B. Bakterienfurcht, Waschzwänge etc.) die Ausführung bestimmter "unbewußt unerwünschter" Verhaltensweisen umgehe. Schließlich hat ein Experiment von *Smith*, *Snyder* & *Perkins* (1983) gezeigt, daß Studentinnen mit hohen Meßwerten auf einer Hypochondrie-Skala (d.h., Personen, die sich gewöhnlich viele Krankheitssymptome zuschreiben) sich nur in dem Maße gehäuft Krankheitssymptome attestieren, wie dies für sie von defensivem Nutzen ist. Die Selbstzuschreibung von Krankheit und Krankheitssymptomen kann, wie so manche Alltagserfahrung zeigt, oft relativ unabhängig davon, um welche Krankheiten und welche Schweregrade es sich handelt, gewohnheitsmäßig als Mittel zur Bewältigung aller möglichen Situationen des Lebens, und das heißt, als defensive Impression-Management-Strategie eingesetzt werden.

Assertive Impression-Management-Taktiken

Taktiken zielen im Gegensatz zu Strategien auf Wirkungen, die nur für bestimmte Situationen und/oder kürzere Zeitabschnitte Geltung haben sollen. Wer als Redner ein Publikum beeindrucken will, möchte vielleicht nur von dieser Zuhörerschaft anerkannt oder bewundert werden, und er stellt sich in erster Linie auf die momentane Situation ein. Von Strategie würde man dagegen sprechen, wenn die betreffende Präsentation des Redners nur ein Glied in einer Kette von Reden und Präsentationen, z.B. eines Politikers, der langfristig ein hohes Amt anstrebt, ist, wenn also der Redner die betreffende Situation zum längerfristigen Aufbau seines Image benutzt.

Eine Reihe von Sozialpsychologen, oftmals aus dem Umfeld von E. E. *Jones*, hat Impression-Management-Taktiken beschrieben und experimentell erforscht, die Individuen in sozialen Interaktionen einsetzen, um bei ihren Interaktionspartnern aktuell einen bestimmten Eindruck zu erzeugen. *Tedeschi et al.* (1985) zählen als am häufigsten zitierte assertive Taktiken auf: Ingratiation (Sich-Einschmeicheln), Intimidation (Einschüchtern), Supplication (hilfsbedürftig erscheinen), Self-Promotion (kompetent und fähig erscheinen) und Exemplification (sich als moralisch vorbildlich darstellen).

Sich beliebt machen. Die Taktik des Schmeichelns, Sich-Einschmeichelns oder Sich-beliebt-Machens (*ingratiation*) zielt darauf ab, die Sympathie eines Interaktionspartners oder Publikums zu gewinnen. Gelingt es, sich beliebt zu machen, so gewinnt man einen Vorteil, denn beliebte Personen werden von ihren Mitmenschen häufiger belohnt als weniger beliebte. Versucht man sich durch Schmeicheleien beliebt zu machen, so gerät man allerdings in ein Dilemma: Je mehr man auf Beliebtheit angewiesen ist, je stärker man also die Gunst bestimmter Personen gewinnen möchte, desto größere Anstrengungen wird man in dieser Richtung unternehmen und desto größer wird auch die Abhängigkeit von der Person, der man schmeichelt. Wer aber als abhängig wahrgenommen wird, dessen Schmeicheleien werden leicht unglaubwürdig. Aus der Sicht derjenigen Person, um deren Gunst es geht, wird der Zuspruch einer abhängigen oder als Schmeichler erkannten Person leicht als anbiedernd und manipulierend empfunden, so daß es zu einer umgekehrten Beziehung zwischen dem Aufwand an Beliebtheitshascherei und dem Ausmaß an Erfolg dieser Impression-Management-Taktik kommt. E.E. *Jones* und K.J. *Gergen* haben hierzu mehrere Studien vorgelegt (z.B. *Jones*, *Jones* & *Gergen*, 1963). Der Schmeichler wird versuchen, dem geschilderten Dilemma zu entgehen, indem er unauffällig und verdeckt vorgeht, indem er also indirekt oder mit kleinen Schritten sein Ziel zu erreichen versucht.

Schlenker (1980) verwendet zur Beschreibung der Impression-Management-Taktik "ingratiation" das Bild der Reklame oder Werbung. Man betreibt Werbung für sich selbst und muß dabei ebenso wie derjenige, der Werbung für ein Markenprodukt betreibt, immer auch damit rechnen, als unglaubwürdig angesehen zu werden. Die Eigenwerbung dürfte sich von der professionellen Reklame aber unter anderem durch das Ausmaß an Bewußtheit oder Absichtlichkeit unterscheiden. *Jones* & *Wortman* (1973) vertreten die Auffassung, daß Verhaltensweisen, die andere Personen für jemanden einnehmen sollen, in den meisten Fällen ganz automatisch und unreflektiert erfolgen. Sie seien das Ergebnis eines langwierigen und komplexen Sozialisationsprozesses, in dem man nach und nach lernt, wie man sich sozial mächtigen Personen gegenüber darzustellen hat, wenn man an ihren Machtressourcen teilhaben will. Das Interaktionsverhalten von mächtigen und weniger mächtigen Personen läßt sich in bestimmtem Maße in experimentellen Spielen simulieren, in denen die Spielpartner unter anderem bestimmte Belohnungs- und Bestrafungsmöglichkeiten besitzen. *Tedeschi*, *Schlenker* & *Bonoma* (1973) haben hier gezeigt, daß es vor allem die weniger mächtigen Individuen sind, die mangels anderer Ressourcen auf "ingratiation"-Taktiken, aber auch auf Lügen zurückgreifen, um mächtigere Personen zu beeinflussen. Wer bereits mächtig ist, über genügend Ressourcen verfügt, braucht weniger zu werben und erst recht weniger zu lügen. *Schlenker* (1980) weist zur Illustration auf Untersuchungen hin, in denen die Angaben von Bewerbern um einen Arbeitsplatz mit den Angaben ihrer früheren Vorgesetzten verglichen wurden: In mehr als der Hälfte der Fälle gaben die Jobsuchenden überhöhte frühere Beschäftigungszeiten und Gehälter an.

Die Impression-Management-Taktik des Sich-Beliebtmachens, Sich-günstig-Darstellens oder Einschmeichelns kann als assertiv, und nicht als defensiv, bezeichnet werden, weil sie sich auf Situationen bezieht, in denen der Akteur nicht in Schwierigkeiten, in die Enge getrieben oder sonstwie zur Verteidigung seiner Person gezwungen ist. (*Tedeschi* und seine Schüler bezeichnen solche Situationen zusammenfassend als "predicaments", also als "mißliche Lagen".) Die Taktik, sich aufzuwerten, ist also keine Verteidigungsmaßnahme, sondern sie dient der kurzfristigen und aktuellen Selbstwerterhöhung. In Anlehnung an *Jones* & *Wortman* (1973) lassen sich mindestens vier verschiedene Spielarten von "ingratiation" beschreiben, wenn man so will, vier Untertaktiken: Kommunikation mit dem Ziel, sich selbst zu erhöhen (self-enhancing communication), Kommunikation mit dem Ziel, andere zu erhöhen (other-enhancing communication), Meinungskonformität (opinion conformity) und Gunst erweisen (favor-doing).

Auf die Tendenz, sich kurzfristig besser darzustellen, als man vielleicht ist (*self-enhancing*), sind wir bereits eingegangen: Wer einen Arbeitsplatz sucht, wertet sich beim Bewerbungsgespräch ein wenig auf oder er stellt sich - je nachdem, was im vorliegenden Fall wichtig ist - als besonders bescheiden und anspruchslos dar. Je nachdem, welche Vorinformationen Bewerber oder befragte Personen in Interviews besitzen, stellen sie sich mal eher als selbständig oder mal eher als anpassungsfähig, mal als besonders leistungsfähig oder mal als besonders kontaktfähig dar. Eine von *Tedeschi et al.* (1985) berichtet Studie hat hier gezeigt, daß die Tendenz, den eigenen Wert zu erhöhen, stark kulturabhängig ist: Chinesische Studenten betonen in ihrer Selbstdarstellung eher die eigene Bescheidenheit, amerikanische eher die eigene Leistungsfähigkeit. Und sollte es eine Kultur geben, in der Widerspruchsgeist und Querköpfigkeit besonders hoch im Kurs stehen, so könnte man erwarten, daß die entsprechende Selbstpräsentationstaktik, sich beliebt zu machen, darin bestünde, daß man vermehrt abweichende Meinungen äußert: *Jellison* & *Gentry* (1978) fanden im Experiment ein solches Verhalten bei Personen, denen man die Information gegeben hatte, der Interviewer habe eine Vorliebe für Individuen, die abweichende Auffassungen vertreten.

Die mit dem Begriff "Schmeichelei" am besten umschriebene Taktik, sich beliebt zu machen, besteht sicherlich darin, andere Personen zu loben (*other-enhancing communication*). *Tedeschi et al.* (1985) zitieren hier das Rezeptbuch "How to win friends and influence people" von Dale *Carnegie* (1940), das Erfolgsuchenden empfiehlt, den Namen einer Person, bei der man sich beliebt machen möchte, so oft wie möglich auszusprechen, denn fast jeder höre sich selbst gern erwähnt und zitiert ("a person's name is the 'sweetest sound' to them"). *Schlenker* (1980) hat darauf hingewiesen, daß das Loben und Anpreisen einer anderen Person dann besonders wirksam ist, wenn der Andere sich nicht ganz sicher ist, ob er die betreffenden Eigenschaften auch wirklich besitzt. Wenn ich jedoch weiß, daß ich häßlich bin, wenn ich also sicher weiß, daß mir Schönheit vollständig fehlt, dann werde ich ein Anpreisen meiner Schönheit schnell als Schmeichelei entlarven und das Verhalten dessen, der mir schmeicheln will, als Anbiederei ablehnen. Wer anderen wirksam schmeicheln will, sollte also gewisse Realitäten nicht außer acht lassen.

Eine in diesem Sinne vollständig "realistische" Taktik des Sich-Beliebtmachens besteht darin, sich so zu verhalten, als stimme man mit den Werthaltungen, Einstellungen und Meinungen der Person, auf die man abzielt, vollständig überein *(Meinungskonformität).* Viele Redner in Diskussionen betonen zunächst, d.h., bevor sie ihre womöglich abweichende Auffassung darlegen, sie stimmten mit den Ansichten ihres Herrn Vorredners grundsätzlich oder ganz und gar überein. Imitation, so befand Oscar *Wilde*, sei die höchste Form der Schmeichelei. Untergebene und abhängige Personen, so zeigen Lebenserfahrung und experimentelle Studien, passen sich den Meinungen der Vorgesetzten oder für sie ausschlaggebenden Personen an – zumindest solange die betreffende Situation andauert. *Von Baeyer*, *Sherk* & *Zanna* (1981) zeigten, wie sich Versuchspersonen geradezu "automatisch" an den Versuchsleiter, der sie befragen sollte, anpaßten: Wenn Probandinnen die Information hatten, der Versuchsleiter habe in bezug auf Frauen eher traditionelle Ansichten, so erschienen sie zum Interview eher traditionell gekleidet und zurechtgemacht, sprachen insgesamt weniger, gaben eher herkömmliche Antworten zum Thema "Ehe und Familie" und wurden von unabhängigen Beobachtern als vergleichsweise attraktiver beurteilt – im Gegensatz zu Probandinnen, denen man bezüglich des zu erwartenden Versuchsleiters die gegenteilige Information gegeben hatte. *Tedeschi et al.* (1985) weisen aber auch in bezug auf die Schmeicheltaktik "Meinungskonformität" darauf hin, daß hier wie bei allen entsprechenden Taktiken die Gefahr eines Bumerangeffektes bestehe. Wer nämlich als jemand angesehen wird, der sich stets anpaßt, kann leicht als Konformist identifiziert und abgelehnt werden. Die Autoren geben daher den (vermutlich nicht ganz ernstgemeinten) Rat:

> "If your boss indicates support of increased defense spending, reduction of income taxes, and deregulation of controls on big business, an effective ingratiation tactic would be to say you voted Republican in the last election" (*Tedeschi et al.*, 1985, p.73).

Als letzte Taktik, sich bei anderen beliebt zu machen, wird die Methode besprochen, der Person, bei der man sich einschmeicheln will, *einen Gefallen zu tun.* Wer dies tut, zielt im Grunde auf das Prinzip der Gegenseitigkeit ab. In fast allen Kulturen scheint es eine *Norm der Reziprozität* zu geben, die als ungeschriebenes Gesetz auf den verschiedensten Gebieten des menschlichen Verhaltens Gültigkeit hat (vgl. *Gouldner*, 1960). Demnach "wäscht eine Hand die andere", jemanden, der mich angreift, werde ich möglichst in "angemessener Weise" bestrafen, usw. Empirisch läßt sich ohne weiteres zeigen, daß Individuen Personen, die ihnen etwas Gutes tun, eher mögen. Also wird man dieses "Gute", d.h. kleine oder größere Geschenke, Einladungen zum Essen etc. auch systematisch und taktisch einsetzen, um Freunde zu gewinnen. *Tedeschi* und seine Mitarbeiter weisen hier auf das weite Feld des Lobbyismus hin: Von einem wirklich ganz kleinen Gefallen bis hin zur Zahlung hoher Beträge oder sonstigen Vergünstigungen reichen die Möglichkeiten, sich im privaten und politischen Leben bei anderen Personen beliebt zu machen.

Einschüchtern. Im Gegensatz zur Taktik des Sich-beliebt-Machens zielt eine andere assertive Impression-Management-Taktik, die Einschüchterungstaktik (*intimidation*), darauf ab, in einer bestimmten Situation als stark, mächtig, gefährlich usw. zu erscheinen. Es gibt Situationen, in denen Einschüchterung wirksamer ist als irgendeine Taktik des Entgegenkommens – man denke nur an sportliche Wettkampfsituationen, und hier beispielsweise an die Ausstaffierung und das Auftreten von Spielern beim American Football. Sich-beliebt-Machen und Einschüchtern verhalten sich zueinander wie die Taktiken und Techniken des Belohnens und Bestrafens: Man kann einen Eindruck erzielen oder eine Wirkung erreichen, indem man Belohnung anbietet oder anwendet, und man kann dies unter Umständen erreichen, indem man Strafe androht oder austeilt. Auch im Falle von Einschüchterung gilt wieder, daß eine solche Impression-Management-Taktik solange effizient sein wird, wie die Einschüchterung glaubwürdig ist.

Jones & *Pittman* (1982) weisen darauf hin, daß Einschüchterungstaktiken weder auf die Androhung körperlicher Gewalt noch auf die Beeinflussung wenig mächtiger Individuen durch mächtige Personen beschränkt ist. So kann jemand seine Macht demonstrieren, indem er seinem Interaktionspartner gegenüber nur durchblicken läßt, daß er ihn blamieren oder in eine peinliche Situation bringen kann; viele Beispiele aus dem privaten, geschäftlichen und politischen Leben zeigen immer wieder, daß Einschüchterungen keineswegs physischer Art zu sein brauchen. So lernen zum Beispiel kleine Kinder, also eigentlich wenig mächtige Personen, oft schnell, mit "quengeligem" Verhalten und Weinen zu drohen und auf diese Weise eben doch soziale Macht zu demonstrieren. Eine solche Gegenmacht, die darin besteht, jederzeit "eine Szene machen" zu können, schreiben *Jones* & *Pittman* (1982) unter anderem auch ansonsten eher machtlosen Gruppen wie Arbeitnehmern, Studenten, Bedienungspersonal oder Gefängnisinsassen zu. Eher machtlosen Individuen und Gruppen stehen somit eine ganze Reihe von passiven Widerstandsformen zur Verfügung, die auf die jeweils Mächtigen einschüchternd wirken können.

Einschüchterung als Impression-Management-Taktik kann sich oft, wenn sie glaubwürdig und überzeugend ist, auf bloße Andeutungen von Drohung beschränken. Bei einer Person, der man zutraut, daß sie nicht nur droht, zeigt oft schon das alleinige Anheben der Augenbrauen einen Effekt, sie muß also nur einen kleinen Hinweis auf eine mögliche Drohgebärde erkennen lassen. In jedem Falle "gehören zum Einschüchtern zwei Personen": Die Einschüchterung ist nur wirksam, wenn es eine Person gibt, die sich einschüchtern läßt. *Jones* & *Pittman* (1982) betonen daher den *impliziten* Charakter der meisten interpersonalen Drohakte. Für den Akteur, der Impression-Management betreibt, kommt es darauf an, die Attributionen des Interaktionspartners, also die Zuschreibungen, Unterstellungen usw. gegenüber dem Akteur zu manipulieren. Mit einer Einschüchterungstaktik wird sich der Akteur gewöhnlich alles andere als beliebt machen. Die Autoren halten es daher für folgerichtig, wenn diese Taktik vor allem in sozialen Beziehungen mit unfreiwilligem Charakter angewendet wird, z.B. in Ehe- und Familienbeziehungen, Lehrer-Schüler-Interaktionen, Arbeitsbeziehungen und in totalen Institutionen wie z.B. beim Militär. ("Unfreiwillig" bezieht sich hier wohl hauptsächlich auf spätere Stadien solcher Beziehungen, die an ihrem jeweiligen Beginn oftmals durchaus frei gewählt werden können.) Als Taktik, die zu Spannungen und Pressionen führen kann, dürfte Einschüchterung häufig zur Aufhebung der Interaktionsbeziehung beitragen, also z.B. zur Aufkündigung von Familienbeziehungen, Scheidung, Schul- oder Arbeitsplatzwechsel und Widerstand oder Sabotage.

Zwischen einer Einschüchterung im Sinne des Drohens und einem vielleicht einschüchternd wirkenden Imponierverhalten, das womöglich eher im Sinne einer Selbsterhöhung des Akteurs gemeint ist, gibt es sicherlich fließende Übergänge. Wer mit einem Fahrzeug zu laut oder zu schnell an seinen Mitmenschen vorbeifährt, macht vielleicht Angst, schüchtert ein, bedroht und schädigt diese Personen, auch wenn er selbst hauptsächlich imponieren und sein Selbstwertgefühl steigern will. In jedem Falle ist die Selbstdarstellungstaktik – handele es sich nun eher um "ingratiation" oder um "intimidation" – von den Reaktionen der Interaktionspartner abhängig. Dies zeigt sich eindrucksvoll in Feldexperimenten von *Ellsworth*, *Carlsmith* & *Henson* (1972): Wenn Passanten an einer Straßenkreuzung Autofahrer anblicken, so starten diese beim Wechsel der Ampel von "Rot" zu "Grün" wesentlich heftiger als wenn die Passanten in eine andere Richtung blicken.

Hilfsbedürftig erscheinen. Menschen, denen es unter Umständen an Taktiken des Sich-beliebt-Machens oder des Einschüchterns mangelt, können sich gezielt als hilfsbedürftig oder schwach darstellen. Bei dieser als *supplication* bezeichneten Impression-Management-Technik verleiht man sich die Identität einer abhängigen Person, die ganz auf die Hilfe der anderen angewiesen ist. Es mag einem dann wie dem Kind gehen, das Bauchschmerzen bekommt und daraufhin von der ganzen Familie umsorgt und gepflegt wird, so daß es wegen der vielen Aufmerksamkeiten seine Krankheit am liebsten beibehalten oder aber bei Gelegenheit wieder aktivieren möchte. Schwäche und Hilfsbedürftigkeit müssen ja ebenso wie Krankheit keineswegs demjenigen, der sie zeigt oder besitzt, selbst angelastet werden, sondern es mag hierfür viele externe Ursachen geben. So wird derjenige, der durch eine Hilfsbedürftigkeits-Taktik beeinflußt wird, sich in den meisten Fällen als guter Mensch fühlen. Schließlich ist man durch eine in den meisten Kulturen herrschende soziale Norm dazu verpflichtet, sich Hilfsbedürftigen gegenüber verantwortlich zu fühlen und Hilfe zu gewähren.

Kindern, die durch Schwäche und Hilfsbedürftigkeit Vorteile erreichen, droht ebenso wie Patienten, die ihre Symptome oder die Dauer ihres Krankseins übertreiben, die Gefahr, daß sie als Simulanten identifiziert und behandelt werden. Allerdings sitzen auch Simulanten häufig noch "am längeren Hebel" bzw. üben soziale Macht auf ihre Umgebung aus, da man meist Hemmungen verspürt, sie hart zu behandeln - auch als Individuen, die Hilfsbedürftigkeit vortäuschen oder übertreiben, werden sie häufig noch mit erheblicher Aufmerksamkeit behandelt. Weit verbreitet - in früheren Zeiten vielleicht stärker als heutzutage - sind auch geschlechtstypische Verhaltensweisen solcher "Hilfsbedürftigkeit". *Jones & Pittman* (1982) weisen hier auf die "schwache, hilfsbedürftige" Frau hin, die mit dem "sexistischen" männlichen Gegenstück ein ideales Paar abgebe, wenn es um Reifenwechseln, Rechenaufgaben, das Ausfüllen von Behördenformularen, Koffertragen oder das Bestellen von Getränken geht; dies alles kann *sie* "überhaupt nicht" und läßt es *ihn* bewerkstelligen. Umgekehrt könnte man männliche Hilflosigkeitstaktiken anführen, wenn es beispielsweise um das Annähen von Knöpfen, das Kochen oder das Versorgen kleiner Kinder geht. In allen möglichen sozialen Gruppen scheint es wechselseitig geradezu anerkannte Hilflosigkeitstaktiken zu geben, bezüglich deren es zu einem sozialen Austausch kommt.

Wie für die bisher besprochenen Impression-Management-Taktiken gilt auch hier, daß die Wirksamkeit der Eindrucksmanipulation sehr stark davon abhängt, ob es gelingt, zutreffende Erwartungen an die sozialen Interaktionspartner zu knüpfen, d.h., ob man sich an die Kognitionen (Wahrnehmungen, Beurteilungen, Unterstellungen etc.) der zu beeinflussenden Individuen anzupassen vermag. Wer an der Haustür bettelt, muß auch damit rechnen, daß die Angesprochenen das Betteln ablehnen und aus diesem Grund Hilfe verweigern. Wer als Arbeitsloser Hilfe erbittet, muß damit rechnen, daß viele Menschen Arbeitslosigkeit als zumindest teilweise selbstverschuldet ansehen. Wer als Mann oder Frau geschlechtsstereotype Hilflosigkeit zeigt, muß mit der Konsequenz rechnen, in bestimmten Punkten nicht ernst genommen zu werden oder auch nur einfach auf seine Geschlechtsrolle festgelegt zu werden. Der Gerechtigkeit halber sollte aber auch darauf hingewiesen werden, daß es viele Menschen gibt, die zweifelsfrei hilfsbedürftig sind oder denen lediglich die Präsentation von Hilfsbedürftigkeit als Mittel sozialer Zuwendung zur Verfügung steht – und auch darauf, daß es für den anderen nicht immer leicht ist, zwischen echter und taktisch präsentierter Schwäche und Hilfsbedürftigkeit klar zu unterscheiden.

Eigenwerbung betreiben. Wer Eigenwerbung (*self-promotion*) betreibt – eine weitere von *Jones* & *Pittman* (1982) und *Tedeschi* et al. (1985) beschriebene assertive Impression-Management-Taktik, die von bestimmten Formen des Sich-beliebt-Machens (ingratiation) nicht immer leicht zu unterscheiden ist – stellt sich anderen gegenüber direkt als mit positiven Eigenschaften ausgestattet dar (vgl. auch *Arkin*, 1988). Man stellt sich z.B. als besonders intelligent, kompetent oder sachverständig dar, tut dies aber nicht in erster Linie, um sich damit beliebt zu machen, sondern um hinsichtlich der eigenen Fähigkeiten und Leistungen respektiert zu werden. Man kann sich sogar leicht vorstellen, daß sich jemand, der ausdrücklich auf eigene Leistungen, z.B. Studienabschlüsse, Diplome, Veröffentlichungen, Empfehlungsschreiben etc. hinweist, bei seinen Mitmenschen eher unbeliebt macht. Ziel von self-promotion ist also die Anerkennung von Leistungsfähigkeit, nicht die persönliche Beliebtheit. Die tägliche Erfahrung zeigt, daß solcherart massive Eigenwerbung auf andere Menschen durchaus einschüchternd wirken kann.

Wie *Jones* & *Pittman* (1982) unter Verweis auf Experimente von *Jones, Gergen* & *Jones* (1963) feststellen, besteht eine raffinierte Art von Eigenwerbung darin, sich für bestimmte, meist eher weniger wichtige Bereiche als inkompetent hinzustellen, um dadurch die selbst erklärte Kompetenz auf besonders zentralen Gebieten noch stärker herauszustreichen. Was dabei als zentral und was als peripher aufgefaßt wird, kann natürlich von Situation zu Situation und von Personengruppe zu Personengruppe variieren. Ein geschickter Selbstdarsteller wird jeweils genau eruieren oder aber "im Gefühl haben", welche Kompetenzen die anderen jeweils für besonders wichtig halten und welche für weniger wichtig.

Auch die Taktik der Selbstanpreisung ist offensichtlich nicht ohne Risiko, und zwar wiederum in etwas anderer Weise als im Falle des Schmeichelns und Einschüchterns. Während derjenige, der eine Beliebtheitstaktik verfolgt, auf Glaubwürdigkeit und Authentizität bedacht sein muß, und während der Einschüchterer sich der möglichen Kosten und Gefahren, die mit seinem Drohverhalten verbunden sind, bewußt sein muß, hat derjenige, der Eigenwerbung betreibt, ständig damit zu rechnen, daß seine tatsächlichen Fähigkeiten objektiv diagnostiziert werden könnten. Vor langjährigen Ehepartnern oder Fachkollegen kann man vermutlich die ungerechtfertigte Präsentation eigener Fähigkeiten und Kompetenzen nicht gut aufrechterhalten. *Baumeister* & *Jones* (1978) gaben ihren Versuchspersonen in einem Experiment Rückmeldungen über angebliche, mit einem Persönlichkeitstest ermittelte Eigenschaften. Wenn diese Personen nun anschließend mit anderen Personen interagierten, von denen sie wußten, daß diese die diagnostischen Informationen über die Persönlichkeit der Versuchsperson ebenfalls erhalten hatten, so stellten sie sich ihnen gegenüber in einem an diese Informationen angepaßten Sinne dar. Konnten sie aber sicher sein, daß der Andere keine Kenntnis von den eigenen "Eigenschaften" hatte, so zögerten sie nicht, sich als vergleichsweise positiver darzustellen.

Tedeschi et al. (1985) unterscheiden als Formen der Eigenwerbung das Titulieren (entitlements), die Übertreibung (enhancement) und das Bemühen, soziale Identität mittels der Techniken des "BIRGing" und "blasting" zu erreichen.

Ein Beispiel für Eigenwerbung mittels *Titulierung* ist zweifellos der Umgang mit akademischen Titeln in Wissenschaft, Politik und im Alltagsleben. Da es nicht unbedingt üblich ist, sich selbst mit seinem Doktortitel oder anderen Titeln zu bezeichnen, kann man die Selbstzuschreibung und Zitation eigener Titel durchaus als "self-promotion" auffassen. Weniger formal bestimmte, aber mindestens ebenso wirksame Titulierungen bestehen darin, daß man sich als Urheber, Erfinder oder Entdecker irgendeines Phänomens bezeichnet. Im sportlichen Bereich wie in jeder Art von Vereinswesen wird ständig eine große Zahl von offiziellen und inoffiziellen Titeln, Regeln oder sonstiger Verdienste zuerkannt, von denen man bei der Selbstpräsentation mehr oder weniger Gebrauch machen kann. *Tedeschi et al.* (1985) berichten von einer Untersuchung, in der es um die Zuschreibung einer medizinischen Entdeckung ging; dort zeigte sich, daß nicht so sehr die Selbstzuschreibung eines solchen Verdienstes, sondern vielmehr dessen Bestätigung durch eine übergeordnete Person für die Hochschätzung des Entdeckers ausschlaggebend ist.

Eigenwerbung durch *Übertreibungen*, also durch verbal beschönigte Selbstdarstellung zu erreichen, ist eine vollständig alltägliche und wohl jedem Individuum geläufige Angelegenheit. Mehrere Untersuchungen zeigen, daß zumindest im Anschluß an einen Erfolg – sei dieser nun zweifelsfrei eingetreten oder der Versuchsperson in einem Experiment lediglich rückgemeldet worden – Individuen sich als positiver darstellen als es den objektiven Tatsachen entspricht. Weitere Untersuchungen zeigen, daß man dazu neigt, überwundene Schwierigkeiten als schlimmer darzustellen als sie in Wirklichkeit waren. Diese Phänomene scheinen so selbstverständlich, alltäglich und normal zu sein, daß sie hier nicht durch die Aufzählung experimenteller Ergebnisse bestätigt werden müssen. Natürlich gibt es auch die mehr oder weniger kontrollierte und taktisch betriebene *Unter*treibung, das "*understatement*", als Technik der Eigenwerbung (und es ist geradezu bemerkenswert, daß das "understatement" als Impression-Management-Taktik in den uns zugänglichen amerikanischen Veröffentlichungen zu Selbstdarstellungstaktiken gar nicht behandelt wird). Die Taktik der Untertreibung kann man natürlich ebenfalls im Sinne eines "fishing for compliments", also einer Eigenwerbung, interpretieren und eben doch als verkappte *Über*treibung deuten: Jemand, der z.B. halb erfroren von einer Skitour zurückkommt und auf der Hütte lediglich erzählt, es habe "ein paar kleine Probleme mit dem Wetter" gegeben, wird wahrscheinlich den Effekt erzielen, daß man ihn als einerseits schwer geprüft und belastbar, andererseits als bescheiden oder von jeder Übertreibung frei einstuft – damit aber trägt er sicherlich zur Erhöhung seines Wertes in den Augen der anderen bei.

Besteht, wie *Schlenker* (1980) es formuliert, die Taktik der Titulierung darin, die eigene Verantwortlichkeit für ein Ereignis zu maximieren, und besteht die Taktik der Übertreibung darin, den Wert oder die Attraktivität des Ereignisses selbst zu erhöhen, so bezieht sich die dritte von *Tedeschi et al.* (1985) genannte Art der Eigenwerbung darauf, sich mit bestimmten sozialen *Gruppen* zu identifizieren oder bestimmte Gruppen abzulehnen. Als "*basking in reflected glory*" (BIRGing) haben *Cialdini* und seine Mitarbeiter die Technik bezeichnet, sich mit bestimmten Gruppen und deren positiven Bewertungen (ihrem "Ruhm") zu assoziieren (vgl. *Cialdini, Borden, Thorne, Walker, Freeman* & *Sloan*, 1976; *Richardson* & *Cialdini*, 1981). "Basking in reflected glory" bedeutet öffentliche Assoziation der eigenen Person mit erfolgreichen, beliebten oder prominenten anderen Personen mit dem ganz offensichtlichen – beabsichtigten oder auch nicht bewußten – Ziel, an deren Erfolg, Ruhm, Beliebtheit oder Prominenz teilzuhaben. Grundlage einer solchen Partizipation können alle möglichen Merkmale sein, beispielsweise gemeinsame Herkunft, gemeinsamer Wohnort oder Arbeitsplatz, gemeinsame politische oder religiöse Überzeugungen, die gleichen sportlichen oder sonstigen Freizeitbetätigungen, bis hin zu Gemeinsamkeiten oder Ähnlichkeiten in irgendwelchen äußerlichen Hinsichten, in bezug auf Kleidung oder ähnliches. Zu erwähnen, dieser oder jener Politiker oder Sportler stamme aus der gleichen Heimatgemeinde wie man selbst, mit diesem oder jenem Schauspieler habe man die gleiche Schule besucht oder sei ihm im Aufzug begegnet, scheint immer zumindest teilweise mit "basking in reflected glory" erklärt werden zu können. Als der Verfasser einmal zufällig Woody Allen in Upper Manhattan auf der Straße begegnet war, zollten ihm seine amerikanischen

Kollegen dafür gebührenden Respekt – nicht zuletzt, weil sie selbst ebenfalls sehr gerne einmal Woody Allen auf der Straße begegnet wären. Das "BIRGing"-Phänomen ist auch Gegenstand des bekannten Tünnes-und-Schäl-Witzes vom "Schmitz us Kölle" beim Papst in Rom mit seiner parodistischen Pointe "... Ja wer sitzt denn da neben dem Schmitz us Kölle?!"

Cialdini et al. (1976) untersuchten in empirischen Untersuchungen die These, daß Studenten sich umso eher mit dem Football-Team ihrer Hochschule assoziieren würden, je erfolgreicher diese Mannschaft ist; dazu zählten sie nach jedem Wochenende aus, wieviele Studenten irgendetwas trugen, das ihre Zugehörigkeit zu ihrer Hochschule nach außen kenntlich machen konnte (Aufnäher, T-shirts, Aufschriften auf Taschen, Mützen o.ä.). Es zeigte sich, daß solche nach außen getragenen Hinweise auf die Hochschulzugehörigkeit regelmäßig nach Siegen des eigenen Teams erheblich häufiger waren als nach Niederlagen, und es ergab sich sogar eine positive Korrelation zwischen dem quantitativen Ausmaß des "BIRGing"-Phänomens und der Zahl der von der Mannschaft gewonnenen Punkte.

Die Impression-Management-Taktik des "basking in reflected glory" kann man auch für das bekannte Phänomen verantwortlich machen, daß man anderen Menschen lieber gute als schlechte Nachrichten überbringt. Der Überbringer einer Nachricht "sonnt" sich gewöhnlich in einer zu übermittelnden angenehmen, erwünschten, freudebringenden Botschaft, und er scheut sich ebenso sehr, anderen eine schlechte Nachricht zu überbringen. Dieser sog. MUM-Effekt (von "to keep mum", d.h., sich mucksmäuschenstill zu verhalten) konnte in mehreren Experimenten von *Tesser* und seinen Mitarbeitern demonstriert werden (z.B. *Rosen* & *Tesser*, 1970; *Johnson*, *Conlee* & *Tesser*, 1974).

Als Gegenstück zum "Basking" bzw. "BIRGing" beschreiben *Cialdini* und seine Mitarbeiter das "*Blasting*", also das Verdammen bzw. Abwerten von Ereignissen, Personen oder Gruppen, mit denen man selbst nichts zu tun hat oder zu tun haben möchte. Daß die negative öffentliche Bewertung, das "Herunterputzen" von etwas, mit dem man sich *nicht* assoziiert, indirekt zu einer Erhöhung des eigenen Wertes führt und somit als Mittel der Selbstanpreisung oder Eigenwerbung (self-promotion) eingesetzt werden kann, demonstrierten *Cialdini* & *Richardson* (1980) wiederum an studentischen Versuchspersonen. Individuen, denen man die Information gegeben hatte, daß sie in einem Kreativitätstest schlecht abgeschnitten hätten, bewerteten bei einer anschließend vorgenommenen Befragung die eigene Universität besonders hoch, während sie andere Universitäten als besonders niedrig einstuften. Studenten ohne eine solche selbstwertmindernde Rückmeldung neigten hingegen dazu, andere Universitäten etwas besser zu bewerten als die eigene Hochschule. Die Autoren interpretieren das Verhalten der Versuchspersonen mit dem angeblich schlechten Abschneiden im Test als Versuch der Wiederherstellung oder Erhöhung des Selbstwertes mittels einer Kombination zweier Impression-Management-Taktiken: "basking in reflected glory" (die eigene Universität aufwerten) und "blasting" (die anderen Universitäten abwerten). *Richardson* & *Cialdini* (1981) erinnern in diesem Zusammenhang an Ergebnisse der Vorurteilsforschung bzw. Befunde zur Überbewertung der eigenen Gruppe (ingroup bias, ingroup favoritism) und der Abwertung, bzw. Diskrimination von Outgroups. *Tajfel*, *Flament*, *Billig* & *Bundy* (1971) konnten zeigen, daß bereits eine bloße Kategorisierung, also eine Einteilung und Zuordnung von Personen zu Gruppen, zur Begünstigung der eigenen und zur Diskriminierung der anderen Gruppen führt. Andere Personen werden als umso negativer beurteilt, je eindeutiger sie als zu einer abgewerteten Outgroup gehörig angesehen werden (vgl. z.B. *Turner*, 1987). Es erscheint durchaus sinnvoll, solche im Rahmen der Theorie der sozialen Identität von Henri *Tajfel* und seinen Schülern herausgearbeiteten Befunde (vgl. z.B. *A.Mummendey*, 1985; *Brown*, 1988) unter Rekurs auf Impression-Management zu interpretieren.

Beispielhaft erscheinen. Als letzten Typ einer assertiven Impression-Management-Taktik beschreiben *Jones* & *Pittman* (1982) sowie *Tedeschi et al.* (1985) die Demonstration der eigenen Beispielhaftigkeit (*exemplification*). Wer sich selbst anderen gegenüber als moralisch besonders vorbildlich und integer präsentiert, verhält sich offensichtlich besonders assertiv, denn eine solche Darstellung eigener Beispielhaftigkeit kann auch als Bemühen gedeutet werden, das Verhalten der anderen zu modifizieren. In dieser Präsentation der eigenen Person als Vorbild oder Modell besteht das "mehr" dieser Impression-Management-Technik gegenüber bloßer Eigenwerbung oder bloßem Heischen nach Beliebtheit. Sich als beispielhaft hinstellen gilt als typisches Merkmal von politischen und religiösen Führern, es wird aber auch von Vorgesetzten im Arbeitsleben, Lehrern und Eltern ständig erwartet. Allgemein betrachtet ist das Präsentieren von Beispielhaftigkeit ein Verhalten, das Repräsentanten sozialer Gruppen, insbesondere also informellen und formellen Gruppenführern gut ansteht, denn von Gruppenführern im sozialpsychologischen Sinne wird gewöhnlich erwartet, daß sie die in einer Gruppe wirksamen Normen in besonderer Weise befolgen. Ein Teil der sozialen Macht von Führungspersonen mag darin bestehen, daß sie die Normen ihrer Gruppe beispielhaft beachten (vgl. *Blau*, 1964; *Hollander*, 1985). Wer sich als Vorgesetzter stets vorbildlich verhält, hat ständig die Möglichkeit, andere zu "beschämen" (vgl. *Tedeschi* & *Norman*, 1985). Der Fall der "exemplification" zeigt jedoch abermals die Grenzen von Impression-Management-Taktiken und die Möglichkeit, mit Selbstdarstellung unbeabsichtigt Bumerang-Effekte zu erzielen, auf: Übertriebene Beispielhaftigkeit kann umschlagen in Einschüchterung, oder sie kann einfach lächerlich wirken und sich damit selbst torpedieren.

Defensive Impression-Management-Taktiken

Defensive, auf Verteidigung oder Wiederherstellung des Ansehens einer Person gerichtete Selbstdarstellungstaktiken kommen in Situationen auf, in denen die Identität, der Selbstwert, das Selbstgefühl einer Person durch andere Menschen bedroht erscheint. Wer defensiv Selbstpräsentation betreibt, zielt nicht auf Erhöhung oder Verbesserung seines Image ab, sondern versucht, sein bedrohtes oder ramponiertes Image wiederherzustellen. *Tedeschi* und seine Schüler verwenden zur Bezeichnung von Situationen bzw. Ereignissen, die einen Menschen in Gefahr oder Bedrängnis bringen, ihn in Ärger versetzen oder lächerlich machen, den Sammelbegriff "*predicament*":

> "For our purposes, predicaments are situations in which events have undesirable implications for the identity-relevant images actors have claimed or desire to claim in front of real or imagined audiences" (*Schlenker*, 1980, p.125).

Mißliche Lagen entstehen demnach aus Ereignissen, d.h., aus Handlungen und ihren Folgen, die sich in unerwünschter Weise auf das Bild, das andere von einer Person haben, auswirken. Dabei ist es, wie stets bei der Betrachtung des Selbstdarstellungsverhaltens, nur von untergeordneter Bedeutung, ob man in eine mißliche Lage in Gegenwart eines real vorhandenen oder nur eines sozusagen vorgestellten Publikums gerät. Schließlich hat man im Laufe seines Lebens gelernt, welche Verhaltensweisen erwünscht und unerwünscht, sozial angepaßt und unangepaßt, von der sozialen Umgebung akzeptiert oder nicht akzeptiert sind. Insofern sind "predicaments" nach *Schlenker* (1980) stets *soziale*, aber nicht immer *öffentliche* Phänomene. Sie können in ihrem Schweregrad beträchtlich variieren, und es lassen sich mehrere grundsätzlich unterscheidbare Methoden aufzählen, mittels deren ein Individuum versuchen kann, sich aus der ungünstigen Situation zu befreien und sein "Gesicht zu wahren". Solche Versuche, das eigene Verhalten verbal darzustellen und zu begründen, werden allgemein als "*accounts*" bezeichnet (*Scott* & *Lyman*, 1968).

Typischer Fall eines "predicaments" sei das Zuspätkommen zu einem wichtigen Termin. Der Zuspätkommende kann verschiedene "accounts" heranziehen, d.h., er hat mehrere Möglichkeiten, sich aus der mißlichen Lage, die dadurch entstanden ist, daß er sich und andere durch sein verspätetes Erscheinen kompromittiert oder sonstwie in Schwierigkeiten gebracht hat, zu befreien: Er kann seine Verantwortlichkeit *abstreiten* und dadurch die Verantwortung für sein Zuspätkommen teilweise verringern oder abwälzen (z.B. "Es tut mir sehr leid, aber ich bin im Verkehrsstau steckengeblieben"); er kann sein Verhalten zu *rechtfertigen* suchen, d.h., die Verantwortung zwar übernehmen, aber versuchen, das Zuspätkommen vernünftig zu begründen (z.B. "Bei meiner momentanen Arbeitsüberlastung ist es ganz natürlich, daß ich nicht alle Termine pünktlich einhalten kann"); er kann, noch bevor es zu der mißlichen Situation des Zuspätkommens kommt, ankündigen, daß er keinerlei Mißliches beabsichtigt, er kann also im vorhinein *in Abrede stellen* (disclaiming) (z.B. "Ich werde mich bemühen, so pünktlich zu kommen, wie ich kann!"); der Zuspätkommende kann eine Taktik des *Self-handicapping* verfolgen, also im vorhinein Schwierigkeiten und Behinderungen zu erkennen geben, die man dann im nachhinein akzeptieren müßte (z.B. "Ob ich wirklich pünktlich sein kann, wird ganz davon abhängen, ob mein Fuß bis dahin wieder geheilt ist"); schließlich kann er Schuld und Verantwortlichkeit auf sich nehmen, sich also *entschuldigen*, Scham äußern etc. (z.B. "Es tut mir leid, es war ganz allein mein Fehler, und ich werde mich bemühen, daß es nicht wieder vorkommt").

Das *Abstreiten von Verantwortlichkeit* (*excuse*) kann darauf hinauslaufen, daß man nur die Absicht für nachteilige und ungünstige Folgen seines Verhaltens verneint oder leugnet ("Ich wollte den Ball nicht ins Aus schießen, es sollte eine Flanke werden") oder daß man jede Art von Kontrolle über das eigene Verhalten verneint ("Bei dem nassen Boden ist ein präzises Zuspiel völlig ausgeschlossen"). *Snyder* & *Higgins* (1988b) definieren "excuse-making" als einen Prozess, bei dem die Attribution für ein negatives Ereignis von "innen" nach "außen" wechselt (vgl. auch *Snyder* & *Higgins*, 1988a). *Schlenker* (1980) und *Tedeschi et al.* (1985) weisen auf die Rolle hin, die die Ablehnung eigener Verantwortung wegen Krankheit, Alkoholgenuß etc. beispielsweise bei Einlassungen von Beschuldigten und Angeklagten vor Gericht spielt. Entschuldigungen mit mangelnder oder fehlender Verantwortlichkeit oder Zurechnungsfähigkeit können natürlich die Nebenwirkung haben, daß man die betreffende Person mittel- oder langfristig als unzuverlässig, als Sicherheitsrisiko usw. ansieht. In diesem Falle könnte die Impression-Management-Taktik des Leugnens von Verantwortung und Schuld zwar zunächst wirksam, aufs Ganze gesehen jedoch dem eigenen Image abträglich sein.

Die *Rechtfertigung* eigenen, unerwünschten Verhaltens (*justification*) impliziert einmal die Anerkennung der eigenen Verantwortung für das "predicament", zum anderen aber eine vernünftige oder plausible Begründung dafür. Nach *Tedeschi et al.* (1985) gibt es wahrscheinlich so viele Arten von Rechtfertigungen wie es anerkannte menschliche Werte wie Schönheit, Wahrheit, Frieden, Liebe usw. gibt – demnach gibt es also vernünftige Begründungen für fast jedes Verhalten:

"for example, a large sign posted at the Homestead Air Force (SAC) Base in Florida says, Peace is our Business. Acts of terrorism against innocent people are justified as furthering various doctrines, ideologies, liberation movements, or self-defense" (*Tedeschi et al.*, 1985, p.79f.).

Schlenker (1980) unterscheidet Rechtfertigungen, die *den negativen Charakter des Ereignisses direkt zu minimieren* suchen (die Sache wird z.B. als relativ unschädlich, ungefährlich, nicht zu teuer, wichtig, bedeutsam usw. hingestellt, oder es werden die geschädigten Personen oder Opfer abgewertet, z.B. "Die Getöteten waren Unruhestifter", "Die Vergewaltigte war Prostituierte" usw.), *einen sozialen Vergleichsprozess in Gang setzen* (z.B. wird darauf hingewiesen, daß ein solches Verhalten häufig oder üblich sei, daß andere noch viel Schlimmeres täten oder getan hätten), und Rechtfertigungen, die *auf höherrangige Ziele oder Werte verweisen* (z.B. sei die körperliche Strafe "zum Wohle des Kindes", die Tötung von Kriegsgegnern oder Zivilbevölkerung geschehe "zum Wohle der Nation" oder "im Auftrag Gottes", usw.).

Neben solchen "accounts" wie dem Abstreiten oder Rechtfertigen stehen einer Person auch defensive Taktiken zur Verfügung, die schon vor dem eigentlichen Eintreten der unangenehmen Situation, also gleichsam prophylaktisch eingesetzt werden. Hierzu gehört das frühzeitige *Hinweisen auf mögliche Schwierigkeiten* (disclaiming). Wer diese defensive Selbstdarstellungstaktik anwendet, hofft vermutlich, einem wahrscheinlich entstehenden ungünstigen und negativen Eindruck von vornherein "die Spitze abzubiegen". Man kennt eine Fülle solcher "disclaimers" aus rhetorischen Formulierungen, mit denen man das verbal Nachfolgende herunterspielen oder glimpflich gestalten will, z.B. "Ich möchte nicht unhöflich sein, aber ...", "Bei allem gebührenden Respekt möchte ich doch bemerken, daß ...", "Bitte verstehen sie mich jetzt nicht falsch, wenn ich Ihnen sage, daß ...", "Wir wollen uns beide doch gar nichts vormachen und müssen doch ganz klar sehen, daß ...".

Eine ganz ähnliche Funktion kann man der schon erwähnten *Self-handicapping*-Taktik zuschreiben. *Jones* & *Berglas* (1978) haben damit das Bemühen gekennzeichnet, sich selbst Steine in den Weg zu legen, wenn zu erwarten ist, daß man nicht besonders erfolgreich sein wird. Ihre Versuchspersonen wählten z.B. unter bestimmten Umständen eher ein leistungsminderndes als ein leistungsförderndes Medikament (*Berglas* & *Jones*, 1978). Die Self-handicapping-Taktik besteht dann darin, gegebenenfalls eine schlechte Leistung dem Medikament, und nicht der eigenen Person zuzuschreiben. Bei Leistungssportlern ist eine solche Taktik ausgesprochen verbreitet: Vor einem Wettkampf berichten viele Sportler bereitwillig über alle möglichen körperlichen Beschwerden, noch nicht überwundene Verletzungen etc., ein verbales Verhalten, das man unter anderem im Sinne einer Immunisierung gegen mögliche spätere Kritik an der sportlichen Leistung interpretieren kann. Wie man an diesem Beispiel sieht, kann eine solche Self-handicapping-Taktik von doppeltem Nutzen sein: Versagt man tatsächlich, so kann man zumindest einen Teil der Schuld auf das Handicap laden – hat man jedoch Erfolg, so stellt sich dieser als besonders positiv dar, da man ihn trotz der besonders ungünstigen körperlichen Bedingungen erreicht hat. *Berglas* & *Jones* (1978) haben ihr Experiment, bei dem es möglich war, zwischen einer leistungsmindernden und einer leistungssteigernden Droge zu wählen, in erster Linie im Sinne einer Taktik, den eigenen Selbstwert zu erhöhen, interpretiert. Daß es sich dabei aber tatsächlich um eine defensive Impression-Management-Taktik handelt, wiesen *Kolditz* & *Arkin* (1982) nach. Sie konnten zeigen, daß das Self-handicapping-Verhalten nur dann auftrat, wenn der gleiche Versuchsleiter, der die "Medikamente" ausgab, auch den nachfolgenden Leistungstest beaufsichtigte; geschah die Wahl des "Medikaments" jedoch ganz privat und ohne Beobachtung durch einen Versuchsleiter, so trat kein selbst-beeinträchtigendes Verhalten auf. Die Autoren ziehen daraus den Schluß, daß Self-handicapping eher eine Taktik der Selbstdarstellung nach außen als ein Bemühen um die Bewahrung oder Steigerung des eigenen Wertes vor sich selbst sei.

Als letze Art einer defensiv betriebenen Selbstdarstellungstaktik – und als letzte Impression-Management-Taktik gemäß der Taxonomie von *Tedeschi et al.* (1985) – sei das *Sich-Entschuldigen* (*apologizing*) besprochen. Gemeint sind Entschuldigungen im "wirklichen" Sinne, also keine Ausflüchte. *Goffman* (1971) versteht in diesem Sinne eine Entschuldigung als einen Vorgang, bei dem man gewissermaßen das "gute" vom "schlechten" oder "bösen" Selbst zu trennen versucht,

> "a gesture through which an individual splits himself into two parts, the part that is guilty of an offense and the part that dissociates itself from the delict and affirms a belief in the offended rule" (*Goffman*, 1971, p.113).

Demgemäß gehören zu einer Entschuldigung der Ausdruck von Schuld und Scham, die Anerkennung des angemessenen Verhaltens und der Berechtigung, das unangemessene Verhalten zu bestrafen, die Ablehnung des falschen Verhaltens und damit des "bösen" Anteils des eigenen Selbst, ferner das Versprechen zukünftigen Wohlverhaltens und schließlich das Bußetun und das Angebot, das Opfer zu entschädigen (vgl. auch *Schlenker*, 1980). Je mehr der genannten Bestandteile einer "vollständigen" Entschuldigung in einer konkreten Entschuldigung enthalten sind, desto überzeugender müßte diese sein. Experimentelle Untersuchungen zeigen ebenso wie die Alltagserfahrung, daß Personen, die sich entschuldigen, anschließend als sympathischer eingeschätzt werden als vorher. Der Impression-Management-Charakter so mancher Entschuldigung wird vollends deutlich, wenn man berücksichtigt, daß sich oftmals Personen für etwas entschuldigen, das sie selbst gar nicht oder nur zum Teil zu verantworten haben. Entschuldigungen helfen offensichtlich nicht nur, negative Konsequenzen zu mindern, sondern lassen auch denjenigen, der sie anwendet, in einem günstigen Licht erscheinen (vgl. *Schlenker* & *Darby*, 1981; *Darby* & *Schlenker*, 1982).

Alternative Taxonomien

Wir haben uns bei der Besprechung unterschiedlicher Selbstdarstellungstechniken an die Systematik von *Tedeschi et al.* (1985) gehalten, weil diese als relativ ausführlich und zugleich einfach und klar erscheint – dies muß keineswegs besagen, daß eine solche Taxonomie auch besonders widerspruchsfrei und gültig wäre. In einigen Fällen sind Zweifel daran unschwer zu rechtfertigen: Die besprochenen Strategien und Taktiken sind nicht immer klar voneinander abgrenzbar, und sie beziehen sich gelegentlich auf weitgehend identisch erscheinende Impression-Management-Techniken. Außerdem scheinen sich auch innerhalb ein und desselben Feldes des durch die Gesichtspunkte "*Strategie versus Taktik*" und "*Assertiv versus defensiv*" aufgespannten Vierfelderschemas gelegentlich einige Kategorien nicht immer aus-, sondern teilweise einzuschließen. Es sollte daher noch einmal betont werden, daß es sich hier um ein *deskriptives*, und zwar vor allem um ein *didaktisch* nützliches Unterfangen handelt: Der Leser soll darin unterstützt werden, einigermaßen voneinander abgrenzbare menschliche Verhaltensweisen als mehr oder weniger funktional für einigermaßen voneinander unterscheidbare Kategorien von Selbstdarstellung zu interpretieren.

Die gleichen Probleme gelten für Einteilungsgesichtspunkte anderer Autoren und Autorengruppen, z.B. *Schlenker* (1980) und *Jones* & *Pittman* (1982). *Schlenker* behandelt einerseits Impression-Management-Techniken, die das Selbst schützen, also *protektive* Maßnahmen, andererseits solche, bei denen *Selbst-Deskriptionen* von sich gegeben werden und mittels derer *Einstellungen* und *Überzeugungen* ausgedrückt werden. Im Grunde findet sich hier also die Systematik von eher "defensiven" und eher "assertiven" Selbstdarstellungsweisen. *Jones* & *Pittman* besprechen einen großen Teil der von *Tedeschi et al.* (1985) systematisierten Phänomene, ohne sie in gleichem Ausmaß zu gruppieren. Im übrigen legen sie – unter bevorzugter Verwendung des *Attributions*begriffes – Wert auf die Feststellung, daß ein Akteur bei seinen Interaktionspartnern Attributionen bezüglich bei ihnen vorliegender Dispositionen erzeuge (diese Eigenschaftszuschreibungen werden "herausgeformt" – die Autoren verwenden den Begriff des "shaping"), so daß sie die Schlüsse, die man aus ihren Handlungen zieht, kontrollieren können; das übergeordnete Motiv dabei sei *Macht*. Man sieht also auch hier eine große Übereinstimmung mit den anderen Autoren (insbesondere *Tedeschi* & *Norman*, 1985). Bei diesen Autoren wird die Taxonomie von *Tedeschi et al.* (1985) im wesentlichen übernommen und systematisch hinsichtlich des Konzepts der sozialen Macht diskutiert. *Arkin* (1981) unterscheidet "acquisitive" und "protektive" Selbstpräsentationsarten. In dieser Unterscheidung sieht er unter anderem eine Analogie zu der verbreiteten, insbesondere auf die Lehre von der "Leistungsmotivation" von *Atkinson* (1964) zurückgehenden Differenzierung zwischen einem Streben nach Erfolg und einem Streben nach dem Vermeiden von Mißerfolg. Es wird deutlich, daß hier mit anderen Worten die "assertiven" und "defensiven" Impression-Management-Techniken angesprochen werden.

Sowohl *Arkin* (1981) als auch *Jones* & *Pittman* (1982) weisen auf *individuelle Differenzen*, also auf die Möglichkeit hin, daß sich bei Individuen möglicherweise gewohnheitsmäßig unterschiedliche Selbstdarstellungsarten – etwa im Sinne von *Stilen* – herausbilden könnten. Beide Autoren bzw. Autorengruppen gehen aber über Andeutungen in dieser Richtung nicht hinaus – wir werden diesen Gedanken in einem späteren Kapitel nochmals aufgreifen. Wenn es allerdings zutrifft, daß bestimmte Impression-Management-Techniken von bestimmten Individuen bevorzugt werden, dann läßt sich wahrscheinlich nicht ohne weiteres behaupten, ganz bestimmte Taktiken oder Strategien seien generell wirksamer als andere. Eher ist anzunehmen, daß Personen, die mit bestimmten Arten des Impression-Management gute Erfahrungen gemacht haben, die betreffenden Techniken im Laufe der Zeit vervollkommnen und ausfeilen und somit besonders effizient und durchschlagkräftig in der sozialen Interaktion erscheinen können. Bei anderen Menschen kann dasselbe für ganz andere Taktiken oder Strategien zutreffen. Dies erscheint schon angesichts der Tatsache plausibel, daß nicht alle Individuen den gleichen Risiken des Impression-Management ausgesetzt sind: Wer häßlich ist, kann sich ohne großes Risiko vielleicht nur kurzfristig und nur in einer ganz bestimmten Situation, z.B. beim Karneval, als attraktiv darstellen, oder er bildet vielleicht lieber längerfristig wirksame Strategien der Vertrauenswürdigkeit oder des Sich-Öffnens (self-disclosure) heraus und wendet diese besonders wirksam an.

Die Konstruktion von Systematiken des Impression-Management kann auch verdecken, daß es möglicherweise typische *Sequenzen* von Strategien oder Taktiken gibt. *Jones* & *Pittman* (1982) weisen z.B. darauf hin, daß ganz bestimmte Selbstdarstellungstaktiken einander ablösen bzw.

aufeinander aufbauen können, während andere einander weitgehend ausschlössen. Ein Trio, das eine konsequente Reihe bilden könne, seien beispielsweise ingratiation, selfpromotion und exemplification: Jemand macht sich zunächst bei seinen Mitmenschen beliebt, indem er sich anbiedert, sodann geht er vermehrt dazu über, seine eigenen Vorzüge herauszustellen, und schließlich stellt er sich als besonders vorbildlich und beispielhaft dar. Auf der anderen Seite gibt es nach *Jones* & *Pittman* (1982) einander gewöhnlich ausschließende Strategien und Taktiken wie z.B. self-promotion und supplication: Man kann sich nicht gut gleichzeitig als überlegen und als hilfsbedürftig präsentieren. Dennoch können auch solche Beispiele von Widerspruchsfreiheit zwischen einzelnen Kategorien des Impression-Management nicht darüber hinwegtäuschen, daß die Taxonomien der verschiedenen Autoren nur Ordnungshilfen sind, die teilweise einander überlappende Kategorien mit teilweise unscharfen Grenzen aufweisen.

Die Aufstellung von Taxonomien des Selbstdarstellungsverhaltens sollte auch nicht dazu verführen, *jedes* mögliche Impression-Management einer bestimmten Kategorie oder Kategorienkombination zweifelsfrei zuordnen zu wollen. Wie soll man z.B. den von *Snyder* (1977) beschriebenen Fall eines Studenten klassifizieren, der unter der Höhensonne in seinen Büchern büffelt? Dieser Student will den Eindruck erwecken, daß er nicht nur immer über Büchern sitzt, sondern ebenfalls in ausreichendem Maße Freiluftaktivitäten nachgeht. Deshalb plaziert er eine Höhensonne über seinen Schreibtisch, die ihn auch beim Studieren bräunt. Dieser Fall von Imagekontrolle oder Eindrucksmanipulation kann sowohl als assertiv (er will einen bestimmten Eindruck hervorrufen) als auch als defensiv (er will einen bestimmten Eindruck vermeiden) aufgefaßt werden, und man kann dieses Verhalten sowohl taktisch (z.B. bei der Vorbereitung auf eine bestimmte Prüfung) als auch strategisch (z.B. im Sinne einer dauerhaften Imagebildung) ausführen.

Kapitel 8

Menschliches Verhalten und Impression – Management: Empirisch – psychologische Befunde

In den vorangehenden Kapiteln haben wir uns mit der Rolle des Selbstdarstellungsverhaltens in verschiedenen Bereichen von Literatur, Kunst und Sozialwissenschaften befaßt, und wir haben gesehen, wie sich die wissenschaftliche Beschäftigung mit der Selbstdarstellung aus der Erforschung von Selbstkonzepten, aus der Entwicklung von Theorien des Selbst, der Selbstwahrnehmung, der Bewertung der eigenen Person usw. entwickelt hat. In der Impression – Management – Theorie ebenso wie in einer Reihe von Selbsttheorien, die sich besonders mit Selbstdarstellung beschäftigen, rückt das Wirken von Impression – Management – Tendenzen in den Mittelpunkt der sozialpsychologischen Betrachtung.

Die Schilderung verschiedener Arten gängigen Selbstdarstellungsverhaltens, gegliedert und systematisiert in Kategorien von Impression – Management – Taktiken und – Strategien, wie wir sie im vorigen Kapitel beschrieben haben, beruht teils auf theoretischen Überlegungen, teils auf bloßer Plausibilität von Alltagserfahrungen, teils auf empirischen Untersuchungen, deren Ergebnisse in das dargebotene Bild, die dargestellte Systematik zu passen scheinen. Die vorgenommene Gliederung von Selbstdarstellungsstilen orientierte sich an wenigen formalen Gesichtspunkten, und sie ist von so allgemeiner Art, daß es möglich erscheint, eine große Zahl von Verhaltensweisen, die man als Impression – Management identifizieren möchte, hier ohne große Schwierigkeit zuzuordnen. Das Ordnungsschema erscheint als a – priori sinnvoll, aber es lassen sich im einzelnen keine wissenschaftlichen Entscheidungen verbindlicher Art treffen, wann eine Zuordnung korrekt ist, und wann nicht.

In diesem Kapitel möchten wir eine andere Strategie verfolgen, um zu zeigen, wie menschliche Verhaltensweisen sich in vielfacher Weise durch Impression – Management erklären lassen. Seit der Veröffentlichung von *Tedeschi*, *Schlenker* & *Bonoma* (1971) hat es eine Fülle von empirischen und experimentellen Untersuchungen gegeben, deren Ziel oder zumindest Resultat es gewesen ist, Verhaltensweisen auf Selbstdarstellungstendenzen zurückzuführen. In vielen Fällen geschah dies in alternativer, kompetitiver Absicht. Es ging z.B. darum, gewohnte Interpretationen kognitiv –

dissonanztheoretischer Art durch eine impression-management-theoretische abzulösen. Eine Reihe solcher Ergebnisse sozialpsychologischer Experimente wurde hier und da im vorigen Kapitel zitiert, wenn es darum ging, bestimmte Selbstdarstellungsarten näher zu beschreiben. Dabei wurde bereits deutlich, daß sehr verschiedene soziale Verhaltensweisen betroffen waren – man erinnere sich z.B. an die Untersuchungen von E.E. *Jones* und seinen Schülern zur Veränderungen des Selbstwertes in Abhängigkeit von Informationsverarbeitung, von *Cialdini* und seinen Mitarbeitern zu Veränderungen der Bewertung von eigenen und fremden Gruppen, von *Jellison* & *Gentry* (1978) zur Änderung von Einstellungen gegenüber Vorgesetzten usw. Wir möchten im folgenden von unterschiedlichen, teilweise bereits bestens erforschten sozialpsychologischen Forschungsbereichen wie Aggression, prosoziales Verhalten, nonverbales Verhalten etc. ausgehen und über experimentelle Ergebnisse berichten, die hierzu Erklärungen in Begriffen von Impression-Management oder Selbstdarstellung anbieten.

Im Unterschied zum vorangehenden Kapitel gehen wir dabei unsystematisch vor – wir handeln nacheinander Gebiete ab, zu denen uns empirische und experimentelle Beiträge der Selbstdarstellungsforschung vorliegen. Es wird sich herausstellen, ob die bislang behandelten Gegenstände alle wichtigen Bereiche menschlicher Interaktion abdecken oder ob sie sich auf bestimmte Problemkomplexe konzentrieren. In jedem Falle lassen wir es aber im folgenden nicht bei Feststellungen bewenden wie "die Lebenserfahrung hat gezeigt" oder "aufgrund der Alltagserfahrung ist anzunehmen", sondern wir werden über Ergebnisse berichten, die gegen die Zufälligkeit ihres Zutreffens erfolgreich geprüft worden sind.

Aggressives Verhalten und Deindividuation

Als aggressiv klassifiziertes Verhalten hat in den vergangenen Jahrzehnten eine Fülle psychologischer Forschungsarbeiten auf sich gezogen. Es existieren teilweise beträchtlich divergierende Aggressionskonzepte und -definitionen, mehrere zum Teil schlecht miteinander zu vereinbarende Aggressiontheorien und -modelle, und es gibt eine sehr große Menge publizierter empirischer und experimenteller Untersuchungen zu den Bedingungen und Auswirkungen aggressiven Verhaltens (vgl. zusammenfassend *A. Mummendey*, 1983). Während in älteren Psychologiebüchern, in populären Schriften und im naiven alltagspsychologischen Denken noch Instinkt- und Triebtheorien aggressiven Verhaltens zu finden sind – typisch hierfür ist z.B. die "Frustrations-Aggressions-Hypothese" – bemüht man sich seit geraumer Zeit stärker um lernpsychologische und sozialpsychologische Interpretationen aggressiver Phänomene. Die Entstehung, Aufrechterhaltung oder Reduzierung aggressiven Verhaltens in sozialen Interaktionen war beispielsweise Gegenstand sowohl von Theorien des sozialen Lernens oder Modellernens (*Bandura*, 1973) als auch von attributionstheoretischen Ansätzen, denen zufolge Verhaltensbeurteilungen als "aggressiv" (und die Folgen solcher Beurteilungen) mit unterschiedlichen Perspektivitäten von Interaktionspartnern zusammenhängen (*A. Mummendey*, *Linneweber* & *Löschper*, 1984; *A. Mummendey*, 1988).

Impression-management-theoretische Interpretationen aggressiven Verhaltens sehen im Extremfall den Ursprung manch aggressiven Verhaltens in Selbstdarstellungsprozessen auf seiten aggressiv handelnder Individuen. Aber selbst dann, wenn man aggressives Verhalten als triebbedingt o.ä. ansehen wollte, so argumentiert z.B. *Baumeister* (1982), könne man aus impression-management-theoretischer Sicht immer noch fragen, wieso manche Individuen schwächere Hemmungen oder Kontrollen gegen Aggressivität zeigten als andere. Schon *Toch* (1969) hatte in seiner Typologie aggressiver Personen eine erhebliche Zahl von Individuen mit Selbstdarstellungsproblemen oder -thematiken gefunden. So kann man nach *Toch* aggressiv reagieren, um Stärke, Mut oder Zähigkeit zu zeigen, um sich für vermeintlich negative Einschätzungen durch andere zu revanchieren oder einfach deshalb, weil aggressives Verhalten zum Image einer bestimmten sozialen Rolle (z.B. eines Anführers in einer Guppe oder Bande) gehört. In allen diesen Fällen stünde aggressives Verhalten dann im Dienste der Aufrechterhaltung einer bestimmten Form von Selbstdarstellung. *Schlenker* (1980) beschreibt am Beispiel gewalttätiger Subkulturen, welch wichtige Rolle das Auftreten der äußeren Erscheinung (z.B. Haarfrisur, Lederjacke, Ohrringe), das Tragen von Waffen und das verbale Verhalten für aggressive Eindrucksmanipulation spielen können.

In systematischer Weise hat *Felson* (1978) aggressives Verhalten durch Impression-Management interpretiert. In Interaktionssituationen, in denen es für das Individuum darauf ankomme, ihre situative Identität zu schützen, würden Konflikte und Meinungsverschiedenheiten als Angriff auf situative Identität interpretiert und offensiv beantwortet. Gemäß der weithin akzeptierten Norm, sich zu revanchieren bzw. zurückzuschlagen ("norm of reciprocity"), reagiere man auf einen tatsächlichen oder vermeintlichen Angriff seinerseits aggressiv, besonders, wenn zu befürchten sei, daß man sonst - angesichts eines vorhandenen oder vorgestellten Publikums - sein Gesicht verlieren könnte. Schon *Brown* (1968) hatte gezeigt, daß Jugendliche ihren Gegenspielern im Experiment vermehrt Stromschläge verpaßten, wenn sie Rückmeldungen bekommen hatten, die einen solchen "Gesichtsverlust" signalisierten. *Borden* (1975) fand, daß männliche Versuchspersonen mehr Elektroschocks verteilten, wenn sie in eine Auseinandersetzung vor einem männlichen (im Vergleich zu einem weiblichen)

Publikum verwickelt waren. Schaut ein Psychologe bei einem Aggressionsexperiment mit Studenten zu, so fallen die aggressiven Reaktionen schwächer aus als ohne Zuschauer (*Baron*, 1971a; *Borden* & *Taylor*, 1973; *Taylor* & *Weinstein*, 1974). In diesem Zusammenhang gehören auch Experimente zur Wirkung aufgestellter Spiegel: *Carver* (1974) und *Scheier*, *Fenigstein* & *Buss* (1974) fanden in Anwesenheit eines Spiegels das Ausmaß illegitimer Aggression verringert und dasjenige legitimer Aggression erhöht. Auch *Felson* (1982) fand in einer Studie an straffällig Gewordenen, daß aggressive Auseinandersetzungen zwischen Personen des gleichen Geschlechts in Gegenwart eines Publikums heftiger ausfallen. *Kane*, *Joseph* & *Tedeschi* (1976) zeigten, daß Individuen, die das Ausmaß ihrer (Revanche-) Aggression auf den Grad der vorangegangenen Provokation abstimmen, von Beurteilern als günstiger eingeschätzt werden als Individuen, die kein solch "angemessenes" aggressives Verhalten zeigen. *Felson* (1981) und viele andere Aggressionsforscher fanden, daß aggressives Verhalten zumeist als angemessen und angepaßt aufgefaßt wird, wenn es als "gerechte Strafe" für irgendeinen zugefügten Schaden oder eine Attacke angesehen oder hingestellt werden kann. *Blumenthal*, *Kahn*, *Andrews* & *Head* (1972) haben auf die Rechtfertigung von Aggression und Gewalt im Sinne eines allgemeinen Prinzips in der (amerikanischen) Gesellschaft hingewiesen.

Impression-Management-Gesichtspunkte lassen sich als alternative Erklärungsansätze in die Diskussion manch klassischer Aggressionsexperimente einfügen, sei es nun in der Tradition von Frustrations-Aggressions- oder Erregungs-, Lern- oder Attributionstheorien. Als Beispiel sei das Experiment von *Berkowitz* & *Geen* (1966) genannt. In diesem wie in vielen anderen Aggressionsversuchen hatten die Versuchspersonen die Möglichkeit, ihrem Interaktionspartner oder Gegenspieler abgestufte Elektroschocks zu veabreichen, z.B. nachdem dieser ein Verhalten oder eine Leistung der Versuchsperson durch Schockvergabe negativ bewertet hatte. Verabreicht nun die Versuchsperson ihrem Gegenspieler daraufhin ihrerseits vermehrt oder stärkere Schocks, so läßt sich dies nach *Baumeister* (1982) nicht nur im Sinne einer Reaktion auf Frustration oder als Ausdruck von Wut oder Erregung, sondern ebenfalls als im Sinne einer Diskreditierung der Schädigung des Ansehens der Versuchsperson interpretieren. *Ohbuchi* & *Kambara* (1985) fanden in einem Experiment an japanischen Studentinnen, daß Revancheverhalten (retaliation) nicht nur durch die Zuschreibung von Absichtlichkeit, sondern auch durch Selbstdarstellungstendenzen gegenüber dem Angreifer und gegenüber dem Versuchsleiter bedingt ist. *Melburg* & *Tedeschi* (1989) zeigten kürzlich bei amerikanischen Studentinnen, daß eine Impression-Management-Erklärung Phänomeme der "Verschiebung" aggressiven Verhaltens besser erklären kann als eine trieb- oder frustrationstheoretische Interpretation (z.B. *Konecni* & *Doob*, 1972). Nach *Baumeister* (1982) ist es überhaupt untersuchungswürdig, welche Rolle Öffentlichkeit und damit die Möglichkeit zur Selbstdarstellung in Aggressionsexperimenten spielt. Auch mehrere experimentelle Befunde zur aggressionsmindernden Wirkung von Gewissensbissen und Entschuldigungen sowie sonstigen verbalen Reaktionen während und nach aggressiven Verhaltensweisen (vgl. z.B. *Schwartz*, *Kane*, *Joseph* & *Tedeschi*, 1978; *Ohbuchi*, *Kameda* & *Agarie*, 1989) deuten auf einen gewichtigen Einfluß von Selbstdarstellungstendenzen auf das Ausmaß aggressiven Verhaltens hin.

Der Problemkomplex "Aggressives Verhalten und Selbstdarstellung" wird von vielen Autoren im Zusammenhang mit dem Konzept der *Deindividuation* behandelt. *Lindskold* & *Probst* (1981) führen dieses Konzept bis auf die bekannte, ältere "Massenpsychologie" von Gustave *Le Bon* (1895) zurück: Das "Untertauchen" eines Individuums in der Masse oder in einer großen Gruppe verringert sein angepaßtes oder normorientiertes Verhalten, und zu der Ausführung gewöhnlich gehemmter oder unterdrückter Verhaltensweisen gesellt sich eine erhöhte Aktivität gegenüber der Gruppe. Nach *Zimbardo* (1970) kann sich Deindividuation sowohl auf abweichendes Verhalten antisozialer wie auch prosozialer Art (z.B. Liebe, Aufopferung) beziehen. Anonymität, auf viele Personen verteilte Verantwortlichkeit, große Gruppen, starkes Engagement in Gruppenaktivitäten, eine veränderte Zeitperspektive, Erregung, ein Übermaß an Sinneseindrücken, körperliche Involviertheit, Neuigkeit oder Unstrukturiertheit der Situation, veränderte Bewußtseinszustände usw. wurden von *Zimbardo* (1970) als Faktoren, die Deindividuation begünstigen, aufgeführt. Nach *Diener* (1977, 1979), der im Gegensatz zu früheren Autoren vor allem empirische Untersuchungen berichtete, ist Deindividuation hauptsächlich durch die Ausschaltung von Selbstaufmerksamkeit oder Selbstbewußtheit (self-awareness) charakterisiert: Selbstbezogene Kognitionen werden zugunsten einer Orientierung auf die Gruppe hin zurückgestellt. Im vorgegebenen Zusammenhang ist vor allem von Bedeutung, daß allgemein angenommen wird, der Zustand der Deindividuation fördere aggressives Verhalten.

Wie wir gesehen haben, nimmt die Impression-Management-Theorie an, daß Individuen die Wahrnehmungen, Urteile und Reaktionen anderer Personen beeinflussen, indem sie in strategischer oder taktischer Weise ein bestimmtes Bild von sich selbst präsentieren. Auf das Phänomen der *Deindividuation* bezogen bedeutet dies, daß jemand, der als *Individuum* klar identifizierbar ist, sich weitgehend gemäß den üblichen Normen und Standards verhalten wird. Ein "deindividuiertes" Individuum würde sich dagegen weniger angepaßt verhalten, u.a. weil die Kontrolle von Normen durch positive und negative Sanktionen seitens Instanzen außerhalb der Gruppe nicht gewährleistet ist. Faßt man mit *Diener* (1979) und *Lindskold* & *Propst* (1981) Deindividuation als vermittelt durch die Abwesenheit von Selbstaufmerksamkeit auf, so lassen sich die meisten der bereits in *Kapitel 6* referierten Untersuchungsergebnisse zum Verhalten in verschiedenen Zuständen von Selbstaufmerksamkeit, Selbstbewußtheit, Self-Monitoring usw. in Begriffen von Individuation versus Deindividuation interpretieren. Hierhin gehören dann Ergebnisse, daß man sich in Gegenwart eines Spiegels (in dem man nach *Lindskold* & *Propst* ,1981, keineswegs sein "Selbst", sondern vielmehr sein "Image" erblickt!) konformer und ehrlicher verhält (*Duval*, 1976, *Diener* & *Srull*, 1979) u.v.a.m.

In einer Reihe von Experimenten wurde versucht, Deindividuation durch eine systematische Veränderung von Umgebungsfaktoren, z.B. durch die Kleidung der Versuchspersonen, zu variieren (*Singer*, *Brush* & *Lublin*, 1965). Versuchspersonen in Einheitskleidung erwiesen sich danach als konformer und angepaßter, und Versuchspersonen in betont alten und lässigen "Klamotten" verwendeten in einer Diskussion über Pornographie wesentlich mehr obszöne Begriffe als Versuchspersonen in korrekter Kleidung. Die Autoren interpretieren diese Ergebnisse als durch Impression-Management geleitetes Verhalten: Spezifische Hinweisreize (cues) signalisieren den Probanden, welches Verhalten jeweils "passend" ist. Ganz ähnliche Resultate ergaben sich in dem schon erwähnten Experiment von *Diener* (1979). *Johnson* & *Downing* (1979) fanden, daß Versuchspersonen in einer Klu-Klux-Klan-Kluft ihrem Widersacher im Experiment wesentlich höhere Stromschläge verpaßten als Versuchspersonen, die man in Krankenpflegerkleidung gesteckt hatte.

Erwartungsgemäß führte auch die experimentelle Herstellung von Bedingungen der *Anonymität* zu gesteigert aggressivem Verhalten. *Baron* (1971a), *Penner* & *Hawkins* (1971) und *Milgram* (1974) zeigten, daß Versuchspersonen dann weniger Schocks an ihren Gegenspieler austeilen, wenn dieser in der Lage ist, den Aggressor persönlich zu identifizieren. *Zabrack* & *Miller* (1972) fanden, daß in einer Situation, in der es sozial erwünscht war, Strafreize anzuwenden, bei Nichtanonymität und von Personen, die mit der Versuchsperson befreundet waren, mehr Strafen vergeben wurden. Anonymität, darauf weisen *Lindskold* & *Propst* (1981) hin, bedeutet stets Anonymität gegenüber ganz bestimmten Personen oder Gruppen, die potentiell normative Forderungen stellen und deren Einhaltung sanktionieren können.

Aggressives Verhalten, ob durch Deindividuation beeinflußt oder nicht, scheint also in vielfacher Weise (auch) als Selbstdarstellungsverhalten begreifbar zu sein. Wie wir oben gesehen haben, läßt sich eine bestimmte Spielart aggressiven, antisozialen Verhaltens, nämlich das *Einschüchtern* oder Drohen (intimidation), unmittelbar als Impression-Management-Taktik beschreiben. Allerdings können Selbstdarstellungstendenzen keineswegs jedes aggressive Verhalten erklären. *Felson* (1984) weist darauf hin, daß instrumentell-aggressives Verhalten, das klaren strategischen

Zwecken dient, wie z.B. bei einem Bankraub, ebensowenig für Impression-Management-Interpretationen zur Verfügung steht wie überhaupt die meisten von einer Person *initiierten* Aggressionskontakte – dagegen scheint es oft viel mit Selbstdarstellung zu tun zu haben, ob und wie jemand auf eine Attacke *antwortet*.

Altruistisches, prosoziales, kooperatives Verhalten

Obgleich wir hier sicherlich in Nuancen Unterschiedliches zusammenfassen, möchten wir doch – in Abhebung vom antisozialen, aggressiven, auf Auseinandersetzung zielenden Verhalten – gesammelt und global auf Verhaltensweisen eingehen, die dazu angetan sind, Mitmenschen zu nützen, ihnen Gutes zu tun, zu ihrem Wohlergehen beizutragen. In bezug auf Altruismus, so zeigt ein Blick auf die Forschung der vergangenen Jahrzehnte, unterscheiden sich psychologische Theorien in ähnlicher Weise wie in bezug auf Aggression: Verhalten, das anderen nützt, wird ebenso wie Verhalten, das andere schädigt, von manchen als instinktiv gesteuert, von "innen" motiviert oder eher durch äußere Reize oder Umgebungseinflüsse determiniert aufgefaßt. In sozialpsychologischen Labor- und Feldexperimenten haben sich vor allem lernpsychologische Interpretationen und solche theoretischen Erklärungsansätze als brauchbar erwiesen, die prosoziales Verhalten als Ergebnis von sozialen Interaktionsprozessen, z.B. von Austauschprozessen sehen (vgl. *Bierhoff* & *Klein*, 1988).

Ebenso wie im Falle antisozialen Verhaltens lassen sich auch für prosoziales Verhalten unterschiedliche Grade von Deindividuation verantwortlich machen (*Johnson* & *Downing*, 1979; *Schwartz* & *Gottlieb*, 1980). Bekanntlich besteht der sogenannte "bystander effect" darin, daß Individuen umso weniger zur Hilfeleistung gegenüber einem Opfer bereit sind, je mehr Personen (bystanders) anwesend sind (*Darley* & *Latané*, 1968). Man könnte annehmen, die in einer großen Gruppe von Passanten, Umherstehenden oder Zuschauern gegebene Anonymität und somit Deindividuation führe zur Unterdrückung von Hilfeleistung. Es läßt sich jedoch experimentell zeigen, daß im Labor voneinander isoliert und anonym agierende Individuen eher *mehr* prosoziales Verhalten zeigen (*Gottlieb* & *Carver*, 1980). Daraus läßt sich der Schluß ziehen, daß es ganz auf die Art der "Öffentlichkeit" oder des Publikums ankommt, wann man sich altruistisch verhält, und wann nicht, und dies entspricht einer Impression-Management-Erklärung des Verhaltens. Wenn man meint, es sei angemessen und werde honoriert zu helfen, dann hilft man, und wenn man Hilfeleistung als nicht angemessen wahrnimmt, hilft man nicht (*Schwartz* & *Gottlieb*, 1976).

Ebenso wie aggressives, antisoziales Verhalten läßt sich auch altruistisches, prosoziales Verhalten dazu einsetzen, einen guten Eindruck zu machen oder wiederherzustellen. *Baumeister* (1982) interpretiert in diesem Sinne die Ergebnisse der Untersuchungen von *Steele* (1975) und *Apsler* (1975), die zeigen konnten, daß Personen dann mehr Hilfe leisteten oder sich als prosozial und kooperativ erwiesen, wenn man sie kurz zuvor in Verlegenheit gebracht oder in ihrem Ansehen herabgesetzt hatte: Sich altruistisch und hilfreich zu zeigen, kann dann als Möglichkeit aufgefaßt werden, den beschädigten Ruf wiederherzustellen. Dabei scheint es so etwas wie einen Publikumstransfer zu geben, denn in einigen Untersuchungen waren die Personen, die die Beschädigung des Ansehens der Versuchspersonen miterlebten, und diejenigen, die das später folgende prosoziale Verhalten beobachten konnten, nicht identisch.

Faßt man die individuell unterschiedlichen Grade an Self-Monitoring (*Snyder*, 1974) als Hinweis dafür auf, wie stark jemand gewohnheitsmäßig Selbstdarstellung nach außen betreibt, so findet sich in einer Untersuchung von *Danheiser* & *Graziano* (1982) bestätigt, daß Selbstdarsteller sich kooperativer geben. Personen mit hohen Self-Monitoring-Werten präsentieren ein kooperatives Selbstbild, wenn man ihnen eine konkrete soziale Interaktion in Aussicht stellte. Wenn nicht zu erwarten war, daß man im Experiment mit einem Partner interagieren müsse, so wählten die Personen mit den starken Self-Monitoring-Tendenzen eine eher selbstdienliche, kompetitive Strategie. In einer ganzen Reihe von Experimenten ließ sich zeigen, daß Selbstpräsentationstendenzen dafür verantwortlich sind, in welcher Weise man Gewinne aufteilt oder anderen Personen Geld gibt (z.B. *Reis* & *Gruzen*, 1976). Summarisch kann man sagen, daß es darauf ankommt, *ob* ein solches Verhalten von anderen Personen beobachtet wird und *wer* diese Personen sind (*Baumeister*, 1982).

Impression-Management-Erklärungen prosozialen Verhaltens können natürliche alternative Interpretationen nicht immer und nicht vollständig ersetzen, und oft erscheint überhaupt eine Trennung beispielsweise zwischen der Erklärung eines altruistischen Verhaltens mit Eigennutz und Gewinn einerseits, und mit dem Eindruckmachen auf Interaktionspartner andererseits als schwierig – man denke nur daran, daß es wiederum einen persönlichen Gewinn darstellt, wenn man einen guten Eindruck macht. Gelegentlich zeigt jedoch eine empirische Untersuchung einmal, wie stark die Tendenz zur Selbstdarstellung *im Vergleich* mit der Tendenz zum Eigennutz zu sein scheint. *Paulhus*, *Shaffer* & *Downing* (1977) verglichen zwei Gruppen von Personen, denen man das Blutspenden auf unterschiedliche Weise schmackhaft machte – einmal mit Argumenten, die auf den persönlichen Nutzen, den der Blutspender hat, zielten, und zum anderen mit Argumenten, die sich darauf richteten, als wie wohltätig und humanitär ein Blutspender angesehen werde. Es zeigte sich, daß

Individuen eher bereit waren, Blut zu spenden, wenn man sie mit der zweiten, der Selbstpräsentations-Argumentation versehen hatte.

Betrachtet man Verhaltensweisen, die Individuen im Anschluß an eine Übertretung, also nach Ausführung von etwas Verbotenem oder sonstwie sozial Unerwünschtem zeigen, so finden sich unter diesen Verhaltensweisen gehäuft prosoziale Akte (*Tedeschi* & *Riordan*, 1981). Dieses aus dem Alltagsleben geläufige Phänomen läßt sich im Experiment gut demonstrieren, und es gilt nicht nur für das Ausführen, sondern auch für das bloße Beobachten von Normverletzungen. Sorgt man z.B. dafür, daß Versuchspersonen unerlaubterweise an einem Apparat hantieren können, der dann "kaputt geht" und dabei entweder einen Eindruck massiver Beschädigung oder aber nur leichter Beschädigung bietet, so sind Personen, die den "größeren Schaden" angerichtet haben, anschließend eher bereit, Petitionen zu unterzeichnen (*Brock* & *Becker*, 1966). Man hat versucht, solche Befunde gewissermaßen intrapsychisch, z.B. mit Schuldgefühlen zu erklären, die das Individuum anschließend kompensieren wolle. Eine mögliche Erklärung bezieht sich auch auf die Wiederherstellung des durch die Übertretung angeschlagenen Selbstwertgefühls. Auch die "Just-World"-Theorie von *Lerner* (1970) könnte zur Erklärung herangezogen werden: Das Prinzip der "gerechten Welt" wird durch die Übertretung verletzt, und diese Verletzung wird durch eine prosoziale Handlung kompensiert. *Cialdini* und seine Mitarbeiter meinen, Übertretungen führten zu negativen Gefühlszuständen, z.B. zu einer schlechten Stimmung, und ein solcher Zustand sei durch anschließendes prosoziales Verhalten wieder aufhebbar (*Cialdini*, *Darby* & *Vincent*, 1973; *Kenrick*, *Baumann* & *Cialdini*, 1979). Alle diese Erklärungen postulieren nach Auffassung von *Tedeschi* & *Riordan* (1981) irgendwelche negativen Zustände *innerhalb* des Individuums, von denen sich die Person durch altruistisches oder prosoziales Verhalten sozusagen befreit.

Demgegenüber halten *Tedeschi* & *Riordan* (1981) *interpersonale* Erklärungen, also Interpretationen, die sich auf die Beziehungen *zwischen* Individuen richten, und unter diesen Erklärungen wiederum Impression-Management-Erklärungen, für sparsamer und daher angemessener. Nach *Tedeschi* & *Lindskold* (1976) kann der (spätere) Wohltäter durch sein prosoziales Verhalten seinen Interaktionspartnern signalisieren, daß seine (frühere) Missetat zufällig, also nicht beabsichtigt war. Gleichzeitig demonstriert er nach außen, daß er ein anständiger Mensch ist. *Tedeschi* & *Riordan* (1981) weisen daraufhin, daß fast alle experimentellen Situationen, die man erdacht hat, um Versuchspersonen zu Übertretungen zu veranlassen (z.B. Bücher auf einen Tisch stellen lassen, der dann zusammenbricht; einen Stapel Lochkarten zu Boden fallen lassen; eine Kamera beschädigen lassen, die man der Versuchsperson mit der Bitte um ein Urlaubsfoto in die Hand gedrückt hat, usw.) das Individuum in ein "*predicament*", also in eine schwierige Situation bringt, in der es anschließend darum geht, daß man "sein Gesicht wahrt". Zwar wird der Täter in den meisten Fällen wissen, daß ihn selbst eigentlich keine Schuld trifft – aber wissen dies auch die anderen? Es erscheint also in jedem Falle günstig, die Gelegenheit zu einem sich anbietenden prosozialen, altruistischen Verhalten zu ergreifen, um sein Ansehen wiederherzustellen. Hier wie in vielen anderen Fällen wird deutlich, daß eine Impression-Management-Erklärung sich im wesentlichen dadurch von alternativen psychologischen Erklärungen unterscheidet, daß sie das Schwergewicht der Betrachtung nicht auf intrapsychische, sondern auf interpersonale Vorgänge legt.

Selbstdarstellung spielt offensichtlich nicht nur beim Verhalten desjenigen, der prosozial ist und Hilfe *leistet*, eine Rolle, sondern auch beim Verhalten desjenigen, der Hilfe *sucht*, um Hilfe *bittet* und um Wohltaten anderer Menschen bemüht ist. Wer andere um Hilfe angeht, im Extremfall Hilfe erbettelt, befindet sich sicherlich in der Regel in einer "Predicament"-Situation – er ist in Verlegenheit und hat zumeist allen Grund, dem Eindruck entgegenzuarbeiten, er sei unfähig oder unselbständig. *Baumeister* (1982) weist in diesem Zusammenhang auf Untersuchungen zum Hilfeleistungsverhalten hin, die gezeigt haben, daß der Helfende oftmals wenig Dank erfährt und daß der Hilfeempfänger oft überzeugt ist, die ihm entgegengebrachte Hilfe sei vollauf verdient (*Gergen*, 1974; *Gergen*, *Morse* & *Bode*, 1974). Auf diese Weise tritt der Empfänger der Hilfe dem Eindruck entgegen, inkompetent oder unfähig zu sein und seine Situation selbst verschuldet zu haben. (Es ist hierbei nicht entscheidend, ob letzteres "tatsächlich" so "ist" oder ob es nur von anderen so wahrgenommen werden könnte.) *Broll*, *Gross* & *Piliavin* (1974) fanden, daß Hilfeempfänger Hilfeleistungen, die ihnen angeboten werden, gegenüber solchen vorziehen, um die sie sich selbst bemühen müssen; hier bietet sich die Interpretation an, daß ein aktives Hilfeersuchen ein größeres "Selbstdarstellungsrisiko" bedeutet. Es hat sich auch gezeigt, daß man einen Hilfeleistenden positiver beurteilt, wenn man selbst in der Lage ist, sich zu revanchieren (*Gross* & *Latané*, 1974). Für *Baumeister* (1982) ist dies ein Hinweis darauf, daß auch bei der vielzitierten *Norm der Reziprozität* (*Gouldner*, 1960) Selbstdarstellungstendenzen im Spiel sind: Wenn ich jemandem "gleiches mit gleichem vergelten" kann, dann erscheine ich selbst auf keinen Fall als einseitig abhängig oder unfähig. *Snyder* (1977) beschäftigt sich mit Strategien des Hilfeersuchens und stellt als besonders wirksam solche Methoden heraus, die den Hilfeleistenden an die soziale Norm "Helfen" gemahnen. So werden nach *Snyder*, *Grether* & *Keller* (1974) Tramper doppelt so häufig mitgenommen, wenn sie den Autofahrer direkt anblicken, als wenn sie an ihm vorbeiblicken – das Anstarren könnte geeignet sein, kulturspezifische Verpflichtungen zur Hilfeleistung salient werden zu lassen. Ferner scheint es für das Erhalten von Hilfe sehr wirksam zu sein, wenn man selbst zuvor dem Helfer Hilfe geleistet hat – hier bietet sich wiederum die Reziprozitätsnorm zur Interpretation an. Den Helfenden an soziale Normen zu erinnern, müßte aus der Perspektive der Impression-Management-Theorie vor allem deshalb wirksam sein, weil es wiederum der Helfende wäre, der sein Gesicht verlieren oder sein Ansehen schädigen würde, wenn er die Gelegenheit zur Hilfeleistung nicht ergreifen würde.

Soziale Beeinflussung und Konformität

Eigentlich kann man in jeder Art Selbstdarstellung oder Impression-Management eine *soziale Beeinflussung* sehen; der sich selbst Präsentierende beeinflußt seine Interaktionspartner in gewünschter Richtung, er manipuliert das Bild, das sie von ihm haben. In diesem Sinne behandelt *Snyder* (1977) Impression-Management in einem Atemzug mit dem Begriff des *Machiavellismus*, jenem von *Christie* & *Geis* (1970) in die Sozialpsychologie eingeführten Konzept der Machtausübung und Manipulation von Mitmenschen, das seinen Namen von dem italienischen Staatsphilosophen Nicolò *Machiavelli* (1469-1527) herleitet. Untersuchungen mit einem entsprechenden Persönlichkeitsfragebogen, der Machiavellismusskala, haben u.a. gezeigt, daß Personen mit hohen Machiavellismuswerten Geschick darauf verwenden, andere Individuen zum eigenen Nutzen zu manipulieren, während sie sich selbst nicht gern beeinflussen lassen und ihre Einstellungen nicht ändern möchten. Das Konzept des Machiavellismus als einer massiven Art und Weise, eines ausgeprägten "Stils" oder gar einer "Daseinstechnik" im Sinne von *Thomae* (1951) verweist unmittelbar auf sein möglicherweise provoziertes Gegenstück: *Widerstand* gegen Beeinflussung bzw. psychologische *Reaktanz*. Nicht jede Beeinflussung führt zu *konformem* Verhalten, nicht immer sind Konformität und Anpassung die Antwort auf sozialen Druck und Einfluß. Daher sollen im folgenden *Konformität* und *Reaktanz* als zwei unterschiedliche Möglichkeiten der Reaktion auf soziale Beeinflussung unter dem Gesichtspunkt von Selbstdarstellung behandelt werden.

Betrachtet man die frühen, klassisch zu nennenden Experimente zur Konformität in Wahrnehmungs- und Urteilssituationen, so stößt man bereits auf Einflüsse der *Privat-Öffentlich*-Variablen. In der sog. *Asch*-Situation, beim Vergleich von Streckenlängen (allein oder in Anwesenheit eines oder mehrerer Mitbeurteiler), finden sich in bis zu zwei Dritteln aller Fälle *konforme* Urteile, d.h., Anpassungen des individuellen Urteils an offensichtlich falsche Urteile einer Mehrheit von Mitbeurteilern (*Asch*, 1956). Als eine der vielen möglichen Interpretationen dieses Resultats liegt die impression-management-theoretische Erklärung nahe, daß die konform reagierende Person, unabhängig davon, ob sie von der Richtigkeit ihres Urteils überzeugt ist oder nicht, sich den Mitbeurteilern anpaßt, um nicht als Abweichler dazustehen. *Deutsch* & *Gerard* (1955) haben die Privat-Öffentlich-Variable direkt untersucht und fanden erwartungsgemäß größere Konformität in der Face-to-Face-Situation, verglichen mit der Anonymitätssituation. *Baumeister* (1982) weist in diesem Zusammenhang nochmals auf Ergebnisse der Forschung zur *Deindividuation* hin, die gezeigt haben, daß konformes Verhalten verringert ist, wenn das Individuum als solches nicht identifizierbar ist. Zwar bedeute Deindividuation eigentlich Verlust der Individualität und somit eigentlich Begünstigung von Konformität; entscheidend sei aber, ob man in diesem Zustand wie demjenigen der Deindividuation seine "öffentliche Identität" verliere oder behalte, und diese öffentliche Identität und Identifizierbarkeit könne als ausschlaggebend für Selbstdarstellungsverhalten – und somit in diesem Falle für Konformität – angesehen werden.

Einerseits erscheint es im allgemeinen eher als sozial erwünscht, sich den Meinungen einer Gruppe anzupassen, aber auf der anderen Seite scheint es dem Ansehen eines Individuums auch nicht besonders dienlich zu sein, als Konformist betrachtet zu werden. *Cialdini*, *Braver* & *Lewis* (1974) konnten zeigen, daß Personen, die sich nicht so leicht beeinflussen lassen, von Dritten als intelligenter eingeschätzt werden; dagegen hält derjenige, der den Einfluß ausübt, Individuen für intelligenter, die sich beeinflussen lassen. *Braver*, *Linder*, *Corwin* & *Cialdini* (1977) konnten im Anschluß daran nachweisen, daß Versuchspersonen sich auf diese Gegebenheiten einstellen und dementsprechend dann eher konform reagieren, wenn sie mit der beeinflussenden Person allein sind. Ist letztere abwesend, zeigt man weniger Konformität, und wenn sowohl die beeinflussende Person als auch Publikum zugegen sind, paßt man sich in einem mittleren Maße an.

In den meisten sozialpsychologischen Experimenten zur Beeinflussung von Urteilen kommt es – vermutlich ebenso wie im Alltagsleben – zu einem gewissen Maß an *Freiheitseinengung*: Die urteilende und dabei sozial beeinflußte Person nimmt sich als beengt wahr, sie fühlt, daß sie nicht vollständig frei urteilen kann, ihre Freiheit erscheint bedroht. Widerstandsreaktionen auf erlebten Freiheitsentzug werden auch als psychologische *Reaktanz* bezeichnet und sind Gegenstand der "Theorie der psychologischen Reaktanz" (*Brehm*, 1966). Diese Theorie postuliert ähnlich wie die Dissonanztheorie eine Motivation, bei Freiheitseinengung die bedrohte Freiheit wiederherzustellen und sagt als entsprechende Maßnahmen des Individuums beispielsweise aggressive Reaktionen auf Freiheitseinengung oder die psychologische Aufwertung eines bedrohten (z.B. verbotenen) Verhaltens vorher (vgl. *Gniech* & *Grabitz*, 1978). Die motivationistische Interpretation von Freiheitsbedrohung und -wiederherstellung wurde wiederholt mit dem Hinweis auf Selbstdarstellungsprozesse kritisiert. Z.B. wiesen *Tedeschi et al.* (1973) darauf hin, daß derjenige, der Freiheit einengt, damit Macht- und Statusüberlegenheit signalisiert. Auf Freiheitseinengung negativ zu reagieren könne dann bedeuten, daß man kundtut, seine eigene Statusunterlegenheit nicht akzeptieren zu wollen. *Heilmann* & *Toffler* (1976) fanden, daß Individuen ihr Reaktanzverhalten erst aufgeben, wenn man ihnen Autonomie bzw. freie Entscheidung zubilligt. Umgekehrt könnte man daraus schließen, daß man Reaktanz zeigt, um bei Bedrohung ein Image von Autonomie aufrechtzuerhalten. In diesem Sinne interpretiert auch *Schlenker* (1980) die als Reaktanz bezeichneten Phänomene. *Baer*, *Hinkle*, *Smith* & *Fenton* (1980) fanden, daß Individuen stärker damit beschäftigt sind, einen autonomen, selbständigen Eindruck zu erwecken, als sich tatsächlich autonom und selbständig zu verhalten. Die Diskussion darüber, ob Reaktanzphänomene eher motivational oder eher sozial zu erklären seien, verläuft teilweise kompliziert, da Freiheitsbedrohung z.B. unter Öffentlichkeitsbedingungen nicht immer abweichend von Anonymitätsbedingungen beantwortet wird, und da die Vertreter beider Seiten immer weitere Experimente zur Interpretation heranziehen, und die Experimente der Gegenseite reinterpretieren.

Einstellung und Einstellungsänderung

Mit der Reinterpretation von Prozessen der Einstellungsänderung begannen die psychologischen Arbeiten zum Impression-Management (vgl. *Tedeschi et al.*, 1971), und zu diesem Problemkomplex sind bislang sicherlich die meisten empirischen Untersuchungen vorgelegt worden (vgl. zusammenfassend *Schlenker*, 1980; *Tedeschi*, 1981). Auch die im vorigen Abschnitt diskutierten Experimente zum sozialen Einfluß und zu Konformität bzw. Reaktanz ließen sich hier subsumieren. Da Einstellungen und die Vorgänge bei ihrer Veränderung also vielen der hier besprochenen Gegenstandsbereiche übergeordnet erscheinen, wollen wir uns hier, um ein Ausufern des vorliegenden Abschnitts zu vermeiden, auf einige wenige Arbeiten beschränken, die spezifische Aspekte von Einstellung und Einstellungsänderung behandeln.

Auch Einstellungen sind lange als innerpsychische Sachverhalte aufgefaßt worden, deren wichtigste Bedingungsvariable sozusagen "in" der Person zu suchen sei. (*Jellison*, 1981, sieht dementsprechend den von E.E. *Jones* beschriebenen "fundamental attribution error", demzufolge man bei Ursachenzuschreibungen *innere* Ursachen bevorzugt, auch innerhalb der psychologischen Theorienbildung am Werke.) Inzwischen ist jedoch die Entstehung, Etablierung und Modifikation von Einstellungen durch von außen gesetzte Bedingungen in vielfacher Weise nachgewiesen worden. Sowohl in verhaltenstheoretischer Tradition ausgeführte Experimente (z.B. *Staats* & *Staats*, 1958) als auch Untersuchungen in der Tradition der Kommunikationsforschung (z.B. *Hovland*, *Janis* & *Kelley*, 1953) oder der kognitiven Konsistenztheorien (z.B. *Festinger*, 1957) belegen die Kontrollierbarkeit von Einstellungen durch äußere Einflüsse. Hier unterscheiden sich die einzelnen Ansätze jedoch wieder danach, ob sie (wie im Falle der zuletzt genannten Theoriengruppe) eine gewisse Dynamik kognitiver und motivationaler Prozesse zur Voraussetzung beobachtbarer Einstellungsänderungen machen, oder ob ihnen die soziale Interaktion zwischen Personen und Gruppen, verbunden mit einer allgemeinen Tendenz, eine positive Eindrucksbilanz zu erzielen, zur Interpretation von Einstellungsänderung ausreicht. Wir haben hierzu in *Kapitel 6* bereits Näheres ausgeführt, als es um die Einstellung zur eigenen Person ging.

Schlenker (1980) berichtet von Untersuchungen, denen zufolge Individuen ihre Einstellungsäußerungen ändern, um einen erwünschten Eindruck auf ein tatsächlich anwesendes oder vorgestelltes *Publikum* zu machen. In diesem Sinne waren auch, wie bereits berichtet, die Experimente der Dissonanztheoretiker zur Einstellungsänderung nach einstellungsdiskrepantem Verhalten durch *Tedeschi* und seine Mitarbeiter interpretiert worden (vgl. *Tedeschi* & *Rosenfeld*, 1981). Bei Nachuntersuchungen zur Höhe der Bezahlung der Versuchspersonen stellten *Schlenker*, *Forsyth*, *Leary* & *Miller* (1980) fest, daß es zu Einstellungsänderungen nur dann kam, wenn günstige Voraussetzungen für Selbstpräsentation gegeben waren. Die Versuchspersonen benutzten die Beantwortung der Einstellungsfragebogen dazu, ihr Verhalten zu rechtfertigen und zu legitimieren, wenn sie sich in einer schwierigen sozialen Situation befanden, in der sie ihre erwünschte Identität gefährdet sahen. Ob es dabei, wie man gemäß der Lerntheorie erwarten sollte, zu einer direkten Beziehung zwischen der Höhe der Bezahlung und der Einstellung kam oder ob, wie es der Dissonanztheorie entspricht, die Beziehung zwischen beiden umgekehrt war, hing in den Untersuchungen von *Schlenker et al.* (1980) von der moralischen Bewertung der Bestechung ab. In einem anderen Experiment zeigten *Schlenker* & *Goldman* (1982), daß man andere Einstellungen äußert bzw. zu einer anderen Polarisation von Einstellungen gelangt, wenn man sich in die Rolle eines Vortragenden versetzt, der ein Auditorium beeinflussen soll, als wenn man sich "ganz natürlich gibt" (vgl. auch *Jellison* & *Arkin*, 1977).

Impression – Management spielt offensichtlich auch eine Rolle bei der sog. *antizipatorischen Einstellungsänderung*, einem Phänomen, das bei der Erforschung von Vorwarnungs- oder Immunisierungseffekten entdeckt worden war (*McGuire* & *Papageorgis*, 1962). Macht man Individuen vorab darauf aufmerksam, daß eine Einstellungsbeeinflussung erfolgen wird, so kann diese bloße Vorwarnung zu einer gewissen Immunisierung oder Resistenz gegen die Beeinflussung führen (vgl. *Cialdini* & *Petty*, 1981). Es kann aber auch, z.B. wenn es dabei um für die Person nichts Wesentliches geht, zu einer Unterstützung der später erfolgenden Beeinflussung führen, d.h., die Einstellungsänderung wird vorweg begünstigt. *Cooper* & *Jones* (1970) fanden, daß es zu einer solchen antizipatorischen Einstellungsänderung nur bei Personen kam, die darüber informiert waren, daß die Untersucher an den bei ihnen auftretenden Einstellungsänderungen wirklich interessiert waren; sie mußten annehmen, daß ein Versuchsleiter ihre Meinungen tatsächlich erfassen würde. *Hass* (1981) sieht darin einen Fall von *compliance*, also von Meinungsanpassung an einen Interaktionspartner. Dem entsprechen auch experimentelle Ergebnisse von *Ungar* (1981), wonach die "Fabrikation von Meinungen" in Radiointerviews weitgehend davon abhängt, welche Erwartungen man bezüglich des Radiointerviewers bildet. Impression-Management-Effekte können in diesem Sinne eher als "compliance" denn als "attitude change" aufgefaßt werden: Die Äußerung einer Einstellung bzw. einer Einstellungsänderung reflektiert nicht unbedingt die Äußerung der möglicherweise zugrundeliegenden "tatsächlichen" Einstellung. *Hass* (1981) kommt daher zu seinem Vorschlag, Einstellungen nicht so sehr als Punkte, sondern als *Strecken* auf einem Einstellungskontinuum anzunehmen: "attitude as latitude". Zu der Frage, wann antizipatorische Einstellungsänderungen "tatsächliche" Änderungen oder aber präsentierte Änderungen bedeuten, haben *McFarland*, *Ross* & *Conway* (1984) mehrere Experimente ausgeführt. Sie führten zu dem nicht erwarteten Resultat, daß es davon abhängt, ob die Einstellungsänderung unter "Privat"- oder "Öffentlich"-Bedingungen erfolgt. Damit befinden sich diese Befunde in Übereinstimmung mit den Ergebnissen von Untersuchungen zur Einstellungsänderung ohne Antizipation, ebenso wie mit denjenigen zur sozialen Beeinflussung allgemein.

Selbstdarstellungstendenzen werden auch für Ergebnisse der Erforschung *interpersonaler Attraktion*, also der Erforschung von *Einstellungen gegenüber anderen Personen* verantwortlich gemacht. Während man interpersonale Attraktion oft als etwas relativ Statisches ansieht, z.B. in dem Sinne, daß Personen bestimmte erstrebenswerte oder attraktive Merkmale aufweisen (physische Attraktivität, geistige Brillanz, übereinstimmende Einstellungen usw.), zeigen Untersuchungen, daß man andere Personen aufgrund von Ergebnissen der *Interaktion* mit ihnen mag oder positiv bewertet: Positive Konsequenzen einer sozialen Interaktion fördern positive Einstellungen gegenüber anderen Personen, negative Konsequenzen verringern die Attraktion (*Gergen* & *Gergen*, 1986). *Jellison* (1981) berichtet von Ergebnissen, wonach Individuen von Beziehungen mit Personen, die ähnliche Einstellungen, mehr Kompetenz, Schönheit usw. aufweisen, sprichwörtlich mehr Gewinn und weniger Kosten erwarten. Das "Simularity-Attraction"-Phänomen (*Byrne*, 1971) läßt sich also offensichtlich relativ unkompliziert durch die tatsächlich erhaltenen oder antizipierten Ergebnisse sozialer Interaktionen erklären. *Jellison* & *Oliver* (1983) untersuchten eine Selbstdarstellungs-Interpretation, dergemäß eine Norm existiert, ähnliche andere Personen attraktiver zu finden und von sich das Bild zu vermitteln, gemäß dieser Norm zu handeln. Sie konnten zeigen, daß Versuchspersonen, die instruiert waren, einen möglichst positiven Eindruck zu machen, mehr Attraktion gegenüber einstellungsähnlichen Personen äußerten.

Die experimentell gestützte These, Einstellungsänderungen insbesondere in einer "forced compliance"-Situation seien eher nach außen *dargestellt* als "innerlich tatsächlich erfolgt", wurde bereits in *Kapitel 6* besprochen. Die kognitiven Dissonanztheoretiker haben sich dieser Impression-Management-Interpretation unter anderem mit dem Hinweis auf Experimente widersetzt, die belegen, daß es im Zustand "kognitiver Dissonanz" zu erhöhter physischer Erregung kommt (vgl. *Worchel* & *Cooper*, 1979). Einen Versuch, solche Befunde mit der Selbstdarstellungsthese in Übereinstimmung zu bringen, unternimmt *Baumeister* (1982). Wenn erwiesen sei, daß kognitive Dissonanz mit erhöhten Arousal-Werten einhergehe, so müsse dies nicht unbedingt auf das Vorliegen eines bestimmten Motivationszustandes bei kognitiver Inkonsistenz hindeuten, sondern könne mit Selbstdarstellungsproblemen erklärt werden: "Inconsistency by itself is not arousing. Telling lies is arousing" (*Baumeister*, 1982, p.11). Ebenso wie im Experiment von *Festinger* & *Carlsmith* (1959) seien auch in den meisten anderen Dissonanzexperimenten von vornherein Selbstdarstellungsfragen angesprochen. Im Falle der Untersuchung einer kleinen Gruppe von Einsiedlern durch *Festinger*, *Riecken* & *Schachter* (1956), die für einen bestimmten Tag das "Ende der Welt" erwarteten und dies nicht bestätigt fanden, wurde die Dissonanz bekanntlich dadurch beseitigt, daß die Gruppe zu der Auffassung kam, sie habe die Welt gerettet. Diese Meinung wurde von den Mitgliedern der Gruppe in einer publikumsorientierten Kampagne verbreitet. Wenn man, so *Baumeister* (1982) anerkenne, daß eine massive Selbstdarstellungsaktivität das Ergebnis von Dissonanz ist, so liege es auch nahe anzunehmen, daß Selbstdarstellungsprobleme bereits bei dem Zustandekommen der Dissonanz eine wichtige Rolle spielen. Daß dies auch im Falle des Laborexperiments von *Festinger* & *Carlsmith* (1959) so zu sein scheint, haben mittlerweile viele Untersuchungen bestätigt (z.B. *Helmreich* & *Collins*, 1968; *Gaes*, *Kalle* & *Tedeschi*, 1979; *Schlenker et al.*, 1980). Ohne daß damit gesagt sein soll, daß kognitive Dissonanz als eine mögliche Ursache von Einstellungsänderung nicht auch "innerpsychische" Aspekte aufweist, resümiert *Baumeister* (1982, p.13):

> "It appears that any manipulations that remove self-presentational concerns from the situation also remove the phenomena of cognitive dissonance".

Wie *Baumeister* & *Tice* (1984) bei einem Vergleich zweier offensichtlich wichtiger Bedingungen für das Zustandekommen von Dissonanz, nämlich Entscheidungsfreiheit (choice) und Selbstdarstellung, experimentell gezeigt haben, können beide Bedingungen hinreichend für das Auftreten von Einstellungsänderung sein – Einstellungsänderungen sind jedoch auch möglich, wenn weder Entscheidungsfreiheit vorhanden ist noch die Publikumsbedingungen Selbstdarstellungsverhalten nahelegen.

Selbstkonzept und Selbstattribution

Wir haben weiter oben gesehen, daß Selbstdarstellung darin besteht, Selbstbilder oder Selbstkonzepte nach außen zu präsentieren. Wenn hier nun anhand von empirischen Forschungsergebnissen gefragt wird, welche Rolle Impression-Management für Selbstkonzepte spielt, so ist dies in den meisten Fällen so zu verstehen, daß Selbstdarstellung als etwas Aktuelles, Situatives, und Selbstkonzept als etwas eher Überdauerndes, Stabiles, Situationsübergreifendes aufgefaßt wird. Wenn wir oben argumentiert haben, Selbstkonzepte seien als Einstellungen zur eigenen Person aufzufassen, so stellt sich die Frage nach dem Einfluß der Selbstdarstellung auf Selbstkonzepte in ähnlicher Weise wie die Frage nach dem Einfluß offen gezeigten Verhaltens auf Einstellungen: Wie wirken sich Selbstpräsentationen auf Selbsteinstellungen aus?

Eine ausführliche Übersicht über einschlägige Forschungsergebnisse gibt *Schlenker* (1986). In einem Experiment von *Gergen* (1965) hatten Personen, deren positive Selbstdarstellung sozial verstärkt wurde, anschließend erhöhte globale Selbstbewertungen gezeigt. *Jones*, *Rhodewalt*, *Berglas* & *Skelton* (1981) untersuchten in drei Experimenten die Auswirkung von sich selbst erhöhender und sich selbst erniedrigender Selbstdarstellung auf den Self-Esteem. Sowohl für die positive als auch für die negative Selbstpräsentation zeigten sich "carry-over"-Effekte auf die Selbstwertschätzung. *Fazio*, *Effrein* & *Falender* (1981) brachten Versuchspersonen dazu, sich entweder eher extravertiert oder eher introvertiert darzustellen; bei einer späteren Messung schätzten die Probanden sich dementsprechend als eher extravertiert oder introvertiert ein, und sie verhielten sich auch eher in diesem Sinne. Entsprechende Auswirkungen auf das Selbstkonzept fanden *Dlugolecki* & *Schlenker* (1985) in bezug auf das Persönlichkeitsmerkmal Soziabilität. Allerdings kann es dann, wenn man Individuen dazu veranlaßt, sich negativ darzustellen, zu Bumerang-Effekten auf die anschließende Selbsteinschätzung kommen: *Spivak* & *Schlenker* (1985) baten Versuchspersonen, sich als sozial unsensibel zu präsentieren; unter bestimmten Bedingungen hatte dies zur Folge, daß sich die Personen später als erhöht sozial sensibel beurteilten. *Schlenker*

(1986) findet auch Hinweise darauf, daß eine übertriebene positive Selbstdarstellung, also eine exzessive Übertreibung der eigenen Vorzüge, zu persönlichen und interpersonalen Problemen führen und ebenfalls Bumerang-Effekte nach sich ziehen kann. Wie bereits *Schlenker* (1975) experimentell gezeigt hatte, hängt das Ausmaß an positiver, sich selbst erhöhender Selbstdarstellung davon ab, ob jemand erwartet, daß sein tatsächliches Verhalten oder sein realistisches Leistungsniveau öffentlich feststellbar oder aber nicht nachprüfbar sein würde. Brachte man also durch positive oder negative Rückmeldung bezüglich des eigenen Verhaltens Probanden dazu, sich in bestimmter Weise darzustellen, und war eine öffentliche Überprüfung zu erwarten, so verhielten sich die Versuchspersonen entsprechend der ihnen nahegelegten Selbstdarstellung; war keine Nachprüfung in Aussicht, so stellten sie sich stets in positiver und selbsterhöhender Weise dar, selbst wenn sie anfangs eine eher negative Rückmeldung erhalten hatten.

Die beobachteten "carry-over"-Effekte, denen gemäß man ein öffentlich gezeigtes Verhalten (in diesem Fall eine Selbstpräsentation) internalisiert, sind Gegenstand von Erklärungsversuchen unterschiedlicher theoretischer Provenienz geworden (vgl. *Arkin* & *Baumgardner*, 1986). Als sparsamste Erklärung leuchtet diejenige gemäß der Selbstwahrnehmungstheorie von *Bem* (1972) ein, wonach man Schlüsse auf seine tatsächlichen Einstellungen (hier: Selbstkonzepte) aus seinem gezeigten Verhalten zieht. *Rhodewalt* & *Agustsdottir* (1986) untersuchten in einer Modifikation der Untersuchung von *Jones et al.* (1981) strategische Selbstwerterhöhung und -verminderung bei depressiven und nicht-depressiven Personen; dabei zeigte sich, daß Selbstwahrnehmungsprozesse im *Bem*'schen Sinne die nachfolgende Selbstkonzeptmessung bei den sich positiver darstellenden Nichtdepressiven und bei den sich negativer darstellenden Depressiven beeinflußten; für die beiden Gegengruppen machten die Autoren kognitive Dissonanzprozesse verantwortlich.

In Übereinstimmung mit den Ergebnissen zu Selbstdarstellung und Selbstkonzepten steht das seit längerem bekannte Phänomen der "selbstdienlichen" Ursachenzuschreibung (self-serving attribution, *self-serving bias*). Im Falle von Erfolg oder positiven Ereignissen neigt man im allgemeinen zu einer *internalen* Attribution, also zur Zuschreibung an die eigene Person, im Falle eines Mißerfolgs oder negativer Ereignisse zu einer *externalen* Attribution (vgl. z.B. *Miller* & *Ross*, 1975; *Riess*, *Rosenfeld*, *Melburg* & *Tedeschi* ,1981). Nach *Crittenden* & *Wiley* (1985) haben selbstdienliche Attributionen geradezu normativen Charakter. Wie *Weary* (1980) zeigte, scheinen solche self-serving-Effekte vom Ausmaß an vorhandener Öffentlichkeit abzuhängen. *Arkin*, *Appelmann* & *Burger* (1980) konnten zeigen, daß Attributionen zugunsten der eigenen Person verschwinden, wenn – ähnlich wie bei *Schlenker* (1975) – andere Beurteilungen durch Personen zu erwarten sind oder wenn zu befürchten ist, daß die eigenen Urteile sich objektiv überprüfen lassen. Auch eine Untersuchung von *Abele* (1989) zu Kommentaren von Politikern nach einer Wahl legt eine Impression-Management-Interpretation selbstdienlicher Erklärungen nahe. Selbst wenn zu erwarten ist, daß – wie bei einer Wahl – Gewinne und Verluste leicht nachprüfbar sind, können die Daten immer noch in einer Perspektive präsentiert werden, die ein positives Resultat nahelegt.

Aufgabenbewältigung und Leistung

Selbstwertdienlich und somit in für die Person positivem Sinne gefärbt sind offensichtlich auch viele öffentlich vorgenommene Setzungen des individuellen Anspruchsniveaus bezüglich der eigenen Leistungsfähigkeit. In einer Untersuchung von *Ferris* & *Porac* (1984) setzten sich die Versuchspersonen in Anwesenheit eines Beobachters höhere Ziele bei der Aufgabenbewältigung als dann, wenn sie allein und ohne Beobachtung durch andere arbeiteten. Nur im letzteren Falle ergab sich ein interpretierbarer Zusammenhang zwischen der Zielsetzung und der tatsächlich erfolgten Leistung. *Van Knippenberg* & *Koelen* (1984) fanden, daß Fähigkeitszuschreibungen, die sich auf Aufgabenbewältigungen bezogen und die öffentlich, vor einem Publikum erfolgten, das nicht über die Leistungsergebnisse informiert war, einen starken "self-serving bias" aufwiesen. Gegenüber einem informierten Publikum kam es dagegen zu keinerlei selbstwertdienlichen Verzerrungen.

Selbstdarstellungsverhalten kann zweifellos die Präsentation von Aufgabenbewältigung und Leistungsfähigkeit im erwünschten Sinne beeinflussen, aber es gibt auch Hinweise darauf, daß es die Leistung selbst verbessern kann. Die leistungsfördernde Wirkung der Anwesenheit anderer Personen ist Gegenstand der "*Social facilitation-Theorie*" (*Zajonc*, 1965). Die Bahnung, Erleichterung oder Aktivierung von Verhaltensweisen, unter anderem auch von Leistungen, in Anwesenheit eines Publikums wird zwar häufig triebtheoretisch interpretiert, doch dürfte es für solche "mere presence"-Effekte immer auch anspruchslosere Erklärungen geben. *Baumeister* (1982) hält Selbstdarstellungsprobleme für eine mögliche Quelle von erhöhten Erregungszuständen, wie sie bei bloßer Anwesenheit anderer Personen auftreten können. In solchen Situationen wird häufig weniger gut Neues gelernt, aber bereits gut Gelerntes oft besser ausgeführt. *Sanders* (1984) fand in einem Experiment mit männlichen studentischen Versuchspersonen, in dem er erotisches Bildmaterial verwendete, sowohl Hinweise auf das Zutreffen triebtheoretischer Annahmen als auch Belege für die Richtigkeit einer Impression-Management-Erklärung von

Social-facilitation-Effekten. Allerdings räumt er selbst ein, die Darbietung von Playboy-Fotos könne nicht nur trieb-, sondern auch selbstdarstellungsrelevante Reaktionen hervorrufen. *Bond* (1982), der mit neutralem verbalen Lernmaterial arbeitete, fand bei Studentinnen ausschließlich Hinweise auf das Zutreffen der Impression-Management-Annahme: Die Anwesenheit eines Beobachters beeinträchtigt das Lernen komplexer Aufgaben dann nicht, wenn diese in eine leichte Aufgabe eingebettet sind. Die Anwesenheit anderer Personen hat offensichtlich nicht nur erregende Wirkung, die das Lösen komplexer Aufgaben erschwert, sondern sie fördert offenbar Selbstdarstellungstendenzen: Wenn man erwarten kann, vor Publikum insgesamt gut abzuschneiden, wird auch das Lösen schwieriger Aufgaben bei Anwesenheit anderer Personen erleichtert.

Nach Befunden von *Paulus* & *Murdock* (1971) kommt es für eine verbesserte Aufgabenbewältigung in Anwesenheit anderer Personen darauf an, daß diese nicht einfach uninteressierte Umstehende sind, sondern Individuen, die die Leistung der betreffenden Person bewerten können. *Henchy* & *Glass* (1968) demonstrierten die entsprechende Wirksamkeit von Experten. Der Effekt, sich in seinem Verhalten an zu erwartete Bewertungen anzupassen, wird unter dem Stichwort "*evaluation apprehension*" seit längerem in der experimentellen Sozialpsychologie diskutiert: Versuchspersonen zeigen in Experimenten gewöhnlich "evaluation apprehension" gegenüber dem Versuchsleiter (vgl. *Rosenthal* & *Rosnow*, 1966). *Baumeister* (1982) zitiert auch eine Reihe von Studien, die "social facilitation"-Effekte ohne das Vorliegen von "evaluation apprehension" zeigen. *Haas* & *Roberts* (1975) zeigten jedoch für die Erledigung von motorischen Aufgaben, daß erwartete Bewertungen durch andere die Hauptrolle spielen. Insgesamt scheint es jedenfalls so zu sein, daß die erwartete Bewertung durch andere Personen, besonders, wenn diese Sachverstand besitzen, eine wichtige Bedingung für bessere Leistung ist. Die These, wonach man unter bestimmten Bedingungen auch bestrebt sei, möglichst wenig zu leisten, ist umstritten und nur schwer unter Rekurs auf Selbstdarstellung nachzuvollziehen. *Baumeister*, *Cooper* & *Skib* (1979) zeigten, daß Versuchspersonen nur dann schlechtere Leistungen brachten, wenn dies von ihnen erwartet wurde, wenn dies öffentlich geschah und als erwünscht angesehen wurde.

Verglichen mit dem bereits vielfach erforschten Bereich des Leistungsverhaltens liegen bislang erst recht wenige Studien zur diesbezüglichen Rolle von Selbstdarstellungsfaktoren vor. Es erscheint als wünschenswert, systematischer als bisher zu untersuchen, in welchem Maße dieses weitgehend noch von Theoretikern der "Leistungsmotivation" beherrschte Gebiet im Sinne der Impression-Management-Theorie sozialpsychologischer zu bearbeiten wäre.

Verhalten in Organisationen und Arbeitsgruppen

Ein Großteil menschlicher sozialer Interaktion vollzieht sich im Rahmen von (größeren) Organisationen oder (kleineren) Arbeitsgruppen, denn dies sind die sozialen Aggregationsformen, die zumindest das *Berufsleben* der meisten Individuen bestimmen. Organisationspsychologische Fragestellungen lassen sich sowohl im Feld, z.B. in industriellen Arbeitsgruppen, als auch im sozialpsychologischen Labor untersuchen. Da im alltäglichen Berufsleben, aber auch in sonstigen organisierten Interaktionssystemen (man denke nur an Formen organisierten Freizeitverhaltens, z.B. an Sportvereine und -organisationen) sozialer Einfluß und Macht (vgl. *Tedeschi*, 1972; *Tedeschi*, *Schlenker* & *Bonoma*, 1973) von überragender Bedeutung zu sein scheinen, bietet sich das gesamte Feld der Organisations- und auch der Arbeitspsychologie für Interpretationen sozialen Verhaltens im Lichte der Impression-Management-Theorie an. Im Verhältnis zur Weite dieses Feldes sind jedoch erst relativ wenige empirische Untersuchungen ausgeführt worden.

Am häufigsten wurde bislang das *Führungsverhalten* in Organisationen und kleineren Gruppen erforscht. Ein als Führungsperson wahrgenommenes und akzeptiertes oder regelrecht institutionalisiertes Individuum hat nach allgemeiner Auffassung sowohl bestimmte Privilegien als auch bestimmte Verpflichtungen. Eine solche Person darf in einem bestimmten Rahmen nonkonform sein, muß aber in bestimmten wichtigen Hinsichten besondere Konformität den Gruppennormen gegenüber zeigen (vgl. *Hollander* & *Julian*, 1970). Dies sind Verhaltensvorschriften, wie sie in etwas weniger strengem Maße für alle Gruppenmitglieder gelten (vgl. *Nemeth* & *Staw*, 1989). Führungspersonen können ihre Position oder ihre Rolle sowohl durch gute Leistungen bzw. Aufgabenorientierung als auch durch ein erhöhtes Maß an Beliebtheit oder "Beziehungsorientierung" gewinnen und aufrechterhalten. Die Effizienz verschiedener Führungsstile ist insbesondere von *Fiedler* (1978) beschrieben worden.

Wood & *Mitchell* (1981) studierten z.B. die Wirkung von Selbstdarstellungsverhalten auf das Disziplinarverhalten von Managern in Betrieben. *Leary* & *Schlenker* (1980) untersuchten das Verhalten männlicher und weiblicher Probanden, denen eine aufgabenorientierte Führungsrolle zugewiesen wurde. Es zeigte sich, daß Männer dann Impression-Management-Strategien verfolgten, wenn die Arbeitsgruppe Erfolg hatte, die Gruppenmitglieder aber nicht wissen konnten, ob der Führer für diesen Erfolg verantwortlich war; war letzteres durchschaubar, so unterblieb das Selbstdarstellungsverhalten. Bei Frauen fand sich keine solche Gesetzmäßigkeit. *Forsyth*, *Schlenker*, *Leary* & *McCown* (1985) fanden ebenfalls, daß die Selbstpräsentation der eigenen Fähigkeiten von Personen mit Führungsaufgaben eher Geschlechterstereotypen folgten, als daß sie von situativen Faktoren bestimmt waren. Männer stellten ihre Fähigkeiten beim Ausüben von Einfluß und bei der Lösung von Aufgaben, Frauen eher ihre sozial-interaktiven, sozial-emotionalen Qualitäten heraus, und die Gruppenmitglieder sahen erstere Merkmale als wichtigere Führungseigenschaften als letztere an. Den Autoren zufolge könnte ein Großteil der Effektivität der Führer von Arbeitsgruppen darauf beruhen, daß sie Konformität mit solchen Rollen bzw. normativen Erwartungen präsentieren, die allgemein als besonders wirksam für die Gruppenleistung angesehen werden. *Leary*, *Robertson*, *Barnes* & *Miller* (1986) zeigten dementsprechend in zwei Experimenten, daß Führungspersonen ihren Gruppen stets dasjenige Bild von sich selbst (z.B. entweder ein aufgabenorientiertes oder ein beziehungsorientiertes Image) darstellten, von dem sie annehmen mußten, daß es für eine möglichst große Effektivität das jeweils angemessenste sei.

Eine impression-management-theoretische Interpretation von Führer und Führerrolle würde demnach zunächst besagen, daß sich Führerschaft durch die Zuschreibung ganz bestimmter Merkmale durch die Gruppe an bestimmte Personen, nämlich die Führer, erklären läßt (vgl. *Calder*, 1977). Die Impression-Management-Taktik eines effizienten Führers würde dann darin bestehen, diese Merkmale zu identifizieren und den anderen Gruppenmitgliedern ein möglichst glaubwürdiges Bild, sie zu besitzen, zu vermitteln. Auf der anderen Seite läßt sich das Selbstdarstellungsverhalten der Mitglieder einer Arbeitsgruppe, also der Gefolgschaft, in analoger Weise interpretieren. *Pandey* & *Bohra* (1984) untersuchten das Verhalten von Individuen in je einer aufgaben- und beziehungsorientierten Organisationsform; dabei verwendeten sie Vorgesetzte, die eine "ingratiation"-Taktik (Sich beliebt machen, Schmeicheln) bei den Mitarbeitern entweder ermutigten oder aber mißbilligten. Das Ergebnis, wonach die "Beziehungsorientierung" zusammen mit der Ermutigung von Taktiken des Sich-Beliebtmachens zum vermehrten Einsatz von Einschmeicheltaktiken bei den Gruppenmitgliedern führte, sehen die Autoren als Beleg für die Wirksamkeit der Herausbildung von Impression-Management-Taktiken in Organisationen an. *Bohra* & *Pandey* (1984) ermittelten bei einer größeren Gruppe von Personen mit einem Fragebogen, der eine ganze Anzahl verschiedener Ingratiationstaktiken erfaßte, daß man solche Taktiken in erheblich größerem Ausmaß gegenüber Vorgesetzten als gegenüber Freunden oder fremden Personen anwendet. In ähnlicher Weise demonstrierten *Giacalone* & *Rosenfeld* (1986), daß Angestellte eines Betriebes dann erheblich mehr "self-promotion"-Verhalten zeigten, wenn zu erwarten war, daß die ihnen ausgeteilten Fragebogen öffentlich oder von ihren Vorgesetzten eingesehen würden. *Baron* (1986) ließ Personen, die sich um eine Führungsposition bewerben sollten, zwei unterschiedliche Selbstdarstellungstaktiken ausführen: entweder möglichst viele positive, nicht-verbale Hinweisreize übermitteln, oder sich stark parfümieren. Der Autor fand, daß jede dieser Taktiken allein zu positiveren Bewertungen der Person führte, nicht dagegen beide gleichzeitig bzw. kombiniert. Im letzteren Falle vermutet der Autor, daß die Interviewer sich von dem massiven Selbstdarstellungsverhalten der Bewerber zu sehr manipuliert fühlten. Außerdem ergab sich bei diesen simulierten Bewerbungsgesprächen, daß die geschilderten Effekte bei männlichen Interviewern stärker als bei weiblichen Beurteilern ausfielen. In einer Studie an Schülern, die sich zu Bewerbungssituationen äußerten, fand *Schwenker* (1989), daß der Selbstdarstellung durch Kleidung ein großes Gewicht beigemessen wurde (vgl. auch *Rosenfeld* & *Plax*, 1977; *Solomon* & *Schopler*, 1982).

Da der Bereich der Arbeits- und Organisationspsychologie gegenwärtig in einigen Ländern weiter ausgebaut wird, kann – vorausgesetzt, daß zugleich mit diesem Ausbau auch verstärkte sozialpsychologische Forschungstätigkeit erkennbar wird – erwartet werden, daß Untersuchungen zum Selbstdarstellungsverhalten in Organisationen und Arbeitsgruppen vorliegen werden, die über die Gebiete "Führungsverhalten" und "Personalauslese" hinausgehen.

Verhandlungsprozesse und Verteilungsgerechtigkeit

Verhandlungen zweier Partner oder Parteien über eine gemeinsame Entscheidung hängen sowohl gemäß der Alltagserfahrung als auch nach experimentellen Ergebnissen unter anderem davon ab, welches Bild oder Image ein Verhandlungspartner dem anderen von sich vermitteln kann. Nach *Pruitt* & *Smith* (1981) spielen dabei besonders die Images der Entschlossenheit oder Festigkeit (firmness) und der Glaubwürdigkeit oder Vertrauenswürdigkeit (trustworthiness) eine wichtige Rolle.

Benton, *Kelley* & *Liebling* (1972) fanden, daß jemand, der in eine Verhandlung mit hohen Forderungen und geringer Bereitschaft zur Konzession einsteigt, also den Eindruck von *Festigkeit* vermittelt, bei der Gegenseite mehr Konzessionen erreichen kann. Spätere Konzessionen wirken dann zusätzlich besonders großzügig. *Komorita* & *Esser* (1975) zeigten, daß man ebenfalls mehr erreichen kann, wenn man die Strategie verfolgt, immer nur genausoviel Konzessionen zu machen wie der Partner zu machen bereit ist. Festigkeit kann man nach *Pruitt* & *Smith* (1981) auch präsentieren, wenn man zu Beginn der Verhandlungen ein Commitment, also eine Bindung, eingeht, etwa vom Typ "Hier stehe ich, ich kann nicht anders"; dabei scheint es dann besonders auf die Glaubwürdigkeit dieser Position anzukommen. *Carnevale*, *Pruitt* & *Britton* (1979) fanden, daß Personen, die unter Beobachtung verhandeln, sich gewöhnlich als stärker und entschlossener darstellen, als wenn sie nicht beobachtet werden.

Vertrauenswürdigkeit und Glaubwürdigkeit gelten schon seit frühen sozial- und kommunikationspsychologischen Untersuchungen als wichtige Voraussetzungen für eine effiziente Kommunikation (vgl. z.B. *Hovland, Janis* & *Kelley*, 1953). Wie zahlreiche Untersuchungen mit experimentellen Spielen gezeigt haben, erreicht man Vertrauen in Verhandlungen, indem man kooperative, und nicht kompetitive Strategien verfolgt (vgl. z.B. *Deutsch*, 1973). Außerdem ist es für die Ausbildung von Vertrauen offenbar günstig, wenn man gewisse einseitige, kooperative Akte vollzieht (vgl. *Lindskold*, 1978). Demnach wird man ein vertrauenerweckendes Image - sofern man nicht seinem Partner ohnehin sympathisch oder ähnlich oder sonstwie vertrauenerweckend erscheint - am besten durch konkrete Verhaltensweisen, also "vertrauensbildende Maßnahmen" aufbauen können. Um in Verhandlungen erfolgreich zu sein, halten *Pruitt* & *Smith* (1981) insgesamt eine Kombination von Festigkeit und Vertrauen für optimal, die man auch als "flexible Rigidität" bezeichnen könnte.

Verhandeln hat viel mit *Gerechtigkeit* zu tun: Man beharrt z.B. auf einer Position, weil man sie für gerecht, und diejenige der Gegenseite für ungerechtfertigt hält. Nach der bereits besprochenen "Theorie der gerechten Welt" (*Lerner*, 1970) gilt für viele Individuen der Satz "People get what they deserve and deserve what they get". Die "Equity-Theorie" postuliert ein allgemeines Streben nach Gerechtigkeit, Fairness, Angemessenheit (vgl. *Berkowitz* & *Walster*, 1976). Was gerecht und angemessen ist, scheint nun aber keineswegs von feststehenden Standards abzuhängen, sondern es richtet sich offenbar danach, welches der soziale Kontext ist und wer beispielsweise den Vorgang der Verteilung von Gütern, Belohnungen, Bezahlungen usw. beobachtet. *Reis* & *Gruzen* (1976) untersuchten experimentell die Rolle von Selbstdarstellung in Austauschprozessen. Versuchspersonen, die Geld unter sich selbst und drei weiteren Arbeitspartnern aufteilen konnten, verwendeten dabei unterschiedliche Aufteilungsschlüssel, je nachdem wer Kenntnis von der Aufteilungsart bekam. War es der Versuchsleiter, so teilten sie das Geld genau nach Leistung auf. Erfuhren die Arbeitskollegen von dem Verteilungsmodus, so teilten die Probanden das Geld gleichmäßig auf. Erfuhr jedoch niemand anderes, wie das Geld aufgeteilt wurde, so teilten sie sich selbst mehr als den anderen zu. *Kidder, Bellettirie* & *Cohn* (1977) fanden, daß bei vorhandener Öffentlichkeit Männer die Belohnungen mehr nach wahrgenommener Angemessenheit (equity), und Frauen mehr nach Gleichheit (equality) verteilten; fand die Verteilung nicht öffentlich statt, so änderten die Männer ihr Aufteilungsverhalten. Offensichtlich verhielten sich die beiden Geschlechter in Anwesenheit von Publikum entsprechend allgemein geteilten Erwartungen an ihre Gruppe. In einer Untersuchung von *Major* & *Adams* (1983) verteilten jedoch beide Geschlechter unter Öffentlichkeitsbedingungen die Belohnungen nach Gleichheit.

Das Bemühen um Verteilungsgerechtigkeit wird vielfach unter Rekurs auf "innere Standards" gedeutet; bei einer Verletzung solcher Gerechtigkeitsnormen entstünden unangenehme innere Zustände, die das Individuum aufzuheben trachte. *Rivera* & *Tedeschi* (1976) haben dies in einem Experiment eindrucksvoll zugunsten einer Impression-Management-Interpretation widerlegt. Bei Probanden, die gleiches geleistet hatten, aber ungleich entlohnt worden waren, wurden Maße für Schuld- oder Zufriedenheitsgefühle erhoben. Geschah dies auf übliche Weise (mit Fragebogen bzw. Selbsteinschätzungsverfahren), so äußerten die klar zu hoch bezahlten Personen Schuld und Scham. Geschah die Messung jedoch mit einer Art simuliertem Lügendetektor, so äußerten die Versuchspersonen eher Zufriedenheit mit der Aufteilung. Die zu Unrecht hoch belohnten Personen freuen sich also insgeheim, äußern aber nach außen Betroffenheit.

Nach *Reis* (1981) ist die Impression-Management-Theorie in der Lage, den offensichtlichen Widerspruch aufzuheben, der zwischen den beiden Annahmen der Equity-Theorie (*Walster*, *Berscheid* & *Walster*, 1973) besteht, "Individuen streben danach, ihre Gewinne zu maximieren" und "Gruppen belohnen ihre Mitglieder, wenn sie andere gerecht behandeln". Für das Individuum ist es eben vorteilhaft, das eine zu tun, ohne das andere zu lassen: sich den Anschein fairen und gerechten Verhaltens zu geben und gleichzeitig sein Nutzen-Kosten-Verhältnis zu maximieren.

Reis (1981) und andere Autoren haben schließlich darauf hingewiesen, daß es beim Gewinnaufteilungsverhalten keineswegs nur darum gehe, *andere* Personen, Beobachter oder die eigene Bezugsgruppe zu beeindrucken. Vielmehr spiele es häufig eine Rolle, sich der *eigenen* Person gegenüber als gerecht handelnder Mensch zu präsentieren. Mit anderen Worten betreibt man also Selbstdarstellung mit dem Ziel der Beeinflussung des Selbstbildes (vgl. auch *Greenberg*, 1983). In den Untersuchungen von *Morse*, *Gergen* & *Reis* (1974) und *Reis* & *Gruzen* (1976) hatten sich die Versuchspersonen die Gewinne auch unter vollständig nicht-öffentlichen Bedingungen keineswegs in extremer Weise selbst zugeteilt.

Nonverbales Verhalten, Ausdruck und äußere Erscheinung

Gemäß dem Motto, daß ein Bild mehr zu sagen vermag als tausend Worte, läßt sich mit nicht-sprachlichem Verhalten, mit taktisch oder strategisch eingesetztem *Ausdrucksverhalten* Selbstdarstellung betreiben (vgl. insbesondere *Schlenker*, 1980). Ohne daß wir hier zweifellos erforderliche definitorische Abgrenzungen vornehmen wollen, fassen wir Phänomene wie Mimik und Gestik, Körpersprache, räumliches Verhalten, äußere Erscheinung (Kleidung, Kosmetik) usw. unter dem Gesichtspunkt der Selbstpräsentation zusammen – mit allen diesen *nonverbalen* Mitteln vermag ein Individuum etwas über sich selbst auszudrücken und anderen mitzuteilen. Wenngleich nicht in erster Linie an empirischer Überprüfung interessiert, sondern deskriptiv und "phänomenologisch" vorgehend und stets auf Unterscheidung zwischen "natürlichem" Ausdruck und "bewußter" Darstellung und Kundgabe fixiert, hat hier die fast vergessene ältere deutsche Ausdruckspsychologie (z.B. *Klages*, 1950; *Strehle*, 1954; *Lersch*, 1932, 1938; zusammengefaßt teilweise in *Kirchhoff*, 1965) wichtige Vorarbeiten geleistet.

Was beispielsweise die *Körperhaltung* anbetrifft, so zeigte *Mehrabian* (1971), daß eine moderat entspannte Haltung *Macht* ausdrückt. Zur Darstellung einer Machtposition gehört gewöhnlich auch eine aufrechte Position, eine gewisse Größe oder Höhe sowie der Ausdruck von Entschlossenheit in Motorik und Blickverhalten (*Stogdill*, 1974). Auch die Art und Weise, Hände und Füße zu bewegen, kann eher Macht oder Machtlosigkeit signalisieren; den Kopf am Kinn mit der Hand zu stützen, deutet mehr auf Nachdenklichkeit als auf Entschlossenheit hin (*Henley*, 1977). Die möglichen Variationen des *Gesichtsausdrucks* sind so vielfältig, daß sie hier nur angedeutet werden können. Die Art und Weise, die Augenbrauen zu bewegen, hat ebenfalls etwas mit Macht zu tun (*Keating, Mazur* & *Segall*, 1977), und über das Anstarren anderer Personen wurde bereits oben einiges ausgeführt. *Jellison* & *Ickes* (1974) fanden, daß Versuchspersonen, die eine Auseinandersetzung erwarteten, in der sie die Macht des Opponenten minimieren wollten, es vorzogen, diesen anzublicken, ohne von ihm selbst angeblickt zu werden. Überlegenheit, so zeigt *Korda* (1976), wird auch sehr häufig durch körperliche *Berührung* zu demonstrieren gesucht. Von dem amerikanischen Präsidenten Johnson wird gesagt, daß er diese Taktik meisterhaft beherrscht habe, indem er seinen Gesprächspartnern aufs Knie drückte, auf die Schulter klopfte, ihnen mit dem Finger in den Magen stupste usw. Auch die Benutzung bzw. Ausnutzung des jeweils vorhandenen *Raumes* kann dazu dienen, Macht (oder Ohnmacht) zu demonstrieren. *Riess* (1977) untersuchte solches Raumnutzungsverhalten unter Impression – Management – Gesichtspunkten. Die Größe des benutzten Raumes und das Ausmaß der Kontrolle über ihn werden als Hinweis auf Macht wahrgenommen. Raumnutzungsverhalten kann zusammen mit Motorik zu effizienter Selbstdarstellung genutzt werden – z.B. läßt sich Überlegenheit demonstrieren in der Art, wie man einen Raum durchmißt und sich dann in bestimmter Weise hinsetzt. In Erweiterung dieser Überlegungen bezieht *Schlenker* (1980) Aspekte der Innenarchitektur mit ein: Sitzanordnungen lassen sich z.B. so herstellen, daß nur bestimmte Kommunikationen möglich sind oder daß man selbst bevorzugt ist (*Shaw*, 1976).

Diese Beispiele für verschiedene Möglichkeiten, soziale Macht durch nonverbales Verhalten nach außen darzustellen, mögen hier stellvertretend für vieles andere genügen – sowohl mit Beschreibungen aus dem Alltagsleben als auch mit Berichten über empirische Studien ließen sich viele Seiten füllen, um die nonverbalen Möglichkeiten von Selbstdarstellung zu besprechen. Wir möchten hier selektiv nur noch einmal auf Impression-Management durch Manipulation der eigenen *äußeren Erscheinung*, insbesondere der *Kleidung* zu sprechen kommen. Die Bedeutsamkeit dieses Komplexes im alltäglichen Leben bringt *Schlenker* (1980, p.268) kurz und treffend auf folgenden Nenner:

> "Although people may attempt to guard against judgment by appearance, they cannot entirely eliminate it".

Es gibt für die meisten Individuen mehr oder weniger stereotype Vorlieben in bezug auf Haarfarbe und Frisur, Augenfarbe und -kosmetik, Hautfarbe und Teint, Geschlecht, Größe, Gewicht, Kleidung, Schmuck, aber auch bezüglich weiterer zu einer Person gehörenden Äußerlichkeiten wie Gegenstände des Besitzes, Wohnumgebung, Wohnung, Autos, Mobiliar usw., und die meisten solcher Merkmale sind für die meisten Menschen zum Zwecke einer passenden Selbstdarstellung manipulierbar. Auf die überragende Bedeutung physischer Attraktivität für soziale Interaktion haben die Arbeiten von *Berscheid* & *Walster* (z.B. 1974) und vieler weiterer Autoren hingewiesen. *Sigall* & *Ostrove* (1975) fanden beispielsweise, daß Angeklagte mit attraktiverer äußerer Erscheinung mit niedrigeren Strafen zu rechnen haben als solche mit geringerer äußerer Attraktivität (es sei denn, das zu verhandelnde Delikt habe selbst etwas mit Attraktivität zu tun). *Korda* (1977) beschreibt detailliert die Kleidungsstücke, die Männer und Frauen für wichtig und ausschlaggebend halten, um im Geschäftsleben Erfolg zu haben. (Aus Gründen der Selbstdarstellung von Seriosität sollen im vorliegenden Abschnitt keine Abbildungen dargeboten werden.) *Solomon* & *Schopler* (1982) haben bezüglich des taktischen Gebrauchs von Kleidung gefunden, daß dieser einen positiven Zusammenhang mit Maßen "öffentlicher Selbstaufmerksamkeit" besitzt; entgegen ihrer Erwartung war diese Beziehung jedoch bei männlichen Personen stärker als bei weiblichen. Diese Beispiele sollen hier genügen. In *Kapitel 6* konnten wir bereits sehen, daß die Auffassung, bei Kleidung und ähnlichen Aspekten der äußeren Erscheinung handele es sich um "Symbole" im Sinne des Symbolischen Interaktionismus von G.H. *Mead* (1934), mit einer impression-management-theoretischen Interpretation gut verträglich ist.

Geschlechtsrolle

Den Erwartungen anderer Menschen, eines Publikums oder der Öffentlichkeit zu entsprechen, bedeutet mit anderen Worten auch oft, sich gemäß populären Stereotypen zu verhalten. Stereotype Rollenerwartungen richten sich traditionellerweise auch an das Verhalten der Angehörigen beider Geschlechter, sei es im konventionellen Sinne, sei es – in bestimmten Subkulturen – im emanzipatorischen Sinne. Die herkömmlichen geschlechtsspezifischen Rollenerwartungen, denen gemäß Frauen eher abhängig, unselbständig, schwach, gefühlsbetont usw., und Männer eher unabhängig, selbständig, stark, rational erscheinen, haben unter den gängigen Stereotypen offensichtlich die meisten empirischen Untersuchungen auf sich gezogen.

Wir haben in *Kapitel 7* bereits auf die Studie von *Baeyer*'s *et al.* (1981) hingewiesen, in der sich Frauen je nach vorhandener Vorinformation über die Einstellungen eines Interviewers eher traditionell oder eher liberal "aufmachten". *Zanna* & *Pack* (1975) baten weibliche Versuchspersonen, sich gegenüber einem männlichen Interaktionspartner selbst zu beschreiben. Auch hier gab es die Vorinformation, daß dieser Partner eher konservativ oder eher fortschrittlich eingestellt sei, zudem war er in der Hälfte der Fälle als attraktiv bzw. als Partner erwünscht, und in der Hälfte der Fälle als unattraktiv ausgewählt. Der "erwünschte" männliche Partner entsprach hier einem klassischen Stereotyp, er war 1,80m groß, jung, aber schon erfahren, ohne feste Freundin und im Besitz eines Wagens; der "unerwünschte" war 1,60m groß, 18 Jahre alt, mit fester Freundin und nicht im Besitz eines Wagens. Es zeigte sich, daß sich die Probandinnen nur dann, wenn der Partner "erwünscht" war, in ihrer Selbstdarstellung seinen zu vermutenden Einstellungen anpaßten. *Zanna* & *Pack* (1975) konnten zusätzlich zeigen, daß die Probandinnen in einem Intelligenztest, dessen Ergebnisse dem Interaktionspartner zugänglich gemacht werden sollten, schlechter abschnitten, wenn es sich um den "erwünschten" und traditionell eingestellten Partner handelte. Dieses Resultat befindet sich in Übereinstimmung mit der Annahme, daß auch solche Testleistungen zu einem gewissen Grad im Dienste der Selbstdarstellung stehen. Ist der erwünschte Partner konservativ eingestellt, so stellt man sich in seinen Äußerungen darauf ein, als weibliche Person nicht allzu kompetent zu erscheinen. *Jellison*, *Jackson – White*, *Bruder* & *Martyna* (1975) konnten das entsprechende Selbstdarstellungsverhalten sowohl bei Frauen als auch bei Männern feststellen. Auch Männer passen sich in der Präsentation von Intelligenzleistungen an die Erwartungen attraktiver Interaktionspartner an.

Elliott (1982) zeigte in einer entwicklungspsychologischen Studie, daß die im Entwicklungsverlauf abnehmende Tendenz, sich in Abhängigkeit vom eigenen Selbstwertgefühl anders zu präsentieren als man tatsächlich zu sein glaubt, bei den beiden Geschlechtern unterschiedlich schnell abgebaut wird; bei Jungen war der genannte Zusammenhang mit 11 Jahren, bei Mädchen erst mit 14 Jahren nicht mehr vorhanden. *Whitehead* & *Smith* (1986) berichten über Untersuchungen, in denen männliche Personen höheres Selbstvertrauen als weibliche Personen zeigen, wenn die Rückmeldung über von ihnen erbrachte Leistungen einen gewissen Spielraum für die Selbsteinschätzung lassen (zur "weiblichen Bescheidenheit" vgl. auch *Gould* & *Slone* ,1982). *Snyder*, *Ford* & *Hunt* (1985) fanden, daß Männer und Frauen unterschiedliches Selbstdarstellungsverhalten auch insofern zeigen, als sie zu unterschiedlichen Arten von Entschuldigungen neigen. Bei Arbeitstätigkeiten, die nicht zum traditionellen weiblichen Rollenbild gehören, neigen Frauen nach Befunden von *Anderson* & *Thacker* (1985) zu stärkerem Self-Monitoring und somit nach Auffassung der Autoren zu stärkerem Impression-Management als Männer. *Mori*, *Chaiken* & *Pliner* (1987) untersuchten das Eßverhalten von Frauen, einen Verhaltensbereich, der nach Auffassung der Autorinnen in der amerikanischen Gesellschaft für die weibliche Geschlechtsrolle von größerer Bedeutung ist als für die männliche. Weibliche Versuchspersonen aßen bei einem arrangierten Treffen mit einer "erwünschten" männlichen Person signifikant weniger als unter allen anderen Versuchsbedingungen – Männer zeigten dagegen kein entsprechendes Verhalten. Schließlich sei noch eine Studie von *Mills* (1984) erwähnt, derzufolge sich Frauen bei der Anfertigung von Fotographien (paßbildartigen Porträtfotos für College-Jahrbücher) in bezug auf Lächeln, Kopfhaltung und Blickrichtung von Männern unterscheiden. Nicht auszuschließen ist hier natürlich, daß dabei gewisse stereotype Erwartungen der Fotographen eine Rolle spielen, aber auch dies würde eine Impression-Management-Interpretation der geschlechtsbezogenen Art und Weise, sich in Szene zu setzen, unterstützen.

Psychische Krankheit, Depression, Psychotherapie

Daß psychische Störungen bis hin zu Geisteskrankheit oftmals Anlaß zu Interpretationen im Sinne von Impression-Management geben, wurde in *Kapitel 7* bei der Besprechung von Self-handicapping-Strategien und -Taktiken deutlich. Ein "Einfallstor" für Selbstdarstellung sind solche Störungen und Krankheiten sicherlich nicht zuletzt deshalb, weil sie stets unscharf definiert und nicht mit gleicher "Objektivität" diagnostizierbar sind wie physische Krankheitsbilder. Zudem hat sich in weiten Bereichen der Wissenschaft (wenn auch nicht immer in gleichem Maße in den medizinischen Wissenschaften selbst) die Auffassung durchgesetzt, daß bei der Entstehung und der Feststellung von Krankheit sowohl gewichtige subjektive Faktoren als auch mannigfache soziale Einflüsse eine Rolle spielen. Ähnlich wie im Falle einer anderen Kategorie "abweichenden Verhaltens", nämlich Kriminalität, wird Krankheit oft erst durch eine sozial bedingte und geteilte Zuschreibung von "krank" zur Krankheit. Allein dieser weithin akzeptierte *Etikettierungs*ansatz (labeling approach) mag andeuten, wie stark der Einfluß des sozialen Umfeldes auf psychische Störungen und Krankheiten ist. Dementsprechend gewichtig mag das Ausmaß sein, in dem die betroffenen Individuen selbst bemüht sind, durch Selbstdarstellung aktiven Einfluß auf die Zuschreibungsprozesse ihrer sozialen Umgebung zu nehmen.

Empirische Untersuchungen der Selbstdarstellung psychischer Störungen, seien sie nun quantitativer oder eher "qualitativer" Art, haben sich vor allem auf soziale Interaktion in psychiatrischen Institutionen konzentriert (*Goffman*, 1961; *Braginsky*, *Braginsky* & *Ring*, 1969). *Braginsky et al.* (1969) halten es für völlig natürlich, daß Patienten Impression-Management betreiben, da sie sich in einer starken Abhängigkeitsposition befinden und über vieles in ihrem Leben nicht selbst bestimmen können. Die Psychiatrie-Patienten äußern sich in Fragebogen über die Institution und die Betreuer sehr unterschiedlich, je nachdem, ob ihre Äußerungen völlig anonym sind oder veröffentlicht werden. Nach *Braginsky et al.* (1969) geht es für sehr viele Patienten darum, in der Institution zu bleiben und dort so angenehm wie möglich zu leben. Man kann sich vorstellen, daß solche Patienten jede Gelegenheit wahrnehmen, sich nach außen so zu präsentieren, daß diese Ziele auch erreicht werden. Tatsächlich beantworteten die Patienten die Fragebogen stets in einem solchen "instrumentellen" Sinne: Wer befürchtete, in eine unangenehmere Abteilung der Klinik verlegt zu werden, stellte sich als weniger krank dar, und wer befürchten mußte, wegen zu geringer Störungen entlassen zu werden, äußerte wesentlich mehr Krankheitssymptome. Eine vergleichbare Studie zum Verhalten von Kindern in Institutionen legten *Braginsky* & *Braginsky* (1971) vor.

Für alle "Armen und Kranken" entwickelte *Braginsky* (1981) ein Maß ("surplus value"), das angibt, in welchem Ausmaß eine Person sozusagen als sozial "überflüssig" erscheint. Jemand ist in diesem Sinne vollständig "überflüssig", wenn niemand die Dienste dieses Individuums benötigt oder wenn jeder an ihrer Stelle die gleichen Dienste ausführen kann oder wenn die Person bei ihrer Ausführung vollständig von anderen Personen abhängig ist. Um das Überflüssigkeitsmaß zu reduzieren, werden nach *Braginsky* (1981) Impression-Management-Strategien und -Taktiken angewendet. Das Ergebnis der oben genannten Studie von *Braginsky et al.* (1969) läßt den Schluß zu, daß unter Öffentlichkeitsbedingungen die Taktik des Sich-Beliebtmachens (ingratiation) dominiert: Die Patienten loben die Anstalt oder haben nicht viel an ihr auszusetzen. Leider hat *Braginsky* das von ihm vorgeschlagene Maß ("surplus value") nicht systematisch und quantitativ angewendet, um mit ihm seine Hypothesen in geregelter Weise zu überprüfen.

Arkin (1980) weist im Anschluß an *Goffman* (1963) auf die Probleme hin, die sich in der sozialen Interaktion ergeben, wenn einer der Partner "stigmatisiert" ist, wenn also z.B. bekannt ist, daß er psychisch krank oder Insasse einer psychiatrischen Anstalt (gewesen) ist. *Farina* & *Ring* (1965) haben gezeigt, daß ein Gruppenmitglied, von dem bekannt wird, daß es schon einmal in einer solchen psychiatrischen Behandlung gewesen ist, von den anderen Gruppenmitgliedern schlechter behandelt wird, als wenn eine solche Information nicht vorliegt. Auf der anderen Seite fanden *Farina*, *Gliha*, *Boudreau*, *Allen* & *Sherman* (1971), daß zu dieser Stigmatisierung auch die Stigmatisierten selbst ihr Teil beitragen: Psychiatriepatienten, die der Ansicht waren, ihre Interaktionspartner seien über ihren Status als Patienten informiert, empfanden sich als negativ bewertet, fanden die Interaktion schwieriger und leisteten bei einer Aufgabe, zu der Kooperation erforderlich war, weniger als Patienten, die der Ansicht waren, ihre Partner wüßten nichts über ihre Krankheit.

Hill, *Weary* & *Williams* (1986) haben das Krankheits- bzw. Störungsbild der *Depression* einer Analyse unter dem Gesichtspunkt von Selbstdarstellung unterzogen. Unabhängig von den womöglich sehr unterschiedlichen Ursachen depressiver Phasen können nach Auffassung der Autorinnen depressive Symptome als Versuche aufgefaßt werden, interpersonale Beziehungen zu kontrollieren und in den Griff zu bekommen. Die Reaktionen der Interaktionspartner haben dieser Interpretation gemäß dann die unbeabsichtigte Nebenwirkung, daß sie zur Aufrechterhaltung der Depression beitragen.

Hill et al. (1986) interpretieren Forschungsergebnisse, wonach depressive Personen im Vergleich zu nicht-depressiven gewisse kognitive Besonderheiten aufweisen (z.B. sich an mehr Mißerfolge und an weniger Erfolge erinnern) im Sinne "selbst-protektiver" Selbstdarstellungsstile (z.B. wollen solche Personen bestimmte Anforderungen vermeiden), und nicht so sehr im Sinne kognitiver Verzerrungen. Auch die Tendenz Depressiver, sich selbst weniger zu belohnen und mehr zu bestrafen, wird mit selbst-protektivem, defensiven Impression-Management interpretiert, denn nach einer Untersuchung von *Sacco* & *Hokanson* (1982) scheint das Ausmaß von Selbstbelohnung bei Depressiven und Nichtdepressiven in starkem Maße von der Anwesenheit des Versuchsleiters abhängig zu sein. Nach *Forrest* & *Hokanson* (1975) dient das gehäuft selbstpunitive Verhalten von Depressiven der Kontrolle von unangenehmen Einflüssen und Bedrohungen durch andere Personen. *Hill et al.*

(1986) berichten über Untersuchungen, denen zufolge die Reaktionen anderer Personen auf Interaktionen mit depressiven Individuen durchweg negativ sind; diese gleichsam ansteckende Wirkung depressiver Zustände (vgl. auch *Strack* & *Coyne*, 1983) liefert gleichfalls einen Hinweis auf die wichtige Bedeutung sozialer Interaktionsprozesse für eine Interpretation depressiven Verhaltens. Sie erlaubt es den Patienten nicht, eine "selbsterhöhende" Selbstdarstellungsstrategie zu wählen, so daß sie weiterhin "selbst-protektive" (*Arkin*, 1981) oder defensive Strategien anwenden. Eine Zusammenfassung von Untersuchungen und Überlegungen zu einer impression-management-theoretischen Interpretation von Depression findet sich auch bei *Weary* (1988).

In gewisser Weise "stärker" abweichendes Verhalten als die "alltäglichen" klinisch-psychologischen Zustandsbilder, wie z.B. Hexenglaube und andere Spielarten von Okkultismus, Spiritismus oder sonstiges Verhalten mit Bezug zum Wahnhaften, kann wahrscheinlich ebenfalls unter anderem mit Rekurs auf Selbstdarstellungsverhalten gedeutet werden. *Schlenker* (1980) weist darauf hin, daß sowohl das Verhalten von "Hexen" als auch die Reaktionen auf "Hexerei" in früheren Jahrhunderten mit komplexen sozialpolitischen Problemen zu tun hatten. *Spanos* (1978) beschreibt das Image und auch das Selbst-Image von Hexen so, daß man auf diesen Fall unschwer die oben genannten Überlegungen zur Stigmatisierung (und Selbststigmatisierung) anwenden könnte. In ähnlicher Weise könnten sicherlich auch Aspekte des Vampirismus in der rumänischen Provinz Transsylvanien interpretiert werden (*Stoker*, 1897). Manch vorderhand "abartiges" Phänomen würde reizvollerweise nicht nur von der Parapsychologie, sondern auch von einer Sozialpsychologie der Selbstpräsentation zu bearbeiten sein.

In Begriffen von Impression-Management bzw. Selbstdarstellung sind nicht nur die Verhaltensweisen psychisch Kranker, sondern auch die Interaktionen zwischen *Patient und Therapeut* sowie zwischen Ausbildern und Psychotherapeuten oder Trainern untersucht worden. *Friedlander* & *Schwartz* (1985) legten eine Klassifikation der Impression-Management-Strategien von Patienten vor, die darauf zielen, den Eindruck des Therapeuten von ihnen und zugleich sein therapeutisches Verhalten zu steuern; ihre Taxonomie enthält neben den aus *Kapitel 7* bekannten "assertiven" Strategien auch die defensive Strategie "facework". *Ward*, *Friedlander*, *Schoen* & *Klein* (1985) untersuchten empirisch die Selbstdarstellung von auszubildenden Psychotherapeuten gegenüber ihren Ausbildern. Therapeuten, die einen defensiven Selbstdarstellungsstil verfolgten, schrieben sich selbst die Verantwortung für Verbesserungen im Patientenverhalten zu, und machten den Patienten für Verschlechterungen in seinem Verhalten verantwortlich. Dagegen machten Therapeuten mit einer nichtdefensiven Strategie für Verbesserungen den Patienten und für mangelnde Therapieerfolge sich selbst verantwortlich. Die Ausbilder beurteilten die nichtdefensiv vorgehenden Therapeuten günstiger als die defensiv eingestellten, aber letztere wurden als selbstbewußter eingeschätzt. Verbesserte sich der Zustand des Patienten, so wurde der Therapeut als fähiger, attraktiver und selbstbewußter eingeschätzt, ganz gleich, welche Erklärungen dieser dazu abgab. In jedem Falle schrieben die Patienten – im Unterschied zu Ausbildern und Therapeuten – sich selbst mehr Verantwortung für eine Zustandsverbesserung als für eine Verschlechterung zu.

Verschiedene Verhaltensbereiche

Im folgenden seien noch einige weitere Bereiche menschlichen Verhaltens genannt, zu denen empirische Untersuchungen ausgeführt wurden, die eine impression-management-theoretische Interpretation dieses Verhaltens nahelegen. Dabei soll nicht in Abrede gestellt werden, daß manche dieser Studien durchaus auch der einen oder anderen zuvor aufgeführten Kategorie (besser) zugeordnet werden könnten.

Snyder (1977) spricht das Phänomen des Sich-Öffnens gegenüber anderen Menschen (*self-disclosure*) an, ein auch gern differentiell-psychologisch untersuchtes Merkmal. Es ist dadurch charakterisiert, daß das Individuum anderen gegenüber "Einblicke" ins "Innere" der eigenen Person zuläßt (vgl. auch *Jourard*, 1964; *Spitznagel* & *Schmidt-Atzert*, 1986). Es liegt auf der Hand, daß ein solches Verhalten für bestimmte Psychotherapien von Bedeutung sein kann. In jedem Falle dürfte Self-Disclosure für denjenigen, der die Möglichkeit hat, sich zu öffnen oder aber zu verschließen, in bestimmten Arten von sozialer Interaktion eine Machtressource darstellen. Während zu geringes und zu starkes Self-Disclosure unsympathisch wirken können, scheint es so zu sein, daß Personen mit moderatem Self-Disclosure am ehesten gemocht werden (*Cozby*, 1972). Das von einem Individuum bei Beginn einer sozialen Interaktion gezeigte Maß an Sich-Öffnen wird gewöhnlich von den Interaktionspartnern imitiert (*Cozby*, 1973). Da das Ausmaß an Self-Disclosure gemeinhin als Ausdruck von Vertrauenswürdigkeit interpretiert wird, läßt es sich, da fast vollständig unter der Kontrolle des Individuums, das die Interaktion initiiert, zur unmittelbaren Selbstpräsentation von Vertrauenswürdigkeit instrumentalisieren (*Tedeschi et al.*, 1985).

Auf Beziehungen zwischen Selbstdarstellung und *Emotion* weist *Baumeister* (1982) hin. Einerseits können emotionale Zustände Selbstdarstellungsverhalten anregen oder begünstigen, andererseits kann Selbstpräsentation Auswirkungen auf Emotionen haben. Da Individuen gewöhnlich um ihr öffentliches Image *besorgt* sind, können Selbstdarstellungstendenzen z.B. die *Stimmung* beeinflussen; über die so veränderte Stimmung kann z.B. Hilfeleistungsverhalten begünstigt werden (*Kenrick*, *Baumann* & *Cialdini*, 1979). *Lanzetta*, *Cartwright-Smith* & *Kleck* (1976) forderten ihre Versuchspersonen auf, den Schmerz, den sie bei der Vergabe von Elektroschocks empfanden, zu unterdrücken; entgegen der Auffassung, daß eine Emotion durch den Versuch ihrer Unterdrückung intensiviert wird, fand sich eine Angleichung der Emotion an ihre öffentliche Darstellung, nämlich eine Abnahme des Schmerzes. *Baumeister* & *Cooper* (1981) informierten ihre Probanden, daß man eine bestimmte Emotion von ihnen erwarte; unter bestimmten Bedingungen schienen die Versuchspersonen diese Emotion anschließend tatsächlich zu haben. Der Einfluß einer öffentlichen Erwartung auf das tatsächliche Eintreten einer Gefühlslage, wie ihn die Impression-Management-Theorie vorhersagen würde, erscheint mit der Zwei-Faktoren-Theorie der Emotion (*Schachter*, 1964) gut verträglich. Zu einer physiologischen Erregung hinzutretende soziale Hinweisreize sind oftmals dafür verantwortlich, welche Art von Emotion erlebt wird, mit anderen Worten, es wird eine wichtige Rolle spielen, welche Emotion zu zeigen in der jeweiligen sozialen Interaktion angemessen ist.

Noch zum Bereich der Selbstdarstellung von Emotion dürften Untersuchungen zum *Humor* gehören. In der Sicht der Impression – Management-Theorie ist Humor nicht unbedingt von den Strukturmerkmalen eines Witzes oder eines witzigen Bildes oder von inneren Stimuli abhängig, wie dies beispielsweise Siegmund *Freud* (1958) lehrte, sondern von den tatsächlichen oder antizipierten Reaktionen sozialer Interaktionspartner. *Rosenfeld*, *Giacalone* & *Tedeschi* (1983) ließen Personen, die in einer Cafeteria saßen, Cartoons auf ihre "Witzigkeit" hin beurteilen. Dabei arrangierten sie es so, daß entweder eine lachende oder nicht lachende dritte Person oder aber keine dritte Person zugegen war. Das Ausmaß der beurteilten Witzigkeit der Cartoons zeigte sich nur dann erhöht, wenn eine lachende dritte Person zugegen war. Es scheint also nicht nur die bloße Anwesenheit eines Publikums zu sein, die das Ausmaß geäußerten Humors bestimmt, sondern man äußert mehr oder weniger Humor, je nachdem, welches Maß an Witzigkeit man für sozial angemessen hält.

Die Rolle der *Sprache* bei der Selbstdarstellung kann vermutlich gar nicht wichtig genug genommen werden. Dies ergibt sich schon aus unseren in *Kapitel 1* gebrachten Überlegungen zur Selbstdarstellung in der Literatur und der Schauspielkunst. Psychologisch-empirische Untersuchungen hierzu - dies zeigen die in den vorigen Abschnitten dieses Kapitels referierten Arbeiten – sind spärlich. Ein theoretischer Rahmen für solche Studien könnte sich aus der soziolinguistischen Untersuchung von *Malone* (1985) ergeben, so daß - zusammen mit quantitativen Inhaltsanalysen, wie sie im folgenden Kapitel beschrieben werden - verbale Taktiken und Strategien der Selbstdarstellung besser analysiert werden können.

Malone (1985) unterschied mehrere Ebenen des selbstdarstellungstaktischen Sprachgebrauchs in Konversationen: Der Gebrauch von Personalpronomen wie "wir", "Ihr" oder "sie" steckt die Grenzen einer sozialen Interaktion ab, verbale Strategien zur Gewinnung von Unterstützung oder zum Vermeiden von Opposition können sich im Frageverhalten äußern, und auch die Zugehörigkeit zu bestimmten Gruppen und die gleichzeitige Absetzung von Outgroups kann sich sprachlich manifestieren (vgl. hierzu etwa die Inhaltsanalysen von *Schmidt*, 1965, sowie *Schmidt* & *Fengler*, 1967, zur Ingroup-Outgroup-Differenzierung in Sportreportagen von Länderspielen und zum Sprachgebrauch von Koalitions- und Oppositionsparteien in Bundestagsdebatten).

Eine größere Zahl von Untersuchungen hat sich dem Zusammenhang von selbstdarstellungsrelevanten *Persönlichkeitsunterschieden* und dem Selbstdarstellungsverhalten gewidmet. Mit Persönlichkeitsunterschieden im Impression-Management, d.h., mit differentiell-psychologischen Ansätzen der Selbstdarstellung werden wir uns in *Kapitel 11* noch befassen. Hier sei nur kurz auf empirische Untersuchungen vom Typ "Personen mit hohen und niedrigen Werten in Self-Monitoring- (Soziale Ängstlichkeits-, Selbstaufmerksamkeits- usw.) Skalen unterscheiden sich im Ausmaß ihres Selbstdarstellungsverhaltens" hingewiesen. Einige solcher Untersuchungen wurden bereits in *Kapitel 6* erwähnt, einige weitere finden sich beispielsweise bei *Arkin* (1981) und *Rhodewalt* (1986). Studien zu Self-Monitoring und Impression-Management legten z.B. *Paulhus* (1982), *Schlenker, Miller* & *Leary* (1983) und *Gerstein, Ginter* & *Graziano* (1985) vor. Es zeigte sich im wesentlichen, daß Personen mit hohem Self-Monitoring in den Experimenten auch situative Anforderungen stärker beachteten. Studien zu sozialer Ängstlichkeit und Impression-Management finden sich z.B. bei *Schlenker* & *Leary* (1982) und *Greenberg, Pyszcynski* & *Stine* (1985). Letztere fanden, daß Personen mit niedrigen Ängstlichkeitswerten auf die Aussicht, mit anderen sozial interagieren zu sollen, mit zunehmend günstiger Selbstdarstellung reagieren, ganz im Gegensatz zu sozial ängstlichen Individuen.

Schlußbetrachtung

Die Ausführungen zu und Aufzählungen von bereits vorliegenden empirischen Arbeiten zur Selbstdarstellung in den verschiedensten Verhaltensbereichen ließen sich sicherlich ausweiten und fortsetzen, insbesondere, da die Erforschung des Selbstdarstellungsverhaltens gegenwärtig auf vielen psychologischen Gebieten intensiv betrieben wird. Über eigene Arbeiten soll in den nächsten Kapiteln berichtet werden. Die eingangs aufgeworfene Frage, ob die bisher empirisch bearbeiteten Gegenstände die wichtigsten Bereiche menschlicher Interaktion abdecken, kann vielleicht mit einem vorsichtigen Ja beantwortet werden. Ähnlich wie Eliott *McGinnies* (1970) den Mut hatte zu versuchen, einmal ein sozialpsychologisches Lehr- oder Textbuch allein auf der Grundlage verhaltenstheoretisch geleiteter, nach den Prinzipien der funktionalen Verhaltensanalyse von *Skinner* ausgeführten und reinterpretierten Experimente zu schreiben, in ähnlicher Weise könnte es möglich sein, eine Sozialpsychologie vom Standpunkt der Impression – Management – Theorie aus zu verfassen. Bei sorgfältigeren Recherchen als dies hier möglich war, auf bessere Forschungsressourcen gestützt, könnte bereits auf eine annehmbar große Zahl von Untersuchungsergebnissen sowohl aus der Grundlagenforschung als auch zu wichtigen psychologischen Anwendungsgebieten zurückgegriffen werden.

Kapitel 9

Persönlichkeitsmerkmale als Selbstdarstellungs-produkte

In diesem Kapitel sollen Überlegungen angestellt und empirische und experimentelle Untersuchungen zu der Frage berichtet werden, ob nicht auch Persönlichkeitsmerkmale, wie sie mit Tests und testähnlichen Instrumenten gemessen werden, als Ergebnisse von Impression-Management aufgefaßt werden können. Zugespitzt formuliert bedeutet dies: Ist nicht manches von dem, was wir als Persönlichkeits-, Temperaments- oder Charaktereigenschaften zu erfassen glauben, ein Ergebnis von Selbstdarstellung?

Persönlichkeitsmessung, Selbstberichtsdaten und Soziale Erwünschtheit

Unter *Persönlichkeit* wird allgemein das Insgesamt der interindividuellen Unterschiede verstanden, wobei für eine psychologische Erforschung von Persönlichkeitsmerkmalen vor allem die einigermaßen situationsübergreifenden Unterschiede und Besonderheiten im Verhalten von Interesse sind. Die erfaßbaren Aspekte des Verhaltens, hinsichtlich deren Individuen sich unterscheiden und die nicht nur vollständig aktueller, vorübergehender Art sind, werden als *Persönlichkeitseigenschaften* bezeichnet. Persönlichkeitseigenschaften werden mit allen möglichen psychologischen Instrumenten zu erfassen gesucht. Dabei besteht kaum Uneinigkeit darüber, daß eine Erfassung von Persönlichkeitsvariablen optimalerweise mit Instrumenten erfolgt, die hinsichtlich wichtiger Gütekriterien überprüft, also nach testtheoretischen Prinzipien konstruiert sind (vgl. etwa *Lienert*, 1986). Dies gilt sowohl für Intelligenz- und Leistungsvariablen, als auch für Persönlichkeitsvariablen "im engeren Sinne", also dasjenige, was man umgangssprachlich als "Charaktereigenschaften" bezeichnet.

Da es äußerst unökonomisch wäre, Persönlichkeitstests, die über Aspekte von Intelligenz und Leistung hinausgehen und *Persönlichkeitsmerkmale im engeren Sinne* erfassen, auf Verhaltensproben und Verhaltensbeobachtung aufzubauen, machen alle einigermaßen umfassenden, modernen Persönlichkeitstests vom Mittel der *Selbstbeschreibung* Gebrauch. Selbstberichtsdaten haben den entschiedenen Vorteil, daß so gut wie jeder denkbare Verhaltensbereich erfaßt und daß Informationen darüber auf äußerst ökonomische Weise erhoben werden können. Um den erwähnten Prinzipien der Testkonstruktion zu genügen, müssen die heranzuziehenden Selbstberichtsdaten in standardisierter Form erfragt werden. Die weitaus am häufigsten angewendeten Verfahren der Persönlichkeitsmessung haben die Form von *Fragebogen* und *Ratingskalen*.

Die Elemente von Persönlichkeitsfragebogen und Ratingskalen, die Items, haben ebenso wie das jeweilige Instrument selbst bereits eine Reihe von Selektionsprozeduren und Prüfschritten absolviert, ehe sie den Probanden zur Beantwortung vorgelegt werden (zur Fragebogenkonstruktion vgl. z.B. *Mummendey*, 1987). Bei einer sorgfältigen Konstruktion gehört dazu auch die Überprüfung des Meßinstruments in bezug auf seine mögliche Anfälligkeit gegenüber *Reaktionstendenzen* (response sets). Als sog. *reaktive* Meßinstrumente sind alle Verfahren zur Messung von Persönlichkeitsmerkmalen anfällig gegenüber *"subjektiven"* Einflüssen auf das Untersuchungsergebnis. Bezieht sich der Inhalt der zu beantwortenden Feststellungen, Fragen oder Schätzskalen beispielsweise auf ein prinzipiell nachprüfbares Verhalten und gibt die Versuchsperson in ihren Antworten dieses Verhalten nicht richtig wieder, so kommen hierfür mehrere Interpretationen in Frage. Eine der möglichen Erklärungen ist, daß die antwortende Person mehr oder weniger absichtlich falsche Antworten gegeben hat. In konventioneller psychodiagnostischer Sicht hat man von "Lügen" gesprochen und solche vermuteten Verfälschungstendenzen mit Hilfe eigens konstruierter "Lügenskalen" zu kontrollieren getrachtet (z.B. *Eysenck*, 1953). Lügenskalen enthalten Items, die bei wahrheitsgemäßer Beantwortung eigentlich bejaht werden müßten (z.B. "Ich sage zuweilen die Unwahrheit"); die Summe der Verneinungen solcher Feststellungen würde dann z.B. einen "Lügenskore" ergeben. Mittels eines solchen Meßwerts oder Skores ließen sich dann z.B. bestimmte Testergebnisse aus einer Stichprobe entfernen oder vielleicht statistisch korrigieren. Solche "Lügenskalen" gelten heute als veraltet, da sie von einem rigiden Konzept des "Lügens" oder Verfälschens ausgehen, Reaktionstendenzen nicht differenziert genug angehen und bei einer großen Zahl von Fragestellungen gar nicht anwendbar sind. Viele Feststellungen, auf die bei der Persönlichkeitsmessung geantwortet werden soll, beziehen sich nämlich nicht auf die Feststellung von Fakten, bezüglich deren man "lügen" kann, sondern erfragen Präferenzen oder Vorlieben, Beurteilungen und Bewertungen.

Die Erfassung "subjektiver" Verzerrungen von Testergebnissen ist immer dann problematisch, wenn keine gültigen Außenkriterien für das Zutreffen einer Antwort vorliegen oder wenn Hinweise auf eine "richtige"

Antwort nur sehr indirekt zu beschaffen sind. Wenn man beispielsweise Self-Esteem, also das Maß der individuellen Selbstwertschätzung, erfassen bzw. erfragen will, so gibt es prinzipiell keine andere Quelle für die Überprüfung der Richtigkeit des Urteils der Versuchsperson als die Versuchsperson selbst. Dies gilt für alle Persönlichkeitsmerkmale, die den Status von *Selbstkonzept*merkmalen haben, darüber hinaus überhaupt für alle *einstellungs*bezogenen Äußerungen. Will man unterscheiden, was an der Antwort einer Versuchsperson auf eine "tatsächliche Persönlichkeitseigenschaft" und was auf eine wie auch immer begründete Verzerrung zurückgeht, so kann man allenfalls mühsam empirisch zu ermitteln suchen, ob Versuchspersonen das betreffende Item in bestimmten Situationen so, und in bestimmten anderen Situationen anders beantworten. Damit sind wir aber, zumindest was Persönlichkeitsmessungen im engeren Sinne anbetrifft, im Grunde bei dem im vorliegenden Band schon mehrmals erwähnten Konzept der *"situativen Identität"* angelangt.

Wenn Individuen im Alltagsleben auch bei außergewöhnlichen Gelegenheiten, wie sie z.B. Testuntersuchungen darstellen, "situative Identitäten" besitzen oder zeigen, so ist es ganz natürlich, wenn sie *je nach den Anforderungsmerkmalen einer Situation unterschiedliche Selbstbeschreibungen* abgeben. Selbstverständlich sind die Items von Persönlichkeitsfragebogen und anderen testmäßig konstruierten Erhebungsinstrumenten in bezug auf ihre Reliabilität geprüft, und dies bedeutet unter anderem, daß zu einem gewissen Grade sichergestellt ist, daß Antworten auf diese Items auch zeitlich stabil, also auch retest-reliabel sind. Die vorausgesetzte Gleichheit oder Stabilität von Antworten auf Persönlichkeits-Items gilt jedoch nur für gewisse Standardbedingungen, sie gilt stets "unter sonst gleichen Bedingungen". Niemand wird z.B. einen Persönlichkeitstest gleich für unzuverlässig halten, wenn Personen nach kurzfristig oder längerfristig wirkenden Beeinträchtigungen ungünstigere, oder nach positiv und anspornend wirkenden Erlebnissen günstigere Werte aufweisen. Eben diese *Anpassung von auf Selbstbeschreibung beruhenden Testwerten an die jeweiligen Umstände* wird man auch für unterschiedliche *soziale Situationen* postulieren dürfen, für Situationen, die durch (tatsächlich gegebene oder erwartete) Untersuchungszwecke oder bestimmte soziale Interaktionspartner, d.h., durch bestimmte Rahmenbedingungen für Selbstdarstellung gekennzeichnet sind.

Es wurde bereits mehrfach hervorgehoben und mit Untersuchungsergebnissen belegt, daß bei der *Selbstkonzepterfassung* solche *situativen Selbstkonzepte* oder Identitäten gemessen werden. Zugleich ist deutlich geworden, daß bei der überwiegenden Mehrzahl von zu beantwortenden Feststellungen oder Fragen in Persönlichkeitstestverfahren Selbstbeschreibungen gefordert sind. *Persönlichkeitsmessung*, so kann man ohne weiteres formulieren, ist über weite Strecken *Selbstkonzeptmessung*. Nicht immer, so haben die Ergebnisse der Selbstkonzept- und Selbstdarstellungsforschung gezeigt, bemühen Individuen sich zwar darum, sich möglichst positiv und günstig darzustellen, aber dies ist sicherlich in den weitaus meisten Fällen und Situationen so. Nimmt man also einmal an, das Phänomen des "*self-serving bias*" bei Selbstattributionen und Selbstbeschreibungen sei generell und universell, so könnte man aus differentiell-psychologischer und psychodiagnostischer Sicht argumentieren, daß es genüge, Testitems und Testverfahren hinsichtlich der Reaktionstendenz "*Soziale Erwünschtheit*" (social desirability) zu überprüfen. Personen, die grundsätzlich dazu neigen, bei der Selbstbeschreibung zu beschönigen, könnte man durch Anwendung verschiedener Methoden und Techniken zur Kontrolle von Social-Desirability-Effekten identifizieren (vgl. *Mummendey*, 1987) und ihre Daten selegieren oder korrigieren.

Das Konzept der sozialen Erwünschtheit und die auf ihm beruhenden Kontrollverfahren zielen jedoch auf eine äußerst *allgemeine* Reaktionstendenz. Sie heben auf *eine sozial allgemein geteilte Art von Erwünschtheit* ab, auf eine soziale Erwünschtheit im "sozialen" Sinne auch derart, daß fast alle Individuen an diesem Konzept teilhaben. In der Tat haben sich Versuche, dem Konzept der "social desirability" eine Vielzahl von Konzepten der "personal desirability" gegenüber (oder an die Seite) zu stellen (vgl. z.B. *Scott*, 1963) nicht durchgesetzt, oder sie gehen, wie die Untersuchungen zum "guten Eindruck" (vgl. z.B. *Koch*, 1976), fast nahtlos in Impression-Management-Forschung über. Die Idee der Reaktionstendenz "Soziale Erwünschtheit" ist zwar ein bis heute äußerst schmerzlicher Stachel im Fleische der Persönlichkeitsmessung, aber er ist vergleichsweise stumpf gegen die Idee der *situativen Erwünschtheit* bei der Beantwortung von Persönlichkeits-Items. Das Social-desirability-Problem wird bei den meisten Tests und Forschungsinstrumenten nicht nur deshalb nicht gelöst, weil, wie es zumeist heißt, Kontrollen auf Soziale Erwünschtheit zu unökonomisch wären oder aber weil das betreffende Verfahren überhaupt nicht oder für alle Personen in annähernd gleichem Maße durch diese Reaktionstendenz beeinträchtigt würde. Es scheint vielmehr so zu sein, daß das Prinzip und die Methode der Kontrolle sozialer Erwünschtheitstendenzen aus sozialpsychologischer Sicht viel zu global sind, um stets mit Aussicht auf Nutzen aktualisiert zu werden – jenseits der herkömmlichen Social-desirability-Kontrollen scheinen die Probleme erst anzufangen.

Um es abschließend zusammenzufassen: Retestreliabilität schützt nicht vor Reaktionstendenzen der "situativen Erwünschtheit". Persönlichkeitstests werden zwar auf ihre Stabilität unter äußerlich standardisierten Bedingungen überprüft. Diese Bedingungen können aber nicht die jeweils tatsächlich gegebenen oder vorgestellten bzw. erwarteten Interaktionsgegebenheiten berücksichtigen: ob ich z.B. lediglich zu Forschungszwecken untersucht werde oder weil ich einen Studienplatz erhalten möchte, ob ich als Soldat bei meiner Truppe oder beim Psychotherapeuten einen Persönlichkeitsfragebogen beantworte, ob mein Lehrer, meine Freundin, mein Freund oder meine Eltern meine Antworten sehen oder ob ich mir vorstellen kann, daß sie sie sehen, und dergleichen mehr. Im folgenden soll an einem Beispiel demonstriert werden, wie sich Persönlichkeitsmessungen verändern können, wenn solche sozialen Rahmenbedingungen verändert werden.

Ein Experiment zur Frage "Persönlichkeit oder Selbstdarstellung?" bei Sportlern

Sport und Persönlichkeit. Immer wieder begegnet man der Überzeugung, daß Menschen, die bestimmten Tätigkeiten intensiv nachgehen, sich in diesen oder jenen Persönlichkeitseigenschaften von anderen Menschen unterscheiden. Geschäftsleute sind angeblich besonders sozial geschickt und anpassungsfähig, Künstler haben angeblich Anpassungsschwierigkeiten, sind sensibel und manchmal störbar, Personen aus sozialen Berufen sind eher psychisch stabil und besonders altruistisch, usw. Obgleich es sich dabei sicherlich zum Teil um soziale Stereotype handelt, findet man doch gelegentlich auch gewisse empirische Zusammenhänge zwischen Tätigkeiten und Persönlichkeitsmerkmalen. Man kann sich, falls es zur Feststellung eines solchen Zusammenhanges kommt, dies prinzipiell sowohl mit Selektions- als auch mit Lerneffekten erklären: Es wäre möglich, daß eine bestimmte Personengruppe, z.B. aufgrund ihrer bereits vorhandenen Persönlichkeitseigenschaften, zu einer bestimmten Tätigkeit neigt und diese dann bevorzugt ausführt (Selektionseffekt), und es wäre auch möglich, daß Personen, die bestimmte Tätigkeiten intensiv ausführen, von diesen Tätigkeiten in ihren Persönlichkeitsmerkmalen in ganz bestimmter Weise geformt und verändert werden (Lerneffekt).

Auch in bezug auf das Sporttreiben, das uns hier als Beispiel für eine solche Tätigkeit dienen soll, gibt es feste Annahmen über Persönlichkeitseigenschaften, insbesondere in bezug auf Menschen, die diese Art von Tätigkeiten sehr intensiv und versiert ausführen, nämlich *Leistungssportler*. Am bekanntesten ist hier die Position von *Eysenck*, die er in einem umfassenden Referat ausführlich dargelegt hat (*Eysenck*, *Nias* & *Cox*, 1982). Demnach unterscheiden sich Sportler in den drei grundlegenden Persönlichkeitsfaktoren des *Eysenck*'schen Persönlichkeitsmodells, nämlich den Dimensionen "Extraversion", "Neurotizismus" und "Psychotizismus", in bestimmter Weise von Nichtsportlern.

In bezug auf "*Extraversion*" stellen *Eysenck* und seine Mitarbeiter bei Sportlern erhöhte Werte fest. Hoch extravertierte Personen suchen bekanntlich eher sensorische Stimulation, und somit ergeben sich den Autoren zufolge Zusammenhänge mit Eigenschaften wie Abenteuerlust, sozialer Unbekümmertheit, unkonventionellem Verhalten, aber auch mit Realismus, hohem Leistungsbedürfnis, Dominanz und einem hohen Erregungsniveau. Sie stellen fest:

> "In view of all these considerations, we would accordingly expect sportsmen to be more extraverted than non-participants in sport, and to find leading sportsmen to be more extraverted than average partcipants" (*Eysenck et al.*, 1982, p.8).

Einen der wichtigsten empirischen Belege hierfür beziehen die Autoren aus einer Untersuchung von *Cattell, Eber* & *Tatzucka* (1970) an 192 Olympiateilnehmern, deren Testergebnisse im *Eysenck Personality Questionnaire* mit denjenigen von 500 Kontrollversuchspersonen verglichen wurden.

In bezug auf "*Neurotizismus*" bzw. mangelnde psychische Stabilität wird die Beziehung zwischen Sporttreiben und Persönlichkeitseigenschaft als etwas komplizierter angesehen, denn der auch als Antriebsstärke interpretierbare Grad an "Neurotizismus" kann den Autoren zufolge die sportliche Leistung je nach seiner Ausprägung sowohl fördern als auch hemmen:

> "We are thus led to predict a curvilinear correlation between sports activity and N; too low N makes for poor motivation, too high N for distraction" (*Eysenck et al.*, 1982, p.8).

Allerdings zeigen sowohl die Daten von *Cattell et al.* (1970) als auch weitere von *Eysenck et al.* (1982) berichtete Untersuchungsergebnisse bei den Leistungssportlern *niedrigere* Werte für "Neurotizismus", also höhere Werte für psychische Stabilität.

In bezug auf "*Psychotizismus*", eine Persönlichkeitsdimension, die Aspekte von Egozentrismus, Gefühlskälte, Nonkonformität, Aggressivität, Impulsivität usw. anspricht, alles Merkmale, die bei bestimmten Sportarten durchaus erfolgsdienlich sein könnten, postulieren die Autoren wieder eine positive Beziehung einfacher Art mit der sportlichen Aktivität:

> "One would expect high P scorers to have an advantage over low P scorers, insofar as aggressiveness, antisocial behaviour, and impersonal attitudes are likely to bestow an advantage on a player in most sports" (*Eysenck et al.*, 1982, p.8).

Die *Eysenck*'schen Annahmen über Zusammenhänge zwischen Sporttreiben und Persönlichkeitseigenschaften erscheinen unter anderem deshalb so plausibel, weil die grundlegenden Persönlichkeitsdimensionen "Extraversion", "Neurotizismus" und "Psychotizismus" in beträchtlichem Maße mit *somatischen* Strukturen und Funktionen verknüpft erscheinen – "Extraversion" hängt mit Merkmalen des Zentralnervensystems, "Neurotizismus" mit Merkmalen des autonomen Nervensystems und "Psychotizismus" mit Merkmalen des Hormonsystems zusammen – und es sich beim Sporttreiben um eine ausgesprochen *körperlich* bestimmte Tätigkeit handelt. Die postulierten Zusammenhänge zwischen Sport und Persönlichkeit lassen sich nach *Eysenck et al.* (1982) durch eine Vielzahl empirischer Untersuchungen belegen, wobei sie natürlich stets noch hinsichtlich spezifischer Sportarten oder auch bestimmter spezieller Aspekte des Ausführens einer Sportart (man könnte z.B. unterscheiden, ob ein Sportler gewohnheitsmäßig als Angreifer oder als Verteidiger fungiert) näher zu betrachten seien.

Außerhalb des engeren Arbeitskreises von *Eysenck* ist man seit längerem sehr viel zurückhaltender in bezug auf die Konstatierung von Zusammenhängen zwischen sportlicher Aktivität und Persönlichkeitseigenschaften. Insbesondere die Veröffentlichungen von *Sack* (1975, 1982) haben hier deutlich gemacht, daß sich dann, wenn man von vornherein von keinem bestimmten Persönlichkeitsmodell ausgeht und eine sehr große Zahl von einschlägigen Untersuchungen überblickt, nur sehr viel seltener und schwächer, als von *Eysenck* und seinen Schülern behauptet, interpretierbare Zusammenhänge aufzeigen lassen. Allerdings zeigen sich auch in dem von *Sack* (1982) gegebenen Überblick über empirische Studien immer wieder Hinweise auf Unterschiede zwischen Sportlern und Nichtsportlern in "Extraversion" - und "Neurotizismus" - Fragebogen. Sie sind zwar nicht allzu häufig, doch scheinen solche Zusammenhänge umso stabiler zu sein, je verankerter das Sporttreiben im Lebenszusammenhang eines Sportlers ist, z.B. bei Sportlehrern. Der Autor glaubt nicht, daß das Sportengagement "größere Varianzen als 10% im Persönlichkeitsbereich determiniert" (*Sack*, 1984, p.84), mit anderen Worten stellt aber auch er fest, daß es hin und wieder Unterschiede zwischen Sportlern und Nichtsportlern insbesondere in bezug auf "Extraversion" und "Neurotizismus" gebe, wenn man auch nicht von einer "besonderen Persönlichkeit des Sportlers" sprechen könne.

Persönlichkeitsmessung und Selbstdarstellung. Bei den zur Erfassung von grundlegenden Persönlichkeitsmerkmalen wie "Extraversion" und "Neurotizismus" herangezogenen Meßinstrumenten handelt es sich gewöhnlich um vielfach erprobte Persönlichkeitsfragebogen. Die deutsche *Extraversions*skala enthält z.B. Items wie

"Folgen Sie oft Ihren spontanen Einfällen?"
"Halten andere Leute Sie für sehr lebhaft?"

Die *Neurotizismus*skala enthält Items wie

"Fühlen Sie sich manchmal ohne Grund einfach 'miserabel'?"
"Würden Sie sich als innerlich gespannt und empfindlich bezeichnen?"

Items der *Psychotizismus*skala sind beispielsweise

"Es gibt Leute, die mich zu ärgern versuchen"
"Ich lasse mich in meiner Lebensweise von meinen Träumen beeinflussen".

Trotz der im allgemeinen hohen Reliabilität und Stabilität der Skalen läßt sich zeigen, daß ihre Skores durchaus veränderbar sind, z.B. wenn man Probanden die Instruktion gibt, sich besonders günstig oder besonders ungünstig darzustellen ("faking good – faking bad"). Die Antworten auf jedes Item sind also in gewissem Maße durch eine induzierte *allgemeine* Tendenz, im "sozial erwünschten" Sinne zu antworten, beeinflußbar (vgl. *Mummendey*, 1987).

Wenn nun die Feststellungen oder Fragen in einer ganz spezifischen Situation, sozusagen unter ganz bestimmten sozialen Vorzeichen beantwortet werden, so ist zu erwarten, daß auch auf solche vielfach erprobten und im Grunde gegen Reaktionstendenzen schon relativ wenig anfälligen Items teilweise modifiziert reagiert wird. Hat eine antwortende Person beispielsweise Anlaß, sich als "richtiger Künstler" zu präsentieren, so wird sie vielleicht die Frage "Folgen Sie oft Ihren spontanen Einfällen" deshalb bejahen, weil sie dies in Übereinstimmung mit dem Künstler-Image sieht. Aus dem gleichen Grunde wird sie es für unnötig halten, zu verneinen, sich "manchmal miserabel" zu fühlen oder sich von ihren "Träumen beeinflussen" zu lassen. Eine Person dagegen, die sich in Übereinstimmung mit dem Image eines Leistungssportlers sehen und zugleich präsentieren möchte, wird dagegen vielleicht verneinen, sich "manchmal miserabel" zu fühlen. Es ist übrigens nicht auszuschließen, daß solche selbstdarstellungsbedingten Beeinflussungen des Antwortverhaltens nicht einfach auf eine andere "Entscheidung", so oder so zu antworten, zurückgehen, sondern auf eine kontextbedingte Uminterpretation des Iteminhalts: Unter "miserabel fühlen" könnte der Sportler z.B. einen allgemeinen ungünstigen Gesundheitszustand verstehen, also einen Zustand ganz im Gegensatz zu seiner Fitness – er würde in dieser Situation wahrscheinlich jede Antwort vermeiden, die darauf hinausläuft, daß er nicht fit wäre. Dabei könnte er z.B. übersehen, daß er sich gerade auch als Sportler ab und zu "miserabel fühlen" muß, z.B. während einer Höchstleistung, im sauerstoffarmen Zustand, oder unmittelbar nach einem Wettkampf, im Zustand der Erschöpfung.

Daß manche Individuen ein und denselben Sachverhalt ganz anders wahrnehmen und auffassen als andere Individuen, davon "lebt" unter anderem die Jurisprudenz. Oft sind es die *rollen*spezifischen Unterschiede, die zu abweichenden Akzentuierungen und Interpretationen wahrgenommener Sachverhalte führen. Um bei einem sportpsychologischen Beispiel zu bleiben: Über die Einschätzung eines "Foulspiels" sind häufig der Täter, das Opfer und ein unabhängiger Beobachter wie der Schiedsrichter recht unterschiedlicher Auffassung. Nur dann, wenn ein Verhalten einwandfrei objektiv klassifizierbar und eindeutig interpretierbar ist, sind rollen- und situationsbedingte Einflüsse auf die Beurteilung dieses Verhaltens zu vernachlässigen. Während nun, was die Selbsteinschätzung von Sportlern betrifft, eine solche Eindeutigkeit allenfalls für bestimmte Leistungsparameter (Bestleistungen, Rekorde, Titel etc.) gegeben ist, bleiben die *Persönlichkeits*eigenschaften des Sportlers im engeren Sinne für Interpretationen und für *Darstellungen* nach außen offen. Zweifellos unzutreffende Aussagen über objektive Leistungsdaten sind schnell und wirksam korrigierbar, während situationsbedingte Interpretationen und Darstellungen der "Sportlerpersönlichkeit" sich der objektiven Kontrolle und Korrektur entziehen.

Ein Sportler, der sich als Persönlichkeit in ganz bestimmter, nämlich sportspezifischer Weise darstellt, der also wie jeder andere Mensch Impression-Management betreibt, kann damit rechnen, daß Aspekte seines präsentierten Selbstbildes in der sozialen Interaktion verfestigt und bekräftigt werden. Er kann auch damit rechnen, daß gemäß einer sich selbst erfüllenden Prophezeihung solche ursprünglich vielleicht nur präsentierten Aspekte des Sportler-Bildes allmählich in sein reales Bild von sich selbst und in sein Verhalten übernommen werden. Ein Ausdauersportler beispielsweise, der sich seiner sozialen Umgebung gegenüber als Marathonläufer darstellt und von seinen Bekannten und Freunden zunehmend als Marathonläufer angesehen wird, wird sich in Übereinstimmung mit diesem Image womöglich schneller an die Marathondistanz wagen als ohne diesen Prozeß der Interaktion von Selbst- und Fremdbildern, den man als Impression-Management bezeichnet.

In einer wissenschaftlichen Untersuchungssituation, z.B. während einer Befragung oder einer Testuntersuchung, können bestimmte soziale Rollen und mit ihnen assoziierte Selbstbilder aktualisiert werden. Nehmen wir an, es würden Interviewpartner für Interviews mit Leistungssportlern gesucht. Wer sich zu einem solchen Interview meldet, tut dies in seiner Rolle als Leistungssportler. Er wird sich beim Interview in dieser Sportlerrolle sehen, und er wird wahrscheinlich in erster Linie Antworten geben, die mit seiner Rolle als Sportler, aber nicht mit derjenigen als Kirchenmitglied, Filmfreund oder Autofahrer kompatibel sind. Wie sehr das Sportler-Image in einer solchen Situation tatsächlich aktiviert wird, mag zum einen davon abhängen, wie ausgeprägt es als Selbstbild bei dem betreffenden Sportler permanent vorhanden ist. Am gewichtigsten dürfte aber der *aktuelle, situative Kontext* sein, d.h., entscheidend dürfte sein, wie sehr die jeweilige Situation, repräsentiert durch Umgebung und Ort, Tageszeit, anwesende Personen, Grund des Hierseins, direkte Hinweise wie Anordnungen, Aufforderungen, Fragen usw. das spezifische Selbstkonzept "Sportler" aktualisiert. Hierzu mag z.B. ausreichen, daß ich mich auf einem Sportgelände, in einer Sporthalle oder in ähnlicher Umgebung befinde, sei es real oder als Beobachter (z.B. vor dem Fernsehgerät), daß es Mittwoch oder Sonnabend ist (meine bevorzugten Trainingszeiten), daß Sportkameraden oder der Trainer anwesend sind oder daß mich jemand bittet, zu Fragen des Sports Stellung zu nehmen.

Es ist in diesem Zusammenhang eine interessante Frage, ob man z.B. als Sportler zeitweise seine Sportlerrolle "ablegen" kann. Wenn man bedenkt, daß jedes Individuum gewöhnlich viele, teilweise recht unterschiedliche Rollen ausfüllt, so muß zumindest postuliert werden, daß alle diese Rollen in jeder Situation eine bestimmte *Hierarchie* ihrer *Aktualisierung* aufweisen: In Situation A ist die Rolle als Ehemann, in Situation B diejenige als Wähler, in Situation C die Rolle als Sportler an der Spitze dieser Hierarchie plaziert. Im Falle sehr prominenter Personen, im Falle von ausgesprochenen "Stars" mag es einmal so sein, daß man seine Rolle (als Fußballstar, als berühmter Dirigent oder Schauspieler) unter gar keinen Umständen ablegen oder zugunsten einer anderen Rolle zurückstellen kann. Die Regel dürfte dies jedoch nicht sein. Von der anderen Seite her betrachtet, läßt sich in psychologischen Experimenten feststellen, daß man durch relativ einfach zu gebende Hinweise Personen an ihre Rolle als A, B oder C *erinnern* kann. Hierin liegt die enorme Wirksamkeit von *Testinstruktionen*, von Erklärungen über Sinn und Zweck einer Untersuchung oder von bestimmten Formulierungen bei einer Befragung. In dem nun zu berichtenden Experiment zur Selbstdarstellung von Sportlern haben wir uns die vorstehenden Überlegungen zunutze gemacht.

Versuchsplan und Methode. Um Sportlern in unterschiedlichem Maße die Gelegenheit zur Selbstdarstellung als Persönlichkeit zu geben, um also das Impression-Management von Sportlern bei der Beantwortung von Persönlichkeitsfragebogen und Ratingskalen in abgestufter Weise zu provozieren, bedienten wir uns der Methode der systematischen Variation der *Instruktion* in Verbindung mit der Variation des sportbezogenen *Kontextes* der Persönlichkeitsmessung:

In *Bedingung A1* des Versuchsplans wurden die Probanden *ohne jeden Hinweis auf Sport* untersucht; die befragten Personen wurden privat in einem nicht sportbezogenen Kontext angesprochen, und sie mußten zu der Ansicht gelangen, sie seien zufällig, auf jeden Fall aber ohne Bezug zum Sport in eine Probandenstichprobe geraten.

In *Bedingung A2* des Versuchsplans wurden die Probanden dagegen in einem *sportbezogenen Kontext* untersucht; sie wurden beim Training oder über den Trainer und mit dem ausdrücklichen Hinweis, man wolle *Sportler untersuchen*, angesprochen, so daß sie explizit zu der Auffassung gelangen mußten, als Sportler in eine Stichprobe von Sportlern aufgenommen worden zu sein.

In *Bedingung A3* des Versuchsplans wurden die Probanden wie unter A2 in einem *sportbezogenen Kontext* und mit dem Hinweis auf ihre *Sportlerrolle* untersucht; zusätzlich erhielten sie jedoch den Hinweis, daß man das *Idealbild von Sportlern* untersuche, und sie bekamen die Instruktion, die Antworten so zu geben, "daß sich ein möglichst positives Bild von Ihnen als Sportler ergibt".

Die Versuchsbedingungen A1, A2 und A3 konstituieren den *Bedingungsfaktor A* ("*Impression-Management*"); Bedingung A1 soll keinen oder nur einen minimalen Anreiz zur sportspezifischen Selbstdarstellung bei der Persönlichkeitsmessung bieten, Bedingung A2 dagegen einen Hinweis auf die eigene Sportlerrolle und damit einen Anreiz zur sportspezifischen Selbstdarstellung geben, und Bedingung A3 soll, indem nach dem Idealbild des Sportlers gefragt wird, eine "verschärfte" Impression-Management-Bedingung darstellen.

In *Bedingung B1* des Versuchsplans wurden Sporttreibende mit *geringem* Trainingsumfang und geringer Leistungshöhe untersucht, die man summarisch auch als *Breitensportler* bezeichnen kann; sie verwenden weniger als drei Stunden Zeit pro Woche auf Sport und nehmen nicht an Wettkämpfen von Sportverbänden teil.

In *Bedingung B2* des Versuchsplans wurden Sporttreibende mit *hohem* Trainingsumfang und Spitzenleistungen untersucht, die man eindeutig als *Leistungssportler* bezeichnen kann; sie trainieren mehr als acht Stunden pro Woche und nehmen an Wettkämpfen von Sportverbänden teil.

Die Versuchsbedingungen B1 und B2 konstituieren den zweiten Faktor des Versuchsplans; diesen *Bedingungsfaktor B* kann man als "*Sportliches Leistungsniveau*" bezeichnen. Es wurde bewußt auf die populäre Methode, Leistungssportler mit *Nichtsportlern* zu vergleichen, verzichtet, da solche Sportler-Nichtsportler-Vergleiche massive methodologische

Probleme aufwerfen und die Gefahr erhöhen, artifizielle Unterschiede zu produzieren. Stattdessen wurde "innerhalb" der Gruppe der Sporttreibenden abgestuft; ein Vergleich von "schwach" und "stark" Sporttreibenden verringert zwar die Wahrscheinlichkeit, Unterschiede zu entdecken, bietet aber eine bessere Vergleichbarkeit der Personenstichproben hinsichtlich aller möglichen sonst noch existierenden Personenmerkmale.

Der *Versuchsplan* ist in *Tabelle 9.1* dargestellt. Es handelt sich um einen 3x2 – Plan mit folgenden Besonderheiten:

Um sowohl unterschiedliche *Sportarten* zu berücksichtigen als auch die unterschiedlichen Sportarten unter jeder der sechs Bedingungskombinationen gleichmäßig zu repräsentieren, wurden entsprechend *geschichtete* Stichproben von Sporttreibenden gezogen, d.h., jeweils sechs Personen aus der gleichen Sportart und mit ansonsten möglichst ähnlichen persönlichen Merkmalsmustern (ausgenommen das sportliche Leistungsniveau) wurden je einer der 3x2 Bedingungskombinationen bzw. Zellen des Versuchsplans zugeteilt.

Es wurden 72 Personen untersucht, so daß jede Zelle des Versuchsplans mit n = 12 besetzt war. Die Personen waren im Durchschnitt 26,3 Jahre alt. In knapp der Hälfte der Fälle ließen sich die von ihnen hauptsächlich betriebenen Sportarten als *Mannschaftssportarten* (Fußball, Handball, Volleyball, Basketball) bezeichnen; die demgegenüber vertretenen Disziplinen Leichtathletik, Schwimmen, Kraftsport, Radsport und Kampfsport lassen sich eher als *Individualsportarten* charakterisieren. Die Überprüfung der Angaben zum Trainingsumfang ergab für die Gruppe B1 (Breitensportler) im Durchschnittm 2,9 Stunden, für die Gruppe B2 (Leistungssportler) im Durchschnitt 8,1 Stunden pro Woche.

Alle Personen füllten einen Fragebogen mit 62 Items und einen Selbstratingbogen mit 56 Items aus. Der Fragebogen enthielt die Skalen der "*Extraversion*" und des "*Neurotizismus*" (je 24 Items) in der Form von *Eggert* (1983) sowie die Skala des "*Psychotizismus*" (14 Items) in der Form von *Baumann* & *Dittrich* (1975). Der Selbstratingbogen enthielt die 56 Items des mehrdimensionalen Selbsteinschätzungsverfahrens, das *Mummendey, Riemann* & *Schiebel* (1983) in Weiterentwicklung von Selbstratingversionen des California Psychological Inventory (*Gough*, 1969) konstruiert haben; es mißt sechs Dimensionen mit den Bezeichnungen "*Leistungsfähigkeit*", "*Selbstsicherheit*", "*Flexibilität*", "*Soziale Kontaktfähigkeit*", "*Toleranz*" und "*Disziplin*" sowie ein auf sämtlichen Eigenschafts – Selbstratings beruhendes Maß, das als *Selbstkonzept – Gesamtwert* bezeichnet wird und die globale positive Selbsteinschätzung einer Person erfaßt.

Tab.9.1 Der experimentelle Untersuchungsplan: 3x2 – Design mit nach Sportarten geschichteten Stichproben von Sportler – Selbstbeschreibungen

		Faktor A (Impression – Management)		
		A1 Keine Sport – situation	**A2** Sport – situation	**A3** "Idealer Sportler"
Faktor B (Sportliches Leistungs – niveau)	**B1** niedrig	Fußballer Schwimmer	Fußballer Schwimmer	Fußballer Schwimmer ....
	B2 hoch	Fußballer Schwimmer	Fußballer Schwimmer	Fußballer Schwimmer ....

Erwartet wurde, daß Sportler mit unterschiedlichem sportlichen Leistungsniveau sich unter den verschiedenen Impression-Management-Bedingungen in unterschiedlicher Weise als Persönlichkeit darstellen. Die *Hypothese* des Experiments sagt also eine Wechselwirkung zwischen den Bedingungsfaktoren A und B vorher.

Ergebnisse und Diskussion. Es wurden 3x2-Varianzanalysen mit den Bedingungsfaktoren A (Impression-Management) und B (Sportliches Leistungsniveau) für die drei Persönlichkeitsfaktoren "Extraversion", "Neurotizismus" und "Psychotizismus", für die sechs Persönlichkeitsdimensionen des Selbstratingverfahrens und für den Selbstkonzept-Gesamtwert gerechnet.

Zunächst zeigte sich eine Reihe von signifikanten *Impression-Management-Effekten*, d.h., von Haupteffekten des Faktors A:

- Die Sportler beschrieben sich als umso extravertierter, je größer die Gelegenheit zum Impression-Management war

- Die Sportler beschrieben sich als umso psychisch stabiler (d.h., weniger neurotizistisch), je größer die Gelegenheit zum Impression-Management war

- Die Sportler zeigten unter Impression-Management-Bedingungen (A2, A3) eine höhere Selbstwertschätzung (Selbstkonzept-Gesamtwert) als unter der Nicht-Sport-Bedingung A1

- Signifikante Unterschiede im gleichen Sinne zeigten sich für die Selbsteinschätzungsdimensionen "Leistungsfähigkeit" und "Selbstsicherheit"

In keinem einzigen Falle ergaben sich einfache *Unterschiede in der Persönlichkeitsbeschreibung von Breitensportlern und Leistungssportlern*, also interpretierbare Haupteffekte des Faktors B; allerdings erreichten diese Effekte für zwei Persönlichkeitsdimensionen fast das 5%-Niveau:

- Die Leistungssportler beschrieben sich als tendenziell extravertierter als die Breitensportler ($p = 0.058$)

- Die Leistungssportler beschrieben sich als tendenziell sozial kontaktfähiger als die Breitensportler ($p = 0.067$)

Die vor allem erwarteten *Wechselwirkungen zwischen den Impression-Management-Bedingungen und dem sportlichen Leistungsniveau*, d.h., signifikante Interaktionseffekte der Faktoren A und B auf die Persönlichkeitsbeschreibung, ergaben sich in folgenden Fällen:

- In bezug auf die globale Selbsteinschätzung (*Selbstkonzept-Gesamtwert*) beschreiben sich Leistungssportler als positiver, wenn "Sport" angesprochen wird (A2), als wenn Sport nicht angesprochen wird (A1); unter "Sport"-Bedingungen sind ihre Werte sogar unwesentlich höher als unter "Sportideal"-Bedingungen (A3); Breitensportler zeigen jeweils gegenläufige Selbstbeschreibungen (vgl. *Abbildung 9.1*)

- Ein entsprechender Wechselwirkungseffekt ergibt sich auf die Persönlichkeitsdimension "*Leistungsfähigkeit*"; in diesem Falle sind die Selbstbeschreibungen der Breiten- und Leistungssportler unter A1 und A3 nahezu identisch, während sie unter der "echten" Impression-Management-Bedingung (A2) sehr stark divergieren (vgl. *Abbildung 9.2*)

- Eine Wechselwirkung wie für den Selbstkonzept-Gesamtwert zeigt sich für die Persönlichkeitsdimension "*Toleranz*"; die Leistungssportler schreiben sich unter der Impression-Management-Bedingung "Sport" (A2) vergleichsweise wesentlich mehr "Toleranz" zu (vgl. *Abbildung 9.3*)

- Die statistische Wechselwirkung für "*Neurotizismus*" erreicht mit $p=0.058$ fast das 5%-Niveau; hier zeigt sich, daß die Leistungssportler sich als umso psychisch stabiler beschreiben, je stärker die Gelegenheit zum Impression-Management als Sportler ist; die Breitensportler schreiben sich dagegen unter der Bedingung A2 vergleichsweise mehr psychische Störbarkeit zu (vgl. *Abbildung 9.4*)

Diese experimentellen Ergebnisse belegen, daß es bei der Selbstbeschreibung in psychologischen Untersuchungen mit Persönlichkeitsfragebogen und -ratings in vielen, wenn auch nicht allen Fällen zu eindeutig interpretierbaren, statistisch signifikanten Impression-Management-Effekten in Abhängigkeit vom Ausmaß des Sporttreibens bzw. dem sportlichen Leistungsniveau kommt. Im Falle mehrerer weiterer Persönlichkeitsdimensionen zeigen sich noch nicht signifikante Tendenzen in der zu erwartenden Richtung, und in bezug auf "Neurotizismus" beispielsweise wird die Grenze der Interpretierbarkeit nur knapp unterschritten.

Eine nähere Betrachtung der Daten ergibt, daß gewisse Selbstdarstellungseffekte eher bei *Mannschaftssportlern*, andere eher bei *Individualsportlern* aufzutreten scheinen. Die Analysen wurden daher getrennt für die Angehörigen beider Sportarten ausgeführt.

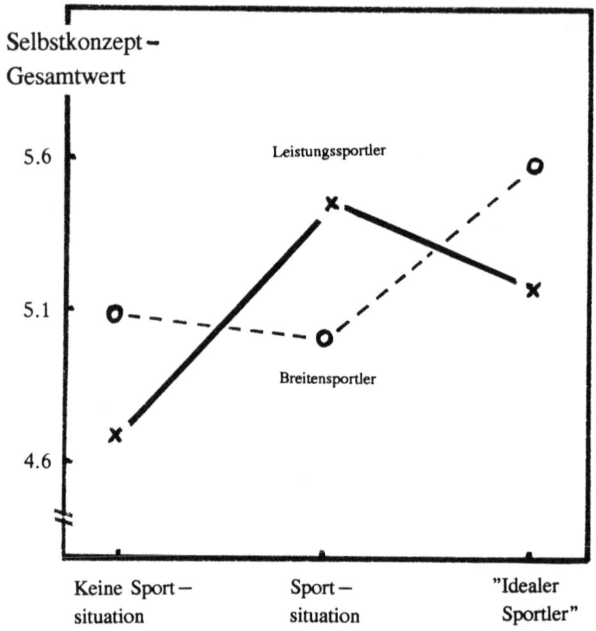

Abb.9.1 Selbstbeschreibung (Selbstkonzept-Gesamtwert) von 72 Sportlern mit niedrigem und hohem sportlichen Leistungsniveau (Breitensportler, Leistungssportler) unter drei verschiedenen Impression-Management-Bedingungen

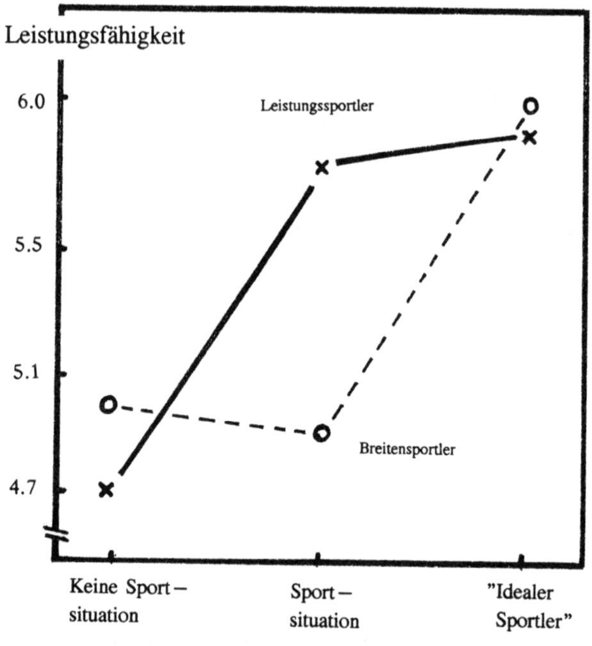

Abb.9.2 Selbstbeschreibung ("Leistungsfähigkeit") von 72 Sportlern mit niedrigem und hohem sportlichen Leistungsniveau (Breitensportler, Leistungssportler) unter drei verschiedenen Impression-Management-Bedingungen

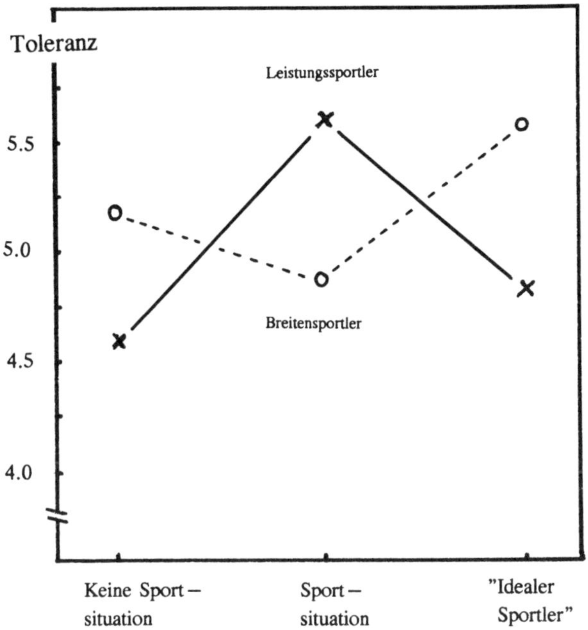

Abb.9.3 Selbstbeschreibung ("Toleranz") von 72 Sportlern mit niedrigem und hohem sportlichen Leistungsniveau (Breitensportler, Leistungssportler) unter drei verschiedenen Impression – Management – Bedingungen

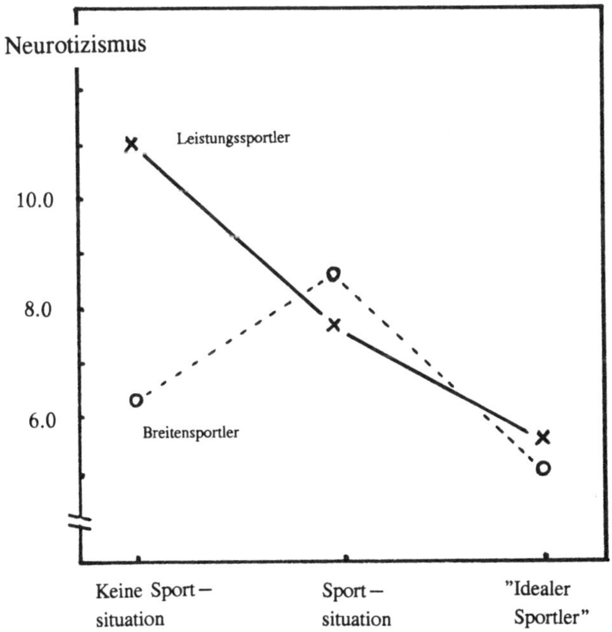

Abb.9.4 Selbstbeschreibung ("Neurotizismus") von 72 Sportlern mit niedrigem und hohem sportlichen Leistungsniveau (Breitensportler, Leistungssportler) unter drei verschiedenen Impression – Management – Bedingungen

Bei den untersuchten *Mannschaftssportlern* (n = 30) ergaben die 3x2-Varianzanalysen

- signifikante Impression-Management-Effekte (Wirkungen des Faktors A) auf die Dimensionen "Extraversion" und "Neurotizismus"; sie bestehen darin, sich als umso extravertierter und psychisch stabiler darzustellen, je stärker die Gelegenheit zum Impression-Management ist

- einen entsprechenden Effekt auf die Selbstbeschreibung hinsichtlich "Leistungsfähigkeit"; je sportbezogener die Untersuchungsbedingung, als desto leistungsfähiger stellt man sich dar

Bei den *Individualsportlern* (n = 42) zeigten sich

- ein signifikanter Impression-Management-Effekt (Wirkung des Faktors A) auf "Neurotizismus" (man stellt sich als umso psychisch stabiler dar, je größer der Anreiz zur Selbstpräsentation ist), nicht jedoch für "Extraversion"

- ein signifikanter Impression-Management-Effekt auf die globale Selbsteinschätzung; dieser Effekt entspricht im wesentlichen dem in *Abbildung 9.1* bereits für die Gesamtstichprobe beschriebenen

- signifikante Impression-Management-Effekte auf die Persönlichkeitsdimensionen "Leistungsfähigkeit" und "Disziplin"; mit zunehmend erkennbarem Sportbezug schreiben sich die Individualsportler mehr "Leistungsfähigkeit" und mehr "Disziplin" zu

- eine signifikante Wechselwirkung zwischen den Faktoren A und B auf die Selbstbeschreibung hinsichtlich "*Neurotizismus*"; die Art dieses Effekts geht aus *Abbildung 9.5* hervor: Die beiden Personengruppen mit unterschiedlichem sportlichen Leistungsniveau unterscheiden sich erheblich, wenn sie *nicht* als Sportler angesprochen werden; dann stellen sich die Leistungssportler als wesentlich störbarer und psychisch instabiler dar

- eine signifikante Wechselwirkung der gleichen Art auf den *Selbstkonzept-Gesamtwert*, ganz ähnlich wie in *Abbildung 9.1* für die Gesamtgruppe bereits beschrieben

- eine signifikante Wechselwirkung AxB auf die Persönlichkeitsdimension "*Leistungsfähigkeit*"; Individualsportler der oberen Leistungsklasse präsentieren sich im Vergleich zu denen der unteren Kategorie als viel leistungsfähiger, wenn die Untersuchung als sportbezogen erscheint (vgl. *Abbildung 9.6*)

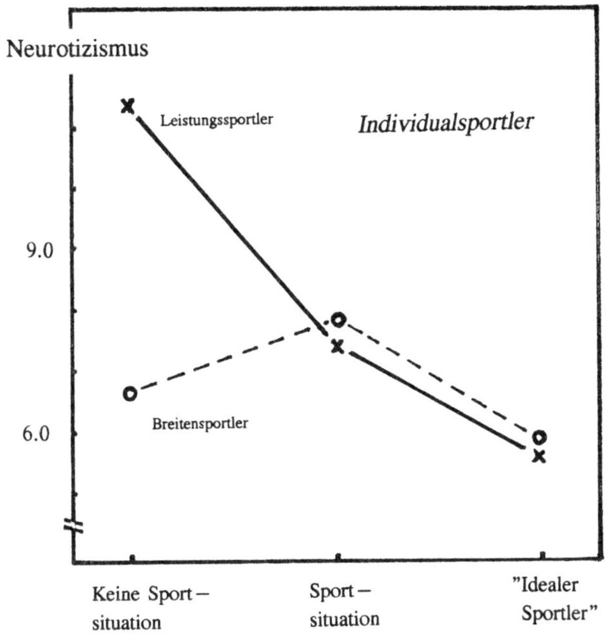

Abb.9.5 Selbstbeschreibung ("Neurotizismus") von 42 Individualsportlern (Leichtathleten, Schwimmer, Kraftsportler etc.) mit niedrigem und hohem sportlichen Leistungsniveau (Breitensportler, Leistungssportler) unter drei verschiedenen Impression – Management – Bedingungen

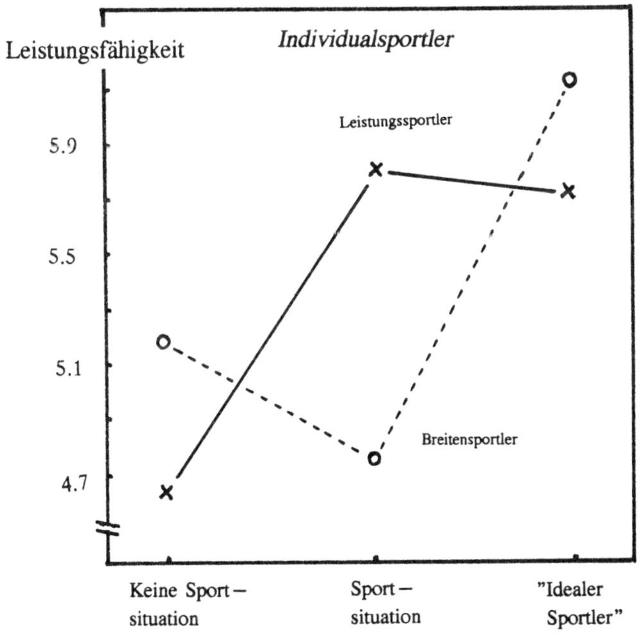

Abb.9.6 Selbstbeschreibung ("Leistungsfähigkeit") von 42 Individualsportlern (Leichtathleten, Schwimmer, Kraftsportler etc.) mit niedrigem und hohem sportlichen Leistungsniveau (Breitensportler, Leistungssportler) unter drei verschiedenen Impression – Management – Bedingungen

- schließlich eine signifikante Wechselwirkung der Faktoren "Impression–Management" und "Sportliches Leistungsniveau" auf die Persönlichkeitsdimension "*Toleranz*"; bei den Leistungssportlern steigt das Ausmaß selbstberichteter "Toleranz" in der sportbezogenen Untersuchungssituation enorm an, während die Breitensportler solche Werte erst bei gezielter Aufforderung zum Impression–Management liefern

Damit haben sich bei der Untersuchung von Sporttreibenden aus unterschiedlichen Arten von Sportdisziplinen mehrere vorhergesagte Selbstdarstellungseffekte aufzeigen lassen. Sie betreffen sowohl die weithin als stabil (von Kritikern aber auch seit je als situativ durchaus instabil) aufgefaßten *Eysenck*'schen Persönlichkeitsdimensionen, insbesondere "Neurotizismus", als auch eine Reihe weiterer Selbstbeschreibungsdimensionen. Das in vielen Fällen statistisch eindeutig absicherbare Resultat der vorliegenden experimentellen Untersuchung läßt sich wie folgt zusammenfassen:

Wenn kein expliziter Hinweis auf eine sportwissenschaftliche oder sonstwie sportbezogene Untersuchung vorliegt und wenn auch sonstige, implizite Hinweise auf "Sport" vermieden werden, dann unterscheiden sich Personen, die die Sportlerrolle mit sehr unterschiedlicher Intensität und mit unterschiedlichem Erfolg ausfüllen, in ihrer "Persönlichkeit", also in demjenigen, das sich mit Persönlichkeitsfragebogen und –ratings messen läßt, nicht sehr stark. Ähnlich gering sind die Unterschiede zwischen beiden Gruppen dann, wenn man sie direkt dazu auffordert, sich als ideale Sportlerpersönlichkeiten darzustellen. Wenn aber die psychologische Untersuchung als sportwissenschaftlich oder überhaupt als sportbezogen zu erkennen ist, wenn eindeutig klar ist, daß man in seiner Rolle als Sportler untersucht wird, dann zeigen sich zwischen Sporttreibenden mit unterschiedlich ausgeprägtem Rollenverhalten, d.h., bei Sportlern mit sehr unterschiedlichem Trainings– und Leistungsniveau, gravierende "Persönlichkeits"unterschiede. Sportler mit hohem Leistungsniveau zeigen dann wesentlich positiver zu bewertende "Persönlichkeits"eigenschaften als Breiten– oder Gelegenheitssportler. Dieser Effekt stellt sich zunächst relativ unabhängig von der jeweils betriebenen Sportart ein.

Es läßt sich darüber hinaus zeigen, daß die hauptsächlich betriebene Sportart, also eine *spezifische* Sportlerrolle, zusätzlich von Bedeutung ist. Die von uns vorgenommene Unterscheidung zwischen Mannschafts– und Individualsportarten erhöht und präzisiert in gewissem Maße die Vorhersage des Selbstdarstellungsverhaltens. Sowohl für Mannschaftssportler (Fußballer, Volleyballer etc.) als auch für Individualsportler (Leichtathleten, Schwimmer etc.) gilt, daß man sich bei Gelegenheit zur Selbstdarstellung als psychisch stabiler präsentiert. Die Mannschaftssportler betreiben stärker als die Individualsportler Selbstdarstellung in bezug auf "Extraversion" (Kontaktbereitschaft, soziale Umgänglichkeit etc.). Dies mag mit dem Stellenwert, den die durch die Extraversionsdimension repräsentierten sozialen Aspekte für das Mannschaftsspiel und für die Kooperation in Gruppen überhaupt besitzen, zusammenhängen. Die zentrale Hypothese des Experiments, daß man seine Persönlichkeit *in Abhängigkeit vom sportlichen Leistungsniveau* in der psychologischen Untersuchung unterschiedlich darstellt (statistisch ausgedrückt in der Wechselwirkung der Faktoren A und B auf die Selbstbeschreibung), ließ sich vor allem für die Gruppe der *Individualsportler* empirisch stützen. Diese Personen stellen sich je nachdem, ob sie Sport sehr intensiv oder weniger intensiv betreiben, und je nachdem in welchem Maße die Untersuchungssituation Selbstdarstellungsverhalten nahelegt, als Persönlichkeit unterschiedlich dar. Die entsprechenden Resultate bei der Gruppe aller untersuchten Sportler, so kann man interpretieren, geht in erster Linie auf die Gruppe der Individualsportler zurück. Vor allem die psychische Stabilität, die außer der Abwesenheit einiger psychischer Störungssymptome wie Empfindlichkeit, Labilität usw. auch Merkmale von Ausgeglichenheit, Leistungsfähigkeit und Zielstrebigkeit umfaßt, erweist sich somit als Gegenstand sportspezifischer Selbstdarstellung, wenn auch vermutlich nicht in gleichem Maße für alle Arten von Sport und Sporttreibenden.

Persönlichkeitseigenschaften oder Impression – Management?

Wir haben die experimentelle Untersuchung von Selbstdarstellungseffekten bei der Persönlichkeitsmessung an Sportlern mit der Frage begonnen, ob nicht manches von dem, was man als Persönlichkeits – oder Temperamentseigenschaften zu erfassen meint, auch ein Ergebnis von Impression – Management sein kann. Nach Abschluß der Untersuchungen läßt sich diese Frage mit "Ja" beantworten. Vielleicht sollte dieses "Ja" aber noch teils eingeschränkt, teils präzisiert werden.

Die Prüfung der Selbstdarstellungseffekte, so muß besonders hervorgehoben werden, erfolgte von vornherein nach "verschärften Regeln". Um nicht vorschnell Unterschiede aufzudecken, wo vielleicht in Wirklichkeit nur zufällige Differenzen zwischen experimentellen Gruppen vorhanden sind, um also nicht das sog. Alpha – Risiko zugunsten unserer eigenen Annahmen zu erhöhen, haben wir von einem Vergleich zwischen Leistungssportlern und Nichtsportlern abgesehen. Es erscheint als nicht besonders schwer, psychologische Unterschiede zwischen Leistungs – oder Spitzensportlern einerseits, und irgendwelchen Kontrollgruppen von Nichtsporttreibenden andererseits zu entdecken – die Frage ist dann stets, worauf diese Unterschiede eigentlich zurückgehen mögen. Stattdessen haben wir uns um ansonsten möglichst vergleichbare Kontrollpersonen zu den Leistungssportlern bemüht und sie in Sporttreibenden geringen Ausmaßes und niedrigen Leistungsniveaus gefunden. Mit diesem "konservativen" Vorgehen haben wir nun sicherlich das Risiko zweiter Art, das sog. Beta-Risiko, erheblich vergrößert: die Nullhypothese zu akzeptieren, obgleich sie eigentlich schon verworfen werden müßte; es dürfte nicht so leicht sein, psychologische Unterschiede *innerhalb* von Sporttreibenden zu entdecken, wenn möglichst viele andere Personmerkmale konstant sind.

Als "konservativ" muß unser Vorgehen eigentlich auch deshalb bezeichnet werden, weil wir die bekannten Fragebogen der "Extraversion" und des "Neurotizismus" verwendet haben – zwei Skalen, mit denen bekanntermaßen ganz allgemein, und sicherlich nicht nur von Sporttreibenden, Impression-Management in Richtung auf sozial erwünschte erhöhte Extraversion und psychische Stabilität getrieben wird (vgl. *Mummendey*, 1987). Die *sportspezifische* Selbstdarstellungstendenz zielt also in diesem Falle in die gleiche Richtung wie die "allgemeinmenschliche", und dieser Umstand dürfte unser Bemühen um die experimentelle Herausarbeitung eines sportspezifischen Impression-Management-Effekts weiter erschwert haben. In gleichem Sinne dürfte dies für die Zuschreibung einer hohen Selbstwertschätzung, hier gemessen mit dem Selbstkonzept-Gesamtwert des Persönlichkeitsratingverfahrens, gelten. Die Untersuchungsergebnisse weisen auch hier darauf hin, daß Sportler, die sich in ihrer Sportlerrolle darstellen, sich einen noch höheren Selbstwert zuschreiben, als dies Personen ohnehin zu tun pflegen.

Sind also die kritischen statistischen Effekte, die Wechselwirkungen zwischen Impression-Management und Sporttreiben, zuweilen nur schwach und nicht in allen Fällen klar absicherbar, so neigen wir dazu, ein Gutteil dessen auf das erwähnte methodisch konservative Vorgehen zurückzuführen. Dennoch scheint es so, daß nicht alle Persönlichkeitsmessungen bei allen Arten von Personengruppen in gleichem Maße Selbstdarstellungsanteile enthalten. Um einmal vorsichtig das *Ausmaß* abzuschätzen, in dem die hier gemessenen Persönlichkeitsmerkmale bei Sportlern besser mit Selbstdarstellung erklärt werden könnten, bieten sich uns zwei vorsichtige Schätzmöglichkeiten an.

Einmal könnten wir diejenigen Maße, die uns angeben, wieviel Prozent der untersuchten Merkmalsvarianz auf die Wechselwirkungen zwischen den Faktoren "Impression-Management" und "Sportliches Leistungsniveau" zurückgehen, betrachten; dies geschieht unter der Voraussetzung, daß man die beiden Bedingungsfaktoren als kontinuierliche Merkmale auffaßt, für die wir in unserem Experiment einigermaßen repräsentative Abstufungen untersucht haben. Der betreffende Omega-

Quadrat-Wert beträgt für sämtliche hier untersuchten Persönlichkeitsvariablen im Durchschnitt 4,4% (für Self-Esteem 9,2%), bei der gesonderten Betrachung der Individualsportler im Durchschnitt 6% (für Self-Esteem 13,5%). Bei denjenigen Persönlichkeitseigenschaften, für die sich eine signifikante Wechselwirkung AxB ergibt, betragen die durchschnittlichen Omega-Quadrat-Werte 9,9% bzw. 10,2%. Man könnte also vorsichtig interpretieren, daß je nach Betrachtungsweise rund 5-10% der Varianz der Persönlichkeitsmessungen auf sportspezifische Selbstdarstellungstendenzen zurückgehen.

Ein zweiter Schätzungsansatz könnte darin bestehen, die nachgewiesenen Wechselwirkungen zwischen Impression-Management und sportlichem Leistungsniveau ins Verhältnis zur Zahl der untersuchten Persönlichkeitseigenschaften zu setzen. Bei globaler Auszählung sind dies 2 von 9, bei den Individualsportlern sind es 3 von 9 Fällen. Dabei ist das Selbstkonzept-Gesamtmaß, das mit einigen dieser Skalen korreliert ist, nicht berücksichtigt. Läßt man im vorliegenden Falle auch nichtsignifikante Tendenzen bis zur Wahrscheinlichkeitsgrenze von 10% gelten, so sind es jeweils 5 von 9 Fällen. Aufgrund beider Schätzungsansätze könnte man also vielleicht formulieren, daß in etwa einem Viertel bis zu einem Drittel der untersuchten Persönlichkeitsvariablen bei Sportlern Selbstdarstellungseffekte nachweisbar und in mehr als der Hälfte der Fälle entsprechende Tendenzen beobachtbar waren.

Wie erinnerlich, beziffern Experten den Prozentsatz, in dem sich bei Persönlichkeitsmessungen Besonderheiten bei Sportlern zeigen, auf überhaupt nur 10% (*Sack*, 1984). Man kann daher feststellen, daß sich offensichtlich nur in geringem Umfang Zusammenhänge zwischen Sporttreiben und Persönlichkeit feststellen lassen und daß diese Zusammenhänge wiederum zu einem gewissen Anteil auf die Selbstpräsentation als Sportler zurückzuführen sind. Aufgrund der vorliegenden Untersuchung kann nicht behauptet werden, der Selbstdarstellungsanteil an der Persönlichkeitsmessung sei größer als derjenige "tatsächlicher" individueller Eigenarten. Mit Persönlichkeitsmessungen erfaßt man offensichtlich Persönlichkeitseigenschaften *und* "situative Identitäten" bzw. impression-management-bedingte Merkmale.

In der vorliegenden Untersuchung hat sich gezeigt, daß Sporttreiben allgemein sicherlich eine noch viel zu allgemeine und undifferenzierte Selbstdarstellungskategorie repräsentiert. Obgleich unser Experiment nicht von vornherein auf das Herausarbeiten von Sportarten-Unterschieden angelegt war – im Gegenteil, wir hatten uns bemüht, nach Sportarten zu "parallelisieren" – haben sich uns Hinweise auf solche Besonderheiten regelrecht aufgedrängt. Personen, die sich in unterschiedlichen Sportarten engagieren, engagieren sich also unter Umständen auch in unterschiedliche Arten von Selbstdarstellung. Erinnern wir uns daran, daß uns das Sporttreiben im vorgegebenen Zusammenhang lediglich als Beispiel für eine bestimmte Art von Tätigkeit bzw. sozialer Rolle dienen sollte, so läßt sich abschließend feststellen: Sicherlich nicht alles, aber manches von dem, was bei einem Menschen als Persönlichkeitseigenschaft erscheint, ist Ausdruck der mit einer sozialen Rolle dieses Menschen und spezifischen Aspekten dieser Rolle verbundenen Selbstdarstellung.

Kapitel 10

Selbstdarstellungsbereiche und adressatenspezifische Selbstdarstellung

Die bisherigen Überlegungen und insbesondere die empirischen Untersuchungen haben gezeigt, daß man keineswegs immer, keineswegs immer in gleichem Ausmaß, nicht immer auf dem gleichen Gebiet und nicht mit gleicher Intensität gegenüber jedermann Impression-Management betreibt. Ebenso wie Selbstkonzepte in unterschiedlichen Situationen unterschiedlich ausfallen können, ebenso kann auch die Darstellung der eigenen Person in verschiedenen Situationen, die sich in zeitlicher, räumlicher, psychologischer, sozialpsychologischer Hinsicht voneinander unterscheiden, variieren.

Selbstdarstellungsbereiche

Für das Verhalten von Individuen lassen sich Bereiche je nach angewendeter Klassifikation in sehr unterschiedlicher Weise bestimmen und abgrenzen. Einteilungen wie "zuhause/außer Haus", "allein/mit anderen", "im Beruf/in der Freizeit", "als Fußgänger/Radfahrer/Autofahrer", "als Sohn/Vater/Untergebener/Vorgesetzter/Schüler/Lehrer/Wähler/Gewählter usw." bezeichnen bestimmte Facetten oder Dimensionen, mittels derer man aufgrund theoretischer Überlegungen oder einfach aus praktischen Gründen Ordnung in die Verhaltensvielfalt bringen möchte. In entsprechender Weise können auch Persönlichkeitsdimensionen, d.h., grundlegende Gesichtspunkte zur Beschreibung und Unterscheidung von Persönlichkeitseigenschaften, zur Klassifikation des Verhaltens herangezogen werden.

Persönlichkeitsdimensionen wie "Kontaktfähigkeit", "Leistungsfähigkeit" oder "Störbarkeit" können Ordnung in die Beschreibungen des "Wie" des Verhaltens bringen. Bittet man jemanden, sich einmal selbst zu beschreiben, also *Selbstkonzepte* zu produzieren, so wird man sowohl Selbstbeschreibungen oder Selbstdarstellungen erhalten, die sich auf äußere Daten der Person oder auf ausgeübte Rollen beziehen, als auch solche, die sich auf Selbstkonzepte im engeren Sinne, also auf sich selbst zugeschriebene *Persönlichkeitsmerkmale* beziehen. Wenn im folgenden von

"Selbstkonzeptbereichen" die Rede ist, so sind damit solche selbstkonzeptuellen Beschreibungen im engeren Sinne, also Selbstbeschreibungen als Persönlichkeit gemeint. Derartige Selbstkonzeptbereiche sind dann, wenn man von jemandem verlangt, sich selbst zu beschreiben, oder wenn eine Person sich, ohne dazu besonders aufgefordert zu sein, anderen gegenüber mittels Persönlichkeitsmerkmalen beschreibt, zugleich *Selbstdarstellungsbereiche*.

Persönlichkeitstestverfahren und Forschungsinstrumente zur Messung interindividueller Unterschiede dienen zwar in der Regel ausdrücklich der Erfassung von Persönlichkeitszügen oder –eigenschaften, die als relativ stabil angesehen werden, sie eignen sich aber, aus einer Impression–Management–Perspektive betrachtet, auch vorzüglich zur Klassifikation von Gesichtspunkten der Selbstdarstellung in sozialen Situationen. Die Tests und Forschungsinstrumente, die beispielweise bei der in *Kapitel 9* berichteten Untersuchung des Selbstdarstellungsverhaltens von Sportlern eingesetzt wurden, liefern Ordnungsgesichtspunkte für die Selbstdarstellung insofern, als sie solche einigermaßen voneinander unabhängig aufzufassenden Selbstdarstellungsbereiche abstecken. Die differentiellen Psychologen und Persönlichkeitsforscher haben also gewissermaßen die Vorarbeit für eine Taxonomie von Selbstdarstellungen "situativer Identitäten" geleistet.

Als Bereiche oder Dimensionen der Persönlichkeit, die für eine Klassifikation von Selbstdarstellungsverhalten in Frage kommen und insofern als Selbstdarstellungsbereiche aufgefaßt werden, stehen grundsätzlich alle als unabhängige Persönlichkeitsfaktoren beschriebenen Konstrukte zur Verfügung. Wir wählen für unsere folgenden Untersuchungen zumeist die sechs bzw. sieben Bereiche aus, die das mehrdimensionale Selbsteinschätzungsverfahren von *Mummendey et al.* (1983) nahelegt. Die Entwicklung dieses Selbstratingsystems war von Anfang an mit Problemen der Selbstkonzeptforschung verbunden, und nicht so stark wie z.B. bei Persönlichkeitsfragebogen in der Tradition von *Cattell* oder *Eysenck* mit Fragestellungen der psychologischen Diagnostik, der Erfassung grundlegender Fähigkeiten oder klinisch–psychologisch relevanter Merkmale.

Im California Psychological Inventory (CPI) hatte *Gough* (1964) insgesamt 18 Persönlichkeitsdimensionen beschrieben, und zwar Dominance, Capacity for Status, Sociability, Social Presence, Self–Acceptance, Sense of Well–Being, Responsibility, Socialization, Self–Control, Tolerance, Good Impression, Communality, Achievement via Conformance, Achievement via Independence, Intellectual Efficiency, Psychological–Mindedness, Flexibility und Femininity. *John* & *Keil* (1972) entwickelten zu jeder dieser 18 Dimensionen des ins Deutsche übertragenen CPI eine

Ratingform zur Selbstbeschreibung, sie transformierten also den Persönlichkeitsfragebogen in ein Selbstratingverfahren. Faktorenanalysen dieser Selbsteinschätzungsskalen ergaben die drei Dimensionen "Emotionale Stabilität", "Anpassung an soziale Normen" und "Feinfühligkeit", doch klärten diese Faktoren nur relativ wenig Varianz auf. *Mummendey & Sturm* (1980) berichteten von einer größeren Varianzaufklärung durch drei sehr ähnliche Faktoren, nämlich "Allgemeines positives Selbstkonzept", "Soziale Kontaktfähigkeit" und "Anpassung an soziale Normen". Von *Mummendey et al.* (1983) wurde das Selbsteinschätzungsverfahren dann systematisch verändert, indem unter Rekurs auf die ursprünglichen Dimensionen des CPI nun 56 einzelne, siebenstufige, bipolar verbal verankerte Ratingskalen vorgelegt wurden. Die Struktur dieser Selbstratings wurde mittels einer nonmetrischen multidimensionalen Skalierung in Verbindung mit der Facettentheorie (vgl. *Borg*, 1976) beschrieben. Die 56 Selbstbeschreibungen ("kompliziert – gradlinig", "umgänglich – nicht umgänglich" ... "selbstvertrauend – vorsichtig") wurden in einem mehrdimensionalen Raum so angeordnet, daß eine Facette mehrere unterscheidbare *Bereiche* (ähnlich den Faktoren) beschrieb, und eine andere Facette den Grad der Allgemeinheit bzw. *Spezifität* der Selbsteinschätzungen bezeichnete. Es ergaben sich die sechs Bereiche Leistungsfähigkeit, Selbstsicherheit, Flexibilität, Soziale Kontaktfähigkeit, Toleranz und Disziplin, die sowohl durch relativ *allgemeine* Selbstratings als auch durch solche, die *spezielle* Aspekte der jeweiligen Bereiche wiedergeben, erfaßt werden.

Da alle zur Selbstbeschreibung bzw. Selbstdarstellung verwendeten Eigenschaftsbezeichnungen also nicht nur bereichsspezifische, sondern auch *allgemeine* Beschreibungsanteile enthalten, die mit einem "allgemeinen, positiven Selbstkonzept", also der positiven Selbstwertschätzung bzw. Selbstdarstellung verknüpft erscheinen, läßt sich aus allen 56 Selbstbeurteilungen bei entsprechender Kodierung ein globales Maß positiver Selbsteinschätzung (im Sinne von Self-Esteem) bzw. positiver Selbstdarstellung (also im Sinne der Präsentation von Self-Esteem) bestimmen. Auch in dieser Hinsicht sind die hier betrachteten Selbstdarstellungsbereiche also ähnlich wie Persönlichkeits- oder Fähigkeitskonstrukte (z.B. Intelligenz) konzipiert: Die Selbstdarstellung als Persönlichkeit bezieht sich sowohl auf ein ganz allgemein positiv bewertetes Image als auch auf einen jeweils näher abgesteckten Bereich.

Als Alternative zu einer Systematik von Selbstdarstellungsbereichen, die sich aus empirischen Untersuchungen mit großen Zahlen von Personen ergibt und zur Bestimmung von mehreren gut voneinander unterscheidbaren Dimensionen führt, als Alternative also zu einem gewissermaßen "nomothetischen" Vorgehen bei der Definition von Selbstdarstellungsbereichen bestünde auch die Möglichkeit, auf *von den Individuen völlig frei generierte Selbstdarstellungsbereiche* zurückzugreifen. Man könnte z.B. daran denken, vollständig "offene", unstrukturierte, freie Persönlichkeits – Selbstbeschreibungen zu verlangen und anschließend versuchen, in die solchermaßen "idiographisch" gewonnenen Selbstdarstellungen nachträglich Ordnungsgesichtspunkte einzuführen. Am konsequentesten wäre es, eine solche Klassifikation der Selbstbeschreibungen von jeder Person selbst vornehmen zu lassen, denn es könnte ja sein, daß sich die Selbstbeschreibungen und Selbstdarstellungen bei unterschiedlichen Individuen völlig unterschiedlich strukturieren. Eine von außen vorgegebene Strukturierung, und sei sie auch nur nachträglich erfolgt, brächte in jedem Falle wieder eine vielleicht unerwünschte "nomothetische" Komponente hinein.

Hier zeigt sich, daß ein Verfahren völlig freier, nicht vorstrukturierter oder nachträglich dimensionierter Selbstdarstellung als Persönlichkeit kaum denkbar ist. Würde man die sich selbst darstellenden Personen nämlich bitten, selbst Bereiche zu benennen, hinsichtlich derer ihre Selbstbeschreibungen zusammengefaßt oder sonstwie geordnet werden sollten, so würde dies selbst Gegenstand von Selbstpräsentation werden. (Man denke z.B. nur an "spontane" und "unstrukturierte" Selbstdarstellungen von Personen, die eigentlich eher rigide und pedantisch vorgehen.) Es scheint also sinnvoll zu sein, wenn man denn schon eine offene, von Skalen und vorgegebenen Selbstdarstellungsgesichtspunkten *freie Form* der Datensammlung anstrebt, daß solche unstrukturierten, "qualitativen" Daten anschließend in irgendeiner Weise nach Bereichen oder Dimensionen geordnet werden. Das Problem als solches begegnet uns auch in anderen Forschungsbereichen: So möchte man z.B. bei der Einstellungsmessung völlig individuelle Einstellungsstrukturen identifizieren, da man nicht davon ausgehen kann, daß alle Individuen über identische Einstellungskonzepte verfügen, aber man ist anschließend gezwungen, diese Strukturen gemäß allgemeineren und verbindlichen Prinzipien miteinander zu vergleichen (vgl. *Riemann*, *Schiebel* & *Sturm*, 1988), oder man möchte Eigenschaften, mit denen sich Individuen Tag für Tag charakterisieren, von den Individuen selbst generieren lassen, aber man sieht sich anschließend genötigt, diese Eigenschaften danach zu skalieren, wie positiv oder günstig sie sind (vgl. *Allen* & *Potkay*, 1983).

In den im vorliegenden Kapitel zu berichtenden Untersuchungen werden wir dem ersten, dem Vorgehen anhand vorgegebener Selbstdarstellungsbereiche, den Vorzug geben, aber wir werden uns bemühen, auch der zweiten, der alternativen, eher "qualitativen" Vorgehensweise gerecht zu werden.

Adressaten der Selbstdarstellung

Adressat von Selbstdarstellung ist ganz allgemein die "Öffentlichkeit" oder das "Publikum", aber wir haben anhand vieler berichteter Untersuchungen gesehen, daß diese Rezipienteninstanz differenziert werden muß. Jemand, der sich nur für "die Öffentlichkeit" kleidet, wird vielleicht nur darauf achten, nicht unbekleidet nach draußen zu gehen, aber jemand, der sich für die Oper, eine Versammlung von Naturfreunden, Sportlern oder für ein Rendezvous kleidet, wird vermutlich einen jeweils unterschiedlichen Habitus präsentieren. Ähnliches wird, nach allem was wir bisher besprochen haben, für Selbstdarstellungen in einem engeren psychologischen Sinne gelten.

Auch die Idee der "Situation", die der in *Kapitel 6* bereits erwähnten Konzeption *situationsspezifischer Selbstkonzepte* und der Präsentation "situativer Identitäten" zugrundeliegt, ist zunächst etwas sehr Allgemeines. Zu Recht dürfte der allgemeine Situationsbegriff von denjenigen, die ihn gerade nicht selbst für unverzichtbar halten, als "fuzzy", als verschwommen kritisiert werden. In sozialpsychologischer Betrachtungsweise (und erst recht in einer soziologischen, wie wir sie z.B. bei *Goffman*, 1959, finden) ist die Situation, in der Selbsteinschätzungen erfolgen oder auf die sie im Sinne von Selbstdarstellung bezogen werden, eine *soziale Situation*. Sie wird durch ganz bestimmte anwesende oder antizipierte Personen oder Interaktionspartner repräsentiert und wesentlich determiniert. Die sozialen Interaktionspartner werden als die Größen angesehen, durch die eine Situation hauptsächlich bestimmt wird. Dies kann auch gar nicht anders sein, denn theoretische Annahmen zum Impression-Management oder zur Selbstdarstellung erfordern als Voraussetzung den Anderen, an den sich das Bemühen um eine Kontrolle des eigenen Image richtet.

Unterschiedliche Adressaten oder Rezipienten sind demnach eine zwar nicht hinreichende, aber doch wohl zumeist notwendige Bedingung für unterschiedliches Selbstdarstellungsverhalten (wenn wir einmal von Änderungen aufgrund von Zeit, also Reifung und Entwicklung etc., absehen, aber in diesem Falle hätten sich ja die Interaktionspartner ebenfalls verändert). Ist beispielsweise der Pfarrer diejenige Person, die als Rezipient, als direkt Angesprochener oder als Zuschauer oder Mithörer, oder auch nur als erwarteter bzw. vorgestellter Adressat einer Selbstdarstellung fungiert, so wird vermutlich ein möglicherweise vorhandenes religions- oder ethikbezogenes Selbstbild aktiviert oder generiert. Wahrscheinlich ist es in dieser sozialen Situation nicht angemessen, z.B. ein sportbezogenes Selbstbild zu präsentieren. Von den im vorigen Abschnitt genannten Facetten oder Dimensionen würde vermutlich eher der Selbstdarstellungsbereich "Toleranz" als derjenige der "Leistungsfähigkeit" aktualisiert.

Selbstdarstellungssituationen sind also durch ganz bestimmte Zielpersonen, Adressaten oder Rezipienten definiert, und entsprechend dem jeweiligen Charakter dieser Adressaten ist eine Wechselwirkung von Selbstdarstellungsbereich und Adressat auf die geäußerte Selbstbeschreibung der Person zu erwarten.

Hinweise auf rezipientenspezifische Selbstkonzeptualisierungen ergeben sich aus den schon mehrfach erwähnten Studien zur Wirkung unterschiedlicher Arten von Publikum; *Tetlock* & *Manstead* (1985) betonen z.B., daß es je nach Situation und Funktion kaum eine Begrenzung der Art von "audiences", denen gegenüber Impression – Management ausgeübt wird, gebe. *Arkin* (1981) referiert Untersuchungen, denen gemäß bestimmte Charakeristika der Zielpersonen für die Selbstdarstellung ausschlaggebender sind als andere. Z.B. fanden *Carlsmith*, *Lepper* & *Landauer* (1974), daß Kinder sich eher an eine bestrafend, negativ, bedrohend auftretende Person anpassen als an eine belohnend, positiv, warmherzig auftretende. Vermutlich hat man gegenüber autoritär auftretenden Personen Impression – Management eher "nötig" als gegen beispielsweise sich antiautoritär gebärdenden. Auch *Showers* & *Cantor* (1985) referieren Anpassungsstrategien an durch solche spezifischen Adressaten bestimmte Situationen.

Bei einer adressatenabhängigen Selbstdarstellung, so sei auch hier noch einmal hervorgehoben, muß es sich keineswegs um eine *bewußte* taktische oder strategische Täuschung des Rezipienten handeln. Es muß sich auch nicht um eine soziale Anpassung um der sozialen Anpassung willen handeln. Vielmehr können die Rezipienten oder Adressaten einer Selbstpräsentation als soziale Hinweisreize dafür, daß ganz bestimmte selbstbezogene Themen oder Bereiche zu aktualisieren sind, aufgefaßt werden. Die Personen, die in einer Selbstdarstellungssituation als Adressaten dienen, signalisieren Hinweise auf den Bereich und die Art der Selbstpräsentation. Sie sind Hinweisreize dafür, auf welchem Gebiet welche Art von Impression – Management getrieben werden kann.

Damit wird nochmals die Verknüpfung zwischen der Selbstdarstellung hinsichtlich unterschiedlicher Dimensionen oder Bereiche der Persönlichkeit und der Selbstdarstellung in bestimmten sozialen Situationen, die durch bestimmte Adressaten geprägt sind, deutlich. Beide Variablen wirken zusammen, und sie wirken gemeinsam bzw. in Wechselwirkung auf konkrete Selbstdarstellungen, z.B. die Selbstbeschreibung als Persönlichkeit, ein. Wir werden im folgenden versuchen, dies in Experimenten zu demonstrieren.

Ein Experiment mit weiblichen Personen. Um die Annahme einer Wechselwirkung von Selbstdarstellungsbereich und Adressat der Selbstdarstellung empirisch an freien Selbstbeschreibungen zu untersuchen, wurden 30 Studentinnen als Versuchspersonen angeworben. Sie kamen jeweils einzeln zu einer Untersuchung, in der es um Selbstbeschreibung gehen sollte. Jede Person bekam drei Blätter mit folgenden Instruktionen:

Blatt 1: "Bitte beschreiben Sie sich einmal möglichst umfassend als Persönlichkeit. Bitte bemühen Sie sich, dabei möglichst viele Eigenschaftswörter zu benutzen. Es wäre schön, wenn Sie dieses Blatt vollschreiben könnten!"

Blatt 2: "Schildern Sie bitte auf diesem Blatt, womit Sie mit sich als Person Probleme haben oder in welchen Bereichen Sie mit sich selbst unzufrieden sind. Bitte benutzen Sie wieder möglichst Eigenschaftswörter und versuchen Sie das ganze Blatt vollzuschreiben!"

Blatt 3: "Bitte beschreiben Sie auf diesem Blatt, wie sich Ihre Person im Laufe der Zeit verändert hat und wie Sie in Zukunft sein möchten. Bitte verwenden Sie wieder möglichst viele Eigenschaftswörter und versuchen Sie das ganze Blatt vollzuschreiben!"

Der Wortlaut der Instruktionen läßt schon ahnen, daß es nicht immer ganz leicht ist, Personen dazu zu bewegen, in offener, ungebundener Form etwas über sich mitzuteilen. Hier mußten also besondere Anstrengungen unternommen werden, und aus diesem Grunde wurde außer einer allgemeinen Selbstdarstellung (Blatt 1) auch nach solchen in bezug auf bestimmte Themen (Blätter 2 und 3) gefragt. Da es sich um weibliche Probanden handelt (bei weiblichen Personen findet man häufig mehr "self – disclosure" als bei männlichen) und da die Untersuchung vermutlich eher Personen angezogen hat, die auch zu längeren verbalen Beschreibungen bereit und in der Lage waren, ergaben sich schließlich doch ausreichend umfangreiche schriftliche Produktionen.

Die Versuchspersonen wurden nun ohne ihr Wissen in drei Gruppen zu zehn Personen aufgeteilt, und jeder dieser Gruppen wurde eine andere Version bezüglich des *Adressaten* der Selbstbeschreibung übermittelt. Die drei Bedingungen "W", "F" und "K" waren:

Bedingung "W": Den Personen dieser Versuchsbedingung wurde erklärt, daß es in der Untersuchung um "*Selbstbilder des wissenschaftlichen Nachwuchses*" ginge und daß die Ergebnisse der "Projektgruppe Selbstbilder des wissenschaftlichen Nachwuchses" zur Verfügung gestellt würden. Jede Versuchsperson erhielt einen entsprechend beschrifteten Briefumschlag, in den sie ihre Selbstbeschreibungen stecken sollte; der verschlossene Umschlag würde dann der Projektgruppe ausgehändigt. Jedes einzelne der drei Selbstbeschreibungsblätter trug zudem die deutliche Überschrift "Projektgruppe Selbstbilder des wissenschaftlichen Nachwuchses".

Bedingung "F": Den Personen dieser Versuchsbedingung wurde erklärt, es ginge um eine Untersuchung der *"Selbstbilder von Frauen heute"*. Der entsprechende Adressaten-Briefumschlag trug die Aufschrift "Projektgruppe Selbstbilder von Frauen heute", und in entsprechender Weise wie oben beschrieben waren die einzelnen Selbstbeschreibungsblätter in bezug auf die "Frauen"-Frage beschriftet.

Bedingung "K": Den Personen dieser *Kontrollbedingung* wurde lediglich erklärt, es ginge in der Untersuchung um Selbstkonzepte. Die in entsprechender Weise wie oben angefertigten Briefumschläge und Selbstbeschreibungsbogen trugen die Aufschrift "Projektgruppe Selbstkonzepte".

Um nun die "offenen, qualitativen" schriftlichen Selbstdarstellungen der Probandinnen auszuwerten, wurden alle nicht in adjektivischer Form vorliegenden Selbstbeschreibungen von zwei Auswertern, die darüber Übereinstimmung erzielten, in eine adjektivische Form gebracht.

Z.B. wurden die Äußerungen einer 23jährigen Chemiestudentin unter Versuchsbedingung "F", Blatt 2,

> "Ein Problem ist sicher die Selbstüberwindung, sich zu irgendwelchen unbekannten oder unangenehmen Dingen aufzuraffen. Manchen Menschen gegenüber fühle ich mich unsicher und unterlegen. Lästige Arbeiten schiebe ich gern auf, wenn ich unter Druck stehe, erledige ich solche Sachen schnell und oft problemloser als ich dachte. Einigen Menschen gegenüber fehlt mir die Durchsetzungskraft...",

wie folgt in eine "adjektivische" Form gebracht:

"kann sich schwer zu unbekannten/unangenehmen Dingen aufraffen (Selbstüberwindung)"

"manchmal unsicher gegenüber Menschen"

"erledigt lästige Arbeiten unter Druck besser als erwartet"

"mangelnde Durchsetzungskraft gegenüber einigen Menschen".

Drei unabhängig voneinander arbeitende Beurteiler schätzten nun die schriftlichen Produktionen der 30 Personen anhand der adjektivischen Formen hinsichtlich vier ausgewählter thematischer Komplexe oder auch *Selbstdarstellungsbereiche* ein: "*Leistung*", "*Sozialer Kontakt*", "*Gefühle* und "*Selbstsicherheit*". Die Häufigkeiten, mit denen eine Person Selbstbeschreibungen zu einer dieser Kategorien gegeben hatte, wurden jeweils durch die Gesamtzahl aller kodierten Selbstbeschreibungen dieser Person dividiert, so daß sich jeweils vier Maßzahlen für "Leistung", "Sozialer Kontakt", "Gefühle" und "Selbstsicherheit" ergaben. Die Übereinstimmung der drei Beurteiler (*Kendall*'s W-Koeffizient) war mit 0.77, 0.73, 0.71 und 0.71 für Daten dieser Art zufriedenstellend. Bei einer statistischen Prüfung der Hypothese, daß unter den drei Versuchsbedingungen "W", "F" und "K" unterschiedliche Selbstdarstellungen in den vier verschiedenen Selbstdarstellungsbereichen auftreten, zeigten sich zunächst nur nichtsignifikante Tendenzen bei der Beschreibung von "Problemen und Schwierigkeiten" (Blatt 2) für den Bereich "*Selbstsicherheit*", ferner bei einer Zusammenfassung aller Selbstbeschreibungen (Blätter 1-3) für den Bereich "*Sozialer Kontakt*". In diesen Fällen wurden von den Probandinnen unter der Adressatenbedingung "Frauen" der Bereich "Selbstsicherheit" weniger stark und der Bereich "Sozialer Kontakt" stärker als unter den beiden anderen Versuchsbedingungen ("Wissenschaft" und Kontrollbedingung) angesprochen.

In einem zweiten Auswertungsansatz beurteilten zwei unabhängige Beurteiler die gleichen Texte nach lediglich zwei Merkmalskomplexen, nämlich "*Leistungsfähigkeit*" und "*Neurotizismus*". Dies geschah mit der Überlegung, daß sich Probleme mangelnden Selbstvertrauens auch mit dem in *Kapitel 9* schon herangezogenen Neurotizismus-Konstrukt erfassen lassen und daß dafür schon ein inhaltsanalytisches Verfahren aus Untersuchungen an Sportlern vorlag (*Mummendey* & *Mielke*, 1989). Dieses Auswertungsverfahren wurde nun angewandt und sinngemäß auf den Selbstkonzeptbereich "Leistungsfähigkeit" gemäß dem ebenfalls in *Kapitel 9* besprochenen Selbstratingverfahren von *Mummendey et al.* (1983) übertragen. Nachdem die Beurteiler jede schriftliche selbstbezogene Äußerung hinsichtlich "*Leistungsfähigkeit*" und "*Neurotizismus*" eingestuft hatten, wurden wiederum Maßzahlen berechnet, die die Häufigkeit solcher Selbstbeschreibungen ins Verhältnis zu sämtlichen Selbstbeschreibungen setzten. Dabei wurde jedoch zusätzlich berücksichtigt, in welcher Richtung sich jemand selbst beschrieb, d.h., in Richtung auf mehr oder weniger Leistung und in Richtung auf mehr oder weniger psychische Stabilität. Bei der statistischen Prüfung der Hypothesen ergaben sich zwei signifikante Resultate: Bei der Aufgabe, sich als Persönlichkeit zu beschreiben (Blatt 1), gaben die Probandinnen unter der Bedingung "Wissenschaft" weniger Hinweise auf Leistungsfähigkeit (ungerichtet), d.h., sie thematisierten den Leistungsbereich in geringerem Ausmaß als unter den beiden anderen Versuchsbedingungen. Bei der Beschreibung von Veränderungen der eigenen Person (Blatt 3) stellte man sich unter der Bedingung "Wissenschaft" als vergleichsweise weniger neurotizistisch, also psychisch stabiler, unter der Bedingung "Frauen" jedoch als eher neurotizistisch, also als psychisch weniger stabil dar.

Die Ergebnisse dieser Untersuchung entsprechen demnach in einigen Punkten unserer Erwartung, daß man bei unterschiedlichen Adressaten der Selbstdarstellung unterschiedliche Bereiche bevorzugt thematisiert. Die gefundenen Unterschiede zwischen den Versuchsbedingungen sind allerdings nicht drastisch, und ihre Aufdeckung hängt teilweise von dem angewendeten Auswertungsverfahren ab. Die Befunde liegen in der zu erwartenden Richtung, wonach von Frauen, entsprechend einem allgemeinen Stereotyp, bei der Selbstdarstellung besonderes Gewicht auf Probleme mit der Selbstsicherheit und auf Aspekte des sozialen Kontaktes gelegt wird. Je nach dem Adressaten der Selbstbeschreibung kann es dabei zu unterschiedlichen Gewichtungen kommen. Die Ergebnisse hierzu sind allerdings nicht ganz leicht zu interpretieren. So tendieren die Frauen man dazu, sich in einer "wissenschafts"bezogenen Situation als jemand darzustellen, der sich weniger mit Leistung beschäftigt. Dies könnte man vielleicht im Sinne einer Selbstdarstellung "frauenorientierter" Werte in einer wissenschaftlichen Umgebung deuten. Und man stellt sich unter der leistungsbezogenen Bedingung "W" als psychisch stabiler dar, als man es unter der Bedingung "F", also gegenüber "Frauen", vielleicht als angemessen betrachtet. Probleme mit der "Selbstsicherheit" scheinen vorhanden zu sein, aber man präsentiert sie "unter Frauen" offenbar weniger als die Thematik "Sozialer Kontakt".

Ein Experiment mit männlichen Personen. Die Frage der Bereichs- und Adressatenspezifität der Selbstdarstellung sollte nun nochmals untersucht werden, indem die Rezipientenbedingung "*Frauen*" schärfer herausgearbeitet und die Zahl der Versuchspersonen erhöht wurde. Um den Adressaten "Frauen" gegenüber einer entsprechenden Kontrollbedingung bedeutsamer erscheinen zu lassen, wurde ausschließlich mit *männlichen* Personen gearbeitet, die sich entweder gegenüber einer "Frauenforschungsgruppe" oder gegenüber einer neutralen "Selbstkonzept-Forschungsgruppe" darstellen sollten. Es wurden die gleichen Selbstbeurteilungsbögen wie in der Untersuchung mit weiblichen Versuchspersonen verwendet, es wurde also um eine offene Selbstbeschreibung gebeten, doch lauteten nun die beiden Instruktionen für die nunmehr allein zu vergleichenden Versuchsbedingungen "F" und "K":

Bedingung "F": An: Forschungsgruppe "Auswirkungen der Frauenbewegung", z.Hd. Gabi S., Fakultät für Soziologie, Universität Bielefeld. –

Wir sind Mitarbeiterinnen einer Forschungsgruppe an der Universität Bielefeld, die sich mit Veränderungen im Zusammenhang mit der Neuen Frauenbewegung beschäftigt. Wir gehen davon aus, daß das Infragestellen des traditionellen Rollengefüges Auswirkungen auf persönliche Einstellungen und das Verhalten von jüngeren Erwachsenen hat(te). So wollen wir in dieser Untersuchung speziell danach fragen, welches Selbstbild junge Männer heute haben. – Auf dem angefügten Blatt können Sie nun Eigenschaftswörter, Stimmungsbilder oder Verhaltensweisen niederschreiben, die Sie für Ihre Selbstbeschreibung verwenden möchten..." Es folgten Hinweise auf die Möglichkeit, zu Veränderungen der eigenen Person und zu Eigenschaften, mit denen man zufrieden oder unzufrieden ist, Stellung zu nehmen. Ferner wurde die Versuchsperson gebeten, die Selbstbeschreibung am folgenden Wochenende zu wiederholen. Durch die wiederholte Niederschrift sollte gewährleistet werden, daß "ein umfassenderes Bild" von der Person erhoben wird. Die Instruktion schloß ab mit dem Text: "Für Ihre Mitarbeit danken Ihnen herzlich die Frauen der Forschungsgruppe 'Auswirkungen der Frauenbewegung'". Sowohl die Thematik der Instruktion als auch die Formulierungen und der Jargon erscheinen als der Umgebung, in der die Untersuchung stattfand, durchaus angemessen.

Bedingung "K": An: Forschungsgruppe "Selbstkonzept", z.Hd. G.S., Fakultät für Soziologie, Universität Bielefeld. – Wir sind eine Forschungsgruppe an der Universität Bielefeld, die sich mit dem Selbstbild jüngerer Erwachsener beschäftigt. – Auf dem angeführten Blatt können Sie nun Eigenschaftswörter... (folgt Text wie unter Bedingung "F") ... Für Ihre Mitarbeit danken Ihnen die Mitarbeiter der Forschungsgruppe 'Selbstkonzept'".

Die Bezeichnungen der Adressaten waren auf jedem einzelnen der zu beschreibenden Bögen nochmals aufgeführt. Untersucht wurden 42 männliche Studierende, je 21 unter der "Frauen"- und unter der Kontrollbedingung. Sie wurden gebeten, sich an zwei aufeinanderfolgenden Tagen (Ende der Woche in der Uni, und am Wochenende zuhause) selbst zu beschreiben.

Die Selbstbeschreibungen aller Personen unter einer experimentellen Bedingung wurden nach Umformung in eine adjektivische Form (vgl. das Vorgehen im vorigen Experiment) alphabetisch aufgelistet und von zwei zunächst unabhängig arbeitenden, später konsensuell entscheidenden Beurteilern hinsichtlich der folgenden Persönlichkeits- bzw. Selbstkonzeptbereiche eingeschätzt:

"*Leistung*" (tatkräftig – langsam, entscheidungsschwach – führungsfähig, ... ausdauernd – nicht leistungsstark)

"*Selbstsicherheit*" (unsicher – sicher, selbstvertrauend – vorsichtig, ... konform – individuell)

"*Flexibilität*" (frei – abhängig, passiv – aktiv, ... ausgefallen – durchschnittlich)

"*Soziale Kontaktfähigkeit*" (skeptisch – aufgeschlossen, abweisend – charmant, ... zuvorkommend – reserviert)

"*Toleranz*" (kompliziert – gradlinig, umgänglich – nicht umgänglich, ... unsozial – sozial)

"*Disziplin*" (nicht verantwortungsbewußt – verantwortungsbewußt, locker – pflichtbewußt, ... kompliziert – gradlinig)

"*Neurotizismus*" (unruhig, reizbar – ruhig, unzuverlässig – zuverlässig, ... empfindlich – robust)

(bezüglich der vollständigen Eigenschaftslisten vgl. für "Leistung" bis "Disziplin" *Mummendey et al.*, 1983, für "Neurotizismus" *Mummendey & Mielke*, 1989).

Bei der Auswertung ergab sich zwischen den beiden Versuchsbedingungen "F" und "K" ein signifikanter Unterschied bezüglich der Häufigkeiten, mit denen sich die Versuchpersonen Eigenschaften im Sinne von "*Neurotizismus*" zuschrieben. Unter der "Frauen" – Bedingung ergaben sich insgesamt 148 Hinweise auf fehlende, und 120 Hinweise auf vorhandene psychische Stabilität: unter der Kontrollbedingung waren es dagegen 64 bzw. 95 solche Hinweise. Demnach stellen sich die männlichen Probanden dann, wenn sie sich gegenüber einer "Forschungsgruppe Auswirkungen der Frauenbewegung" beschreiben, als psychisch weniger stabil dar als gegenüber einem neutralen Adressaten.

Ein ähnliches Resultat zeigte sich für den Selbstdarstellungsbereich "*Soziale Kontaktfähigkeit*" (hier wird jedoch die Signifikanzgrenze knapp verfehlt). Die Versuchspersonen stellen sich unter der "Frauen" – Bedingung tendenziell als sozial kontaktfähiger dar als unter der Kontrollbedingung.

Setzt man die Differenz aller zu einem Bereich abgegebenen Äußerungen über das Zutreffen und das Nichtzutreffen von Eigenschaften dieses Bereichs ins Verhältnis zur Summe aller abgegebenen Selbstbeschreibungen, und vergleicht man diese Maßzahl unter den beiden Versuchsbedingungen "F" und "W", so ergibt sich ein signifikanter Unterschied auch für den Bereich "*Disziplin*": Die Probanden beschreiben sich gegenüber "Frauenforscherinnen" als weniger "diszipliniert" als gegenüber "Selbstkonzeptforschern".

Damit haben sich in einigen der betrachteten Selbstdarstellungsbereiche Selbstdarstellungseffekte in Abhängigkeit vom Adressaten der Selbstpräsentation gezeigt, mit anderen Worten, es scheint eine Wechselbeziehung von Bereichen und Adressaten hinsichtlich der Selbstdarstellung vorzuliegen. Macht man also die Eigenart der Adressaten hinreichend deutlich, so erhält man auch bei vollständig offener, freier Selbstbeschreibung differenzierende Selbstdarstellungen.

Die Art des Impression-Management erscheint als sozialpsychologisch sinnvoll, wenn man das Umfeld und die Thematik der Untersuchung in Beziehung zur Art der untersuchten Personen setzt. Das Experiment war in einem universitären Umfeld plaziert, in dem die "Frauen"-Thematik seit längerem besonders salient und aktuell ist; der Jargon der Instruktion war darauf abgestellt. Im Rahmen der Diskussionen um Frauen, Frauenbewegung, Frauenförderung usw. werden häufig bestimmte eher "weibliche" Persönlichkeitseigenschaften betont und deren neue Bewertung gefordert, und es werden häufig Werte einer als "männlich" wahrgenommenen Leistungsgesellschaft in Frage gestellt und weniger hoch geschätzt als z.B. Werte von Sensibilität, Emotionalität etc. Von einer Person, die sich im vorgegebenen sozialen Kontext gegenüber einer einschlägigen sozialen "Kontrollinstanz" selbst beschreiben bzw. darstellen soll, kann erwartet werden, daß sie sich z.B. ein wenig sensibler, emotionaler und sozialer als üblich darstellt. Im Sinne der Impression-Management-Theorie hätten wir es mit einer Tendenz, sich beim Adressaten der Selbstbeschreibung beliebt zu machen (*self-promotion*) zu tun, vielleicht auch - je nach Perspektive - mit Merkmalen des "*self-handicapping*", denn hier ginge es ja darum, sich bestimmte "allzu männliche" Merkmale zugunsten alternativer Eigenschaften abzusprechen.

Impression-Management nach Aufforderung zu Selbstbeschönigung und Selbstherabsetzung

Mit einer Methode freier, offener Selbstbeschreibung haben wir Hinweise darauf gefunden, daß das Bild, das jemand von sich selbst entwirft, unterschiedlich ausfällt, je nachdem, welcher Personengruppe er sich präsentiert; außerdem scheint dies unterschiedlich zu sein, je nachdem welcher Selbstdarstellungsbereich betroffen ist. In einem weiteren Experiment soll nun geklärt werden, ob dies auch bei nicht-offener, standardisierter Selbstbeschreibung mittels vorgegebener Selbsteinschätzungsskalen der Fall ist.

Man kann sich denken, daß bei einer solchen "eingeengten" Selbstdarstellungsform die zu erwartenden Effekte schwächer ausfallen als dann, wenn man selbst die Wahl hat, welche Begriffe man zur Selbstcharakterisierung verwendet. Deshalb soll in der vorliegenden Untersuchung zusätzlich ein stärkerer Anreiz zum Impression-Management gegeben werden, indem per Instruktion zur expliziten Selbstbeschönigung oder Selbstherabsetzung aufgefordert wird. Dieses "*faking good/faking bad*" - Verfahren hat sich in manchen Experimenten bewährt, wenn es darum ging, Fragebogenantworten bewußt im positiven oder negativen Sinne "verfälschen" zu lassen, um auf diese Weise zu ermitteln, welche Fragebogenitems mehr, und welche weniger anfällig gegen die Reaktionstendenz "Soziale Erwünschtheit" sind (Methode der Abweichungsinstruktion; vgl. *Mummendey*, 1987). Im übrigen sollen möglichst viele Elemente, die sich in den zuvor berichteten Experimenten bewährt haben, bei der Versuchsplanung berücksichtigt werden.

Der Versuchsplan (vgl. *Tabelle 10.1*) enthielt als unabhängige Variablen, deren Auswirkung auf die abhängige Variable "Selbsteinschätzung" ermittelt werden sollte, die drei folgenden Faktoren:

Faktor A ("*Faking Good/Faking Bad*"): Die Versuchspersonen sollten sich sowohl unter einer Selbstbeschönigungs- als auch unter einer Selbstherabsetzungsinstruktion beurteilen. Es handelte sich also um wiederholte Messungen, d.h., um einen abhängigen Faktor. Die entsprechenden Passagen der Instruktionen lauteten:

(Faking *Good*:) "... möchten wir einmal ausnahmsweise *nicht* erforschen, was für ein Bild Sie von sich selbst tatsächlich haben, sondern wir erforschen, wie die persönlichen *Wunschbilder* oder Idealvorstellungen von Ihnen aussehen. Überlegen Sie also ... immer, *wie Sie gerne sein würden*, und nicht, wie sie tatsächlich sind ..."

(Faking *Bad*:) "... möchten wir Sie nun bitten, sich ausnahmsweise einmal möglichst *ungünstig* darzustellen. Überlegen Sie bitte ..., *wie Sie auf keinen Fall sein möchten*!"

Faktor B ("*Adressat der Selbstdarstellung*"): Als Kopfzeile jedes einzelnen Blattes eines Rating-Heftes, das den Versuchspersonen zum Ausfüllen gegeben wurde, stand entweder die Bezeichnung "Forschungsgruppe 'Frauenbewegung'" oder "Forschungsgruppe 'Selbstkonzept'". Jede Versuchsperson wurde entweder der Bedingung "Frauen" oder "Selbstkonzept" zugeteilt, es handelte sich also um einen unabhängigen Faktor. Die "Forschungsgruppen" wurden einleitend schriftlich wie folgt vorgestellt:

(Adressat "*Frauenforschung*":) "Wir sind Mitarbeiterinnen einer Forschungsgruppe, die sich mit Veränderungen im Zusammenhang mit der Neuen Frauenbewegung beschäftigt. Insbesondere interessieren uns

Tab. 10.1 Versuchsplan (2x2x8 – Design). Die Versuchspersonen beschreiben sich selbst, indem sie entweder beschönigen ("faking good") oder sich herabsetzen ("faking bad"), gegenüber unterschiedlichen Adressaten bezüglich unterschiedlicher Persönlichkeitsbereiche

	Faktor A ("Faking Good/Bad")			
	Selbstbeschönigung		Selbstherabsetzung	
Faktor B ("Adressat")	"Frauen – forschung"	"Selbstkon – zeptforschg"	"Frauen – forschung"	"Selbstkon – zeptforschg"
Faktor C ("Bereiche")				
"Leistungsfähigkeit"				
"Selbstsicherheit"				
"Flexibilität"				
"Soz. Kontaktfähigk."				
"Toleranz"				
"Disziplin"				
"Neurotizismus"				
"Psychotizismus"				

Veränderungen des traditionellen Rollengefüges und damit zusammenhängend die Selbstbilder von Männern heute..."

(Adressat "*Selbstkonzeptforschung*":) "Wir erforschen die Selbstbilder von Personen".

Faktor C ("*Bereiche der Selbstdarstellung*"): Die Liste von 56 Selbstratings, mittels derer die sechs Bereiche "Leistungsfähigkeit", "Selbstsicherheit", "Flexibilität", "Soziale Kontaktfähigkeit", "Toleranz" und "Disziplin" erfaßt werden (*Mummendey et al.*, 1983), wurde um eine Liste von 20 Ratingskalen für "Neurotizismus" und um 16 Skalen für "Psychotizismus" (*Mummendey* & *Mielke*, 1989) erweitert. Da alle Personen alle Selbstbeurteilungen vorzunehmen hatten, handelte es sich bei Faktor C wieder um einen abhängigen Bedingungsfaktor.

Es wurden insgesamt 80 männliche Studierende als Versuchspersonen gewonnen und nach Zufall gleichmäßig auf die beiden Bedingungen des unabhängigen Faktors "Adressat der Selbstdarstellung" aufgeteilt. Es wurden also 40 Personen vermeintlich von einer Frauenforschungs- und von einer Selbstkonzeptforschungsgruppe untersucht.

Die ausgeführte 2x2x8-Varianzanalyse ergab zunächst für die Faktoren A und C (Faking, Selbstkonzeptbereiche) auf dem 1 Promille-Niveau gesicherte Haupteffekte, nicht dagegen für den Adressaten-Faktor B. Von den drei einfachen Wechselwirkungen der Faktoren auf die Selbstbeurteilungen war diejenige zwischen A und C ("Faking Good/Bad" x "Bereiche der Selbstdarstellung") auf dem 1 Promille-Niveau statistisch gesichert. Aus diesen Ergebnissen wurde der Schluß gezogen, daß sich zwar enorme Effekte der Instruktion und auch der unterschiedlichen Selbstdarstellungsbereiche zeigen, daß aber der Einfluß des Faktors "Adressat der Selbstdarstellung" auf der Ebene globaler Maßzahlen, die sich aus mehreren Ratingskalen zusammensetzen, nicht ausreichend sichtbar wird. Es wurden daher die einzelnen Selbsteinschätzungen getrennt analysiert, d.h., es wurden nunmehr sehr spezifische Bereiche der Selbstdarstellung betrachtet.

Bei dieser Analyse einzelner Selbstbeurteilungen ergab sich eine Reihe von Wechselwirkungseffekten der Faktoren A und B ("Faking Good/Bad" x "Adressat der Selbstdarstellung"), und zwar vornehmlich auf Skalen, die den Persönlichkeitsbereichen "Neurotizismus" und "Psychotizismus" entstammen. Interpretierbare Effekte ergaben sich

- für die Selbsteinschätzung "*tonangebend-zurückhaltend*" (unter der Selbstbeschönigungsinstruktion stellen sich die männlichen Personen gegenüber "Frauen" als zurückhaltender, unter der Selbstherabsetzungsinstruktion als tonangebender dar)

- für die Selbsteinschätzung "*konzentriert – unkonzentriert*" (unter "Faking Good" stellen sich die Personen gegenüber "Frauen" als unkonzentrierter, unter "Faking Bad" als konzentrierter dar)

- für die Selbsteinschätzung "*grausam – samariterhaft*" (bei Selbstbeschönigung stellt man sich gegenüber "Frauen" als eher grausam, bei Selbstherabsetzung als eher samariterhaft dar)

- für die Selbsteinschätzung "*sorglos – bedrückt*" (bei "Faking Good"/ "Frauen" eher bedrückt, bei "Faking Bad"/"Frauen" eher sorglos)

- für die Selbsteinschätzung "*robust – empfindlich*" (bei "Faking Good"/"Frauen" eher empfindlich, bei "Faking Bad"/"Frauen" eher robust)

- für die Selbsteinschätzung "*locker – pflichbewußt*" (bei "Faking Good"/"Frauen" eher locker, bei "Faking Bad"/"Frauen" eher pflichtbewußt)

- für die Selbsteinschätzung "*diszipliniert – nicht diszipliniert*" (bei der selbstbeschönigenden "Faking Good" – Instruktion stellen sich die Männer gegenüber "Frauen" als eher nicht diszipliniert, bei der Aufforderung zur Selbstherabsetzung als eher diszipliniert dar).

Die Art der Wechselwirkungseffekte hinsichtlich der beiden Merkmale "tonangebend vs. zurückhaltend" und "konzentriert vs. unkonzentriert" geht aus *Abbildung 10.1* und *Abbildung 10.2* hervor.

Die Ergebnisse zeigen, daß sich die Wirkung des Adressatenfaktors B auf der Ebene relativ allgemeiner Selbstdarstellungsbereiche, also auf Skalenebene zwar relativ schwach zeigt, daß sie aber in Form von Wechselwirkungen mit dem Faking – Faktor A auf der Ebene einzelner Selbsteinschätzungen sichtbar ist. In den aufgeführten, interpretierbaren Fällen stellen sich die männlichen Versuchspersonen bei gezielter Aufforderung zum Impression – Management (nämlich zur Selbstbeschönigung oder Selbstherabsetzung) als Persönlichkeit unterschiedlich dar, je nachdem, ob sie ihre Selbstbeurteilung gegenüber "Frauenforscherinnen" oder aber gegenüber "Selbstkonzeptforschern" abgeben.

Bei näherer Betrachtung dieser Selbstdarstellungen ergibt sich, daß es sich um weitgehend konsistente Impression – Management – Effekte handelt. Sie beziehen sich zudem bevorzugt auf ganz bestimmte Bereiche (außer "locker – pflichtbewußt" und "diszipliniert – nicht diszipliniert", die

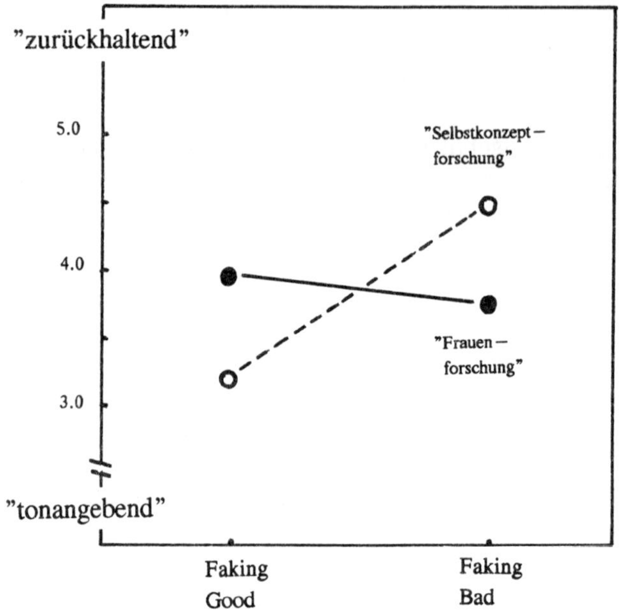

Abb. 10.1

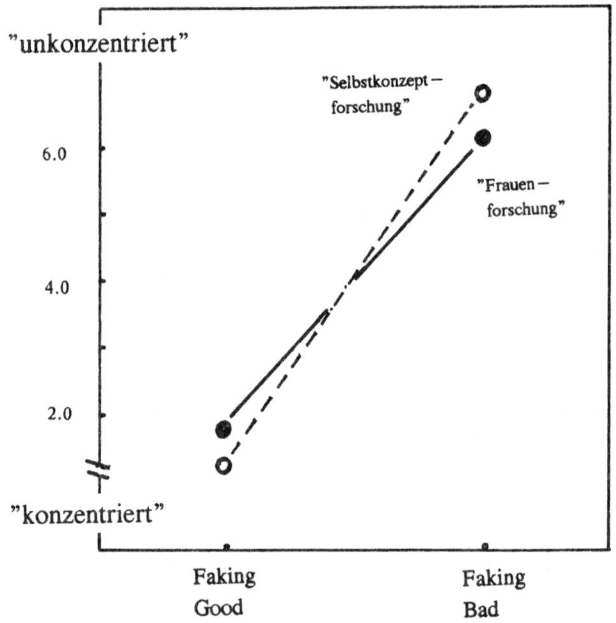

Abb. 10.2

Abb. 10.1 und 10.2 Mittlere Selbstbeschreibungen von 80 männlichen Personen hinsichtlich "zurückhaltend vs. tonangebend" und "unkonzentriert vs. konzentriert" gegenüber unterschiedlichen Adressaten unter den Bedingungen von Selbstbeschönigung (faking good) und Selbstherabsetzung (faking bad) zum Bereich "Disziplin" zu zählen sind, beziehen sie sich alle auf "Neurotizismus" und "Psychotizismus"). Die Art und Weise der zutage tretenden Selbstdarstellung besteht offensichtlich darin, daß männliche Personen dann, wenn sie erwarten müssen, daß ihre Daten einer "Forschungsgruppe Frauenbewegung" zugänglich gemacht werden, sich systematisch als in gewisser Weise *ungünstiger* darstellen. Vielleicht kann man auch sagen, daß sie sich als insgesamt weniger entsprechend typischen männlichen Geschlechtsstereotypen darstellen. Gerade im hier angewendeten Faking Good/Bad-Verfahren wird dies deutlich: Unter der Instruktion zur Selbstbeschönigung setzen sich die männlichen Personen gegenüber den "Frauenforscherinnen" herab, und unter der Instruktion, sich selbst herabzusetzen, bieten sie den vermeintlichen weiblichen Rezipienten ein verbessertes Selbstbild an.

Die von den untersuchten Männern unter der "Frauen"-Bedingung betriebene Impression-Management-Technik läßt sich auch in diesem Experiment als *Self-handicapping-Taktik*, also als eine betont defensive Taktik (*Tedeschi et al.*, 1985) charakterisieren. Die Versuchspersonen sehen es unter dieser Bedingung offensichtlich als sozial erwünscht an, zur Erzielung eines guten Eindrucks bestimmte Eigenschaften, die sie sich sonst zuschreiben, abzuschwächen. Es ist dies eine Abschwächung im wahrsten Sinne des Wortes, denn es geht darum, sich weniger Stärke, und mehr Schwäche zu attestieren. Man stellt sich als eher zurückhaltend und weniger tonangebend dar, als eher unkonzentriert, eher bedrückt und weniger sorglos, usw. Damit befinden sich die hier zutage geförderten Hinweise auf eine Art Self-handicapping-Taktik in Übereinstimmung mit dem, was wir in den oben berichteten Untersuchungen mit einer ganz andersartigen Methode der Datenerhebung gefunden haben.

Die hier angewendete Methode hat aber zugleich die Schwierigkeiten gezeigt, mit einem vorgegebenen, standardisierten Verfahren überhaupt Impression-Management-Effekte beträchtlichen Ausmaßes aufzudecken. Beispielsweise zeigte eine Inspektion der von den Versuchspersonen gelieferten Daten, daß manche Individuen Schwierigkeiten damit haben, sich selbst möglichst ungünstig darzustellen. Dies entspricht auch bisherigen, mit der Fragebogenmethode gefundenen Erkenntnissen: Es ist offensichtlich viel einfacher, sich vorübergehend bewußt als möglichst günstig und positiv darzustellen, als sich negativ zu präsentieren (*Mummendey*, 1987). Insgesamt gesehen handelt es sich bei der Faking-Methode jedoch, wie die Haupteffekte des Faktors A zeigen, um ein sehr zuverlässiges experimentelles Verfahren. Daß die Effekte des maßgeblichen Faktors B, also der Adressaten-Variablen, vergleichsweise schwach ausfallen, mag unter anderem auf die Prädominanz der beiden anderen Faktoren zurückgehen. So ist z.B. denkbar, daß die geforderte Einstellung oder

Umstellung der Versuchspersonen auf Selbstbeschönigung oder Selbstherabsetzung die Probanden davon ablenkt, auf die Adressaten der Selbstdarstellung zu achten. Auch die Menge der hier zu beantwortenden bzw. anzukreuzenden Skalen kann in diesem Sinne wirken. Wenn eine Versuchsperson keine vorgegebenen Schemata auszufüllen hat und "frei" schreiben kann, wird sie sich vermutlich stärker auf den Adressaten ihrer Selbstpräsentation konzentrieren können.

Impression – Management unter Bedingungen von "Privatheit" und Öffentlichkeit"

Nachdem sich sowohl bei freier Selbstbeschreibung als auch bei der Erfassung von Selbstbeschreibungen mit Selbsteinschätzungsskalen Hinweise auf bereichs- und adressatenspezifische Selbstdarstellungsphänomene ergeben haben, möchten wir in einem weiteren Experiment zu einer "realen", und nicht durch Instruktion künstlich beschönigten oder verschlechterten Selbstdarstellungsform zurückkehren. Dabei soll untersucht werden, welche Rolle bei der bereichs- und adressatenspezifischen Selbstpräsentation die Erwartung spielt, daß man seine Selbstbeurteilung unmittelbar und öffentlich an die vermeintlichen Adressaten richtet, daß man sein Selbstbild also im wahrsten Sinne des Wortes veröffentlicht und in Anwesenheit der Rezipienten dieser Selbstdarstellung vertritt. In den meisten Experimenten ist es ja so, daß die Personen oder die Instanz, an die sich solche Selbstbeschreibungen richten, gleichsam nur auf dem Papier stehen. Eine erweiterte Selbstpräsentation gegenüber Personen "aus Fleisch und Blut" müßte demgegenüber ein noch deutlicheres Selbstdarstellungsverhalten begünstigen.

Die Wirkung der Privat – Öffentlich – Variablen wurde experimentell untersucht, indem der entsprechende Bedingungsfaktor der Selbstdarstellung zusätzlich zu den Faktoren "Adressat" und "Bereiche der Selbstdarstellung" in den Versuchsplan (*Tabelle 10.2*) eingeführt wurde; er trat also an die Stelle des zuvor untersuchten "Faking Good/Bad" – Faktors. Ansonsten blieben die Merkmale der Untersuchung weitgehend unverändert.

Faktor A ("*Privat – Öffentlich*"): Unter der "*Privat*" – Bedingung wurden die Probanden einzeln untersucht, und es wurde im Kern der Instruktion darauf hingewiesen, daß alle Auswertungen *anonym* erfolgen würden. Unter der "*Öffentlich*" – Bedingung wurden die Probanden in Gruppen zu acht Personen in einem größeren Raum untersucht, und die Instruktionen enthielten die Formulierung: "Uns interessiert in dieser Gruppe, was für ein Bild jeder Anwesende von sich selbst hat. Wir möchten die einzelnen Selbstbilder untereinander diskutieren!" Der letzte Satz war deutlich unterstrichen. Die Probanden wurden gleichzeitig in den Versuchsraum

Tab. 10.2 Versuchsplan (2x2x8 – Design). Die Versuchspersonen beschreiben sich selbst entweder privat und anonym oder öffentlich gegenüber unterschiedlichen Adressaten bezüglich unterschiedlicher Persönlichkeitsbereiche

	Faktor A ("Privat/Öffentlich")			
	Private Selbstdarstellung		Öffentl. Selbstdarstellung	
Faktor B ("Adressat")	"Frauen – forschung"	"Selbstkon – zeptforschg"	"Frauen – forschung"	"Selbstkon – zeptforschg"
Faktor C ("Bereiche") "Leistungsfähigkeit" "Selbstsicherheit" .... "Neurotizismus" "Psychotizismus"				

geführt, in dem sich gut sichtbar ein Tonbandgerät befand. Die Instruktion enthielt ferner den Hinweis, daß im Anschluß an die Selbsteinschätzungen von jedem Teilnehmer eine zusammenfassende mündliche Selbstdarstellung mit eigenen Worten erwartet würde. (Am Ende der Sitzung wurde dann dieser Punkt aus Zeitgründen wieder abgesetzt.) Alle Untersuchungen wurden von zwei Versuchsleiterinnen vorgenommen.

Faktor B ("Adressat der Selbstdarstellung") wurde unverändert aus den zuvor berichteten Experimenten übernommen: Die Hälfte der männlichen Probanden antwortete gegenüber einer "Forschungsgruppe 'Frauenbewegung'", die andere Hälfte gegenüber einer "Forschungsgruppe 'Selbstkonzept'".

Faktor C ("Bereiche der Selbstdarstellung") wurde unverändert aus dem vorherigen Experiment übernommen: Es handelte sich um Selbsteinschätzungen auf insgesamt 92 siebenstufigen, bipolar verankerten, adjektivischen Ratingskalen; diese auf Item-Ebene sehr speziellen Eigenschafts-Bereiche konstituieren acht allgemeinere Bereiche mit der Bezeichnung "Leistungsfähigkeit", "Selbstsicherheit", "Flexibilität", "Soziale Kontaktfähigkeit", "Toleranz", "Disziplin", "Neurotizismus" und "Psychotizismus".

Untersucht wurden 100 männliche Studierende, die nach Zufall gleichmäßig auf die vier unabhängigen Bedingungskombinationen der beiden Faktoren A und B aufgeteilt wurden.

Bei der Analyse der einzelnen Selbstdarstellungsbereiche auf Skalenebene ergab sich ein signifikanter Einfluß des Faktors A ("Privat/Öffentlich") auf "Toleranz" (man stellt sich in der "Öffentlichkeit" toleranter dar als "privat") und ein ebensolcher Effekt des Faktors B ("Adressat der Selbstdarstellung") auf "Leistungsfähigkeit" (man stellt sich gegenüber "Frauen" als weniger leistungsfähig dar).

Zu interpretierbaren Wechselwirkungen zwischen den Faktoren "Privat-Öffentlich" und "Adressat der Selbstdarstellung" kommt es hinsichtlich "Toleranz" (in der "Öffentlichkeit" stellen sich die männlichen Personen gegenüber "Frauen" als toleranter, unter der "Privat"-Bedingung als weniger tolerant dar als gegenüber "Selbstkonzeptforschern") und hinsichtlich "Neurotizismus" (unter der "Öffentlich"-Bedingung" stellt man sich gegenüber "Frauen" als annähernd so psychisch stabil dar wie unter der Kontrollbedingung, während man sich unter der "Privat"-Bedingung "Frauen" gegenüber als "neurotizistischer" präsentiert).

Analysiert man nun die einzelnen adjektivischen Selbsteinschätzungen, betrachtet also die spezielleren Bereiche der Selbstdarstellung, so zeigen sich die erwarteten Wechselwirkungen zwischen den Faktoren A und B in den folgenden Fällen:

- in bezug auf die Selbsteinschätzung "*frei – abhängig*" (unter der "Öffentlich" – Bedingung stellen sich die männlichen Probanden gegenüber "Frauenforscherinnen" als vergleichsweise "freier", unter der "Privat" – Bedingung als vergleichsweise "abhängiger" dar; vgl. *Abbildung 10.3*)

- in bezug auf "*unsozial – sozial*" (unter der Bedingungskombination "Öffentlich"/"Frauen" stellt man sich als "sozialer", unter der Bedingungskombination "Privat"/"Frauen" als "unsozialer" im Vergleich zu den entsprechenden Kontrollbedingungen dar; vgl. *Abbildung 10.4*)

- in bezug auf "*passiv – aktiv*" (bei "Öffentlich"/"Frauen" präsentiert man sich als vergleichsweise "aktiver", bei "Privat"/"Frauen" als vergleichsweise "passiver"; vgl. *Abbildung 10.5*)

- in bezug auf das Neurotizismus – Merkmal "*gradlinig – ablenkbar*" (bei "Öffentlich"/"Frauen" beschreibt man sich als vergleichsweise "gradliniger", bei "Privat"/"Frauen" als vergleichsweise "ablenkbarer"; vgl. *Abbildung 10.6*)

- in bezug auf das Neurotizismus – Merkmal "*zufrieden – unzufrieden*" (unter der Bedingungskombination "Öffentlich"/"Frauen" stellen sich die männlichen Probanden als vergleichsweise eher "zufrieden", unter der Bedingungskombination "Privat"/"Frauen" als vergleichsweise eher "unzufrieden" dar; vgl. *Abbildung 10.7*)

Entsprechende Tendenzen von Wechselwirkungen, die fast die Grenze der Interpretierbarkeit erreichen, zeigen sich in bezug auf die Selbstbeurteilungen hinsichtlich der Merkmale "eigenständig – abhängig", "ehrgeizig – nachgiebig", "schlicht – intelligent" und "nervös – ruhig". In allen diesen Fällen stellen sich die männlichen Versuchspersonen unter der Bedingungskombination "Öffentlich"/"Frauen" als vergleichsweise günstiger bzw. positiver dar als unter der Bedingungskombination "Privat"/"Frauen", jeweils im Vergleich zu der entsprechenden Adressatenbedingung "Selbstkonzept".

Auffallend an den berichteten Ergebnissen ist nicht so sehr das Ausmaß der Selbstdarstellungseffekte. Wir sind es von den bisherigen Experimenten gewohnt, daß die hier demonstrierten Effekte insgesamt nicht drastisch oder spektakulär, sondern mäßig, aber auch konsistent auftreten. Eindeutige, überzufällige Effekte erscheinen häufiger auf Itemebene als auf Skalenebene. Auffallend ist jedoch, daß einige der gezeigten

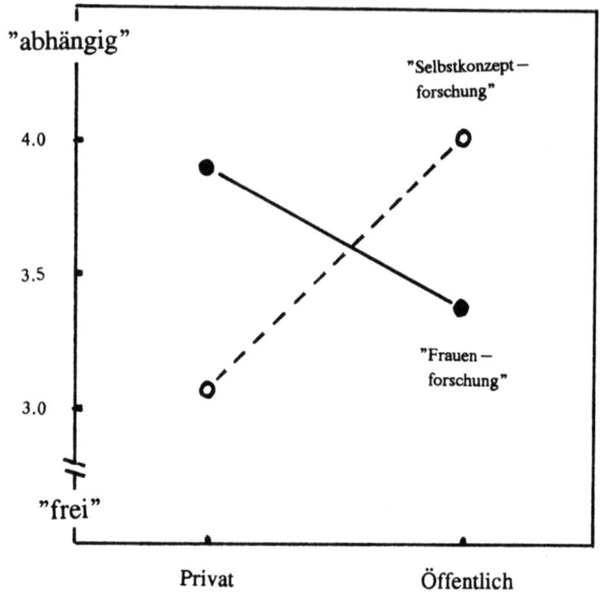

Abb. 10.3

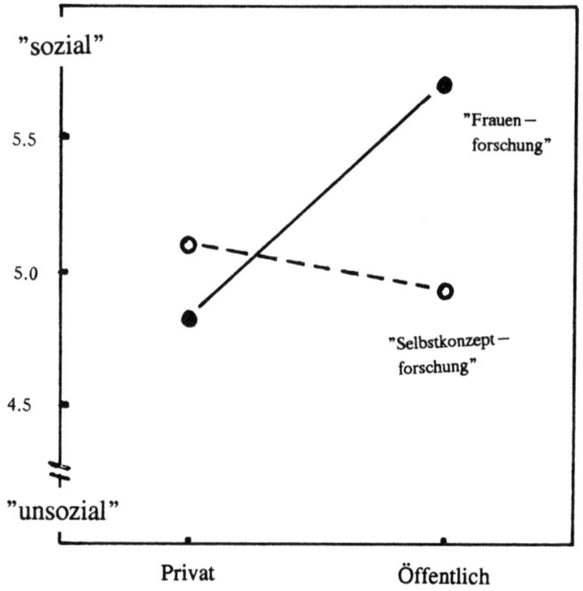

Abb. 10.4

Abb. 10.3 bis 10.7 Mittlere Selbstbeschreibungen von 100 männlichen Personen gegenüber unterschiedlichen Adressaten unter den Bedingungen von Privatheit und Öffentlichkeit

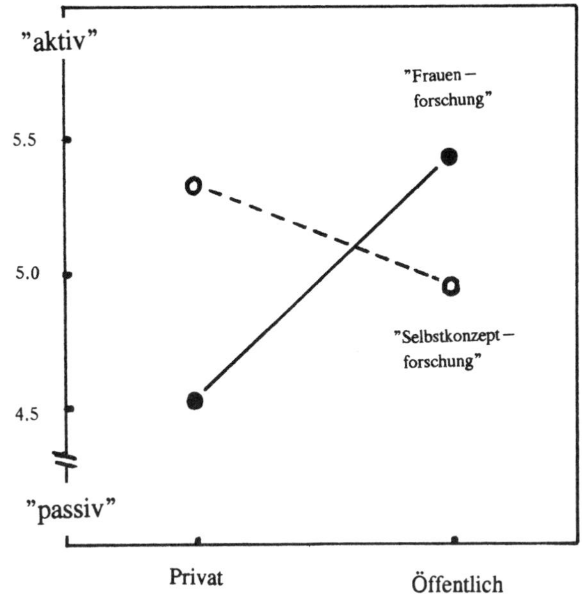

Abb. 10.5

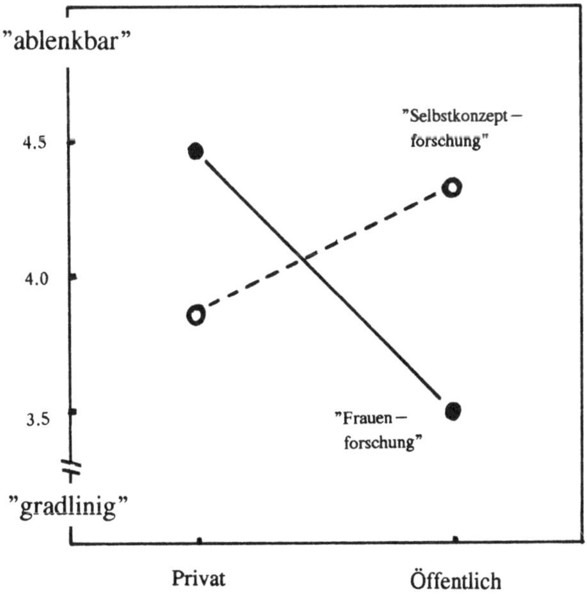

Abb. 10.6

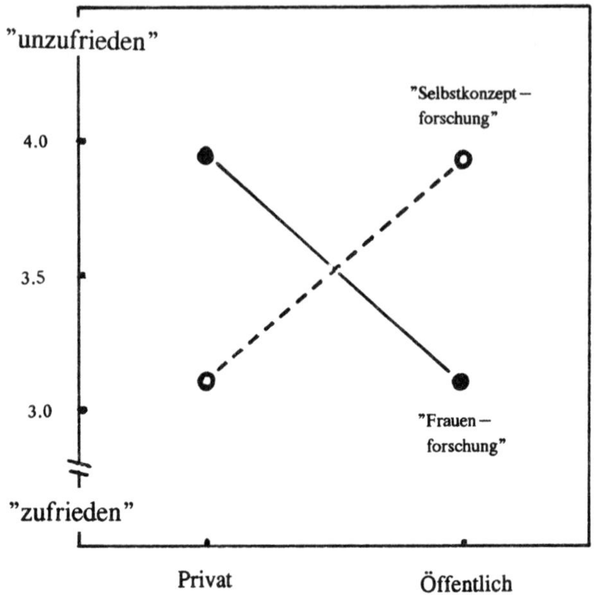

"unzufrieden"
"Selbstkonzept-
forschung"
4.0
3.5
3.0
"Frauen-
forschung"
"zufrieden"
Privat
Öffentlich

Abb.10.7

Impression-Management-Effekte unter den Bedingungen von uns hergestellter "Öffentlichkeit" versus "Privatheit" keineswegs in Richtung auf eine "Self-handicapping"-Taktik gegenüber der Instanz "Frauen" bzw. "Frauenforschung", sondern umgekehrt, in Richtung auf eine "Stärkung" traditioneller "männlicher" Eigenschaften interpretierbar sind. Die Männer stellen sich unter der "Öffentlich"-Bedingung gegenüber "Frauen", repräsentiert durch die "Forschungsgruppe Frauenbewegung" und die beiden Versuchsleiterinnen, keineswegs als negativer, ungünstiger oder schwächer, unintelligenter und empfindlicher dar, sondern sie schreiben sich unter diesen Bedingungen die entsprechend positiveren Merkmale zu. Abweichend von den bisherigen Untersuchungsergebnissen bemühen sich die Männer gegenüber "Frauen" unter der "Öffentlich"-Bedingung also nicht, sogenannte "typisch männliche" Eigenschaften zu verneinen und sich stattdessen eher als weich, empfindlich und weniger robust darzustellen. Betrachtet man die verbalen Pole der Ratingskalen mit eindeutigen Effekten, so stellen sich die Probanden als eher frei, sozial, aktiv, gradlinig und zufrieden dar. Dann, wenn offensichtlich kein besonderer Anlaß zum Impression-Management besteht, geben sie sich gegenüber den gleichen Rezipienten als eher abhängig, unsozial, passiv, ablenkbar und unzufrieden.

Um das hier zutage tretende Selbstdarstellungverhalten zu interpretieren, erscheint es sinnvoll, sich die konkrete Situation, in der sich die männlichen Versuchspersonen unter der "Öffentlich"-Bedingung, mit "Frauenforscherinnen" als Adressaten ihrer Selbstdarstellung, befinden, zu vergegenwärtigen. Zusammen mit sieben anderen männlichen Personen sollen sie diesen Frauen gegenüber eine Selbstbeschreibung abgeben. Es liegt nahe, anzunehmen, daß es hier zu einer Selbstdarstellung kommt, bei der sich die Männer als Gruppe von Männern gegenüber den Frauen darzustellen versuchen. In einer solchen Gruppe von Männern dürften dann traditionelle "männliche" Merkmale einen höheren Stellenwert besitzen als solche eines alternativen Männerbildes. Es ist also wahrscheinlich in diesem Sinne nicht so sehr zu einer individuellen Selbstdarstellung, sondern gewissermaßen zu einer *Selbstpräsentation als Gruppe* gekommen.

Einerseits ist es also in dem berichteten Experiment nur schwer möglich gewesen, eine "Öffentlichkeits"-Bedingung herzustellen, die sozusagen geschlechtsrollenneutral und völlig unabhängig von der Adressaten-Bedingung ausfällt. Auf der anderen Seite hat sich aber durch die auftretende Kombination von Adressaten- und Öffentlichkeitsmerkmalen eine besondere Untersuchungssituation ergeben. Sie hat zu einem Selbstdarstellungsverhalten geführt, das offensichtlich im Sinne spezifischer "situativer Identität" interpretierbar ist. Der *Adressat* in der vorliegenden Situation ist nicht mehr nur die "Frauenforschungsgruppe", sondern ein mindestens ebenso stark normsetzender Adressat ist die Gruppe der "Männer". Das Selbstdarstellungsverhalten kann dann als eine Resultante mindestens zweier Verhaltenstendenzen aufgefaßt werden: derjenigen, die durch den Normenkomplex "Frauen, Frauenbewegung, Frauenforschung", und derjenigen, die durch einen "männlichen" Normenkomplex bestimmt ist. Es hat den Anschein, als sei die situative männliche Identität in diesem Falle stärker gewesen als die durch die Adressaten aktualisierte situative weibliche Identität.

Impression – Management bei erwarteter "Wahrheitsprüfung"

Die bislang berichteten Experimente haben Hinweise auf Selbstdarstellungseffekte in Abhängigkeit vom Rezipienten der Selbstpräsentation und von dem jeweils angesprochenen Persönlichkeitsbereich gebracht. Zugleich ist deutlich geworden, daß solche Effekte nicht von dramatischer Größe sind. Die sich selbst darstellende Person, so ließ sich gerade im zuletzt besprochenen Fall zeigen, braucht ja auch ihre Selbstbeschreibung stets nur um ein Weniges in Richtung auf die in der jeweiligen Situation maßgeblichen normativen Anforderungen zu modifizieren, um sowohl der "eigenen" als auch der "situativen" Identität gerecht zu werden. Massive experimentelle Manipulationen wie z.B. die Methode der Abweichungsinstruktion (Faking Good/Bad) zeitigen zwar deutliche Verschiebungen des geäußerten Selbstbildes, aber ihre Wechselwirkungen, z.B. mit der Adressateninstanz auf die Selbstdarstellung als Persönlichkeit, bleiben stets in einem moderaten Rahmen.

In einem abschließenden Experiment soll nun nochmals zum Mittel einer nachdrücklichen Veränderung der Einstellung der Probanden beim Ausfüllen der Selbstbeschreibungsskalen gegriffen werden. Die Versuchspersonen sollen nun teilweise so eingestellt werden, daß sie meinen, Impression – Management sei in der betreffenden Situation nicht lohnend oder nicht angemessen, in jedem Falle nicht aussichtsreich. Die Hälfte der Personen wird also wie bisher in einer normalen Situation untersucht, in der wie in jeder anderen Testsituation auf Selbstbeschreibungsbögen geantwortet wird (*Paper – Pencil – Situation*). Die andere Hälfte der Personen soll dagegen in eine Situation gebracht werden, in der gewissermaßen mit "verschärften Regeln" gearbeitet wird: Durch simulierte physiologische Messungen während des Selbstbeurteilungsvorganges nimmt die antwortende Person an, daß ihre ganz ursprünglichen, natürlichen Regungen registriert würden und daher eine Modifikation ihrer Daten im Sinne von Impression – Management, also z.B. im Sinne von Selbstbeschönigung oder einseitiger Darstellung, entweder zwecklos oder aber unangemessen sei (*Bogus – Pipeline – Situation*). Diese durch Instruktion mögliche Veränderung der experimentellen Rahmensituation (vgl. zusammenfassend dazu *Brackwede*, 1980) hat in mehreren bereits in *Kapitel 8* berichteten Untersuchungen zur Reduktion von Impression-Management-Taktiken geführt. Sie wirkt oft ähnlich wie eine generelle Aufforderung, sich selbst kritisch zu beurteilen, also ähnlich wie eine Selbstherabsetzungsinstruktion, da man damit rechnen muß, daß die meisten Selbstdarstellungstaktiken auf irgendeine Form von Selbstbeschönigung hinauslaufen und die erwartete apparative Registrierung der "wahren" Regungen der eigenen Person somit vergleichsweise "ungünstige" Selbsteinschätzungen anregt.

Mittels dieses neuerlich in unsere Versuchsplanung eingeführten Instruktions-Faktors soll nochmals eine für Impression-Management günstige mit einer für Impression-Management ungünstigen Situationsbedingung bei der Untersuchung der Frage der adressaten- und bereichsspezifischen Selbstdarstellung verglichen werden. Der Faktor "Untersuchungssituation" tritt an die Stelle der bisher untersuchten Faktoren "Faking Good/Bad" bzw. "Privat/Öffentlich", so daß sich der in *Tabelle 10.3* aufgeführte Versuchsplan ergibt:

Faktor A ("Untersuchungssituation"): Unter der *"Bogus-Pipeline"*-Bedingung arbeiteten die Versuchspersonen an einem "Elektromyographen" und schätzten Werte, die dieses Gerät bezüglich der "ersten, unmittelbaren Gefühlsregungen bzw. Selbsteinschätzungen" liefern sollte. Die Versuchsanordnung ist schematisch in *Abbildung 10.8a* wiedergegeben, das experimentelle Vorgehen im Detail bei *Mummendey, Bolten* & *Isermann-Gerke* (1982) für die Apparatur "BPL-Alt" beschrieben. Unter der *"Paper-Pencil"*-Bedingung führten die Versuchspersonen alle Selbsteinschätzungen gemäß dem üblichen Papier-Bleistift-Verfahren aus (vgl. *Abbildung 10.8b*).

Faktor B ("Adressat der Selbstdarstellung"): Die Hälfte der Probanden wurde darüber informiert, daß die Untersuchung im Auftrag einer *"Frauenforschungsgruppe"* vorgenommen werde. Der Versuchsleiter machte "von vornherein darauf aufmerksam, daß wir diese Untersuchungen hier im Auftrag der Frauenforschung durchführen" und händigte den Versuchspersonen noch ein entsprechendes Blatt aus, das nach Inhalt und Jargon die gleichen Textpassagen wie in den entsprechenden Instruktionen der vorherigen Experimente enthielt. Die andere Hälfte erhielt keine solchen Zusatzinformationen, sondern nur den mündlichen Hinweis, daß es hier um *"Selbstkonzeptforschung"* ginge.

Faktor C ("Bereiche der Selbstdarstellung"): Wie im vorherigen Experiment wurden zur Selbstbeurteilung insgesamt 92 Eigenschaftspaare verwendet, die zugleich Items für die acht Skalen "Leistungsfähigkeit", "Selbstsicherheit", "Flexibilität", "Soziale Kontaktfähigkeit", "Toleranz", "Disziplin", "Neurotizismus" und "Psychotizismus" darstellten.

Tab. 10.3 Versuchsplan (2x2x8 – Design). Die Versuchspersonen beschreiben sich selbst entweder in einer Bogus – Pipeline – Situation (in der sie erwarten, daß ihre Reaktionen überprüft werden) oder in einer gewöhnlichen Papier – Bleistift – Situation gegenüber unterschiedlichen Adressaten bezüglich unterschiedlicher Persönlichkeitsbereiche

	Faktor A ("Untersuchungssituation")			
	Bogus – Pipeline		Paper – Pencil	
Faktor B ("Adressat")	"Frauen – forschung"	"Selbstkon – zeptforschg"	"Frauen – forschung"	"Selbstkon – zeptforschg"
Faktor C ("Bereiche")				
"Leistungsfähigkeit"				
"Selbstsicherheit"				
....				
....				
"Neurotizismus"				
"Psychotizismus"				

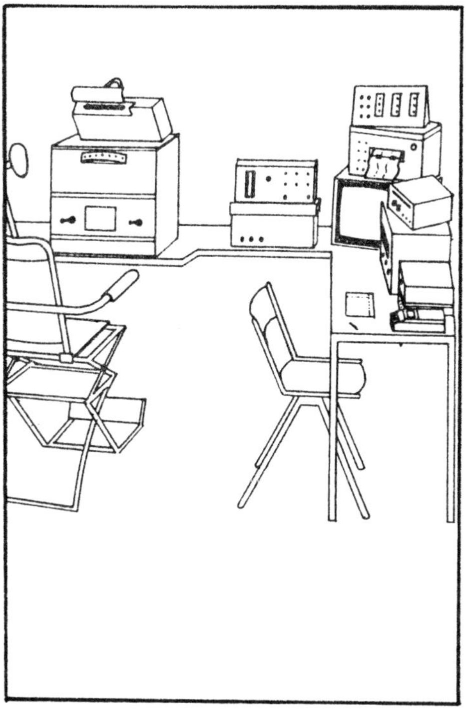

Abb. 10.8a Versuchsraum unter der Bogus-Pipeline-Bedingung

Abb. 10.8b Versuchsraum unter der Paper-Pencil-Bedingung

Untersucht wurden 100 männliche Studierende, die gleichmäßig und nach Zufall auf die vier unabhängigen Bedingungskombinationen (BPL/ "Frauen", BPL/"Selbstkonzept", Papier-Bleistift/"Frauen", Papier-Bleistift/"Selbstkonzept") aufgeteilt wurden.

Bei der Auswertung der Selbsteinschätzungen ergab sich zunächst mit $p = 0.07$ die Tendenz einer Wechselwirkung der Faktoren A und B ("Untersuchungssituation" x "Adressat der Selbstdarstellung") auf die Selbsteinschätzungen. Auf der Ebene der einzelnen Selbsteinschätzungsbereiche kommt es zu Wechselwirkungen gleicher Art in bezug auf "Flexibilität" und "Psychotizismus". Diese Tendenzen gehen dahin, daß sich die männlichen Probanden in der normalen Papier-Bleistift-Situation gegenüber den "Frauenforscherinnen" als "flexibler" darstellen, bei erwarteter "Wahrheitsüberprüfung" dagegen als weniger "flexibel"; ferner stellen sie sich unter der Paper-Pencil-Bedingung gegenüber "Frauen" als "psychotizistischer", unter der Bogus-Pipeline-Bedingung dagegen als weniger "psychotizistisch" dar (stets im Vergleich zu der Adressatenbedingung "Selbstkonzeptforschung").

Analysiert man in entsprechender Weise die einzelnen von den Probanden vorgenommenen Selbstbeurteilungen auf Item- bzw. Eigenschaftswortebene, so ergeben sich:

- signifikante Einflüsse des Faktors A ("Untersuchungssituation") auf die Selbstdarstellung hinsichtlich "gezwungen-natürlich", "kühl-freundlich", "abweisend-charmant" und "freundlich-feindselig"; bei erwarteter "Wahrheitsprüfung" stellen sich die männlichen Personen jeweils als ungünstiger ("gezwungener", "abweisender" usw.) dar

- signifikante Einflüsse des Faktors B ("Adressat der Selbstdarstellung") auf die Selbsteinschätzung bezüglich "ehrgeizig-nachgiebig", "ausgefallen-durchschnittlich", "angepaßt-unangepaßt" und "schlechtes Benehmen-gutes Benehmen"; die Probanden stellen sich, insgesamt gesehen, gegenüber den "Frauenforscherinnen" als vergleichsweise nachgiebiger, durchschnittlicher, angepaßter und sich "schlechter benehmend" dar

- signifikante Wechselwirkungen der beiden Faktoren "Untersuchungssituation" und "Adressat der Selbsteinstellung" auf die Selbstbeurteilungen "gezwungen-natürlich", "unveränderlich-erfinderisch", "ausgefallen-durchschnittlich", "schlechtes Benehmen-gutes Benehmen und "schüchtern-selbstsicher":

In der normalen Papier-Bleistift-Situation stellt man sich gegenüber "Frauen" als vergleichsweise "natürlicher" und "erfinderischer", in der Bogus-Pipeline-Situation dagegen als eher "gezwungen" und "unveränderlich" dar. Die Wechselwirkung in bezug auf "ausgefallen-durchschnittlich" geht vor allem auf die Situation mit zu erwartender "Wahrheitsprüfung" zurück; hier schätzt man sich gegenüber "Frauen" als vergleichsweise erheblich weniger "ausgefallen" ein. Stellt man sich unter normalen Paper-Pencil-Bedingungen gegenüber der Fraueninstanz noch als jemand dar, der "weniger gutes Benehmen" zeigt, als gegenüber der neutralen Instanz, so verschwindet dieser Unterschied weitgehend unter Bogus-Pipeline-Bedingungen. Schließlich stellen sich die Männer bei der normalen Selbsteinschätzung gegenüber "Frauen" als eher etwas "selbstsicherer" und weniger "schüchtern" dar, doch kehrt sich dieser Effekt um, wenn die Selbstdarstellungen am Bogus-Pipeline-Gerät abgegeben werden.

Die geschilderten Wechselwirkungen von Untersuchungssituation und erwartetem Adressaten der Selbstdarstellung auf die Selbstbeurteilungen als "unveränderlich-erfinderisch" und "schüchtern-selbstsicher" sind in *Abbildung 10.9* und *Abbildung 10.10* graphisch dargestellt.

Die Ergebnisse dieses Experiments scheinen zunächst zu bestätigen, daß die Instruktion, die gefühlsmäßig "echten", angeblich durch die Apparatur gemessenen Urteile zu schätzen ähnlich wirkt, wie eine Aufforderung zur (moderaten) Selbstherabsetzung. Die Versuchsanordnung selbst, daran besteht aufgrund von Nachbefragungen kein Zweifel, stellt sich als sehr überzeugend dar: Von 78% der Probanden wird sie als zu mehr als 25% zuverlässig, von 50% der Probanden als zu mehr als 50% zuverlässig eingeschätzt; 96% der untersuchten Personen gaben eindeutig zu erkennen, daß sie die tatsächliche Funktion dieser Versuchsbedingung, nämlich Impression-Management zu reduzieren, nicht durchschaut hatten, während man dies bei den restlichen Probanden vermuten darf.

Die allgemeine Tendenz, sich bei der Selbstbilderfassung an einem Gerät, das in der Lage zu sein scheint, die subjektiv abgegebenen Einschätzungen zu überprüfen, generell ungünstiger darzustellen, ist weitgehend unabhängig von der Instanz, an die die Selbstpräsentation gerichtet ist. Man kann sagen, daß die Situation hier eindeutig durch die Versuchsanordnung, und weniger durch die Adressaten, in deren Auftrag die Untersuchung stattfinden soll, geprägt ist. Demgemäß lassen sich die aufgezeigten Wechselwirkungen fast durchgängig so interpretieren, daß sich die männlichen Personen bei weiblichen Rezipienten normalerweise als positiver oder geradezu als "interessanter" präsentieren als bei neutralen Rezipienten. Unter "verschärftem Wahrheitsdruck" beurteilt man sich gegenüber der "Fraueninstanz" jedoch durchgängig als ungünstiger.

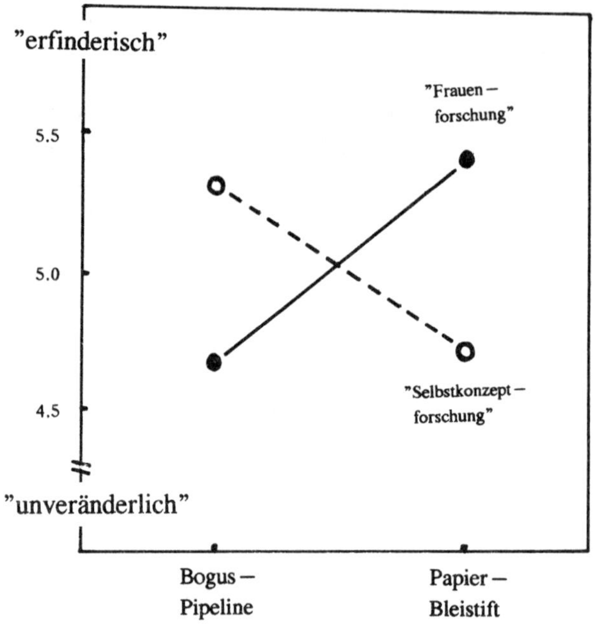

Abb.10.9

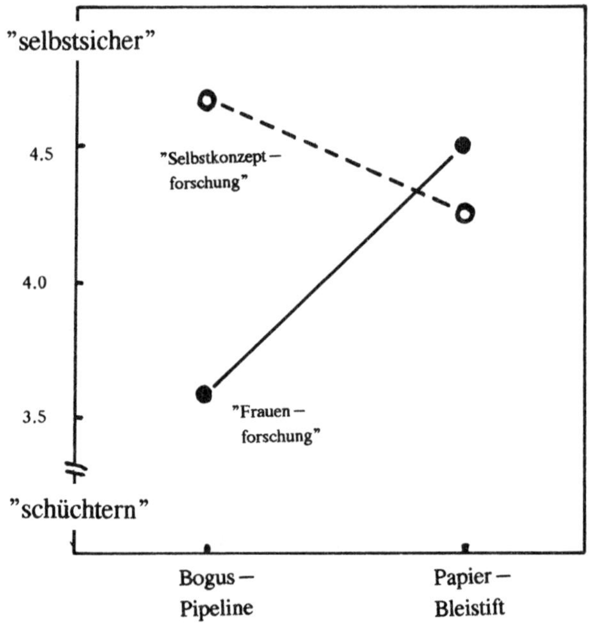

Abb.10.10

Abb. 10.9 und 10.10 Mittlere Selbstbeschreibungen von 100 männlichen Personen gegenüber unterschiedlichen Adressaten bei erwarteter Überprüfung (Bogus – Pipeline) und unter normalen Untersuchungsbedingungen (Papier – Bleistift)

Dennoch fallen die abzusichernden Selbstdarstellungseffekte in diesem Experiment nicht deutlicher aus als in den Experimenten mit andersartigen von uns angewendeten Verfahren zur Förderung oder Reduzierung von Impression – Management. Zu massiver Selbstpräsentation kommt es nicht immer, sondern manchmal. Einerseits bestätigt dieser Befund unsere Vermutung, Selbstdarstellungseffekte seien stark bereichsspezifisch. Auf der anderen Seite erscheint es als überraschend, wie klein bzw. spezifisch einzelne Bereiche gewählt werden müssen, ehe sich ganz eindeutige Selbstdarstellungseffekte zeigen. Man sollte dabei vielleicht bedenken, daß auch die einzelnen *Eigenschafts*beurteilungen auf der Itemebene immer noch Beurteilungen auf einem recht allgemeinen, abstrakten Niveau der Persönlichkeitsbeschreibung sind, auf einem Niveau also, auf dem es vermutlich schwieriger ist, Impression – Management entweder (von seiten des agierenden Individuums) zu treiben, oder (von seiten des Forschers) mit konventionellen Meßmethoden nachzuweisen, als wenn man spezifische, konkrete *Verhaltensweisen* betrachtet hätte. Im gleichen Sinne ist zu bedenken, daß die herangezogenen Selbsteinschätzungsskalen so konstruiert sind, daß sie gegenüber situativen Reaktionsschwankungen möglichst unempfindlich sind. Demgemäß sollte auf den "konservativen" Charakter unseres Vorgehens hingewiesen werden.

Gemessen an diesen methodologischen Problemen zeigt sich in allen hier berichteten Untersuchungen doch ein geschlossenes Bild: Individuen bemühen sich – je nach der Art der Personen oder Gruppen, an die sich ihre Selbstpräsentation richtet, hinsichtlich unterschiedlicher Bereiche ihrer Person – Impression – Management zu betreiben, das den durch die Art dieser Adressaten bzw. den Charakter der Gesamtsituation aktualisierten sozialen Normen Rechnung trägt.

Kapitel 11

Die Erwartung des Individuums, sich wirkungsvoll darstellen zu können

Selbstdarstellung, so haben wir gesehen, ist stets Selbstdarstellung in sozialen Situationen. Daß sich Individuen in sozialen Situationen teilweise recht unterschiedlich verhalten, ist eine selbstverständliche Grundlage und ein immer wieder bestätigtes Ergebnis sozialpsychologischer Forschung. Eine Reihe von Bedingungen für solch unterschiedliches Selbstdarstellungsverhalten haben wir in den vorangehenden Kapiteln beschrieben und zum Teil experimentell untersucht. Es sind dies meist situationsspezifische, d.h., in einer bestimmten Situation (räumlich, zeitlich, sozial umschriebener Art) wirksame Bedingungen, zumeist also von "außen" kommende Bedingungen, die Art und Ausmaß der Selbstpräsentation von Individuen bestimmen.

Selbstdarstellungsverhalten ist sicherlich etwas, das nicht jedem Individuum im gleichem Maße "liegt", nicht jeder Person in gleicher Weise leicht fällt, das nicht jeder gleich gut beherrscht. Dies mag schon aus den teilweise enormen Unterschieden hervorgehen, die zwischen professionellen Schauspielern und nichtprofessionellen Akteuren bestehen, wenn es darum geht, sich vorübergehend als eine ganz bestimmte Art von Person bzw. in einer ganz spezifischen Rolle zu präsentieren. Das Bewältigen, das tatsächliche Ausführen einer Verhaltensweise (die "performance" auch im ganz und gar nicht aktionskünstlerischen, sondern alltäglichen Sinne) hängt von einer Reihe von Merkmalen oder Bedingungsfaktoren ab, die keineswegs nur in einer sozialen Situation entstehen oder nur durch bestimmte Aspekte einer solchen Situation bedingt oder hervorgerufen sind. Das Ausführen einer Verhaltensweise hängt immer auch von individuellen Eigenarten der ausführenden Person ab, seien dies nun "Fähigkeiten" oder gewohnheitsmäßig zutage tretende Leistungen unterschiedlichen Niveaus, oder seien dies z.B. förderliche oder hinderliche Kognitionen, die bei dem einen üblicherweise stärker, und bei dem anderen weniger stark wirksam werden.

Wir wollen uns im vorliegenden letzten Kapitel mit solchen individuellen, *interindividuell unterschiedlichen Kognitionen* beschäftigen, die die Verhaltensausführung, und das heißt in unserem Falle, die Selbstpräsentation in sozialen Situationen fördern können. Wir wählen aus den vielfältigen Möglichkeiten, die sich hier grundsätzlich bieten (denn sicherlich gibt es kaum etwas, das *nicht* Gegenstand von Kognitionen sein kann), *die individuelle Erwartung, sich tatsächlich wirksam selbst darstellen zu können.*

Wenn Selbstdarstellung etwas ist, das nicht jeder Mensch in gleichem Maße wirksam ausführen oder bewältigen kann, wenn Selbstpräsentation also unter anderem auch Leistungsaspekte besitzt, dann könnte es lohnend sein, individuelle Unterschiede hinsichtlich bestimmter Merkmale zu untersuchen, die eine solche "Leistung" fördern oder beeinträchtigen. Die Erwartung, sich selbst in einer bestimmten sozialen Situation in wirksamer Weise darzustellen, ist vermutlich ein Merkmal dieser Art. Leider haben es unsere Forschungsmöglichkeiten bislang nicht erlaubt, das Zusammenwirken solcher Erwartungen mit weiteren der Selbstdarstellung günstigen oder ungünstigen Bedingungsfaktoren bereits systematisch zu untersuchen. Eine wichtige Voraussetzung eines solchen Untersuchungsprogramms ist die Erfaßbarkeit, die Meßbarkeit von Erwartungen auf wirksame Selbstdarstellung. Daher soll im vorliegenden Kapitel vor allem über die Entwicklung eines Verfahrens zur Messung von Selbst-Wirksamkeits-Erwartungen der Selbstdarstellung in sozialen Situationen berichtet werden.

Selbst-Wirksamkeits-Erwartungen und soziales Verhalten

In seiner Selbst-Wirksamkeits-Theorie (self-efficacy theory) hat *Bandura* (1977) versucht, Verhaltensänderungen unter Rückgriffe auf kognitive Prozesse wie denjenigen der Erwartung oder Vorhersage der Wirksamkeit eigenen Verhaltens zu analysieren und zu erklären, ohne hierzu immer wieder herangezogene, populäre Motivationskonzepte zu bemühen. Die subjektive Wahrscheinlichkeit, die ein Individuum hinsichtlich der Möglichkeit, ein Verhalten ausführen zu können, äußert, ist unter Umständen ein guter Prädiktor für das Auftreten dieser Verhaltensweise. In der Theorie unterscheidet *Bandura* zwischen Wirksamkeits- und Ergebniserwartung. Beide werden als unabhängig voneinander aufgefaßt, denn eine Verhaltensweise muß nicht unbedingt auftreten, auch wenn man relativ sicher zu sein glaubt, welches Verhaltensergebnis man dadurch erzielen kann. Es ist ebenfalls wichtig, ob das Verhaltensergebnis überhaupt erwünscht ist, und inwieweit man sich das Verhalten zutraut. *Maddux, Norton* & *Leary* (1988) halten die Verhaltens-Ergebnis-Erwartung und die Selbst-Wirksamkeits-Erwartung für eher voneinander abhängig. Auch *Mielke* (mündliche Mitteilung) sieht Ergebnis-Erwartungen als *Voraussetzung* für Wirksamkeits-Erwartungen an. In bezug auf eine Selbstpräsentationssituation sei es zunächst notwendig, zu wissen, welche Verhaltensweisen geeignet sind, einen bestimmten Eindruck beim Interaktionspartner zu hinterlassen; die Frage nach der Wirksamkeits-Erwartung sei die *umfassendere* Frage, denn sie enthalte immer schon die Frage nach den geeigneten Verhaltensweisen, da sie sich auf die subjektive Einschätzung der Ausführungsmöglichkeiten dieser Verhaltensweisen beziehe.

Die Theorie der Selbst-Wirksamkeits-Erwartung ist als allgemein-psychologische Theorie bislang sowohl in der Grundlagenforschung als auch in Bereichen angewandter Psychologie (Klinischer, Pädagogischer, Sportpsychologie) erfolgreich untersucht worden (vgl. *Mielke*, 1984). Experimente zur Selbst-Wirksamkeit *sozialen* Verhaltens liegen beispielsweise von *Kazdin* (1979) zur Ausführung eines Rollenspiels, von *Berg* & *Zimmer* (1981) zur sozialen Ängstlichkeit und von *Mielke* (1986) zum freien Sprechen vor Publikum und zum Durchsetzungsverhalten in der verbalen Interaktion vor. Diese Untersuchungen belegen im Großen und Ganzen, daß auch Verhaltensänderungen komplexer sozialpsychologischer Art durch Selbst-Wirksamkeits-Erwartungen vermittelt sein können. Sie erwecken zugleich den Eindruck, daß es schwieriger sei, Fragestellungen des sozialen Interaktionsverhaltens als solche enger umschreibbaren Leistungsverhaltens mit der Selbst-Wirksamkeits-Theorie zu bearbeiten. Es hat den Anschein, als läge dies an der Komplexität sozialer Situationen, verglichen mit derjenigen von Situationen, in denen man z.B. eine neurotische Abneigung (Flugangst, Schlangenfurcht etc.) überwinden oder eine überschaubare mathematische oder sportliche Leistung ausführen soll.

Was eine soziale Situation wie z.B. das Sprechen vor einem Publikum so "komplex" macht, sind vermutlich Unbestimmtheiten und Unwägbarkeiten, die mit der Art der beteiligten anderen Personen, also der Interaktionspartner, und ihren Reaktionen zusammenhängen. Auch im Rahmen eines gut geplanten Experiments wird es selten möglich sein, die konkrete soziale Situation, in die das Individuum (später) tatsächlich kommt und in der es das kritische Verhalten ausführen soll, im vorhinein ganz genau zu bezeichnen und einer Versuchsperson zu verdeutlichen. Würde man, um eine möglichst wirksame Vorhersage des eigenen Verhaltens zu erreichen, diese "sozialen Stimuli" so weit einschränken, daß man sie genau definieren kann, so gewänne man vielleicht an Vorhersagbarkeit des Verhaltens durch Selbst-Wirksamkeits-Erwartungen, aber die so gewonnenen Ergebnisse wären vermutlich nur in eingeschränktem Maße auf außerexperimentelle Situationen übertragbar. Untersucht man aber möglichst "lebensnahe" soziale Situationen, so muß man mit einer eingeschränkten Varianzaufklärung des Verhaltens durch kognitive Variablen wie Selbst-Wirksamkeits-Erwartungen rechnen.

Was eine Person im vorgegebenen Zusammenhang kognitiv leisten kann, ist, eine relativ allgemein gehaltene Vorhersage darüber abzugeben, wie sie sich in einer sozusagen prototypischen Situation verhalten würde. Das Individuum weiß z.B. "ganz allgemein", daß man, um einen guten

Eindruck bei einem Publikum zu machen, nicht stottern oder rot werden darf, daß man freundlich wirken muß oder daß man den Zuhörern nicht Angst einflößen soll. Solche Ergebnis-Erwartungen sind mit der ebenfalls "ganz allgemeinen" Überlegung verknüpft, ob jemand wie ich, der ich doch schon beim Lösen einer Fahrkarte oder beim Fragen nach dem Weg leicht rot werde und mich sprachlich verhaspele, vor einer Gruppe von zehn bis zwölf Personen bestehen und mich erfolgreich als Kandidat für einen bestimmten Posten präsentieren kann. Zwar wird man die Vorhersagekraft einer solchen Selbsteinschätzung womöglich noch ein bißchen steigern können, wenn man spezifiziert, daß es sich bei den Zuhörern entweder um Senioren in einem Volkshochschulkurs oder um Universitätsprofessoren handelt oder daß es dabei um eine Kandidatur als Kassenwart in einer Vereinigung oder um die Bewerbung um eine dauerhafte Anstellung handelt usw. Aber in jedem Falle erfaßt man mit der Frage, in welchem Maße es eine Person sich zutraut, ein bestimmtes Selbstdarstellungsverhalten in einer so oder so gearteten Situation zu zeigen, die Selbstbeurteilung einer relativ allgemeinen, vielleicht geradezu gewohnheitsmäßigen Verhaltenstendenz.

Diese Überlegungen zum Charakter von Selbst-Wirksamkeits-Erwartungen in bezug auf komplexe soziale Situationen wie z.B. gegenüber einem Publikum Selbstdarstellung zu betreiben, mögen zeigen, daß man bei der Selbst-Wirksamkeits-Vorhersage zwar scheinbar ausschließlich Situationseinschätzungen produziert, vermutlich aber in erheblichem Maße mehr oder weniger *habituelle*, von Individuum zu Individuum in charakteristischer Weise variierende Selbstbeurteilungen abgibt. Solche Selbsteinschätzungen unterscheiden sich nicht wesentlich von denjenigen, die man bei der *Persönlichkeits*erfassung erhält. Die scheinbare situationsspezifische Verhaltensvorhersage kann, angesichts des schwer faßbaren Charakters der sozialen Situation selbst, zu einer Aussage über die eigene Persönlichkeit werden. Anders formuliert, Selbst-Wirksamkeits-Erwartungen von komplexen sozialen Verhaltensweisen wie Selbstpräsentation können mehr oder weniger gewohnheitsmäßige, persönlichkeitsspezifische Erwartungen eines Individuums, sich wirkungsvoll darstellen zu können, ausdrücken.

Ein Fragebogen zur Wirksamkeit der Selbstdarstellung in sozialen Situationen

Um solche mehr oder weniger überdauernden Selbst-Wirksamkeits-Erwartungen bezüglich der Selbstdarstellung in sozialen Situationen erfaßbar und damit individuelle Unterschiede meßbar zu machen, wurde im Arbeitskreis des Verfassers ein entsprechendes Meßinstrument konstruiert. Es sollte sich um einen *Fragebogen* bzw. ein Persönlichkeitsinventar handeln, das mehrere unterschiedliche Bereiche oder Situationen, in denen man sich selbst gegenüber anderen gewöhnlich präsentiert, berücksichtigt. Im deutschsprachigen Raum gab es zum Zeitpunkt der Fragebogenkonstruktion bereits die teilweise unveröffentlichten Selbst-Wirksamkeits-Fragebögen von *Schwarzer* (1986) und *Filipp* (1988), die sich jedoch auf Selbst-Wirksamkeit ganz allgemein oder, wie im ersteren Falle, auf schulische oder studiumspezifische Leistungen beziehen. Demgegenüber ging es uns hier um den Verhaltensbereich "Selbstdarstellung" im Sinne von Impression-Management.

Konstruktion des Meßinstruments. Von einem vierköpfigen Team wurden nach den bekannten Kriterien für die *Formulierung* von Fragebogenitems (z.B. Eindeutigkeit, Kürze, Vermeidung doppelter Verneinung) insgesamt 53 Items formuliert, die sich verschiedenen Kategorien oder Bereichen ("beruflich-universitär", "persönlich-privat" und "öffentlich") zuordnen ließen. Es wurden möglichst Formulierungen vermieden, in denen absichtliche Täuschung oder direkte Verstellung zum Ausdruck kommen könnte. So wurde z.B. die Feststellung

> "Ich glaube, ich kann Frauen den Eindruck einer selbstsicheren und überlegenen Person vorspielen"

aufgegeben zugunsten der Formulierung

> "Ich glaube, daß ich auf Frauen selbstsicher und überlegen wirken kann".

Die in den Items angesprochenen Situationen sollten ein gewisses Ausmaß an Kontrolle der eigenen Selbstpräsentation als sozial angemessen und akzeptabel erscheinen lassen.

Jedes Item sollte von dem Team in bezug auf das Ausmaß der Wirksamkeit von Selbstdarstellung auf einer Vier-Punkte-Skala von −2 bis +2 eingeschätzt werden; danach sollte sowohl eine gewisse Breite von Item-"Schwierigkeitsgraden" als auch eine Ausgewogenheit von positiv und negativ formulierten Items hergestellt werden. Es wurden 43 Items für die folgende empirische Überprüfung des Fragebogens ausgewählt.

Bei dieser Überprüfung wurden den Items des Fragebogens vier sog. Eisbrecher-Items vorangestellt, und die gesamte Liste wurde 102 männlichen Studenten zur Beantwortung mit den Alternativen "Stimmt" und "Stimmt nicht" vorgelegt. Die *Reliabilität* des Fragebogens mit sämtlichen

43 Items lag mit 0.79 (Kuder-Richardson-Formel 20) bereits ausreichend hoch. Da die Trennschärfeanalyse für sechs Items nur Koeffizienten um 0.10 ergab, wurden diese Items eliminiert. Es handelte sich um die folgenden Feststellungen:

> "Ich weiß sehr wohl mich abweisend und hochnäsig zu geben, um jemanden loszuwerden" (42)
>
> "Manchmal falle ich gegen meinen Willen in der Öffentlichkeit auf" (43)
>
> "In Situationen, die dies erfordern, bewahre ich äußerlich die Ruhe, auch wenn ich vor Wut schreien möchte" (44)
>
> "Es gelingt mir einfach nicht, gute Miene zum bösen Spiel zu machen" (45)
>
> "Es fällt mir schwer, die Rolle des Gekränkten lange durchzuhalten" (46)
>
> "Im Wartezimmer des Zahnarztes kann ich meine ängstliche Aufregung leicht durch eine betont entspannte Haltung überspielen" (47).

Die Reliabilität der um diese sechs Items verkürzten Fragebogenversion erwies sich als leicht erhöht (0.82).

Obgleich der Fragebogenkonstruktion bei der Itemsammlung noch keine theoretischen Überlegungen zu einer möglichen *Unterstruktur* zugrundelagen, wurden mittels Faktorenanalyse mögliche innere Differenzierungen des Fragebogens erkundet. Es zeigte sich, daß am ehesten eine Drei-Faktorenlösung zu einer interpretierbaren Einteilung der Items führen würde. 33 der 37 Items zeigten nach der Varimax-Rotation Faktorladungen größer als 0.30 auf mindestens einem der drei Faktoren. Um möglichst eindeutige und voneinander unabhängige *Unterskalen* zu gewinnen, wurden die Items jeweils denjenigen Faktoren zugeordnet, mit denen sie am höchsten korrelieren. Die drei derart gebildeten Unterskalen enthalten 12, 10 und 11 Items und besitzen interne Konsistenzwerte, die zwar deutlich unterhalb der Konsistenz der Gesamtskala, jedoch mit Werten um bzw. deutlich über 0.70 zufriedenstellend hoch liegen. Die Interkorrelationen der drei Skalen liegen nur um 0.30, so daß man sagen kann, daß jeweils unterschiedliche Aspekte der erwarteten Wirksamkeit der Selbstdarstellung erfaßt werden, die sich insgesamt zu einem homogenen Fragebogen ergänzen.

In *Tabelle 11.1* sind alle Items im Wortlaut, mit ihrer Zuordnung zu den drei Faktoren, ihren entsprechenden Ladungskoeffizienten und den laufenden Nummern in bezug auf den Gesamtfragebogen aufgeführt.

Die *Interpretation der drei Unterskalen* des Meßinstruments erschien auf den ersten Blick nicht ganz leicht. Wir entschieden uns schließlich für eine Unterscheidung der angesprochenen Arten von Selbstdarstellung nach deren *Funktion für das Individuum*: Die in den Items repräsentierten Ziele des Selbstpräsentationsverhaltens lassen sich eventuell eher *emotionalen* oder *intellektuellen* oder *materiellen* Bereichen zuordnen.

Faktor 1 repräsentiert Aussagen zur Einschätzung der Selbstwirksamkeit, sich *emotionale Zuwendung* (z.B. Sympathie, Bewunderung, Interesse) zu verschaffen. Typische Beispiele hierfür wären die Items 39 und 21:

> "Manchmal kann ich in voller Absicht Menschen dazu bewegen, mich zu bewundern"

> "Nie kann ich auf Anhieb sympathische Personen von mir überzeugen".

Schwierigkeiten der Zuordnung ergeben sich mit Item 25; konsequenterweise korreliert dieses Item auch mit dem dritten Faktor ausreichend hoch.

Faktor 2 bezieht sich auf Selbstdarstellungen, die auf eine *intellektuelle Anerkennung* durch andere zielen. Hier sind Situationen angesprochen, die eine Beurteilung der fachlichen oder beruflichen Kompetenz des Individuums und eine Einschätzung ihrer Klugheit und Bildung erlauben. Hierfür typisch sind die Items 34 und 22:

> "In Seminaren kann Ich so auftreten, daß mich die anderen für einen klugen Kopf halten"

> "In Diskussionen kann ich nicht nur durch mein Wissen, sondern auch durch mein Auftreten imponieren".

Faktor 3 repräsentiert Feststellungen, in denen es um die Wirksamkeit der Darstellung von Eigenschaften geht, die für die Erreichung verschiedener materieller Ziele, wie z.B. einen Job oder eine Wohnung zu bekommen, dienlich sein können. Typischerweise beziehen sich Items auf Vorstellungssituationen im weiteren und engeren Sinne, wie z.B. bei den Items 27 und 32:

Tab. 11.1 Items des endgültigen Fragebogens der Selbst-Wirksamkeits-Erwartung der Selbstdarstellung, entsprechend ihrer Zuordnung zu den drei Faktoren, mit Ladungsziffern

	Faktor 1	
25.	In vielen Situationen kann ich meine guten Seiten herausstreichen.	.65
19.	Ich schaffe es, bei Reisebekanntschaften einen interessanten Eindruck zu hinterlassen.	.58
39.	Manchmal kann ich in voller Absicht Menschen dazu bewegen, mich zu bewundern.	.56
17.	Ich bin der Überzeugung, Menschen verblüffen zu können.	.55
8.	Ich kann durch mein Schmollen erreichen, daß sich Menschen reuig wieder auf mich zu bewegen.	.55
21.	Nie kann ich auf Anhieb sympathische Personen von mir überzeugen.	.51
37.	Bei einem wichtigen, aber langweiligen Gegenüber gelingt es mir, einen interessierten Eindruck zu hinterlassen.	.46
6.	Ich bin überzeugt davon, daß ich auf Frauen selbstsicher und überlegen wirken kann.	.45
15.	Ich bin ziemlich schnell in der Lage, bei einer mir wichtigen Person Sympathie zu wecken.	.44
35.	Verkäufer(inne)n gegenüber kann ich als interessierter Kunde erscheinen, selbst wenn ich nicht die Absicht habe etwas zu kaufen.	.43
24.	Wenn ich will, kann ich auf andere Menschen lustig wirken.	.37
28.	Es ist möglich, daß ich auf Frauen anfänglich anders wirke als ich beabsichtige.	.35
	Faktor 2	
34.	In Seminaren kann ich so auftreten, daß mich die anderen für einen klugen Kopf halten.	.66
16.	Als Teilnehmer an einer Podiumsdiskussion würde ich keine gute Figur abgeben.	.61
22.	In Diskussionen kann ich nicht nur durch mein Wissen, sondern auch durch mein Auftreten imponieren.	.59
40.	Ich könnte mir vorstellen, daß ich bei einem Fernsehinterview völlig verwirrt wäre, obwohl ich zu dem Thema etwas zu sagen hätte.	.52
14.	Ich kann sehr schlecht über Dinge reden, von denen ich nur sehr wenig verstehe.	.50
26.	Ich bin überzeugt, ich würde in Fernsehsendungen einen weniger peinlichen Eindruck als die meisten anderen machen.	.50
38.	Ich kann bei vielen Themen mitreden, auch wenn ich keine Ahnung habe.	.50
33.	Ich könnte mir vorstellen, bei mündlichen Prüfungen durch mein Auftreten das Ergebnis mit zu beeinflussen.	.46
11.	In der Rolle des Alleinunterhalters aufzutreten, kann ich mir kaum vorstellen, selbst wenn ich es wollte.	.46
31.	Bei Seminar-Diskussionen gebe ich oft eine unglückliche Figur ab.	.41
	Faktor 3	
27.	Es ist wahrscheinlich, daß ich in Vorstellungsgesprächen nicht das erreiche, was ich will.	.60
30.	Ehrgeizig und leistungsfähig zu erscheinen, würde mir in Bewerbungsgesprächen keine Schwierigkeiten bereiten.	.55
10.	Bei öffentlichen Anlässen kann ich mich immer angemessen verhalten.	.54
32.	Ich bin davon überzeugt, daß ich bei einem Vorstellungsgespräch für eine Wohnung einen seriösen und zuverlässigen Eindruck hinterlassen kann.	.50
18.	Ich kann, wenn es darauf ankommt, taktisch klug handeln.	.49
7.	Wenn ich mich hart und durchsetzungsfähig zeigen will, so ist das selten überzeugend.	.48
20.	Einer meiner Vorteile ist, mich immer gut verständlich machen zu können.	.44
13.	Ich habe sehr häufig das Gefühl, mißverstanden zu werden.	.44
36.	Ich kann mir vorstellen, lustig wirken zu wollen, und damit keinen Erfolg zu haben.	.40
12.	Bei Auseinandersetzungen kann ich sowohl verbindlich als auch unerbittlich sein.	.34
29.	Ich kann mich weniger gut verstellen als die meisten anderen.	.31

"Es ist wahrscheinlich, daß ich in Vorstellungsgesprächen nicht das erreiche, was ich will"

"Ich bin davon überzeugt, daß ich bei einem Vorstellungsgespräch für eine Wohnung einen seriösen und zuverlässigen Eindruck hinterlassen kann".

Allerdings beziehen sich mehrere dieser Items auf keine konkreten Ziele, sondern bleiben allgemein, wie z.B. Item 18 und 12:

"Ich kann, wenn es darauf ankommt, taktisch klug handeln"

"Bei Auseinandersetzungen kann ich sowohl verbindlich als auch unerbittlich sein".

Schließlich wurde eine Reduzierung um diejenigen vier Items, die sich den drei Unterskalen nicht zuordnen lassen, erwogen. Dies sind:

"Immer wenn es mir besonders wichtig ist, lustig zu wirken, mißlingt es mir" (5)

"Ich könnte mir vorstellen, auf Vorgesetzte bewußt einen loyalen und fleißigen Eindruck zu machen" (9)

"Selbst zu Personen, die mich nicht mögen, kann ich einen 'guten Draht kriegen'" (23)

"Bei einem langweiligen Gegenüber gelingt es mir selten, interessiert zu wirken" (41).

Es ergab sich, daß eine Elimination dieser Items trotz der Verringerung der Gesamtitemzahl von 37 auf 33 nicht zu einer Verringerung der internen Konsistenz des Fragebogens von 0.82 führt. Daher wurde schließlich ein Fragebogen, der lediglich die 33 in *Tabelle 11.1* aufgeführten Items enthält, für Untersuchungszwecke gebildet. (Wegen manch abweichender Einstellung und den sich daraus ergebenden praktischen Folgen sei hier nochmals grundsätzlich darauf hingewiesen, daß Fragebogen bzw. Persönlichkeitsinventare der vorliegenden Art seriöserweise nicht als psychologische Tests zu Individualdiagnosen gebraucht, sondern ausschließlich als Forschungsinstrumente angewendet werden sollten; vgl. auch *Mummendey*, 1987). Die Reihenfolge, in der die Items hinter den vier "Eisbrecheritems" angeordnet sind, entspricht der Folge der laufenden Nummern in *Tabelle 11.1*. Die "Eisbrecheritems" lauten:

"Es ist mir peinlich, wenn ich am Schluß einer Kinovorstellung Tränen in den Augen habe" (1)

"Wenn ich spüre, daß mich Menschen zurückweisen, dann macht mich das sehr unsicher" (2)

"Manchmal habe ich ein schlechtes Gewissen, weil ich meinen Eltern gegenüber undankbar bin" (3)

"Ich habe oft das Gefühl, daß ich meiner Arbeit nicht gewachsen bin".

Validitätshinweise. Im Rahmen einer weiteren Untersuchung an 100 männlichen Studierenden wurde der so beschriebene Fragebogen zur Selbst-Wirksamkeits-Erwartung der Selbstdarstellung zusammen mit einer Reihe weiterer Erhebungsinstrumente zu Persönlichkeits- und Selbstkonzeptmerkmalen vorgelegt. Unter diesen befanden sich die Skalen der *internen/externen Kontrollüberzeugung* nach *Levenson* (1974) in der von *Mielke* (1982) erstellten Version, die Skalen der *Selbstaufmerksamkeit* nach *Fenigstein et al.* (1975) in der überarbeiteten Version von *Filipp* (1988), die *Self-Monitoring*-Skala von *Snyder* (1974) in der Version von *Nowack* & *Kammer* (1987) und das mehrdimensionale Selbstratingverfahren von *Mummendey et al.* (1983).

Der Gesamtwert des Fragebogens zeigte einen deutlichen positiven Zusammenhang (0.56) mit dem Selbstkonzept-Gesamtwert, d.h., dem Maß allgemeiner positiver Selbsteinschätzung gemäß dem erwähnten Selbstratingverfahren. Im einzelnen ergab sich, daß Personen mit einer hohen Einschätzung der Wirksamkeit der Selbstdarstellung auch hohe Werte in den Unterskalen "Leistungsfähigkeit", "Selbstsicherheit", "Flexibilität" und "Soziale Kontaktfähigkeit" aufweisen (Zusammenhänge um 0.50). Ein entsprechend starker Zusammenhang ergab sich auch mit der Skala "Soziale Fähigkeiten" aus dem Self-Monitoring-Fragebogen. Ebenso erwartungsgemäß fiel der mittelhohe Zusammenhang (0.33) mit "interner Kontrollüberzeugung" aus. Erwartungsgemäß negativ (-0.30) korreliert die Selbst-Wirksamkeits-Vorhersage der Selbstdarstellung mit der Überzeugung, daß die meisten Dinge im Leben zufällig sind, also der "externen Kontrolle durch Zufall". Keinerlei Zusammenhänge zeigten sich mit dem Selbsteinschätzungsbereich "Disziplin", der Überzeugung, daß mächtige Andere die Kontrolle ausüben und der Skala "Soziale Vergleiche" aus dem Self-Monitoring-Fragebogen.

Ein solches Muster von Zusammenhängen mit verschiedenen Selbstkonzept- und Persönlichkeitsmerkmalen mag im Sinne einer Konstruktvalidierung deutlich machen, daß mit dem konstruierten Fragebogen eine Einschätzung der eigenen Wirksamkeit der Selbstpräsentation erfaßt wird, die eindeutig auf einem allgemeinen positiven Selbstkonzept beruht. Die

Erwartung, sich in sozialen Situationen wirkungsvoll präsentieren zu können, geht ferner insbesondere mit einer positiven Einschätzung der eigenen sozialen Fähigkeiten und mit der Überzeugung einher, selbst Kontrolle über die meisten Dinge im Leben ausüben zu können. Die drei Unterskalen, die entsprechend den drei Faktoren gebildet werden konnten, weichen von dem geschilderten Zusammenhangsmuster nur geringfügig ab. So zeigt z.B. die dem zweiten Faktor ("Selbstdarstellung in bezug auf intellektuelle Anerkennung") entsprechende Skala schwach negative Zusammenhänge mit "Disziplin" (−0.19) und der Skala "Inkonsistenz" aus dem "Self-Monitoring"-Fragebogen (−0.27), und es zeigt sich im Gegensatz zu den beiden anderen Unterskalen kein substantieller Zusammenhang mit "Toleranz". So liegt die Interpretation nahe, daß die zweite Unterskala einen "Stil" der Selbst-Wirksamkeits-Überzeugung repräsentiert, der gewisse Züge von Nonkonformität und Durchsetzungsfähigkeit aufweist.

Insgesamt hat sich gezeigt, daß der so konstruierte Fragebogen zur Selbst-Wirksamkeits-Erwartung der Selbstdarstellung in sozialen Situationen das zu erfassende Konstrukt in zuverlässiger und sinnvoller Weise erfaßt. Er könnte daher in empirischen Untersuchungen zum Selbstpräsentationsverhalten eingesetzt werden.

Selbst-Wirksamkeits-Erwartung und Selbstdarstellungsverhalten: Experimentelle Ergebnisse

Wie die in *Kapitel 10* berichteten Ergebnisse experimenteller Untersuchungen der Selbstdarstellung gegenüber unterschiedlichen Instanzen, Adressaten oder Rezipienten gezeigt haben, läßt sich ein kombinierter Einfluß der Art des Publikums oder Adressaten der Selbstdarstellung und des Persönlichkeits- oder Selbstkonzeptbereichs, der präsentiert wird, aufzeigen. Die Selbstdarstellung ganz bestimmter Persönlichkeitsmerkmale fällt unterschiedlich aus, je nachdem, an wen sie gerichtet ist, und die Selbstdarstellung gegenüber einem bestimmten Publikum fällt unterschiedlich aus, je nachdem, um welche persönlichen Merkmale es geht. Alle nachgewiesenen Effekte erscheinen als konsistent und psychologisch sinnvoll, aber sie erreichen, vielleicht auch aufgrund des angewendeten konservativen methodischen Vorgehens, kein dramatisches Ausmaß. Daher sollte in einem abschließenden Experiment das persönliche Merkmal der *Selbst-Wirksamkeits-Erwartung der Selbstdarstellung in sozialen Situationen* als zusätzlicher Prädiktor des Selbstdarstellungsverhaltens untersucht werden.

Wir bedienten uns bei diesem Experiment eines Versuchsplans mit den drei unabhängigen, zweistufigen Faktoren A (Selbst - Wirksamkeits - Erwartung der Selbstdarstellung), B (Öffentliche/private Selbstdarstellung) und C (Adressat der Selbstdarstellung). Der 2x2x2 - Versuchsplan ist in *Tabelle 11.2* dargestellt.

Faktor A ("*Selbst - Wirksamkeits - Erwartung der Selbstdarstellung*") wurde gebildet, indem zwei durch Teilung der Gesamtscores des *SWSD* - Fragebogens entstandene Gruppen mit *hohen* und *niedrigen* Selbst - Wirksamkeits - Erwartungen einander gegenübergestellt wurden.

Faktor B ("*Private/öffentliche Selbstdarstellung*") wurde analog der "Privat - öffentlich" - Variablen des in *Kapitel 10* berichteten Experiments, jedoch mit folgendem Unterschied, gebildet: Die männlichen Versuchspersonen wurden nicht als Gruppe, sondern unter beiden Bedingungen einzeln untersucht. Bei "*öffentlicher*" Selbstbeschreibung wurde ihnen per Instruktion angekündigt, daß man anschließend mit Mitgliedern der betreffenden Forschungsgruppe über die abgegebenen Selbstbeschreibungen diskutieren werde (wobei diese Diskussion später aus Zeitgründen ausfiel), und bei "*privater*" Selbstbeschreibung wurde keine solche Ankündigung gemacht und keine entsprechende Erwartung hervorgerufen.

Faktor C ("*Adressat der Selbstdarstellung*") wurde so wie in den in *Kapitel 10* berichteten Experimenten operationalisiert: Man beschrieb sich entweder gegenüber einer "*Frauenforschungsgruppe*" oder gegenüber einer "*Selbstkonzeptforschungsgruppe*".

Erhoben wurden wieder 92 Selbsteinschätzungen auf siebenstufigen, bipolar verankerten Ratingskalen, die sowohl auf Skalenebene (für die acht Dimensionen "Leistungsfähigkeit", "Selbstsicherheit", "Flexibilität", "Soziale Kontaktfähigkeit", "Toleranz", "Disziplin", "Neurotizismus" und "Psychotizismus") als auch auf der Ebene der einzelnen Ratingskalen ausgewertet wurden.

Für das Experiment wurden 96 männliche Studierende angeworben und zunächst, stets einzeln, mit einer Fragebogenbatterie untersucht, in die auch der SWSD - Fragebogen eingefügt war. Es wurde darauf geachtet, daß kein räumlicher, personeller und psychologischer Zusammenhang zwischen der Fragebogenuntersuchung und der anschließenden experimentellen Untersuchung herzustellen war. Den Probanden wurde vorher gesagt, daß sie an mehreren unterschiedlichen Untersuchungen teilnehmen würden; nach der Fragebogensitzung wurde gesagt, daß nun etwas ganz anderes zu machen sei, es wurde der Raum gewechselt, und die Versuchsperson wurde an einen anderen Versuchsleiter als bei der Fragebogenstudie "weitergereicht".

Tab. 11.2 Versuchsplan (2x2x2 – Design). Versuchspersonen mit entweder hoher oder niedriger Selbst – Wirksamkeits – Erwartung ihrer Selbstdarstellung beschreiben sich selbst unter den Bedingungen von Öffentlichkeit oder Privatheit gegenüber unterschiedlichen Adressaten

		Faktor A ("Selbst – Wirksamkeits – Erwartung der Selbstdarstellung")			
		Niedrige Selbst – Wirksamkeitserwartung		Hohe Selbst – Wirksamkeitserwartung	
Faktor B ("Privat/Öffentlich")		Private Situation	Öffentliche Situation	Private Situation	Öffentliche Situation
Faktor C ("Adressat")	"Frauen – forschung"				
	"Selbst – konzept – forschung"				

Die 2x2x2-Varianzanalysen ergaben auf *Skalenebene* die folgenden statistisch interpretierbaren (auf dem 5%-Niveau gesicherten) *Wechselwirkungen mit dem Faktor "Selbst-Wirksamkeit der Selbstdarstellung" (SWSD)*:

- Wechselwirkungen "SWSD x Adressat" auf die Selbstdarstellungen hinsichtlich "Leistungsfähigkeit" und "Selbstsicherheit"

- Wechselwirkungen "SWSD x Privat/Öffentlich" für die abhängigen Variablen "Leistungsfähigkeit" und "Neurotizismus"

- eine Wechselwirkung "SWSD x Privat/Öffentlich x Adressat" auf "Leistungsfähigkeit"

In bezug auf "*Leistungsfähigkeit*" ergibt sich: Die männlichen Personen mit hohen Selbst-Wirksamkeits-Erwartungen an die eigene Selbstdarstellung präsentieren sich gegenüber "Frauen" in der "Öffentlichkeits"-Bedingung als besonders wenig leistungsfähig; Personen mit niedrigen SWSD-Maßen stellen sich unter der experimentellen Bedingungskombination "Frauen/Öffentlich" als eher leistungsfähig dar.

Hinsichtlich "*Selbstsicherheit*" zeigt sich: Männliche Probanden mit hohen Selbst-Wirksamkeits-Erwartungen an die eigene Selbstpräsentation stellen sich unter der Bedingungskombination "Frauen/Öffentlich" als besonders wenig selbstsicher dar.

Männer mit hohen SWSD-Werten stellen sich unter der Bedingungskombination "Frauen/Öffentlich" als psychisch relativ stabil dar, während solche mit niedrigen SWSD-Werten sich hier als eher "*neurotizistisch*" präsentieren.

Auf *Itemebene* erwiesen sich 2x2x2-Wechselwirkungen in 12 Fällen als signifikant, in acht Fällen Wechselwirkungen "SWSD x Adressat" und in 20 Fällen Wechselwirkungen "SWSD x Privat/Öffentlich". Diese interpretierbaren Effekte sollen nun im einzelnen beschrieben werden:

"*Gradlinig*" versus "*kompliziert*": Vpn mit hohem Grad an Selbst-Wirksamkeits-Erwartung der eigenen Selbstpräsentation stellen sich unter der Bedingungskombination "Frauen/Öffentlich" als am wenigsten "gradlinig", also relativ "kompliziert" dar.

"*Verständnisvoll*" vs. "*nüchtern*": Gegenüber Frauen und insbesondere unter der Bedingungskombination "Frauen/Öffentlich" stellen sich Personen mit hoher Selbst-Wirksamkeits-Erwartung als besonders verständnisvoll dar.

"*Flexibel*" vs. "*starr*": Als weitaus am wenigsten flexibel stellen sich männliche Vpn mit hohen SWSD-Werten unter der Bedingungskombination "Frauen/Öffentlich" dar.

"*Duldsam*" vs. "*ablehnend*": Unter der für die Selbstdarstellung besonders interessanten Bedingungskombination "Frauen/Öffentlich" stellen sich Personen mit hohen SWSD-Werten als besonders duldsam dar.

"*Führungsfähig*" vs. "*entscheidungsschwach*": Unter der Bedingungskombination "Frauen/Öffentlich" stellen sich Personen mit hoher Selbst-Wirksamkeits-Erwartung als relativ am wenigsten führungsfähig, also als relativ entscheidungsschwach dar.

"*Stark*" vs. "*sanft*": Männliche Vpn mit hohem Grad an selbst zugeschriebener Wirksamkeit in der Selbstdarstellung stellen sich unter der Bedingungskombination "Frauen/Öffentlich" als ganz besonders wenig stark, also als relativ sanft dar.

"*Tatkräftig*" vs. "*langsam*": Männliche Vpn mit hohen SWSD-Werten schätzen sich unter der Bedingungskombination "Frauen/Öffentlich" als eher langsamer bzw. eher weniger tatkräftig ein.

"*Zielstrebig*" vs. "*unschlüssig*": Personen mit hohen SWSD-Werten stellen sich unter der Bedingungskombination "Frauen/Öffentlich" als besonders wenig zielstrebig bzw. als besonders unschlüssig dar.

"*Sicher*" vs. "*unsicher*": Unter der Bedingungskombination "Frauen/Öffentlich" stellt man sich als besonders unsicher dar, wenn man eine hohe Selbst-Wirksamkeits-Erwartung an die eigene Selbstdarstellung hat.

"*Gesprächig*" vs. "*still*": Männliche Personen mit hohen SWSD-Werten präsentieren sich unter der Bedingungskombination "Frauen/Öffentlich" als besonders wenig gesprächig, also eher als still.

"*Anspruchslos*" vs. "*überlegen*": Personen mit hohen Selbst-Wirksamkeits-Werten geben sich unter der Bedingung "Frauen/Öffentlich" als besonders anspruchslos.

"*Selbstbeherrscht*" vs. "*impulsiv*": Die Selbsteinschätzung als "selbstbeherrscht" ist unter der Bedingungskombination "Frauen/Öffentlich" bei Personen mit hoher Selbst-Wirksamkeits-Erwartung vergleichsweise niedrig; ferner stufen sich unter der "Öffentlich"-Bedingung die Personen mit geringer Selbst-Wirksamkeits-Erwartung als vergleichsweise "impulsiv" ein.

"*Eigenständig*" vs. "*abhängig*": Unter der Bedingungskombination "Frauen/Öffentlich" stellt man sich als relativ wenig eigenständig bzw. als eher abhängig dar, wenn man hohe Werte im SWSD-Fragebogen aufweist.

"*Ehrgeizig*" vs. "*nachgiebig*": Die Bedingungskombination "Frauen/Öffentlich" unterscheidet sich von allen anderen Bedingungskombinationen bei den Personen mit hohen SWSD-Werten dadurch, daß man sich hier als besonders wenig ehrgeizig bzw. als relativ nachgiebig präsentiert.

"*Beweglich*" vs. "*nicht beweglich*": Personen mit hohem Grad an SWSD stellen sich unter "Frauen/Öffentlich" als relativ wenig beweglich dar, ganz im Gegensatz zu Personen mit einem niedrigen Grad an Selbst-Wirksamkeits-Erwartung an die eigene Selbstdarstellung.

"*Aufgeschlossen*" vs. "*skeptisch*": Den relativ niedrigsten Grad an Aufgeschlossenheit schreiben sich männliche Vpn mit hohen SWSD-Werten unter der Bedingungskombination "Frauen/Öffentlich" zu, dies völlig im Gegensatz zu Vpn mit niedrigen Werten im SWSD-Merkmal.

"*Selbstbewußt*" vs. "*irritierbar*": Mit hohen Werten im SWSD-Fragebogen präsentiert man sich unter der Bedingung "Frauen/Öffentlich" als besonders wenig selbstbewußt.

"*Freundlich*" vs. "*kühl*": Unter der Bedingungskombination "Frauen/Öffentlich" stellen sich die männlichen Personen mit hohen Selbst-Wirksamkeits-Werten als eher weniger freundlich dar; ihr Wert wird jedoch noch von den Personen unter der Bedingungskombination "Selbstkonzept/Privat" leicht unterboten. Entsprechend gilt für die Personen mit niedrigen Maßen an zugeschriebener Selbst-Wirksamkeit der eigenen Selbstdarstellung, daß sie sich unter der Bedingungskombination "Selbstkonzept/Privat" als besonders freundlich präsentieren.

"*Selbstsicher*" vs. "*nicht selbstsicher*": Personen mit hoher Selbst-Wirksamkeits-Erwartung stellen sich unter der Bedingung "Frauen/Öffentlich" als am wenigsten selbstsicher dar.

"*Sorgenfrei*" vs. "*besorgt*": Unter der Öffentlichkeitsbedingung und insbesondere unter der Bedingungskombination "Frauen/Öffentlich" stellen sich Personen mit hohen SWSD-Werten als besonders wenig sorgenfrei dar.

Bei neun der 34 Eigenschaftspolaritäten, die der "*Neurotizismus*" - und "*Psychotizismus*" - Dimension zuzuordnen sind, ergeben sich interpretierbare Wechselwirkungen mit dem Selbst-Wirksamkeits-Faktor, die das bisher berichtete Bild der Selbstdarstellung teilweise ergänzen. So stellen sich männliche Personen mit hoher Selbst-Wirksamkeits-Erwartung an die eigene Selbstdarstellung unter der Bedingungskombination "Frauen/ Öffentlich" z.B. als relativ wenig besorgt, eher ablenkbar, wenig tonangebend und wenig gradlinig dar, gleichzeitig aber auch als eher konzentriert, beherrscht und ausgeglichen.

In *Abbildung 11.1 bis 11.4* sind einige der geschilderten Zusammenhänge exemplarisch für die genannten adjektivischen Selbstdarstellungen graphisch dargestellt.

Zusammenfassende Diskussion

Die Ergebnisse dieses Experiments bestätigen zunächst das weitgehend in den zuvor berichteten Untersuchungen Gezeigte: Es treten Impression-Management-Effekte auf, wenn man sich in einer (auch noch so "reduzierten") sozialen Situation selbst beschreiben soll. Solche Impression-Management-Effekte zeigen sich statistisch in den Wechselwirkungen der untersuchten unabhängigen Variablen mit dem Faktor "Adressat der Selbstdarstellung", d.h., je nachdem, gegenüber wem ich mich präsentiere, fällt meine Selbstbeschreibung teilweise unterschiedlich aus. Sie zeigen sich auch in Wechselwirkungen mit dem Faktor "Öffentliche vs. private Selbstdarstellung", d.h., ich beschreibe mich (teilweise in Abhängigkeit von der Art der Adressaten) unterschiedlich, je nachdem ob ich erwarte, dies vor einem "Publikum" oder aber weitgehend für mich oder "für die Akten" von Wissenschaftlern auszuführen. Selbstdarstellungseffekte dieser Art treten außerdem, wie früher gezeigt wurde, in Abhängigkeit von dem jeweils angesprochenen Bereich auf. Wir haben in den bisherigen Experimenten ausschließlich Selbstdarstellungsbereiche im Sinne von Persönlichkeits- oder Selbstkonzeptbereichen behandelt, es könnten aber auch Themen, Sachgebiete, Diskussionsstoffe usw. sein. Nicht jeder Bereich und jede Thematik ist in jeder Situation oder Konstellation von beteiligten Personen gleichermaßen selbstdarstellungsrelevant.

Zu den genannten Bedingungsfaktoren tritt nun offensichtlich eine individuelle, personspezifische kognitive Variable, die substantielle Wechselwirkungen mit den genannten Wirkgrößen eingeht, und sich auf die Selbstdarstellung des Individuums in einer sozialen Situation auswirken kann: das Ausmaß, in dem jemand erwartet oder sich zutraut, in dem er also vorhersagt, in sozialen Situationen tatsächlich zu einer wirksamen Selbstpräsentation zu gelangen. Dieses Maß der Selbst-Wirksamkeit der Selbstdarstellung ist wie ein Persönlichkeitsmerkmal aufzufassen, das sich auf bestimmte soziale bzw. Interaktionssituationen bezieht. Wie sich zeigte

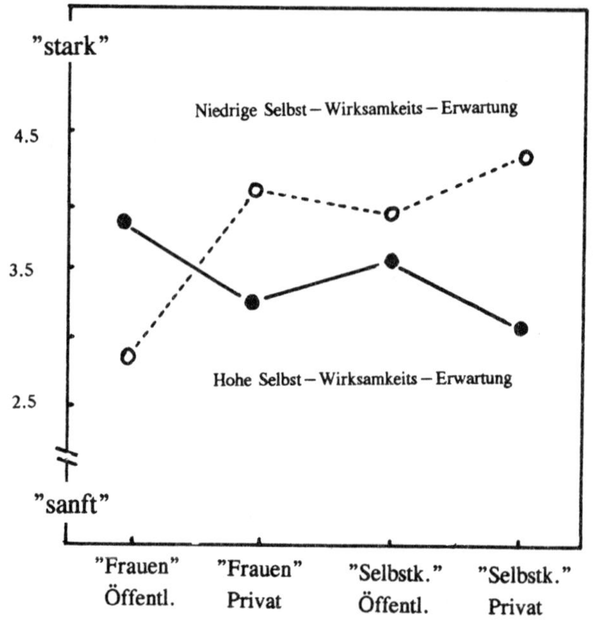

Abb.11.1

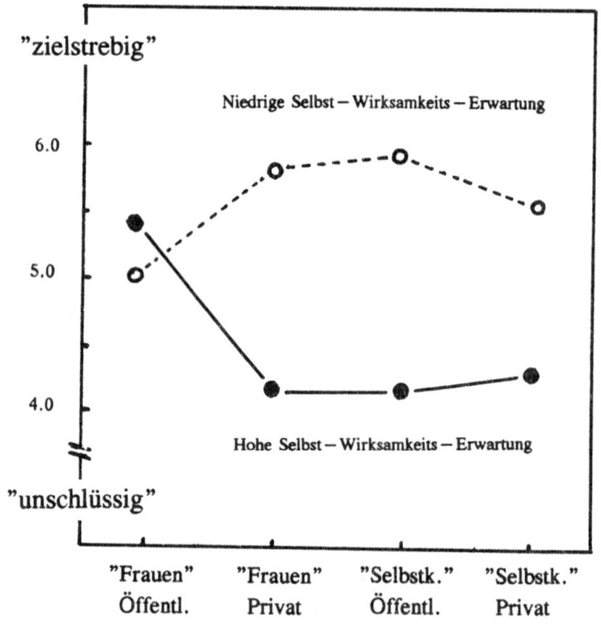

Abb.11.2

Abb.11.1 und 11.2 Mittlere Selbstbeschreibungen von 96 männlichen Personen ("stark vs. sanft" und "zielstrebig vs. unschlüssig") mit hoher und niedriger Selbst – Wirksamkeits – Erwartung unter den verschiedenen Kombinationen von Bedingungen des Adressaten und der Öffentlichkeit/Privatheit der Selbstdarstellung

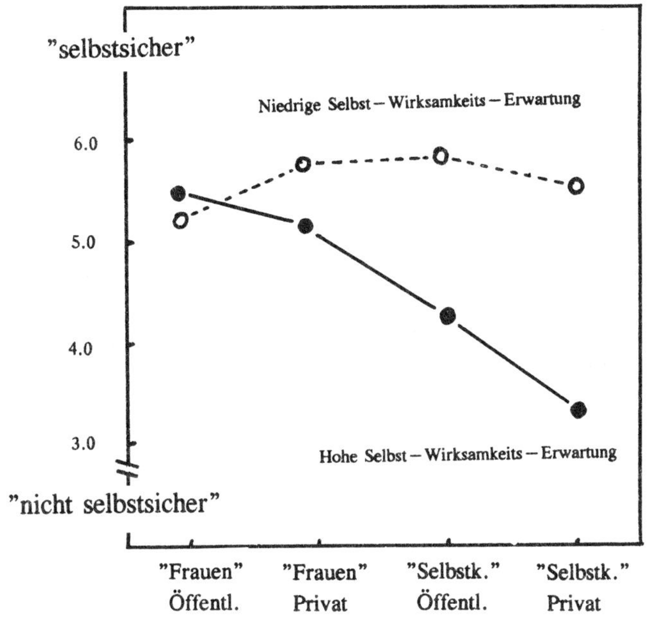

Abb. 11.3

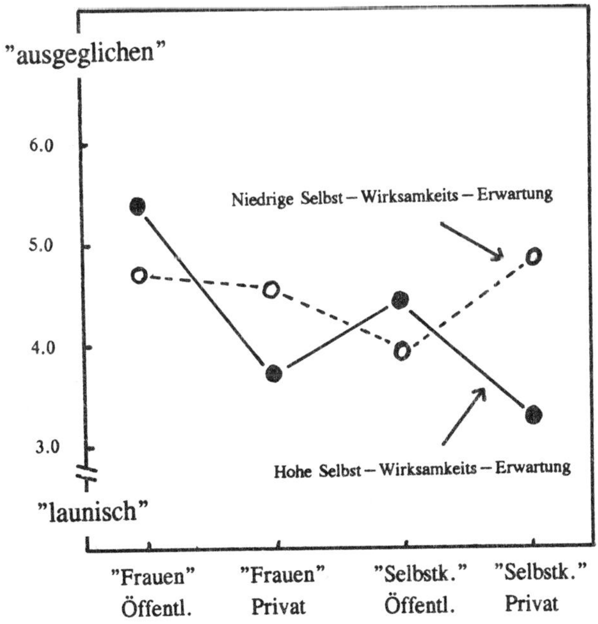

Abb. 11.4

Abb. 11.3 und 11.4 Mittlere Selbstbeschreibungen von 96 männlichen Personen mit hoher und niedriger Selbst – Wirksamkeits – Erwartung ("selbstsicher vs. nicht selbstsicher" und "ausgeglichen vs. launisch") unter der Öffentlichkeit/Privatheit der Selbstdarstellung geht es mit einer globalen Selbsteinschätzung als mehr oder weniger positiv und leistungsfähig einher; man kann also bislang sagen, daß es etwas mit dem allgemeinen Ausmaß an Selbstwertschätzung, an Self-Esteem zu tun hat. Darüber hinaus ist zu erwarten, daß sich bei einer differenzierteren als der hier durchgeführten Analyse der Prädiktorqualitäten der Selbst-Wirksamkeits-Schätzung spezifischere Aspekte dieser Selbst-Wirksamkeitsschätzung isolieren lassen, die die Varianz von Maßen der Selbstpräsentation in bestimmten, durch unterschiedliche Anforderungen charakterisierten Situationen noch besser aufklären helfen.

Ob man sich also in einer Interaktionssituation vom Typ "Vorstellungs- oder Bewerbungsgespräch" oder beim gegenseitigen Bekanntmachen in einer sich neu zusammensetzenden Gruppe "wirksam" darstellt, hängt in nicht unerheblichem Maße von den Wirksamkeitseinschätzungen desjenigen ab, der Impression-Management betreibt. "Wirksam" kann hier ja nur bedeuten, daß man sich an den Interaktionspartner so *anpaßt*, daß dieser einen ganz bestimmten, meist in seiner Sicht "günstigen" Eindruck von der Person erhält. In dem geschilderten Experiment stellen sich männliche Personen, die sich eine wirksame Selbstpräsentation in Interaktionssituationen zutrauen, gegenüber vermeintlichen "Frauenforscherinnen" und unter der Impression-Management erleichternden "Öffentlichkeits"-Bedingung insgesamt als weniger "männlich" im Sinne eines herkömmlichen Männerbildes dar. Die Versuchspersonen antizipieren offensichtlich, daß in den Kreisen, die mit dem Etikett "Frauenforschung" verknüpft werden, "männliche" Eigenschaften womöglich generell wenig gelten, speziell aber vor allem Aspekte eines überkommenen Männerbildes und -stereotyps geringgeschätzt werden. Sie betreiben also, wenn man einmal voraussetzt, daß sie sich in vielen anderen Situationen vielleicht doch eher gemäß dem traditionellen Männerbild verhalten als sie sich hier darstellen, so etwas wie eine Self-handicapping-Taktik. Es ist anzunehmen, daß dieses Bild und diese Impression-Management-Taktik in die Gegenrichtung korrigiert würde, wenn andere Arten von Frauen oder Frauengruppen oder aber bestimmte männliche Subkulturen als Interaktionspartner und zugleich Adressaten der Selbstdarstellung fungierten, denn es zeigen sich in unseren Untersuchungen bereits deutliche Änderungen des Selbstdarstellungsverhaltens bei einer "neutralen" Kontrollgruppe von Ansprechpartnern.

Die Selbst-Wirksamkeits-Erwartung der Selbstdarstellung repräsentiert damit nichts anderes als eine Antizipation dessen, was nach *Goffman* (1959) das Individuum mit *Impression-Management* eigentlich erreichen will, nämlich *Kontrolle* über die Reaktionen des Anderen zu gewinnen. Sie spiegelt die Erwartung des Individuums wider, unter Umständen auch über den mächtigen Anderen (den "Boß", der einen Job zu vergeben hat, die "Frauenbeauftragte" bei einer Personalentscheidung usw.) soziale

Macht zu gewinnen, jenes "to assert ourselves and try to be effective in influencing others to do what we need them to do so we can have what we want" (*Tedeschi* & *Norman*, 1985, p.294). Ob Kognitionen in Verhalten umgesetzt werden, ob Vorhersagen eintreffen, ob Bewußtseinsgegenstände zu Tatsachen werden, hängt von vielem ab, und an dessen Erforschung arbeitet so mancher. Im vorgegebenen Zusammenhang hat es den Anschein, als seien solche Erwartungsmerkmale wichtige zusätzliche Bedingungsfaktoren zu einem sozialen menschlichen Verhalten, das zu einem großen Teil von Wirkgrößen determiniert wird, die "außerhalb" des Individuums, dafür aber auch nur zum Teil "innerhalb" seiner Interaktionspartner begründet sind.

Abschließende Betrachtung

Die verschiedenen Kapitel dieses Bandes mögen gezeigt haben, daß menschliche Selbstdarstellung als ein allgemeines Phänomen sozialen Verhaltens aufgefaßt werden kann. Es darf wohl als *universell* in dem Sinne gesehen werden, daß jeder Mensch Selbstdarstellung betreibt. Man kann es als *generell* in dem Sinne auffassen, daß sich kaum eine Situation denken läßt, in der Selbstdarstellungsprozesse ausgeschlossen sind. In einer zeitlichen Perspektive betrachtet, wird man ebenfalls zugestehen müssen, daß Selbstdarstellungsprozesse nahezu *ständig* ablaufen, daß sie jedes soziale Verhalten (und welches Verhalten ist eigentlich nicht sozial?) begleiten oder beeinflussen. Zustände erhöhter Konzentration auf die eigene Person *ohne* jeden Bezug zur Selbstdarstellung lassen sich auch experimentalpsychologisch nur schwer hervorrufen), es scheint hier eigentlich nur ein mehr oder weniger zu geben.

Die offensichtliche Ubiquität von Selbstdarstellungsphänomenen scheint in der fundamentalen Gegebenheit begründet zu sein, daß jedes Verhalten immer auch soziales Verhalten ist, daß zu jedem sozialen Verhalten ein tatsächlich anwesender oder vorgestellter Anderer gehört und daß Individuen zugleich mit dem "Auftauchen eines Anderen" ein mehr oder weniger ausgeprägtes Selbstdarstellungsverhalten zeigen.

Die Befassung mit Selbstdarstellungsverhalten läßt sich, wie jede andere mit Konzepten von Individualität, Persönlichkeit, Selbst, Identität usw. verbundene wissenschaftliche Beschäftigung, mehr oder weniger voraussetzungvoll gestalten. "Voraussetzungsvoll" ist für uns in diesem Falle jedoch kein "Adelsprädikat", d.h., je *weniger* aufwendige psychologische Vorannahmen getroffen werden, als desto "sparsamer" kann eine wissenschaftliche Erklärung gelten. Erklärungen und Begründungen, die sich auf sparsame Vorannahmen stützen, überzeugen uns mehr als aufwendige und voraussetzungsvolle Erklärungen. Wir haben gesehen, wie dies bereits beim Konzept des "Selbst" beginnt und sich in den diversen Selbsttheorien fortsetzt.

Bei der Durchsicht der Literatur zu unserem Thema haben wir uns von der relativen Sparsamkeit der Annahmen überzeugen lassen, die den Thesen der Impression-Management-Theorie zugrunde liegen. Die Beschäftigung mit dem menschlichen Selbstdarstellungsverhalten geschieht im Rahmen der Impression-Management-Theorie weitgehend ohne Rekurs auf komplizierte innerpsychologische Annahmen und Voraussetzungen. Dennoch läßt sich bei vielen Betrachtern dieser theoretischen Ansätze die Frage nicht zurückstellen, was es denn "eigentlich" sei, das einen Menschen dazu veranlasse, Impression-Management zu betreiben. Auch dem Verfasser ist nicht entgangen, daß die bei Impression-Management-Theoretikern gelegentlich zu findende Annahme, das Individuum sei bestrebt, mittels Eindruckssteuerung oder Imagekontrolle *Macht* über seine Interaktionspartner auszuüben, in die sozusagen gefährliche Nähe zu einem motivationspsychologischen Postulat rückt. Hier zeigt sich sicherlich, ob der Betrachter menschlichen Verhaltens Motivationskonzepte gern mag oder nicht. Sie sind bekanntlich "einfach", sie machen jede psychologische Erklärung "leicht", und unsere Sprachgewohnheiten sind längst von ihnen durchdrungen, aber sie sind alles andere als "sparsam". Ob man im Falle der Betrachtung sozialer Interaktion in Begriffen von Impression-Management auf die Annahme von "Machtmotivation" angewiesen ist, mag Erziehungs- oder Geschmacksache sein - dem Geschmack des Verfassers entsprechen solche Interpretationen nicht. Grundlegende lernpsychologische ebenso wie kognitiv-lerntheoretische Interpretationen bei der Analyse sozialer Interaktionen unter dem Gesichtspunkt der Selbstdarstellung erfüllen das Gebot der Sparsamkeit besser als jene.

Was die in diesem Buch besprochenen Systematiken von Impression-Management-Strategien und -Taktiken ebenso wie die umfangreichen empirischen Belege für das Wirken von Selbstdarstellungstendenzen auf den verschiedensten Feldern, die die psychologische Forschung bearbeitet, anbetrifft, so muß nochmals betont werden, daß es sich bei aller überzeugenden Fülle des Gezeigten stets um Exemplarisches handelt. Jeder vermeintliche "Nutzer" oder gar Anwender einer "Typologie" des Selbstdarstellungsverhaltens, wie es die Systematik der in Kapitel 7 aufgeführten Strategien und Taktiken darstellt, hat beispielsweise nicht mehr in Händen als ein deskriptives Schema, und jeder enzyklopädisch Eingestellte findet hier neben der Erkenntnis, daß psychologische Phänomene niemals monokausal und wohl kaum mit einem einzigen theoretischen Ansatz vollständig erklärbar sind, nur die Einladung zur Mitarbeit an der Weiterentwicklung der Grundlagenforschung.

Die Beiträge, die wir selbst hierzu beigesteuert haben, unterstützen eine "realistische" Betrachtung der Rolle von Selbstdarstellungsprozessen im menschlichen Verhalten. Nicht alles, aber manches, das als "wirklich" erscheint, ist "dargestellt". Beispielsweise ist einiges von dem, was als relativ überdauernde Persönlichkeitseigenschaft erscheint, zum Teil das Ergebnis einer situationsadäquaten, durch soziale Interaktion mitdeterminierten Selbstdarstellung. (Gerade deswegen ist es übrigens keineswegs weniger "wirklich".) Es ist normal und üblich, daß Individuen je nach der Art der Öffentlichkeit oder der Personen und Gruppen, an die sich ihre Selbstpräsentation richtet, hinsichtlich unterschiedlicher Aspekte ihrer Person Eindruckssteuerung betreiben.

Die Selbstdarstellung erscheint auf diese Weise als ein Verhalten, das den in einer bestimmten Situation aktualisierten sozialen Normen auf vernünftige Weise Rechnung trägt. Und mit der Tendenz, das Bild von der eigenen Person beim Anderen zu kontrollieren und mitzuformen, drückt Selbstdarstellung zugleich ein wenig von der immer auch existierenden Einflußmöglichkeit aus, über die das Individuum verfügt, wenn es um die Mitgestaltung sozialer Normen geht.

Literaturverzeichnis

Abel, E.L. & Buckley, B.E. (1977). *The handwriting on the wall. Toward a sociology and psychology of graffiti.* London: Greenwood.

Abele, A. (1989). Wir haben gewonnen. Zur Kommentierung von Ergebnissen der Bundestagswahl 1987 durch die betroffenen Politiker. *Zeitschrift für Sozialpsychologie, 20*, 38 – 56.

Abrams, D. & Hogg, M.A. (1988). Comments on the motivational status of self-esteem in social identity and intergroup discrimination. *European Journal of Social Psychology, 18*, 317-334.

Alexander, C.N. & Rudd, J. (1981). Situated identities and response variables. In J.T. Tedeschi (Ed.), *Impression management theory and social psychological research* (pp.83 – 103). New York: Academic Press.

Alicke, M.D. (1985). Global self – evaluation as determined by the desirability and controllability of trait adjectives. *Journal of Personality and Social Psychology, 49*, 1621 – 1630.

Allen, B.P. & Potkay, C.R. (1977). Misunderstanding the Adjective Generation Technique (AGT): Comments on Bem's rejoinder. *Journal of Personality, 45*, 334 – 342.

Allen, B.P. & Potkay, C.R. (1983). *Adjective Generation Technique (AGT): Research and applications.* New York: Irvington.

Allport, G.W. (1943). The ego in contemporary psychology. *Psychological Review, 50*, 451 – 478.

Almhofer, E. (1986). *Performance Art. Die Kunst zu leben.* Wien, Köln, Graz: Herm. Böhlaus.

Anderson, J.R. & Bower, G.H. (1973). *Human associative memory.* Washington, DC: Winston.

Anderson, L.R. & Thacker, J. (1985). Self – monitoring and sex as related to assessment center ratings and job performances. *Basic and Applied Social Psychology, 6*, 345 – 361.

Apsler, R. (1975). Effects of embarrassment on behavior toward others. *Journal of Personality and Social Psychology*, *32*, 145–153.

Arkin, R.M. (1980). Self–presentation. In D.M. Wegner & R.R. Vallacher (Eds.), *The self in social psychology* (pp.158–182). New York: Oxford University Press.

Arkin, R.M. (1981). Self–presentation styles. In J.T. Tedeschi (Ed.), *Impression–management theory and social psychological research* (pp.311–333). New York: Academic Press.

Arkin, R.M. (1988). Self–presentation strategies and sequelae. In S.L. Zelen (Ed.), *Self–representation* (pp.5–29). New York: Springer.

Arkin, R.M., Appelmann, A. & Burger, J. (1980). Social anxiety, self–presentation, and the self–serving bias in causal attribution. *Journal of Personality and Social Psychology*, *38*, 23–35.

Arkin, R.M. & Baumgardner, A.H. (1986). Self–presentation and self–evaluation: Processes of self–control and social control. In R.F. Baumeister (Ed.), *Public self and private self* (pp.75–97). New York: Springer.

Asch, S.E. (1956). Studies of independence and conformity: I. A minority of one against a unanimous majority. *Psychological Monographs*, *70* (Whole No.546).

Atkinson, J.W. (1964). *An introduction to motivation.* New York: Van Nostrand.

Baer, R., Hinkle, S., Smith, K. & Fenton, M. (1980). Reactance as a function of actual versus project autonomy. *Journal of Personality and Social Psychology*, *38*, 416–422.

Baeyer, C.L. von, Sherk, D.L. & Zanna, M.P. (1981). Impression management in the job interview. When the female applicant meets the male (chauvinist) interviewer. *Personality and Social Psychological Bulletin*, *21*, 302–311.

Baldwin, J.M. (1897). *Social and ethical interpretations.* New York: Macmillan.

Bandura, A. (1977). Self–efficacy: Toward a unifying theory of behavioral change. *Psychological Review*, *84*, 191–215.

Bandura, A. (1978). The self system in reciprocal determinism. *American Psychologist*, *33*, 344–358.

Barker, R.E. & Schoggen, P. (1973). *Qualities of community life.* San Francisco: Jossey – Bass.

Baron, R.A. (1971a). Function of audience presence and prior anger arousal. *Journal of Experimental Social Psychology, 7,* 515-523.

Baron, R.A. (1971b). Magnitude of victim's pain cues and level of prior anger arousal as determinants of adult aggressive behavior. *Journal of Personality and Social Psychology, 17,* 236-243.

Baron, R.A. (1986). Self-presentation in job interviews: When there can be "too much a good thing". *Journal of Applied Social Psychology, 16,* 16-28.

Barthes, R. (1975). *Roland Barthes par Roland Barthes.* Paris: Le Seuil.

Battcock, G. & Nickas, R. (Eds.). (1984). *The art of performance.* New York: E.P. Dutton.

Baumann, U. & Dittrich, A. (1975). Konstruktion einer deutschsprachigen Psychotizismus – Skala. *Zeitschrift für Experimentelle und Angewandte Psychologie, 22,* 421 – 444.

Baumeister, R.F. (1982). A self – presentational view of social phenoma. *Psychological Bulletin, 91,* 3 – 26.

Baumeister, R.F. (1987). How the self became a problem: A psychological review of historical research. *Journal of Personality and Social Psychology, 52,* 163 – 176.

Baumeister, R.F., Cooper, J. & Skib, B.A. (1979). Inferior performance as a selective response to expectancy: Taking a dive to make a point. *Journal of Personality and Social Psychology, 37,* 424 – 432.

Baumeister, R.F. & Jones, E.E. (1978). When self – presentation is constrained by the target's knowledge: Consistency and compensation. *Journal of Personality and Social Psychology, 36,* 608 – 618.

Baumeister, R.F. & Tice, D.M. (1984). Role of self – presentation and choice in cognitive dissonance under forced compliance: Necessary or sufficient causes? *Journal of Personality and Social Psychology, 46,* 5 – 13.

Baumeister, R.F. & Tice, D.M. (1986a). Emotion and self – presentation. In R. Hogan & W.H. Jones (Eds.), *Perspectives in personality* (Vol.2). Greenwich, CT: JAI Press.

Baumeister, R.F. & Tice, D.M. (1986b). Four selves, two motives, and a substitute process self – regulation model. In R.F. Baumeister (Ed.), *Private self and public self* (pp.63 – 74). New York: Springer.

Bem, D.J. (1972). Self-perception theory. In L. Berkowitz (Ed.), *Advances in Experimental Social Psychology* (Vol.6; pp.1-62). New York: Academic Press.

Benton, A.A., Kelley, H.H. & Liebling, B. (1972). Effects of extremity of offers and concession rate on the outcomes of bargaining. *Journal of Personality and Social Psychology, 23*, 73 – 83.

Berelson, B. (1960). Content analysis. In G. Lindzey (Ed.), *Handbook of social psychology* (Vol.1, pp.488 – 522). Reading: Addison – Wesley.

Berg, W. & Zimmer, D. (1981). Selbstvertrauen in sozialen Konfliktsituationen. Die Anwendung von Banduras Konzept der 'self – efficacy' auf den Bereich der sozialen Kompetenz. *Mitteilungen der Deutschen Gesellschaft für Verhaltenstherapie, 13*, 87 – 99.

Berglas, S. (1988). The three faces of self – handicapping: Protective self – presentation, a strategy for self – esteem enhancement, and a character disorder. In S.L. Zelen (Ed.), *Self – representation* (pp.133 – 169). New York: Springer.

Berglas, S. & Jones, E.E. (1978). Drug choice as a self – handicapping strategy in response to noncontigent success. *Journal of Personality and Social Psychology, 36*, 405 – 417.

Berkowitz, L. & Geen, R. (1966). Film violence and cue properties of available targets. *Journal of Personality and Social Psychology, 3*, 525-530.

Berkowitz, L. & Walster, E. (Eds.). (1976). *Advances in experimental social psychology* (Vol.9: Equity theory). New York: Academic Press.

Berscheid, E. & Walster, E.H. (1969). *Interpersonal attraction.* Reading: Addison – Wesley.

Berscheid, E. & Walster, E. (1974). Physical attractiveness. In L. Berkowitz (Ed.), *Advances in experimental social psychology* (Vol.7; pp.158 – 215). New York: Academic Press.

Bierhoff, H.W. & Klein, R. (1988). Prosocial behaviour. In M. Hewstone, W. Stroebe, J.P. Codol & G.M. Stephenson (Eds.), *Introduction to social psychology* (pp.246 – 262). Oxford: Basil Blackwell.

Blau, P.M. (1964). *Exchange and power in social life.* New York: Wiley.

Blumenthal, M.D., Kahn, R.L., Andrews, F.M. & Head, K.B. (1972). *Justifying violence: Attitudes of American men.* Ann Arbor: Institute for Social Research, The University of Michigan.

Bohra, K.A. & Pandey, J. (1984). Ingratiation toward strangers, friends, and bosses. *Journal of Social Psychology, 122,* 217 – 222.

Bolten, H.G., Mummendey, H.D. & Isermann – Gerke, M. (1983). *Die Theorie der objektiven Selbstaufmerksamkeit im experimentellen Vergleich mit der Impression – Management – Theorie und dem Bogus – Pipeline – Paradigma* (Bielefelder Arbeiten zur Sozialpsychologie Nr.98). Bielefeld: Universität Bielfeld.

Bond, C.F., Jr. (1982). Social facilitation: A self – presentational view. *Journal of Personality and Social Psychology, 42,* 1042 – 1050.

Borden, R.J. (1975). Witnessed aggression: Influence of an observer's sex and values on aggressive responding. *Journal of Personality and Social Psychology, 31,* 567 – 573.

Borden, R.J. & Taylor, S.T. (1973). The social instigation and control of physical aggression. *Journal of Personality and Social Psychology, 3,* 354-361.

Borg, I. (1976). Facettentheorie: Prinzipien und Beispiele. *Psychologische Rundschau, 37,* 121 – 137.

Brackwede, D. (1980). Das Bogus – Pipeline – Paradigma: Eine Übersicht über bisherige experimentelle Ergebnisse. *Zeitschrift für Sozialpsychologie, 11,* 50 – 59.

Braginsky, B. (1981). On being surplus: Its relationship to impression management and mental patienthood. In J.T. Tedeschi (Ed.), *Impression management theory and social psychological research* (pp.295 – 310). New York: Academic Press.

Braginsky, D. & Braginsky, B. (1971). *Hansels and Gretels: Studies of children in institutions for the mentally retarded.* New York: Holt, Rinehart & Winston.

Braginsky, B., Braginsky, D. & Ring, K. (1969). *Methods of madness: The mental hospital as a last resort.* New York: Holt, Rinehart & Winston.

Brandt, U. & Köhler, K. (1972). Norm und Konformität. In C.F. Graumann (Hrsg.), *Handbuch der Psychologie, Band 7: Sozialpsychologie* (pp.1710 – 1789). Göttingen: Hogrefe.

Brauneck, M. & Schneilin, G. (Hrsg.). (1986). *Theaterlexikon*. Reinbek: Rowohlt.

Braver, S., Linder, D., Corwin, T. & Cialdini, R.B. (1977). Some conditions that affect admissions of attitude change. *Journal of Experimental Social Psychology, 13*, 565 – 576.

Brehm, J.W. (1966). *A theory of psychological reactance*. New York: Academic Press.

Brock, T.C. & Becker, L.A. (1966). On interpreting the effects of transgression upon compliance. *Journal of Experimental Social Psychology, 2*, 314 – 323.

Broll, L., Gross, A.E. & Piliavin, I. (1974). Effects of offered and requested help on help seeking and reactions to being helped. *Journal of Applied Social Psychology, 4*, 244 – 258.

Brown, B.R. (1968). The effects of need to maintain face in interpersonal bargaining. *Journal of Experimental Social Psychology, 4*, 107-122.

Brown, R. (1984). The role of similarity in intergroup relations. In H. Tajfel (Ed.), *The social dimension* (Vol.2; pp.603 – 623). Cambridge: Cambridge University Press.

Brown, R. (1988). Intergroup relations. In M. Hewstone, W. Stroebe, J.P. Codol & G.M. Stephenson (Eds.), *Introduction to Social Psychology* (pp.391 – 410). Oxford: Basil Blackwell.

Bühler, C. (1925). *Zwei Knabentagebücher*. Jena: G. Fischer.

Bühler, C. (1927). *Zwei Mädchentagebücher*. Jena: G. Fischer.

Burns, R.B. (1979). *The self – concept*. London: Longman.

Butler, R. (1964). The life review: An interpretation of reminiscence in the aged. In R. Kastenbaum (Ed.), *New thoughts on aging*. New York: Springer.

Butzkamm, J., Halisch, F. & Posse, N. (1979). Selbstkonzepte und die Selbstregulation des Verhaltens. In S.H. Filipp (Hrsg.), *Selbstkonzept – Forschung* (pp.203 – 220). Stuttgart: Klett – Cotta.

Byrne, D. (1971). *The attraction paradigm*. New York: Academic Press.

Calder, B. (1977). An attributional theory of leadership. In J. Salancik & B. Staw (Eds.), *New directions in organizational behavior* (pp.179-204). New York: St.Clair Press.

Carlsmith, J.M., Lepper, M.R. & Landauer, T.K. (1974). Children's obedience to adult requests: Interactive effects of anxiety, arousal, and apparent punitiveness to the adult. *Journal of Personality and Social Psychology*, *30*, 822 – 828.

Carnegie, D. (1940). *How to win friends and influence people*. New York: Pocket Books.

Carnevale, P.J.D., Pruitt, D.G. & Britton, S.D. (1979). Looking tough: The negotiator under constituent surveillance. *Personality and Social Psychology Bulletin*, *5*, 118 – 121.

Carver, C.S. (1974). Facilitation of physical aggression through objective self-awareness. *Journal of Experimental Social Psychology*, *10*, 365-370.

Carver, C.S. & Scheier, M.F. (1978). Self – focusing effects of dispositional self – consciousness, mirror presence, and audience presence. *Journal of Personality and Social Psychology*, *36*, 324 – 332.

Carver, C.S. & Scheier, M.F. (1981). *Attention and self – regulation: A control – approach to human behavior*. New York: Springer.

Carver, C.S. & Scheier, M.F. (1987). The blind men and the elephant: Selective examination of the public – private – literature gives rise to a faulty perception. *Journal of Personality*, *55*, 525 – 541.

Cattell, R.B. (1957). *Personality and motivation structure and measurement*. New York: World Book Co.

Cattell, R., Eber, H. & Tatzucka, M. (1970). *Handbook for the Sixteen Personality Factor Questionnaire*. Champaign, IL: Institute for Personality and Ability Testing.

Christie, R. & Geis, F.L. (Eds.)(1970). *Studies in Machiavellism*. New York: Academic Press.

Cialdini, R.B., Borden, R.J., Thorne, A., Walker, M.R., Freeman, S. & Sloan, L.R. (1976). Basking in reflected glory: Three (football) field studies. *Journal of Personality and Social Psychology*, *39*, 406 – 415.

Cialdini, R.B., Braver, S.L. & Lewis, S.K. (1974). Attributional bias and the easily persuaded other. *Journal of Personality and Social Psychology, 30*, 631 – 637.

Cialdini, R.B., Darby, B. & Vincent, J. (1973). Transgression and altruism: A case of hedonism. *Journal of Experimental Social Psychology, 9*, 502 – 516.

Cialdini, R.B. & Petty, R.E. (1981). Anticipatory opinion effects. In R.E. Petty, T.M. Ostrom & T.C. Brock (Eds.), *Cognitive responses in persuasion* (pp.217 – 235). Hillsdale, NJ: Erlbaum.

Cialdini, R.B. & Richardson, K.D. (1980). Two indirect tactics of image management: Basking and blasting. *Journal of Personality and Social Psychology, 39*, 406 – 415.

Cohler, B. (1982). Personal narrative and life course. In P. Baltes & O. Brim, Jr. (Eds.), *Life – span development and behavior* (Vol.4, pp.206 – 224). New York: Academic Press.

Cooley, C.H. (1902). *Human nature and social order.* New York: Scribners.

Cooper, J. & Jones, R.A. (1970). Self – esteem and consistency as determinants of anticipatory opinion change. *Journal of Personality and Social Psychology, 14*, 312 – 320.

Coopersmith, S. (1967). *The antecedents of self – esteem.* San Francisco: Freeman.

Cozby, P.C. (1972). Self – disclosure, reciprocity, and liking. *Sociometry, 35*, 151 – 160.

Cozby, P.C. (1973). Self – disclosure: A literature review. *Psychological Bulletin, 79*, 73 – 91.

Crittenden, K.S. & Wiley, M.G. (1985). When egotism is normative: Self – presentational norms guiding attributions. *Social Psychology Quarterly, 48*, 360 – 365.

Cronbach, L.J. & Furby, L. (1970). How we should measure "change" – or should we? *Psychological Bulletin, 74*, 68 – 80.

Crozier, W.R. & Greenhalgh, P. (1988). Self – portraits as presentations of self. *Leonardo, 21*, 29 – 33.

Danheiser, P.R. & Graziano, W.G. (1982). Self-monitoring and cooperation as a self-presentational strategy. *Journal of Personality and Social Psychology, 42*, 497-505.

Darby, B.W. & Schlenker, B.R. (1982). Children's reactions to apologies. *Journal of Personality and Social Psychology, 43*, 742-753.

Darley, J.M. & Latané, B. (1968). Bystander intervention in emergencies: Diffusion of responsibility. *Journal of Personality and Social Psychology, 8*, 377-383.

Deusinger, I.M. (1986). *Frankfurter Selbstkonzeptskalen (FSKN)*. Göttingen: Hogrefe.

Deutsch, F.M., Kroll, J.F., Weible, A.L., Lefourneau, L.A. & Goss, R.L. (1988). Spontaneous trait generation: A new method for identifying self-schemas. *Journal of Personality, 56*, 327-354.

Deutsch, M. & Gerard, H. (1955). Study of normative and informational influence upon individual judgement. *Journal of Abnormal and Social Psychology, 51*, 629-636.

Deutsch, M. (1973). *The resolution of conflict: Constructive and destructive processes*. New Haven: Yale University Press.

Diener, E. (1977). Deindividuation: Causes and consequences. *Social Behavior and Personality, 5*, 143-155.

Diener, E. (1979). Deindividuation, self-awareness, and disinhibition. *Journal of Personality and Social Psychology, 37*, 1160-1171.

Diener, E. & Srull, T.K. (1979). Self-awareness, psychological perspective, and self-reinforcement in relation to personal and social standards. *Journal of Personality and Social Psychology, 37*, 413-423.

Dillon, D.A. (1983). Self-discovery through writing personal journals. *Language Arts, 60*, 373-379.

Dlugolecki, D. & Schlenker, B.R. (1985). *The impact of self-presentations on self-appraisals: General or specific effects?*. Unveröffentlichtes Manuskript, zit.n. Schlenker (1986).

Duval, S. (1976). Conformity on a visual task as a function of personal novelty on attitudinal dimensions and being reminded of the object status of the self. *Journal of Experimental Social Psychology, 12*, 87-98.

Duval, S. & Wicklund, R.A. (1972). *A theory of objective self-awareness.* New York: Academic Press.

Eggert, D. (1983). *Eysenck-Persönlichkeits-Inventar (E-P-I).* Göttingen: Hogrefe.

Elliott, G.C. (1982). Self-esteem and self-presentation among the young as a function of age and gender. *Journal of Youth and Adolescence, 11*, 135-153.

Ellsworth, P.C., Carlsmith, J.M. & Henson, A. (1972). The stare as a stimulus to flight in human subjects: A series of field experiments. *Journal of Personality and Social Psychology, 21*, 302-311.

English, H.B. & English, A.C. (1958). *A comprehensive dictionary of psychological and psychoanalytical terms.* London: Longman.

Epstein, S. (1979). Entwurf einer Integrativen Persönlichkeitstheorie. In S.H. Filipp (Hrsg.), *Selbstkonzept-Forschung* (pp.15-45). Stuttgart: Klett.

Eysenck, H.J. (1953). Fragebogen als Meßmittel der Persönlichkeit. *Zeitschrift für Experimentelle und Angewandte Psychologie, 1*, 291-335.

Eysenck, H.J. (1981). *A model for personality.* New York: Springer.

Eysenck, H.J., Nias, D.K.B. & Cox, D.N. (1982). Sport and personality. *Advances in Behavior Research and Therapy, 4*, 1-56.

Farina, A., Gliha, D., Boudreau, L.A., Allen, J.G. & Sherman, M. (1971). Mental illness and the impact of believing others know about it. *Journal of Abnormal Psychology, 77*, 1-5.

Farina, A. & Ring, K. (1965). The influence of mental illness on interpersonal relations. *Journal of Abnormal Psychology, 70*, 47-51.

Fazio, R.H., Effrein, E.A. & Falender, V.J. (1981). Self-perceptions following social interaction. *Journal of Personality and Social Psychology, 41*, 407-421.

Felson, R.B. (1978). Aggression as impression management. *Social Psychology, 41*, 205-213.

Felson, R.B. (1981). An interactionist approach to aggression. In J.T. Tedeschi (Ed.), *Impression management theory and social psychological research* (pp.181-199). New York: Academic Press.

Felson, R.B. (1982). Impression management and the escalation of aggression and violence. *Social Psychology Quarterly*, *45*, 245 – 254.

Felson, R.B. (1984). Patterns of aggressive social interaction. In A. Mummendey (Ed.), *Social psychology of aggression* (pp.107 – 126). New York: Springer.

Fenigstein, A. (1987). On the nature of public and private self – consciousness. *Journal of Personality*, *55*, 543 – 554.

Fenigstein, A., Scheier, M.F. & Buss, A.H. (1975). Public and private self – consciousness: Assessment and theory. *Journal of Consulting and Clinical Psychology*, *43*, 522 – 527.

Ferris, G.R. & Porac, J.F. (1984). Goal setting as impression management. *Journal of Psychology*, *117*, 33-36.

Festinger, L. (1954). A theory of social comparison processes. *Human Relations*, *7*, 117 – 140.

Festinger, L. (1957). *A theory of cognitive dissonance*. Stanford: Stanford University Press.

Festinger, L. & Carlsmith, J.M. (1959). Cognitive consequences of forced compliance. *Journal of Abnormal and Social Psychology*, *58*, 203 – 210.

Festinger, L., Riecken, H.W. & Schachter, S. (1956). *When prophecy fails*. Minneapolis: University of Minnesota Press.

Fiedler, F.E. (1978). The contingency model and the dynamics of the leadership process. *Advances in Experimental Social Psychology*, *11*, 60-112.

Filipp, S.H. (Hrsg.). (1979). *Selbstkonzept – Forschung. Probleme – Befunde – Perspektiven*. Stuttgart: Klett – Cotta.

Filipp, S.H. (1980). Entwicklung von Selbstkonzepten. *Zeitschrift für Entwicklungspsychologie und Pädagogische Psychologie*, *12*, 105 – 125.

Filipp, S.H. (1988). *Kurzfassung zum SAM – Fragebogen: Theoretischer Hintergrund und Operationalisierung*. Unveröffentlichtes Manuskript, Universität Trier.

Filipp, S.H. (1989). *Fragebogen zur Erfassung dispositionaler Selbstaufmerksamkeit (SAM)*. Göttingen: Hogrefe.

Filipp, S.H. & Brandtstädter, J. (1975). Beziehungen zwischen situationsspezifischer Selbstwahrnehmung und generellem Selbstbild. *Psychologische Beiträge, 17*, 406 – 417.

Fitts, W.H. (1965). *The Tennessee self – concept scale manual.* Nashville, Tenn.: Counselor Recordings and Tests.

Flemig, J.S. & Courtney, B.E. (1984). The dimensionality of self – esteem: II.Hierarchical facet model for revised measurement scales. *Journal of Personality and Social Psychology, 46*, 404 – 421.

Forrest, M.S. & Hokanson, J.E. (1975). Depression and automatic arousal reduction accompanying self – punitive behavior. *Journal of Abnormal Psychology, 84*, 346 – 357.

Forsyth, D.R., Riess, M. & Schlenker, B.R. (1977). Impression management concerns governing reactions to a faulty decision. *Representative Research in Social Psychology, 8*, 12 – 22.

Forsyth, D.R., Schlenker, B.R., Leary, M.R. & McCown, N.E. (1985). Self-presentational determinants of sex differences in leadership behavior. *Small Group Behavior, 16*, 197-210.

French, J.R.P., Jr. & Raven, B. (1959). The bases of social power. In D. Cartwright (Ed.), *Studies in social power* (pp.118 – 149). Ann Arbor: University of Michigan Press.

Freud, S. (1958). *Der Witz und seine Beziehung zum Unbewußten.* Frankfurt am Main: Fischer.

Frey, D. (1978). Reactions to success and failure in public and private conditions. *Journal of Experimental Social Psychology, 14*, 172 – 179.

Frey, D. & Irle, M. (Hrsg.) (1985). *Theorien der Sozialpsychologie, Band III: Motivations – und Informationsverarbeitungstheorien.* Bern: Huber.

Frey, D., Wicklund, R.A. & Scheier, M.F. (1984). Die Theorie der objektiven Selbstaufmerksamkeit. In D. Frey & M. Irle (Hrsg.), *Theorien der Sozialpsychologie, Band I: Kognitive Theorien* (pp.192 – 216). Bern: Hans Huber.

Friedlander, M.L. & Schwartz, G.S. (1985). Toward a theory of strategic self – presentation in counseling and psychotherapy. *Journal of Counseling Psychology, 32*, 483 – 501.

Fröhlich, W.D. (1983). Perspektiven der Angstforschung. In H. Thomae (Hrsg.), *Enzyklopädie der Psychologie, Themenbereich C, Serie IV, Band 2: Psychologie der Motive* (pp.110–320). Göttingen: Hogrefe.

Gaes, G.G., Kalle, R.J. & Tedeschi, J.T. (1978). Impression management in the forced compliance situation. *Journal of Experimental Social Psychology, 14*, 493–510.

Gergen, K.J. (1965). Interaction goals and personalistic feedback as factors affecting the presentation of self. *Journal of Personality and Social Psychology, 1*, 413–424.

Gergen, K.J. (1971). *The concept of self.* New York: Holt, Rinehart & Winston.

Gergen, K.J. (1974). Toward a psychology of receiving help. *Journal of Applied Social Psychology, 4*, 187–193.

Gergen, K.J. & Gergen, M.M. (1983). Narratives of the self. In T.R. Sarbin & K.E. Scheibe (Eds.), *Studies in social identity* (pp.254–273). New York: Praeger.

Gergen, K.J. & Gergen, M.M. (1986). *Social psychology* (2nd ed.). New York: Springer.

Gergen, K.J. & Gergen, M.M. (1988). Narrative and the self as relationship. In L. Berkowitz (Ed.), *Advances in experimental social psychology* (Vol.21, pp.17–56). New York: Academic Press.

Gergen, K., Morse, S. & Bode, K. (1974). Overpaid or overworked? Cognitive and behavioral reactions to inequitable rewards. *Journal of Applied Social Psychology, 4*, 259–274.

Gerstein, L.H., Ginter, E.J. & Graziano, W.G. (1985). Selfmonitoring, impression management, and interpersonal evaluations. *Journal of Social Psychology, 125*, 379–389.

Giacalone, R.A. & Rosenfeld, P. (1986). Self-presentation and self–promotion in an organizational setting. *Journal of Social Psychology, 126*, 321-326.

Gilbert, M. (1976). On being categorized in the speech of others. In R. Harré (Ed.), *Life sentences* (pp.10–20). London: Wiley.

Gniech, G. & Grabitz, H.J. (1978). Freiheitseinengung und psychologische Reaktanz. In D. Frey (Hrsg.), *Kognitive Theorien der Sozialpsychologie* (pp.48 – 73). Bern: Huber.

Goffman, E. (1959). *The presentation of self in everyday life.* Garden City, New York: Doubleday Anchor Books.

Goffman, E. (1961). *Asylums.* Garden City, NY: Doubleday Anchor Books.

Goffman, E. (1971). *Relations in public.* New York: Basic Books.

Goldberg, R. (1979). *Performance: Live art from 1909 to the present.* New York: Harry N. Abrams.

Goldberg, R. (1984). Performance. A hidden history. In G. Battcock & R. Nickas (Eds.), *The art of performance* (pp.24 – 36). New York: E.P. Dutton.

Gollwitzer, P.M. (1986). Striving for specific identities: The social reality of self – symbolizing. In R.F. Baumeister (Ed.), *Private self and public self* (pp.143 – 159). New York: Springer.

Gollwitzer, P.M. & Wicklund, R.A. (1987). Fusing apples and oranges: A rejoinder to Carver & Scheier and to Fenigstein. *Journal of Personality, 55*, 555 – 561.

Gottlieb, J. & Carver, C. (1980). Anticipation of future interaction and the bystander effect. *Journal of Experimental Social Psychology, 16*, 253-260.

Gough, H.G. (1964). *Manual for the California Psychological Inventory* (Rev. Ed.). Palo Alto, CA: Consulting Psychologists Press.

Gough, H.G. & Heilbrun, A.B. (1965). *The adjective check list manual.* Palo Alto, CA: Consulting Psychologists Press.

Gould, R.J. & Slone, C.G. (1982). The "feminine modesty" effect: A self – presentational interpretation of sex differences in causal attribution. *Personality and Social Psychology Bulletin, 8*, 477 – 485.

Gouldner, A.W. (1960). The norm of reciprocity. A preliminary statement. *American Sociological Review, 25*, 161 – 178.

Gove, W.R., Hughes, M. & Geerken, M.R. (1980). Playing dumb: A form of impression management with undesirable side effects. *Social Psychology Quarterly, 43*, 89 – 102.

Graumann, C.F. (1972). Interaktion und Kommunikation. In C.F. Graumann (Hrsg.), *Handbuch der Psychologie, Band 7: Sozialpsychologie* (pp. 1109–1262). Göttingen: Hogrefe.

Graumann, C.F. (1979). Wahrnehmung und Beurteilung der anderen und der eigenen Person. In A. Heigl-Evers & U. Streeck (Hrsg.), *Lewin und die Folgen* (Die Psychologie des 20.Jahrhunderts, Band 8, pp.153–183). Zürich: Kindler.

Graumann, C.F. (1988). Der Kognitivismus in der Sozialpsychologie. – Die Kehrseite der "Wende" –. *Psychologische Rundschau*, *39*, 83–90.

Greenberg, J. (1983). Self-image versus impression management in adherence to distributive justice standards: The influence of self-awareness and self-consciousness. *Journal of Personality and Social Psychology*, *44*, 5–19.

Greenberg, J., Pyszcynski, T. & Stine, P. (1985). Social anxiety and anticipation of future interaction as determinants of the favorability of self-presentation. *Journal of Research in Personality*, *19*, 1–11.

Greenwald, A.G. & Breckler, S.J. (1985). To whom is the self presented? In B.R. Schlenker (Ed.), *The self and social life* (pp.126–145). New York: McGraw-Hill.

Greenwald, A.G. & Pratkanis, A.R. (1984). The self. In R.S. Wyer, Jr. & T.K. Srull (Eds.), *Handbook of social cognition* (Vol.3, pp.129–178). Hillsdale, NJ: Erlbaum.

Gross, A. & Latané, B. (1974). Receiving help, reciprocation and interpersonal attraction. *Journal of Applied Social Psychology*, *4*, 220–223.

Guilford, J.P. (1974). *Persönlichkeit*. Weinheim: Beltz.

Haas, J. & Roberts, G.C. (1975). Effect of evaluative others upon learning and performance of a complex motor task. *Journal of Motor Behavior*, *7*, 81–90.

Handel, A. (1987). Personal theories about the life-span development of one's self in autobiographical self-presentations of adults. *Human Development*, *30*, 83–98.

Hass, R.G. (1981). Presentational strategies and the social expression of attitudes: Impression management within limits. In J.T. Tedeschi (Ed.),

Impression management theory and social psychological research (pp. 127 – 146). New York: Academic Press.

Haußer, K. (1983). *Identitätsentwicklung*. New York: Harper & Row (UTB).

Heilmann, M. & Toffler, B. (1976). Reacting to reactance: An interpersonal interpretation of the need for freedom. *Journal of Experimental Social Psychology*, *12*, 519 – 529.

Helmreich, R. & Collins, B.E. (1968). Studies in forced compliance: Commitment and magnitude of inducement to comply as determinants of opinion change. *Journal of Personality and Social Psychology*, *10*, 75 – 81.

Henchy, T. & Glass, D.C. (1968). Evaluation apprehension and the social facilitation of dominant and subordinate responses. *Journal of Personality and Social Psychology*, *10*, 446 – 454.

Henley, N.M. (1977). *Body politics: Power, sex, and nonverbal communication*. Englewood Cliffs, NJ: Prentice – Hall.

Hewstone, M. & Antaki, C. (1988). Attribution theory and social explanations. In M. Hewstone, W. Stroebe, J.P. Codol & G.M. Stephenson (Eds.), *Introduction to social psychology* (pp.111-141). London: Basil Blackwell.

Hill, M.G., Weary, G. & Williams, J. (1986). Depression: A self – presentational formulation. In R.F. Baumeister (Ed.), *Private self and public self* (pp.213 – 239). New York: Springer.

Hollander, E.P. (1985). Leadership and power. In G. Lindzey & E. Aronson (Eds.), *Handbook of social psychology* (3rd ed.; pp.485 – 537). New York: Random House.

Hollander, E.P. & Julian, J.W. (1970). Studies in leader legitimacy, influence, and innovation. *Advances in Experimental Social Psychology* (Vol.5; pp.34-69). New York: Academic Press.

Holz – Ebeling, F. & Metzger, A. (1988). Analyse von Komponenten der Selbstaufmerksamkeit. *Zeitschrift für Differentielle und Diagnostische Psychologie*, *9*, 279 – 294.

Honess, T. & Yardley, K. (Eds.) (1987). *Self and identity. Perspectives across the lifespan*. London: Routledge & Kegan Paul.

Hovland, C.I., Janis, I.L. & Kelley, H.H. (1953). *Communication and persuasion.* New Haven: Yale University Press.

Irle, M. (1975). *Lehrbuch der Sozialpsychologie.* Göttingen: Hogrefe.

James, W. (1890). *Principles of psychology* (Vol.1). New York: Henry Holt & Co.

Janis, I.L. & Field, P.B. (1959). Sex differences and personality factors related to persuasibility. In C.I. Hovland & I.L. Janis (Ed), *Personality and persuasibility* (pp.55 – 68). New Haven: Yale University Press.

Jellison, J.M. (1981). Reconsidering the attitude concept: A behavioristic self – presentation formulation. In J.T. Tedeschi (Ed.), *Impression management theory and social psychological research* (pp.107 – 126). New York: Academic Press.

Jellison, J.M. & Arkin, R.M. (1977). Social comparison of abilities: A self – presentation approach to decision making in groups. In J. Suls & R.L. Miller (Eds.), *Social comparison processes* (pp.235 – 257). Washington, D.C.: Hemisphere.

Jellison, J.M. & Gentry, K.A. (1978). Self – presentation interpretation of the seeking of social approval. *Personality and Social Psychology Bulletin, 4,* 227 – 230.

Jellison, J.M. & Ickes, W.J. (1974). The power of the glance. Desire to see and be seen in cooperative and competitive situations. *Journal of Experimental Social Psychology, 10,* 444 – 450.

Jellison, J.M., Jackson – White, R., Bruder, R.A. & Martyna, W. (1975). Achievement behavior: A situational interpretation. *Sex Roles, 1,* 369 – 384.

Jellison, J.M. & Oliver, D.F. (1983). Attitude similarity and attraction: An impression management approach. *Personality and Social Psychological Bulletin, 9,* 111 – 115.

John, D. & Keil, W. (1972). Selbsteinschätzung und Verhaltensbeurteilung. *Psychologische Rundschau, 23,* 10 – 29.

Johnson, R., Conlee, M. & Tesser, A. (1974). Effects of similarity of fate on bad new transmission: A reexamination. *Journal of Personality and Social Psychology, 29,* 406 – 415.

Johnson, R.D. & Downing, L.L. (1979). Deindividuation and valence of cues: Effects on prosocial and antisocial behavior. *Journal of Personality and Social Psychology, 37*, 1532-1538.

Jones, E.E. (1964). *Ingratiation. A social psychological analysis.* New York: Appleton – Century – Crofts.

Jones, E.E. & Berglas, S. (1978). Control of attributions about the self through self – handicapping strategies: The appeal of alcohol and the role of underachievement. *Personality and Social Psychological Bulletin, 4*, 200 – 206.

Jones, E.E. & Gerard, H.B. (1967). *Foundations of social psychology.* New York: Wiley.

Jones, E.E., Gergen, K.J., Gumpert, P. & Thibaut, J.W. (1965). Some conditions affecting the use of ingratiation to influence performance evaluation. *Journal of Personality and Social Psychology, 1*, 613 – 625.

Jones, E.E., Gergen, K.J. & Jones, R.G. (1963). Tactics of ingratiation among leaders and subordinates in a status hierarchy. *Psychological Monographs, 77* (3, Whole No.566).

Jones, E.E., Jones, R.G. & Gergen, K.J. (1963). Some conditions affecting the evaluation of a conformist. *Journal of Personality, 31*, 270 – 288.

Jones, E.E. & Nisbett, R.E. (1971). *The actor and the observer: Divergent perceptions of the causes of behavior.* Morristown: General Learning Press.

Jones, E.E. & Pittman, T.S. (1982). Toward a general theory of strategic self – presentation. In J. Suls (Ed.), *Psychological Perspectives on the Self* (Vol.1; pp.231 – 262). Hillsdale, NJ: Erlbaum.

Jones, E.E., Rhodewalt, F., Berglas, S. & Skelton, J.A. (1981). Effects of strategic self – presentation on subsequent self – esteem. *Journal of Personality and Social Psychology, 41*, 407 – 421.

Jones, E.E. & Wortman, C. (1973). *Ingratiation: An attributional approach.* Morristown, NJ: General Learning Press.

Joseph, J.M., Gaes, G.G., Tedeschi, J.T. & Cunnigham, M.R. (1979). Impression management effects in the forced compliance situation. *Journal of Psychology, 107*, 89 – 98.

Jourard, S.M. (1964). *The transparent self.* Princeton, NJ: Van Nostrand.

Judd, L. & Smith, C.B. (1974). Discrepancy score validity in self and ideal self concept measurement. *Journal of Counseling Psychology, 21,* 156 – 158.

Kane, T., Joseph, J.M. & Tedeschi, J.T. (1976). Person perception and the Berkowitz paradigm for the study of aggression. *Journal of Personality and Social Psychology, 33,* 663-673.

Kazdin, A.E. (1979). Imagery elaboration and self – efficacy in the covert modeling treatment of unassertive behavior. *Journal of Consulting and Clinical Psychology, 47,* 725 – 733.

Keating, C.F., Mazur, A. & Segall, M.H. (1977). Facial gestures which influence the perception of status. *Sociometry, 40,* 374 – 378.

Kenrick, D., Baumann, D. & Cialdini, R.B. (1979). A step in the socialization of altruism as hedonism: Effects of negative mood on children's generosity under public and private conditions. *Journal of Personality and Social Psychology, 37,* 747 – 755.

Kidder, L., Bellettirie, G. & Cohn, E.S. (1977). Secret ambitions and public performances: The effects of anonymity on reward allocations by men and women. *Journal of Experimental Social Psychology, 13,* 70 – 80.

Kihlstrom, J.F. & Cantor, N. (1984). Mental representations of the self. In L. Berkowitz (Ed.), *Advances in experimental social psychology* (Vol.17, pp.1 – 47). New York: Academic Press.

Kirchhoff, R. (Hrsg.). (1965). *Handbuch der Psychologie, Band 5: Ausdruckspsychologie.* Göttingen: Hogrefe.

Klages, W. (1950). *Grundlegung der Wissenschaft vom Ausdruck.* Bonn: Bouvier.

Klages, W. (1954). *Der Geist als Widersacher der Seele* (3 Bde.). Bonn: Bouvier.

Knippenberg, A. van & Koelen, M. (1985). Attributional selfpresentation and information available to the audience. *European Journal of Social Psychology, 15,* 249-261.

Koch, J.J. (1976). "Guter Eindruck" und Attitüden. *Archiv für Psychologie, 128,* 135 – 149.

Kohlberg, L. (1963). The development of children's orientation toward a moral order. *Vira Humana, 6* 11–33.

Kolditz, T.A. & Arkin, R.M. (1982). An impression management interpretation of the self-handicapping strategy. *Journal of Personality and Social Psychology, 43,* 492–502.

Komorita, S.S. & Esser, J.K. (1975). Frequency of reciprocated concessions in bargaining. *Journal of Personality and Social Psychology, 32,* 699–705.

Konecni, V.J. & Doob, A.N. (1972). Catharsis through displacement of aggression. *Journal of Personality and Social Psychology, 23,* 379-387.

Korda, M. (1976). *Power!* New York: Balantine Books.

Korda, M. (1977). *Success!* New York: Random House.

Krappmann, L. (1975). *Soziologische Dimensionen der Identität* (4.Aufl.). Stuttgart: Klett.

Kronsbein, J. (1984). *Autobiographisches Erzählen. Die narrativen Strukturen der Autobiographie.* München: Minerva.

Kruse, L. (1980). *Privatheit als Problem und Gegenstand der Psychologie.* Bern: Huber.

Lanzetta, J., Cartwright-Smith, J. & Kleck, R.E. (1976). Effects of nonverbal dissimulation on emotional experience and automatic arousal. *Journal of Personality and Social Psychology, 16,* 191–198.

Leary, M.R., Robertson, R.B., Barnes, B.D. & Miller, R.S. (1986). Self-presentations of small group leaders: Effects of role requirements and leadership orientation. *Journal of Personality and Social Psychology, 51,* 742-748.

Leary, M.R. & Schlenker, B.R. (1980). Self-presentation in a task-oriented leadership situation. *Representative Research in Social Psychology, 11,* 152–158.

Le Bon, G. (1895). *Psychologie des foules.* Paris: F.Olean.

L'Ecuyer, R. (1981). The development of the self-concept through the life span. In M.D. Lynch, A.A. Norem-Hebeisen & K.J. Gergen (Eds.), *Self-concept. Advances in theory and research* (pp.203–222). Cambridge, MA: Ballinger.

Lejeune, P. (1971). *L'autobiographie en France.* Paris: Librairie Armand Colin.

Lejeune, P. (1975). *Le pacte autobiographique.* Paris: Le Seuil.

Lejeune, P. (1980). *Je est un autre. L'autobiographie de la littérature aux médias.* Paris: Le Seuil.

Lerner, M.J. (1970). The desire for justice and reactions to victims. In M.J. Macaulay & L. Berkowitz (Eds.), *Altruism and helping behavior* (pp.205 – 229). New York: Academic Press.

Lersch, P. (1932). *Gesicht und Seele.* München: Ernst Reinhardt.

Lersch, P. (1938). *Der Aufbau des Charakters.* Leipzig: Johann Ambrosius Barth.

Lewin, K. (1926). Vorsatz, Wille und Bedürfnis. *Psychologische Forschung, 7,* 330 – 385.

Lienert, G.A. (1989). *Testaufbau und Testanalyse* (4.Aufl.). München: Psychologie Verlags Union.

Lindskold, S. (1978). Trust development, the GRIT proposal, and the effects of conciliatory acts on conflict and cooperation. *Psychological Bulletin, 85,* 772 – 793.

Lindskold, S. & Propst, L.R. (1981). Deindividuation, self-awareness, and impression-management. In J.T. Tedeschi (Ed.), *Impression management theory and social psychological research* (pp.201-221). New York: Academic Press.

Der Literatur – Brockhaus (1.Bd.). (1988). Mannheim: F.A. Brockhaus.

Maddux, J.E., Norton, L.W. & Leary, M.R. (1988). Cognitive components of social anxiety: An investigation of the integration of self – presentation theory and self – efficacy theory. *Journal of Social and Clinical Psychology, 6,* 180 – 190.

Mahrholz, W. (1919). *Deutsche Selbstbekenntnisse. Ein Beitrag zur Geschichte der Selbstbiographie von der Mystik bis zum Pietismus.* Berlin: Furche.

Major, B. & Adams, J.B. (1983). Role of gender, interpersonal orientation, and self – presentation in distributive – justice behavior. *Journal of Personality and Social Psychology, 45,* 598 – 608.

Malkis, F.S., Kalle, R.J. & Tedeschi, J.T. (1982). Attitudinal politics in the forced compliance situation. *Journal of Social Psychology, 117*, 79–91.

Malone, M.J. (1986). Speech an social identity: Sociolinguistic patterns and identity presentation. *Dissertation Abstracts, 46*, 3162–A.

Markus, H. (1977). Self–schemata and processing information about the self. *Journal of Personality and Social Psychology, 35*, 63–78.

Markus, H. (1980). The self in thought and memory. In D.M. Wegner & R.R. Vallacher (Eds.), *The self in social psychology* (pp.102–130). New York: Oxford University Press.

Markus, H. & Wurf, E. (1987). The dynamic self concept: A social psychological perspective. *Annual Review of Psychology, 38*, 299–337.

Marques, J.M., Yzerbyt, V.Y. & Leyens, J.P. (1988). The "Black Sheep Effect": Extremity of judgments toward ingroup members as a function of group identification. *European Journal of Social Psychology, 18*, 1-16.

McDavid, J.W. & Harari, H. (1968). *Social Psychology.* New York: Harper & Row.

McFarland, C., Ross, M. & Conway, M. (1984). Self–persuasion and self–presentation as mediators of anticipatory attitude change. *Journal of Personality and Social Psychology, 46*, 529–540.

McGinnies, E. (1970). *Social behavior: A functional analysis.* Boston: Houghton Mifflin.

McGuire, W.J. & McGuire, C.V. (1981). The spontaneous selfconcept as affected by personal distinctiveness. In M.D. Lynch, A. Norem–Hebeisen & K.J. Gergen (Eds.), *The selfconcept* (pp.147–171). New York: Ballinger.

McGuire, W.J. & McGuire, C.V. (1988). Content and process in the experience of self. In L. Berkowitz (Ed.), *Advances in experimental social psychology* (Vol.21, pp.97–144). New York: Academic Press.

McGuire, W.J. & Papageorgis, D. (1962). Effectiveness of forewarning in developing resistance to persuasion. *Public Opinion Quarterly, 26*, 24–34.

McMahon, A.W. & Rhudick, P.J. (1964). Reminiscing: Adaptional Significance in the aged. *Archives of General Psychiatry*, *10*, 292 – 298.

Mead, G.H. (1934). *Mind, self, and society*. Chicago: University of Chicago Press.

Mead, G.H. (1964). Self. In A. Strauss (Ed.), *George Herbert Mead on social psychology. Selected papers* (pp.199 – 246). Chicago: University of Chicago Press.

Mehrabian, A. (1971). *Silent messages*. Belmont, CA: Wadsworth.

Melburg, V. & Tedeschi, J.T. (1989). Displaced aggression: Frustration or impression management? *European Journal of Social Psychology*, *19*, 139-145.

Meulen – van Dijk, M. van der (1987). *Self – references in young children*. Unpublished Dissertation, Groningen, Universiteit de Groningen.

Mielke, R. (Hrsg.).(1982). *Interne/Externe Kontrollüberzeugung*. Bern: Huber.

Mielke, R. (1984). *Lernen und Erwartung*. Bern: Huber.

Mielke, R. (1986). Zur Selbst – Wirksamkeits – Theorie Banduras: Untersuchung der Veränderung des Redeverhaltens und des Durchsetzungsverhaltens in der Gruppe. *Archiv für Psychologie*, *138*, 39 – 52.

Mielke, R. & Kilian, R. (1989). *Wenn Teilskalen etwas anderes messen als die Gesamtskala – Untersuchungen zum Self – Monitoring – Konstrukt* (Bielefelder Arbeiten zur Sozialpsychologie Nr.145). Bielfeld: Universität Bielefeld.

Mikula, G. (1977). Interpersonale Attraktion: Ein Überblick über den Forschungsgegenstand. In G. Mikula & W. Stroebe (Hrsg.), *Sympathie, Freundschaft und Ehe* (pp.13 – 40). Bern: Huber.

Milgram, S. (1974). *Obedience to authority*. New York: Harper.

Miller, D.T. & Ross, M. (1975). Self – serving biases in the attribution of causality: Fact or fiction? *Psychological Bulletin*, *82*, 213 – 225.

Mills, J. (1984). Self – posed behaviors of females and males in photographs. *Sex Roles*, *10*, 633 – 637.

Misch, G. (1949). *Die Geschichte der Autobiographie* (Bd.1). Bern: A. Francke.

Misch, G. (1969). *Die Geschichte der Autobiographie* (Bde.2 – 4, 2.Aufl.). Frankfurt a.M.: G. Schulte – Bulmke.

Mischel, W. (1968). *Personality and assessment.* New York: Wiley.

Mischel, W. (1984). On the predictability of behavior and the structure of personality. In R.A. Zucker, J. Aronoff & A.I. Rabin (Eds.), *Personality and the prediction of behavior* (pp. 269 – 305). Orlando: Academic Press.

Möbus, C. & Nagl, W. (1983). Messung, Analyse und Prognose von Veränderungen. In H. Feger & J. Bredenkamp (Hrsg.), *Hypothesenprüfung (Enzyklopädie der Psychologie, Themenbereich B, Serie I, Band 5)* (pp.239 – 430). Göttingen: Hogrefe.

Moers, M. (1964). *Das weibliche Seelenleben* (4.Aufl.). Bonn: Dümmler.

Mori, D., Chaiken, S. & Pliner, P. (1987). "Eating lightly" and the self-presentation of femininity. *Journal of Personality and Social Psychology, 53*, 693 – 702.

Morse, S.J., Gergen, K.J. & Reis, H.T. (1974). *Communication and responses to pay.* Unveröffentlichtes Manuskript, zit.n. Reis (1981).

Mummendey, A. (1983). Aggressives Verhalten. In H. Thomae (Hrsg.), *Psychologie der Motive* (Enzyklopädie der Psychologie, Band 2 der Serie Motivation und Emotion; pp.321-439). Göttingen: Hogrefe.

Mummendey, A. (1985). Verhalten zwischen sozialen Gruppen: Die Theorie der sozialen Identität. In D. Frey & M. Irle (Hrsg.), *Theorien der Sozialpsychologie, Bd.II* (pp.185-216). Bern: Huber.

Mummendey, A. (1988). Aggressive behaviour. In M. Hewstone, W. Stroebe, J.P. Codol & G.M. Stephenson (Eds.), *Introduction to social psychology* (pp.263-287). Oxford: Basil Blackwell.

Mummendey, A., Linneweber, V. & Löschper, G. (1984). Aggression: From act to interaction. In A. Mummendey (Ed.), *Social psychology of aggression* (pp. 69 – 106). New York: Springer.

Mummendey, A. & Schreiber, H.J. (1984). 'Different' just means 'better': Some obvious and some hidden pathways to in-group favouritism. *British Journal of Social Psychology, 23*, 363-368.

Mummendey, A. & Simon, B. (1989). Better or different? III: The impact of importance of comparison dimension and relative ingroup size upon intergroup discrimination. *British Journal of Social Psychology, 28*, 1-16.

Mummendey, H.D. (1976). *Eine Untersuchung zur Differenziertheit des generellen und des situationsspezifischen Selbstbildes* (Bielefelder Arbeiten zur Sozialpsychologie Nr.22). Bielefeld: Universität Bielefeld.

Mummendey, H.D. (1983). Selbstkonzept. In D. Frey & S. Greif (Hrsg.), *Sozialpsychologie* (pp.281 – 285). München: Urban & Schwarzenberg.

Mummendey, H.D. (1987). *Die Fragebogen – Methode*. Göttingen: Hogrefe.

Mummendey, H.D. (Hrsg.) (1988). *Verhalten und Einstellung*. Berlin: Springer.

Mummendey, H.D., Albers, G. & Sturm, G. (1985). Die Selbstkonzept – Entwicklung im Erwachsenenalter in der Sicht dreier Alters – Generations – Gruppen von Lehrern. *Psychologie in Erziehung und Unterricht, 32*, 126 – 135.

Mummendey, H.D. & Bolten, H.G. (1985). Die Impression – Management – Theorie. In D. Frey & M. Irle (Hrsg.), *Theorien der Sozialpsychologie, Band III* (pp.57 – 77). Bern: Huber.

Mummendey, H.D. & Mielke, R. (1989). *Die Selbstdarstellung des Sportlers*. Schorndorf: Karl Hofmann.

Mummendey, H.D., Mielke, R. & Sturm, G. (1987). *Selbstkonzepte als Ergebnisse von Impression – Management: Erste Untersuchungen* (Bielefelder Arbeiten zur Sozialpsychologie, Nr.134). Bielefeld: Universität Bielefeld.

Mummendey, H.D., Riemann, R. & Schiebel, B. (1983). Entwicklung eines mehrdimensionalen Verfahrens zur Selbsteinschätzung. *Zeitschrift für personenzentrierte Psychologie und Psychotherapie, 2*, 89 – 98.

Mummendey, H.D., Schiebel, B. & Sturm, G. (1988). Untersuchung von Einstellungs – und Selbstkonzeptänderung nach Verhaltensänderung. In H.D. Mummendey (Hrsg.), *Verhalten und Einstellung* (pp.27 – 45). Berlin: Springer.

Mummendey, H.D. & Sturm, G. (1980). *Eine fünfjährige Längsschnittuntersuchung zu Selbstbildänderungen jüngerer Erwachsener und zum Einfluß kritischer Lebensereignisse* (Bielefelder Arbeiten zur Sozialpsychologie, Nr.90). Bielefeld: Universität Bielefeld.

Nemeth, C.J. & Staw, B.M. (1989). The tradeoffs of social control and innovation in groups and organizations. *Advances in Experimental Social Psychology, 22*, 175-210.

Neumann, B. (1970). *Identität und Rollenzwang. Zur Theorie der Autobiographie*. Frankfurt a.M.: Athenäum.

Nisbett, R.E. & Ross, L. (1980). *Human inference: Strategies and shortcomings of social judgement*. New York: Appleton – Century – Crofts.

Nowack, W. & Kammer, D. (1987). Self-presentation: Social skills and inconsistency as independent facets of self-monitoring. *European Journal of Personality, 1*, 61-77.

Ohbuchi, K. & Kambara, T. (1985). Attacker's intent and awareness of outcome, impression management, and retaliation. *Journal of Experimental Social Psychology, 21*, 321-330.

Ohbuchi, K., Kameda, M. & Agarie, N. (1989). Apology as aggression control: its role in mediating appraisal of and response to harm. *Journal of Personality and Social Psychology, 56*, 219-227.

Pandey, J. & Bohra, K.A. (1984). Ingratiation as a function of organizational characteristics and supervisory styles. *International Review of Applied Psychology, 33*, 381-394.

Parsons, T. (1968). Sozialstruktur und Persönlichkeit. In C. Gordon & K.J. Gergen (Eds.), *The self in social interaction* (pp. 11-23). New York: Wiley.

Pascal, R. (1965). *Die Autobiographie.* Stuttgart: Kohlhammer.

Paulhus, D.L. (1982). Individual differences, self-presentation, and cognitive dissonance: Their concurrent operation in forced compliance. *Journal of Personality and Social Psychology, 43*, 838-852.

Paulhus, D.L., Shaffer, D.R. & Downing, L.L. (1977). Effects of making blood donor motives salient upon donor retention. *Personality and Social Psychology Bulletin, 3*, 99-102.

Paulus, P.B. & Murdock, P. (1971). Anticipated evaluation and audience presence in the enhancement of dominant responses. *Journal of Experimental Social Psychology, 7*, 280-291.

Penner, L.A. & Hawkins, H.L. (1971). The effects of visual contact and aggressor identification on interpersonal aggression. *Psychonomic Science, 24*, 261-263.

Pervin, L. & Lilly, R. (1967). Social desirability and self-ideal self ratings of the semantic differential. *Educational and Psychological Measurement, 27*, 845-853.

Powers, W.T. (1973). *Behavior: The control of perception.* Chicago: Aldine.

Pruitt, D.G. & Smith, D.L. (1981). Impression management in bargaining: Images of firmness and trustworthiness. In J.T. Tedeschi (Ed.), *Impression management theory and social psychological research* (pp. 247-267). Berlin: Springer.

Reinhardt, M. (1974a). Der Schauspieler und seine Rolle (1926). In H. Fetting (Hrsg.), *Max Reinhardt. Schriften* (S.315 – 317). Berlin: Henschelverlag Kunst und Gesellschaft.

Reinhardt, M. (1974b). Rede über den Schauspieler. Eine Unterredung (1930). In H. Fetting (Hrsg.), *Max Reinhardt. Schriften* (S.324 – 327). Berlin: Henschelverlag Kunst und Gesellschaft.

Reis, H.T. (1981). Self – presentation and distributive justice. In J.T. Tedeschi (Ed.), *Impression management theory and social psychological research* (pp.269 – 291). New York: Academic Press.

Reis, H.T. & Gruzen, J. (1976). On mediating equity, equality, and self-interest: The role of self-presentation in social exchange. *Journal of Experimental Social Psychology*, *12*, 487 – 503.

Remplein, H. (1958). *Die seelische Entwicklung des Menschen im Kindes – und Jugendalter* (7.Aufl.). München: Reinhardt.

Rhodewalt, F. (1986). Self – presentation and the phenomenal self: On the stability and malleability of self – conceptions. In R.F. Baumeister (Ed.), *Public self and private self* (pp.117 – 142). New York: Springer.

Rhodewalt, F. & Agustsdottir, S. (1986). Effects of self – presentation on the phenomenal self. *Journal of Personality and Social Psychology*, *50*, 47 – 55.

Richardson, K.D. & Cialdini, R.B. (1981). Basking and blasting: Tactics of indirect self – presentation. In J.T. Tedeschi (Ed.), *Impression – management theory and social psychological research* (pp.41 – 53). New York: Academic Press.

Riemann, R. (1983). Die Erfassung individueller Einstellungsstrukturen mit Hilfe der Gridtechnik. *Zeitschrift für Sozialpsychologie*, *14*, 139 – 151.

Riemann, R., Schiebel, B. & Sturm, G. (1988). Veränderung individueller Einstellungsstrukturen. In H.D. Mummendey (Hrsg.), *Verhalten und Einstellung* (pp.125 – 147). Berlin: Springer.

Riess, M. (1977). *An impression management interpretation of aspects of spatial behavior.* Unveröffentlichtes Manuskript, zit.n. Schlenker (1980).

Riess, M., Kalle, R.J. & Tedeschi, J.T. (1981). Bogus pipeline attitude assessment, impression management, and misattribution in induced compliance settings. *Journal of Social Psychology*, *115*, 247 – 258.

Riess, M., Rosenfeld, P., Melburg, V. & Tedeschi, J.T. (1981). Self-serving attributions: Biased private perceptions and distorted public descriptions. *Journal of Personality and Social Psychology, 41*, 224-231.

Riess, M. & Schlenker, B.R. (1977). Attitude change and responsibility avoidance as modes of dilemma resolution. *Journal of Personality and Social Psychology, 35*, 21-30.

Rivera, A.N. & Tedeschi, J.T. (1976). Public versus private reactions to positive inequity. *Journal of Personality and Social Psychology, 34*, 859-900.

Rosen, S. & Tesser, A. (1970). On the reluctance to communicate undesirable information. The MUM effect. *Sociometry, 33*, 253-263.

Rosenberg, M.J. (1965). When dissonance fails: On eliminating evaluation apprehension from attitude measurement. *Journal of Personality and Social Psychology, 1*, 28-42.

Rosenberg, M. (1979). *Conceiving the self.* New York: Basic Books.

Rosenberg, S. (1988). Self and others: Studies in social personality and autobiography. In L. Berkowitz (Ed.), *Advances in Experimental Social Psychology* (Vol.21, pp.57-95). New York: Academic Press.

Rosenfeld, L.G. & Plax, T.G. (1977). Clothing as communication. *Journal of Communication, 27*, 24-31.

Rosenfeld, P., Giacalone, R.A. & Tedeschi, J.T. (1983). Humor and impression management. *Journal of Social Psychology, 121*, 59-63.

Rosenfeld, P., Melburg, V., Gaes, G.G., Riess, M. & Tedeschi, J.T. (1980). *Dissociation of experimenters in the forced compliance paradigm* (Unveröffentlichtes Manuskribt, zit.n. Tedeschi & Rosenfeld, 1981).

Rosenfeld, P., Melburg, V. & Tedeschi, J.T. (1981). Forgetting as an impression management strategy in the forced-compliance paradigm. *Journal of Social Psychology, 114*, 69-74.

Rosenhan, D.L. (1973). On being sane in insane places. *Science, 179*, 250-258.

Rosenthal, R. & Rosnow, R.L. (Eds.) (1969). *Artifact in behavioral research.* New York: Academic Press.

Rothacker, E. (1938). *Die Schichten der Persönlichkeit.* Leibzig: Johann Ambrosius Barth.

Sacco, W.P. & Hokanson, J.E. (1982). Depression and self-reinforcement in a public and private setting. *Journal of Personality and Social Psychology, 42,* 377-385.

Sack, H.G. (1975). *Sportliche Betätigung und Persönlichkeit.* Ahrensburg: Czwalina.

Sack, H.G. (1982). Indiviuelle Persönlichkeitsunterschiede und Sportengagement. In B. Kirkcaldy (Ed.), *Differences in sport behavior* (pp.99-158). Köln: bps-Verlag, Deutsche Sporthochschule Köln.

Sack, H.G. (1984). Die These von der "besonderen Persönlichkeit des Sportlers". *Sportwissenschaft, 14,* 82-86.

Sande, G.N., Goethals, G.R. & Radloff, C.E. (1988). Perceiving one's own traits and others': The multifaceted self. *Journal of Personality and Social Psychology, 54,* 13-20.

Sanders, G.L. (1984). Self-presentation and drive in social facilitation. *Journal of Experimental Social Psychology, 20,* 312-322.

Sartre, J.P. (1952). *Das Sein und das Nichts.* Hamburg: Rowohlt.

Schachter, S. (1964). The interaction of cognitive and physiological determinants of emotional state. In L. Berkowitz (Ed.), *Advances in Experimental Social Psychology,* (Vol.1, pp.49-80). New York: Academic Press.

Schäfer, B. (1983). Semantische Differential Technik. In H. Feger & J. Bredenkamp (Hrsg), *Datenerhebung* (Enzyklopädie der Psychologie, Themenbereich B, Serie I, Band 2) (pp.154-221). Göttingen: Hogrefe.

Scheibe, K.E. (1985). Historical perspectives on the presented self. In B.R. Schlenker (Ed.), *The self and social life* (pp.34-64). New York: McGraw-Hill.

Scheier, M.F. & Carver, C.S. (1980). Individual differences in self-concept and self-process. In D.M. Wegner & R.R. Vallacher (Eds.), *The self in social psychology* (pp.229-287). New York: Oxford University Press.

Scheier, M.F. & Carver, C.S. (1988). A model of behavioral self-regulation: Translating intention into action. In L. Berkowitz (Ed.), *Advances in Experimental Social Psychology* (Vol.21, pp.303 – 346). New York: Academic Press.

Scheier, M.F., Fenigstein, A. & Buss, A.H. (1974). Self-awareness and physical aggression. *Journal of Experimental Social Psychology, 10,* 264-273.

Schlenker, B.R. (1975a). Liking for a group following an initiation: Impression management or dissonance reduction? *Sociometry, 38,* 99 – 118.

Schlenker, B.R. (1975b). Self – presentation: Managing the impression of consistency when reality interferes with self – enhancement. *Journal of Personality and Social Psychology, 32,* 1030 – 1037.

Schlenker, B.R. (1980). *Impression management: The self – concept, social identity, and interpersonal relations.* Belmont, CA: Brooks Hole.

Schlenker, B.R. (1986). Self – identification: Toward an integration of the private and public self. In R.F. Baumeister (Ed.), *Public self and private self* (pp.21 – 62). New York: Springer.

Schlenker, B.R. & Darby, B.W. (1981). The use of apologies in social predicaments. *Social Psychology Quarterly, 44,* 271 – 278.

Schlenker, B.R., Forsyth, D.R., Leary, M.R. & Miller, R.S. (1980). Self – presentational analysis of the effects of incentives on attitude change following counterattitudinal behavior. *Journal of Personality and Social Psychology, 39,* 553 – 577.

Schlenker, B.R. & Goldman, H.J. (1982). Attitude change as a self – presentation tactic following attitude – consistent behavior: Effects of choice and role. *Social Psychology Quarterly, 45,* 92 – 99.

Schlenker, B.R., Miller, R.S. & Leary, M.R. (1983). Self – presentation as a function of self – monitoring and the validity and quality of past performance. *Representative Research in Social Psychology, 13,* 2 – 14.

Schlenker, B.R. & Leary, M.R. (1982). Social anxiety and self – presentation: A conceptualization and model. *Psychological Bulletin, 92,* 641 – 669.

Schmidt, H.D. (1965). Versuch einer Inhaltsanalyse nationaler Tendenzen in Sportreportagen. *Psychologische Rundschau, 16,* 43 – 51.

Schmidt, H.D. (1971). Experimente zur Prestige – Beeinflußbarkeit. I. Co – Judge – Suggestibilität und Persönlichkeit. *Archiv für Psychologie, 123,* 49 – 64.

Schmidt, H.D. & Fengler, J. (1967). Versuch der Inhaltsanalyse einer Bundestagsdebatte. *Psychologische Rundschau, 18*, 186 – 199.

Schmidt, H.D., Schmerl, C. & Steffens, K.H. (1971). Experimente zur Prestige – Beeinflußbarkeit. II. Dimensionen der Prestige – Beeinflußbarkeit. *Archiv für Psychologie, 123*, 97 – 119.

Schneider, D.J. (1981). Tactical self – presentation. Toward a broader conception. In J.T. Tedeschi (Ed.), *Impression management theory and social psychological research* (pp.23 – 40). New York: Academic Press.

Schwartz, G.S., Kane, T., Joseph, J.M. & Tedeschi, J.T. (1978). The effects of post-transgression remorse on perceived aggression, attributions of intent, and level of punishment. *British Journal of Social and Clinical Psychology, 17*, 293-297.

Schwartz, S.H. & Gottlieb, A. (1976). Bystander reactions to a violent theft: Crime in Jerusalem. *Journal of Personality and Social Psychology, 34*, 1188-1199.

Schwartz, S.H. & Gottlieb, A. (1980). Bystander anonymity and reactions to emergencies. *Journal of Personality and Social Psychology, 39*, 418 – 430.

Schwarzer, R. (1986). *Skalen zur Befindlichkeit und Persönlichkeit*. Berlin: Freie Universität, Institut für Psychologie.

Schwenker, F. (1989). *Wahrgenommene Risiken bei der Selbstdarstellung mit Hilfe von Konsumgütern*. Unveröffentlichte Dissertation, Philosophische Fakultät der Universität Münster.

Scott, M.R. & Lyman, S.M. (1968). Accounts. *American Sociological Review, 33*, 46 – 62.

Scott, W.A. (1963). Social desirability and individual conceptions of the desirable. *Journal of Abnormal and Social Psychology, 267*, 574 – 585.

Secord, P.F. & Backman, C.W. (1974). *Social psychology*. New York: McGraw – Hill.

Sennett, R. (1986). *Verfall und Ende des öffentlichen Lebens. Die Tyrannei der Intimität* (The fall of public man. New York: Knopf, 1974). Frankfurt am Main: Fischer.

Shavelson, R.J. & Bolus, R. (1982). Self – concept: The interplay of theory and methods. *Journal of Educational Psychology, 74*, 3 – 17.

Shavelson, R.J., Hubner, J.J. & Stanton, J.C. (1976). Self-concept: Validation of construct interpretations. *Review of Educational Research*, *46*, 407-441.

Shaw, M.E. (1976). *Group dynamics: The psychology of small group behavior* (2nd ed.). New York: McGraw-Hill.

Shotter, J. & Gregory, S. (1976). On first gaining the idea of oneself as a person. In R. Harré (Ed.), *Life sentences* (pp.3-9). London: Wiley.

Showers, C. & Cantor, N. (1985). Social cognition: A look at motivated strategies. *Annual Review of Psychology, 36*, 275-305.

Sigall, H. & Ostrove, N. (1975). Beautiful but dangerous: Effects of offender attractiveness and nature of the crime on juric judgement. *Journal of Personality and Social Psychology, 31*, 410-414.

Singer, J.E., Brush, C.A. & Lublin, S.C. (1965). Some aspects of deindividuation: Identification and conformity. *Journal of Experimental Social Psychology, 1*, 356-378.

Smith, T.W., Snyder, C.R. & Handelsman, M.M. (1982). On the self-serving function of an academic wooden leg: Test anxiety as a self-handicapping strategy. *Journal of Personality and Social Psychology, 42*, 314-321.

Smith, T.W., Snyder, C.R. & Perkins, S.C. (1983). The selfserving function of hypochondriacal complaints: Physical symptoms as self-handicapping strategies. *Journal of Personality and Social Psychology, 44*, 787-797.

Snyder, C.R., Ford, C.E. & Hunt, H.A. (1985). *Excuse-making: A look at sex differences.* Unveröffentlichtes Manuskript, zit.n. Whitehead & Smith (1981).

Snyder, C.R. & Higgins, R.L. (1988a). Excuse attributions: Do they work? In S.L. Zelen (Ed.), *Self-representation* (pp.52-132). New York: Springer.

Snyder, C.R. & Higgins, R.L. (1988b). Excuses: their effective role in the negotiation of reality. *Psychological Bulletin, 104*, 743-753.

Snyder, C.R., Stucky, R.J. & Higgins, R.L. (1983). *Excuses: Masquerades in search of grace.* New York: Wiley.

Snyder, M. (1974). Self-monitoring of expressive behavior. *Journal of Personality and Social Psychology, 30*, 526-537.

Snyder, M. (1977). Impression management. In L.S. Wrightsman (Ed.), *Social psychology* (2nd ed., pp.115-145). Belmont, CA: Wadsworth.

Snyder, M. (1979). Self-monitoring processes. In L. Berkowitz (Ed.), *Advances in Experimental Social Psychology* (Vol.12, pp.85-128). New York: Academic Press.

Snyder, M. (1987). *Public appearances/private realities: The psychology of self-monitoring.* San Francisco: Freeman.

Snyder, M., Grether, J. & Keller, K. (1974). Staring and compliance. A field experiment on hitch-hiking. *Journal of Applied Social Psychology, 4*, 165-170.

Solomon, M.R. & Schopler, J. (1982). Self-consciousness and clothing. *Personality and Social Psychology Bulletin, 8*, 508-514.

Spanos, N.P. (1978). Witchcraft in histories of psychiatry: A critical analysis and an alternative conceptualization. *Psychological Bulletin, 85*, 417-439.

Spitznagel, A. & Schmidt-Atzert, L. (Hrsg.). (1986). *Sprechen und Schweigen. Zur Psychologie der Selbstenthüllung.* Bern: Huber.

Spivak, R. & Schlenker, B.R. (1985). *The impact of self-presentations on subsequent self-appraisals: Self-inference or self-affirmation?* Unveröffentlichtes Manuskript, zit.n. Schlenker (1986).

Staats, A.W. & Staats, C.K. (1958). Attitudes established by classical conditioning. *Journal of Abnormal and Social Psychology, 57*, 37-40.

Steele, C.M. (1975). Name-calling and compliance. *Journal of Personality and Social Psychology, 31*, 361-369.

Steele, C.M. (1988). The psychology of self-affirmation: Sustaining the integrity of the self. In L. Berkowitz (Ed.), *Advances in Experimental Social Psychology* (Vol.21, pp.261-302). New York: Academic Press.

Stelzl, I. (1982). *Fehler und Fallen der Statistik.* Bern: Huber.

Stern, W. (1929). *Anfänge der Reifezeit. Ein Knabentagebuch* (2.Aufl.). Leipzig: Quelle & Meyer.

Stogdill, R.M. (1974). *Handbook of leadership.* New York: Free Press.

Stoker, B. (1897). *Dracula* (7th ed.1967). London: Arrow.

Strack, S. & Coyne, J.C. (1983). Social confirmation of dysphoria. Shared and private reactions to depression. *Journal of Personality and Social Psychology, 44*, 798 – 806.

Strehle, H. (1954). *Mienen, Gesten und Gebärden.* München: Ernst Reinhardt.

Sullivan, H.S. (1953). *The interpersonal theory of psychiatry.* New York: Norton.

Tajfel, H. (1957). Value and the perceptual judgement in social perception. *Psychological Review, 64*, 192-204.

Tajfel, H. (1959). Quantitative judgement in social perception. *British Journal of Psychology, 50*, 16-29.

Tajfel, H. (1978). *Differentiation between social groups.* London: Academic Press.

Tajfel, H., Billig, M.G., Bundy, R.P. & Flament, C. (1971). Social categorization and intergroup behaviour. *European Journal of Social Psychology, 1*, 149-178.

Tajfel, H. & Turner, J. (1979). An integrative theory of intergroup conflict. In W.G. Austin & S. Worchel (Eds.), *The social psychology of intergroup relations* (pp.33 – 47). Monterey, CA: Brooks/Cole.

Tarman, V.I. (1988). Autobiography: The negotiation of a lifetime. *International Journal of Aging and Human Development, 27*, 171 – 191

Taylor, M. & Weinstein, E. (1974). Criticisms, witnesses, and the maintenance of interaction. *Social Forces, 52*, 473-480.

Tedeschi, J.T. (Ed.)(1972). *The social influence processes.* Chicago: Aldine.

Tedeschi, J.T. (1974). *Perspectives on social power.* Chicago: Aldine.

Tedeschi, J.T. (1986). Private and public experiences and the self. In R.F. Baumeister (Ed.), *Public self and private self* (pp.1 – 20). New York: Springer.

Tedeschi, J.T. & Lindskold, S. (1976). *Social psychology: Interdependence, interaction and influence.* New York: Wiley.

Tedeschi, J.T., Lindskold, S. & Rosenfeld, P. (1985). *Introduction to social psychology.* St.Paul, MN: West Publishing Company.

Tedeschi, J.T. & Norman, N. (1985). Social power, self-presentation, and the self. In B.R. Schlenker (Ed.), *The self and social life* (pp.293-322). New York: McGraw-Hill.

Tedeschi, J.T. & Riess, M. (1981). Identities, the phenomenal self, and laboratory research. In J.T. Tedeschi (Ed.), *Impression management theory and social psychological research* (pp.3-22). New York: Academic Press.

Tedeschi, J.T. & Riordan, C.A. (1981). Impression management and prosocial behavior following transgression. In J.T. Tedeschi (Ed.), *Impression management theory and social psychological research* (pp.223-244). New York: Academic Press.

Tedeschi, J.T. & Rosenfeld, P. (1981). Impression management theory and the forced compliance situation. In J.T. Tedeschi (Ed.), *Impression management theory and social psychological research* (pp.147-177). New York: Academic Press.

Tedeschi, J.T., Schlenker, B.R. & Bonoma, T.V. (1971). Cognitive dissonance: Private ratiocination or public spectacle? *American Psychologist*, *26*, 685-695.

Tedeschi, J.T., Schlenker, B.R. & Bonoma, T.V. (1973). *Conflict, power and games: The experimental study of interpersonal relations.* Chicago: Aldine.

Tesser, A. (1980). Self-esteem maintenance in family dynamics. *Journal of Personality and Social Psychology*, *39*, 77-91.

Tesser, A. (1988). Toward a self-evaluation maintenance model of social behavior. In L. Berkowitz (Ed.), *Advances in experimental social behavior* (Vol.21, pp.181-227). New York: Academic Press.

Tesser, A. & Campbell, J. (1982). Self-evaluation maintenance and the perception of friends and strangers. *Journal of Personality*, *59*, 261-279.

Tesser, A. & Campbell, J. (1983). Self-definition and self-evaluation maintenance. In J. Suls & A. Greenwald (Eds.), *Social psychological perspectives on the self* (Vol.2, pp.1-31).

Tesser, A. & Paulhus, D. (1983). The definition of self: Private and public self-evaluation management strategies. *Journal of Personality and Social Psychology, 44*, 672-682.

Tesser, A. & Smith, J. (1980). Some effects of friendship and task relevance on helping: You don't always help the one you like. *Journal of Experimental Social Psychology, 16*, 582-590.

Tetlock, P.E. (1981). The influence of self-presentation goals on attributional reports. *Social Psychology Quarterly, 44*, 300-311.

Tetlock, P.E. & Manstead, A.S.R. (1985). Impression management versus intrapsychic explanations in social psychology: A useful dichotomy? *Psychological Review, 92*, 59-77.

Thibaut, J.W. & Kelley, H.H. (1959). *The social psychology of groups.* New York: Wiley.

Thomae, H. (1951). *Persönlichkeit. Eine dynamische Interpretation.* Bonn: Bouvier.

Toch, H. (1969). *Violent men.* Chicago: Aldine.

Trautner, H.M. (1978). *Lehrbuch der Entwicklungspsychologie* (Bd.1). Göttingen: Hogrefe.

Turner, J. (1978). Social comparison, similarity, and ingroup favouritism. In H. Tajfel (Ed.), *Differentiation between social groups* (pp.235-250). London: Academic Press.

Turner, J.C. (1987). *Rediscovering the social group.* Oxford: Basil Blackwell.

Turner, J.C., Hogg, M.A., Oakes, P.J. & Smith, P.M. (1984). Failure and defeat as determinants of group cohesiveness. *British Journal of Social Psychology, 23*, 97-111.

Ungar, S. (1981). The effects of others' expectancies on the fabrication of opinions. *Journal of Social Psychology, 114*, 173-185.

Voss, G. (1983). Warum spielen? In P. v.Becker, M. Merschmeier & H. Rischbieter (Hrsg.), *Theater 1983. Darum Spielen*. Zürich: Orell Füssli & Friedrich.

Walster, E., Berscheid, E. & Walster, G.W. (1973). New directions in equity research. *Journal of Personality and Social Psychology, 25*, 151 – 176.

Ward, L.G., Friedlander, M.L., Schoen, L.G. & Klein, J.G. (1985). Strategic self – presentation in supervision. *Journal of Counseling Psychology, 32*, 111 – 118.

Weary, G. (1980). Examination of affect and egotism as mediators of bias in causal attributions. *Journal of Personality and Social Psychology, 38*, 348 – 357.

Weary, G. (1988). Depression and self – presentation. In S.L. Zelen (Ed.), *Self – representation* (pp.31 – 51). New York: Springer.

Weiner, B. (1984). Psychological colloquia as exercises in impression management. *American Psychologist, 39*, 926.

Weintraub, K.J. (1978). *The value of the individual. Self and circumstance in autobiography*. Chicago: The University of Chicago Press.

Wells, L.E. & Marwell, G. (1976). *Self – esteem. Its conceptualization and measurement*. Beverly Hills: Sage.

Whitehead, G.I., III & Smith, S.H. (1986). Competence and excuse – making as self – presentational strategies. In R.F. Baumeister (Ed.), *Public self and private self* (pp.161 – 177). New York: Springer.

Wicklund, R.A. & Gollwitzer, P.M. (1982). *Symbolic self – completion*. Hillsdale, NJ: Erlbaum.

Wicklund, R.A. & Gollwitzer, P.M. (1985). Symbolische Selbstergänzung. in D. Frey & M. Irle (Hrsg.), *Theorien der Sozialpsychologie* (Band 3, pp.31 – 55). Bern: Huber.

Wicklund, R.A. & Gollwitzer, P.M. (1987). The fallacy of the private – public self – focus distinction. *Journal of Personality, 55*, 491 – 523.

Wood, R.E. & Mitchell, T.R. (1981). Manager behavior in a social context: The impact of impression management on attributions and disciplinary actions. *Organizational Behavior and Human Performance, 28*, 356 – 378.

Worchel, S. & Cooper, J. (1979). *Understanding social psychology.* Homewood, IL.: Dorsey.

Wright, R.A. & Brehm, S.S. (1982). Reactance as impression management: A critical review. *Journal of Personality and Social Psychology, 42*, 608 – 618.

Wylie, R.C. (1961). *The self – concept. A critical survey of pertinent research literature.* Lincoln: University of Nebraska Press.

Wylie, R.C. (1968). The present status of self theory. In E.F. Borgatta & W.W. Lambert (Eds)., *Handbook of personality theory and research* (pp.728 – 787). Chicago: Rand McNally.

Wylie, R.C. (1974). *The self – concept* (Revised Edition, Vol.1). Lincoln: University of Nebraska Press.

Wylie, R.C. (1979). *The self – concept* (Revised Edition, Vol.2). Lincoln: University of Nebraska Press.

Zabrack, M. & Miller, N. (1972). Group aggression: The effects of friendship ties and anonymity. *Proceedings of the 80th Annual Convention of the American Psychological Association, 7*, 211 – 212.

Zajonc, R.B. (1980). Compresence. In P.B. Paulus (Ed.), *Psychology of group influence* (pp.35 – 60). Hillsdale, NJ: Erlbaum.

Zajonc, R. (1965). Social facilitation. *Science, 149*, 269 – 274.

Zanna, M.P. & Pack, S.J. (1975). On the self – fulfilling nature of apparent sex differences in behavior. *Journal of Experimental Social Psychology, 11*, 583 – 591.

Zimbardo, P.G. (1970). The human choice: Individuation, reason, and order versus deindividuation, impulse, and chaos. In W.J. Arnold & D. Levine (Eds.), *Nebraska Symposium on Motivation* (Vol.17; pp.237 – 307) Lincoln: University of Nebraska Press.

Autoren – und Personenregister

Sachregister